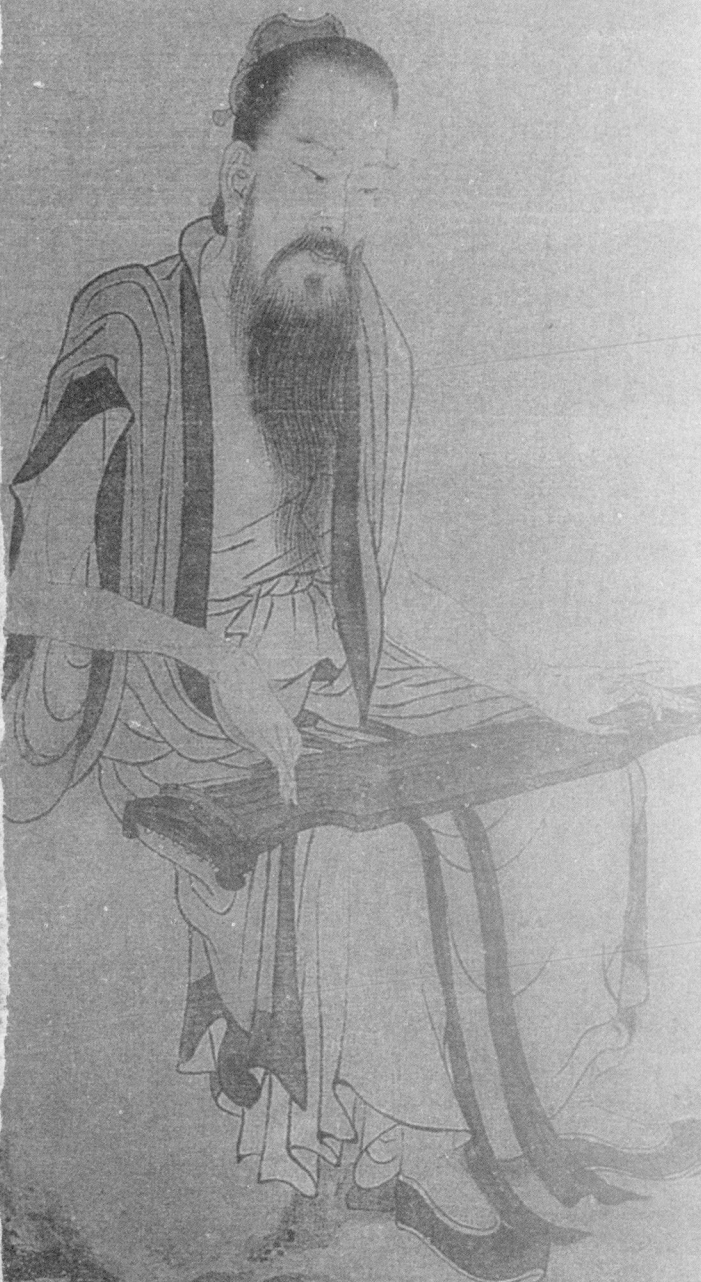

国学经典文库

图文珍藏版

中国古代逸史

阅华夏千年风云变幻 观峥嵘岁月人物风流

马昊宸◎主编

线装书局

咸丰皇帝的狗骨头

1.皇帝很黄很暴力

有一本叫《十叶野闻》的怪书,书上说,西方黑,日头落,大清出了个大暴君……这个暴君有多么残暴呢?

咸丰"御赏"和"同道堂"章

书中说,这个暴君啊,那可是有史以来第一淫暴之人,纵然是武纣王、隋炀帝也无法与之相比。为了将淫暴进行到底,这个暴君秘密设置了一座天体娱乐园,弄来了一群热爱大清国的美少女,统统关在这里,还不许人家女生身上穿衣服,就这么赤裸着身子,在花园里相互追逐……当然是女生们裸身在前面跑,皇帝光着身子在后面追。

话说有一天,皇帝在花宫里追美女追得累了,一头栽倒在草坪上,呼呼大睡了过去,四个年轻貌美的女孩子仍然围在他的周围,奔来跑去的捉彩蝶。正捉得高兴之际,皇帝突然惊醒了,他生气地吼叫一声,拿胳膊一搂,一边两个,竟然将四个女孩子全都挟了起来。然后他挟着女孩子们出了花园,下了台阶,到了一座广场之上,将四个女孩子丢在地下,命令道:"你们都给老子跪好了,不许动,看老子几弹弓能打死你们……"说着话,皇帝操起弹弓,眯起一只怪眼,就要向四个女孩子射击。

这真是飞来横祸,四个年轻的女孩子吓得魂飞魄散,不由得放声大哭,拼命地哀求："陛下……求你了,别打死我们……我们错了,我们再也不敢了,求陛下饶过我们吧……"

可是皇帝听了后,只是发出几声残酷的阴笑,继续用弹弓瞄准前面的女生。

眼看这四个花季少女,就要惨死于皇帝的弹弓之下。这时候旁边走过来一个漂亮小宫女,见状拍手欢快地叫了起来："好呀好呀,陛下,这个游戏好好玩,人家也要玩嘛……"

皇帝吃了一惊,心说怎么这丫头比我还要残暴?就斜眼看着那宫女,冷笑道："给你弹弓,你能打中她们吗?"

小宫女说："我能的,不信陛下我打给你看……"居然真的接过了皇帝手中的弹弓,作势射击。

四名人靶子呆呆地看着这一幕,突然齐声地骂了起来："花尾巴狐狸精,早就知道你不怀好心,想害了我们几个,你好独占陛下的恩宠,陛下你可别上这个狐狸精的当啊……"

小宫女置若罔闻,只是对皇帝说："陛下,这个游戏拿弹丸打,就不好玩了,让我给陛下看一个更好玩的吧……"说着话,她顺手从旁边的树上掐下一朵未开欲放的蓓蕾,当作弹丸用,嗖的一声击出,啪,就见一个女生的脑门儿上,红瓣如雨,缤纷四落,说不尽的好看。

这时候四名被当做活靶子的女生才知道,人家小宫女,是冒生死之险来救她们几个的。

这时候皇帝"咯咯"地怪笑了起来,说："你们真是不识好歹,人家救了你们的命,你们还不知道磕头感谢吗?"

四名女生逃出生天,忙不迭地扑倒在地,叩谢小宫女的救命之恩。

然后皇帝兴奋地对小宫女说："朕最喜欢你这样聪明伶俐的女生了……来人,给朕就地铺上红地毯,朕要幸御了这个聪明的女生……"

书上描述这一幕场景的时候,说:

乃自与之嬉戏,尽欢始止。因封此姬为散花妃子。位在诸姬上,宠冠曹偶。

从此小宫人尽得欢宠,还被封为了散花妃子。

就这样宠幸了几日,忽然皇帝对散花妃子说："爱妃啊,朕最喜欢看的,就是你在荡秋千时候的美妙身姿了,你爬上去给朕荡一个可好?"

"皇帝有命,妃子岂敢不从?"散花妃子就依了皇上的话,荡起秋千来,她坐在秋千上,皇上亲自推动秋千,越推使用的力气越大,越推秋千荡起的越高,忽然之间皇上目露凶光,大喝一声:"散花妃子,给老子松开手!"

散花妃子心里一惊,本能地把抓紧了秋千的两只手松开,就见皇帝猛然一用力,散花妃子被甩到高空,凌空飞了出去。"砰"的一声,散花妃子飞出了好远好远,重重地摔了下来。只听一声惨叫,可怜的姑娘早已是摔得肢体残破,奄奄一息了。皇帝哈哈大笑着,掉头转身走了。

散花妃子就这样被残暴的皇帝活活摔死了。

事情发生之后,娱乐园中的美少女们全都吓得呆了,她们再也不敢停留下去了,就纷纷去找太监求情:"监哥哥,我把我所有的银子都给你,求求你带着我逃走吧,哪怕被你卖到妓院里去,我也无怨无悔……"

娱乐园中的美少女逃散一空,而残暴的皇帝呢?他早就把这些女生给忘了,竟然不管不问……书上最后说,这位有史以来最黄、最暴力的皇帝,不是别人,正是大清帝国的第九届皇帝:咸丰。

2.这个女人有点冷

散花妃子的惨遇,听起来令人无比的悲愤。虽然悲愤,但这事的精确程度是可疑的,然而咸丰皇帝那厮的个人品德,确实有点儿差劲,这倒是学界的共识。

关于咸丰,还有一件真实程度比较高的故事,说的是北京城南有一对夫妇,丈夫是个臭皮匠,妻子却是一个绝色美人,尤其是妇人的那双手,雪白细腻,晶莹如玉,所以每当这妇人站柜台卖货的时候,从来都是一口报价,买客们两眼只顾直勾勾地盯着她那双玉手,魂飞天外了,只恨不能扑上去亲一口,要了他老命他都干。

由是这美妇人荣获了"盖南城"荣誉称号,又因为她对任何人都不假辞色,冷若冰霜,纵然有男人想打她的主意,也不可得,所以人又称之为"冰花",意思是花朵美丽是美丽,就是有点太冷了。

寒气逼人啊，这个女人有点冷。

结果这件事，被咸丰皇帝听说了。那么多的饥民嗷嗷他听不见，唯独就听到了这件事——于是咸丰换了一身普通工作人员的服装，带着一群亲信，哗啦啦跑了来看美女。

到了地方，原来却是一个贫民窟，一路上走过去，脚上踩满了垃圾，咸丰却是兴致不减。到了一家肮脏的店铺门前，向里一看，就见一个美貌女子，神色端庄，正在缝制皮具。当时咸丰皇帝脱口叫了一声："真是名不虚传啊，这小娘们儿……曲眉雪色，果非凡品，虽布裳蓬垢，不能遮掩其天香国色也……"

书中说，帝木立神痴，目注视不转瞬。这时候从隔壁走出来一个老头，一瞧这架势顿时火了："这是哪来的流氓地痞，跑这里来骚扰良家民女来了？快给我滚！"

"什么？"咸丰的侍卫亲信们一听就火了，指着老头的鼻尖破口大骂："老不死的，竟然敢惹老子，信不信老子宰了你？"

双方就此骂了起来，越骂越是激烈，激烈到了最后，左邻右舍全都提着夜壶尿桶冲出门来，和老头一起大战皇宫侍卫。更有人飞跑了去报官，于是巡城官带着人马飞快赶到："那个小流氓不是皇帝本人吗？"当下巡城官哈哈一笑，翻身下马："原来是上级官员来视察美女……不是，来这里访贫问苦，体恤民情来了……你们那帮糟老头子瞎嚷嚷啥，还不快点排好队……"

这时候咸丰才笑眯眯地向群众挥了挥手："乡亲们呐，你们辛苦了……"在侍卫的簇拥下，急急回宫了。

咸丰前脚结束对美女的考察，后脚京城缉捕力量倾巢出动，可怜那皮匠妇人的丈夫，刚刚走到家门口，就被一群如狼似虎的差役们按倒在地。

皮匠夫妇双双被捕，那妇人放声大叫："救人啊，我没有罪，你们凭什么抓我？"

巡官急忙小心翼翼地道："不是抓……这不是抓捕，是请你去见一位首长……"

妇人大吵大闹："我才不要见什么狗屁首长，我要见我的丈夫……"

巡官摇头道："迟了，太迟了，你还不知道吗？你丈夫刚刚已经正式宣布，与你脱离夫妻关系了。"

"不可能!"妇人抵死不信。

"这是真的,"巡官解释说,"你还不知道呢,你丈夫现在已经不再是一名臭皮匠了,他已经正式成了大清帝国的光荣公务员……人家都是公务员了,还缺女人吗,你说是吧……"不由分说,强行将妇人抬进了一幢华丽的大宅院。

就这样,这个妇人最终成了皇家御用品。但这并非是咸丰的全部,关于这个皇帝,还有着其他方面的评价。

3.皇帝的双重人格

单纯地把咸丰皇帝说成是无道昏君,这是不公正的,事实上,有三件事,足以把咸丰皇帝推入到"明君"的队伍之中。

头一桩,就是替民族英雄林则徐报仇,解聘佞臣穆彰阿的职务。与上一届的昏聩道光不同,咸丰皇帝最为欣赏林则徐的为人,他甫一登基,就先替林则徐平反,并提请林则徐出山消灭太平天国,只可惜林则徐年纪老迈,竟牺牲在上任的途中,咸丰闻之,哇哇大哭,并亲自作挽联悼念之,联曰:

答君恩清慎忠勤,数十年尽瘁不遑,解组归来,犹自心存军国;

殚臣力崎岖险阻,六千里出师未捷,骑箕化去,空教泪洒英雄。

愿意绞尽脑汁琢磨这么一副挽联,撂下北京城的那么多美女不去看,这咸丰皇帝,说起来也够意思了。

写好了挽联,咸丰皇帝痛定思痛,想起来有林则徐这样的伟人而帝国竟不能用,说来都是穆彰阿那厮太缺德,当即召穆彰阿上殿,指着老穆的鼻头一顿痛骂,要不是看老穆好歹也是三朝元老的情面上,只怕老穆的脑袋当时就得搬家。

解除穆彰阿一切职务,永不叙用。诏下,天下称快。

正在称快之际,忽然有太监上来报告:"报告陛下,咱们家尚书房的房门啊,门枢坏了,是不是换一扇高级进口的新门?"

咸丰摇头:"铺张浪费,是极大的犯罪,就去外边找个皮匠师傅……不是,找个木匠师傅进宫来修修吧。"

过不了两天,尚书房的门修好了,太监拿着单据进来报账:"陛下,你签个字

国学经典文库 中国古代逸史 ·清朝逸史· 图文珍藏版

吧,修这扇门,我可是垫进去不少的钱啊……"

咸丰将单据拿过来一看,只见单据上写着:房门维修费用:5000 两银子……当时咸丰就哭了:"你这个死太监,修一扇破门,你敢跟我报销 5000 两银子,你拿我当道光了? 当年你们欺负道光智商过低,喝一碗面片汤你们敢报 6 万两银子的账……这事我一直替你们记着呢,现在你又跟我玩这一手,甭废话,先给我拖下去,打个半死再说……"

"陛下陛下,5000 两银子听上去是贵了些,可是宫中的开销,是有严格制度的啊……"那太监还待解释,板子早已噼里啪啦落下,当场打得太监半死不活。

打完了,咸丰吩咐道:"把这厮送到刑部去,再给我抄了他的家……"

霎时间太监魂飞魄散:"陛下陛下慢点……是我弄错了,不应该是 5000 两银子,应该是 50 两才对……呜呜,都是不法商家搞的鬼,陛下你一定要狠狠地惩罚那些黑心的不法商贩……呜呜……"

一顿板子拍下,硬是节省开支 4950 两银子,相比于道光的弱智,这个咸丰还是有点性格的。

打完了太监,咸丰宣召重臣们入殿,商量商量拿这个破国家怎么办。大臣们进来了,按老习惯跪在咸丰脚下,大家谈论起洋鬼子的不像话,愈发地气愤满胸。正在气愤中,现场突然爆出一声响亮的鼾声,众人大骇,仔细一瞧,原来是一位年迈老臣,七老八十的年纪了,拖着身体往咸丰脚下一趴,眼睛一闭,竟尔是不知不觉熟睡了过去……

这下子大家全都傻眼了,当着皇帝的面,正商量着国家大事,这老臣子可好,他竟然……就见咸丰站了起来,拿起一件衣服,替那熟睡的老臣盖在身上,然后招手叫来几个小太监,让他们动作轻一点,将这老头抬出殿去……就这么趴着睡觉,绝对不是一个好习惯,会把身体睡得僵硬的……

替林则徐平反,暴打太监,善待上了年纪的老臣,单从这三件事情上看起来,咸丰不应该是那种天天在大街上撒欢看美女的无聊之徒啊。

这些奇异的记载,让咸丰的真实形象,陷入到了五里迷雾之中。

4.咸丰皇帝的个人简历

如果我们能够找到更多的记载,就会发现咸丰的个人性格与执政能力,愈发的扑朔迷离,让人莫知所衷。

在《满清外史》中,提及咸丰皇帝的死因,说了这么一件离奇的事:说的是咸丰十年七月,英法两国的鬼子悍然进犯我天津大沽,陷东西炮台,入天津,逼通州,火焚圆明园,烽火连天,不遑宁处……战报传到朝廷,于是咸丰说:"那啥,咱们去承德避暑山庄去检查一下工作吧,当领导的,不能总是高高在上啊……你们说是不是?"于是陛下北狩热河。

出发之前,首先走出皇城的,是一支梅花鹿队伍,浩浩荡荡,横无际涯……

书中暗表,这个咸丰啊,每日勤于房事,幸御不断。就这么个搞法,导致了他大病不断,小病相连,面黄肌瘦,身体虚弱。于是有名医指点咸丰说:"陛下,你这种情形啊,最适合生饮鹿血,夫鹿血者,大补也……"所以咸丰皇帝就在宫中养了几百头鹿,每天逮一只,咬住脖子猛劲地吸血。现在要逃离北京,这鹿群自然要带上的。

鹿群的队伍正要上路,旁边有大臣拦阻:"陛下,现在英法两国鬼子已经到了家门口,你能不能逃得了都两说着,还带着这么多的鹿……"结果咸丰自己去了热河,而鹿群就留在了北京,听说后来都被英法鬼子烧烤着吃掉了……

但是到了热河之后,咸丰皇帝愈发地沉迷于声色之中,而且这时候他玩得更凶,生怕洋人突然追到,那他就没女生可玩了,这岂不是亏大发了?他玩啊玩,玩啊玩,玩得身体严重透支,却找不到鹿血来喝。结果,可怜的咸丰,就这样离开了人世……

像这样的奇怪段子太多了,我们真的没有办法弄清楚咸丰其人了,为了正本清源,最好还是从他的个人简历开始:

性别:男

姓名:爱新觉罗·奕䜣

出生:1831 年 7 月 17 日

籍贯:北京市圆明园遗址

属相:兔

星座:巨蟹座

血型:AB 型

咸丰通宝

身高:169 厘米

体重:48 千克

职业:皇帝

特长:无,但深受广大女生喜爱

社会关系:

父亲:爱新觉罗·旻宁

母亲:钮祜禄氏

心路历程:

0 岁:出生。

16 岁:结婚,娶妻萨克达氏。

21 岁:出任大清帝国第九届皇帝。

21 岁:广东不第秀才洪秀全,自称耶稣的弟弟,创建天父天兄天王太平天国,武装割据永安。

21 岁:洪秀全起兵,陷桂林、道州、益阳、汉阳,有书生曾国藩练乡勇,是为湘军之始。

23 岁:太平天国洪秀全攻克江宁,改为天京,实现了九省区武装割据,清军力不能支。

24 岁:太平天国翼王石达开封锁鄱阳湖口,夜袭清营,曾国藩不支遁走,投水自杀而未遂。

25 岁:清军反攻上海,太平将刘丽川败走。

26 岁：太平军再入江西,困曾国藩,击溃江南大营。后太平天国内乱,诸王相杀殆尽,唯余陈玉成、李秀成二人。

26 岁：英轮"亚罗号"入珠江口,两广总督叶名琛命逮船上中国籍水手,以汉奸之罪论处,并火焚洋楼,美、法、英三国商馆付之一炬。

27 岁：懿妃叶赫那拉氏立为贵妃,是为西太后。

27 岁：英法联盟至广州,执叶名琛送往孟加拉国,关入玻璃笼子之中,收取门票费用,任人观瞻。

28 岁：清军再建江南大营,进逼天京。太平将李秀成击斩浙江布政使李续宾。

29 岁：重大科举舞弊案爆发,多名举子贬窜边关。

29 岁：科尔沁亲王僧格林沁于天津大沽击轰英舰,英舰狼狈鼠窜。

29 岁：太平军陈玉成与捻军陷安徽定远,复陷长天。翼王石达开进入广东。

30 岁：太平军李秀成再度击溃江南大营,至此,以满洲人为主力的军队宣告彻底覆亡,此后的战场,将由曾国藩的湘乡尽领风骚。

30 岁：英法联军重返天津大沽,陷大沽炮台,僧格林沁退守通州,并于谈判间执绑英国领事巴夏礼,英法联军进逼北京,悍然发动了第二次鸦片战争。咸丰帝逃往热河避难。

31 岁：卒于热河。

31 岁：咸丰死后,两宫太后慈禧、慈安联手发动政变,尽杀咸丰帝之顾命大臣,于养心殿中垂帘听政。

这份个人简历让我们恍然大悟,怪不得有关咸丰的形象,历史上的记录乱七八糟、相互矛盾。原来这厮生来便是一个倒霉蛋,处于大历史的夹缝之中,内有洪秀全的太平天国形成的武装割据,外有英法两国鬼子调皮捣蛋。

不说英、法两国的鬼子,单是一个洪秀全,在起事前肯定是要有舆论宣传工作的,对咸丰兄弟的抹黑必不可少。所以这咸丰兄弟的面目,也就变得五花八门了。

5.像史学家那样疯狂抄袭

史学家说,道光在后宫里生下了一大堆孩子,基本上来说是生一个死一个,但从老四开始,不解何故,后面的孩子们都活了下来,这其中唯有老四和老六,是争夺帝王之位的热门人选。

按理来说,这老四的能力本事稀松平常,而老六却是精明干练、能力过人,双方的帝位相争,原本并不存在任何悬念。但是,老四有一位好老师,该老师名叫杜受田,这是一个极为奇怪的怪老头,他偷偷地教了自己的学生两手,结果让老四"嗖"的一声窜上了帝位,赢得了这场赛事。那么,杜老头都教了他学生什么本事呢?

皇四子之师傅为杜受田,皇六子之师傅为卓秉恬。道光之季,宣宗衰病。一日召二皇子入对,将藉以决定储位。二皇子各请命于其师,卓教恭王,以上如有所垂询,当知无不言,言无不尽。杜则谓咸丰帝曰:"阿哥如条陈时政,智识万不敌六爷,唯有一策,皇上若自言老病,将不久于此位,阿哥唯伏地流涕,以表孺慕之诚而已。"如其言,帝大悦,谓皇四子仁孝,储位遂定。

看看这段记载,这事真是太离奇了。这里说,老四的师傅知道自己教了个笨学生,就悄悄地教给学生说:"傻孩子啊,你比不了人家老六啊,老六那孩子聪明啊,到了皇上面前,你一旦开口,铁定要吃大亏,所以呢,你最聪明的法子就是闭上嘴巴……"

这段记载……好好熟悉啊。没错!这段记载,就是抄自于古典小说《三国演义》中的段子,小说中说,曹操临死之前,他的两个儿子,曹丕和曹植,争夺继承人之位。曹植聪明伶俐,出口成章,而曹丕却笨头笨脑,比不过弟弟曹植。于是就有高手教给曹丕说:"比聪明,你是比不过你弟弟的了,但如果比愚蠢呢,那你肯定会赢……咱们就这么着,等再见了你爹的时候,你就什么话也别说,只管两眼流泪,扯住你爹的衣襟不肯撒手……"

于是曹丕依计而行,临到曹操出征,曹植闪亮出场,对着父亲曹操朗诵了一首《洛神赋》,听得曹操眉开眼笑,连声说:"瞧我这个儿子,多聪明啊……"

轮到了曹丕,这厮仿照计划安排,一句话也不说,只管眼泪汪汪地揪住曹操的衣襟不肯松手，让曹操看得心里发毛，不由得心生酸楚。对自己说："还是这个大儿子关心自己啊，你看我要离开了，这孩子伤心的……那什么，我弄下这么一座铁打的江山，不留给这样的儿子，还留给谁？"由是曹丕胜出。

而在这里，咸丰争位的故事，居然明目张胆地抄袭了人家曹操一家，难道是小说影响了历史？还是历史抄袭了小说？更要命的，咸丰把《三国演义》抄到这份上还不够，后面还有更狠的：

方旻宁之在位也，于诸子中，酷爱第六子奕䜣。谓其类己，欲以神器付之。于金匮缄名时，几书奕䜣名者数矣。以奕䜣尚无失德，齿且居长，故逡巡未决。时滨州杜受田，适为奕䜣师傅，微知其意之所在，欲拥奕䜣以成非常之勋。一日，旻宁命诸子校猎南苑，奕䜣循例至上书房请假，会受田独坐斋中，问将何往，以奉命校猎对。受田乃耳语曰："阿哥至围场，但坐观他人骑射万勿发一枪一矢。并约束从人勿捕一生物。复命时，上若问及，但对以时方春和，鸟兽孳育，不忍伤生命，以干天和，且不欲以弓马之长与诸弟竞也。如是必能契合上意。"奕䜣至场所，竟弗驰逐，复命时，奕䜣所献最多，奕䜣无所献，旻宁询之，具如受田所教以对。旻宁大喜曰："是真有人君之度矣。"立储之议遂决。后数岁旻宁疾殁，奕䜣御极，即晋杜受田为协办大学士。

这里说的是老四咸丰跟随老爹道光上山去打猎，老六左右开弓，射得獐鹿满地乱蹦，而老四却揣着两手，在一边看热闹。等到了清点战利品，老六排名第一，而老四战绩为零。老爹道光纳闷儿，问其缘由。于是老四按照杜受田老师的教导，说道："时方春和，鸟兽孕育，不忍伤生命，以干天和，更不愿意以弓马之长，与诸弟竞也……"

老四的话，听得道光目瞪口呆，当场弃弓于地，曰："这小家伙还真是块做皇帝的料子……"

可是这段故事，于我们而言也是太过于熟悉了。小说《三国演义》中，曹丕快死的时候，在儿子堆中挑选接班人，为了考察儿子们的心意，就带着他们上山打猎，发现一头母鹿带着一头小鹿狂奔，曹丕一箭射翻母鹿，然后催促儿子曹睿快一点把小鹿射杀。不曾想，小曹睿弃弓于地，垂泪曰："陛下已杀其母，儿何忍再杀其子。"当场听得曹丕目瞪口呆，只好将万里江山传授给他。

咸丰这厮可真是奇怪了,他抄就抄吧,偏偏只逮着曹操一家抄个不停,难道这种历史性的疯狂抄袭,也隐含着深藏不露的帝王哲学吗?

6.高妙的帝王哲学

帝师杜受田教咸丰的这两手,居然都是从小说《三国演义》中抄来的,这委实有点让人提不起精神来。

相当部分史学家怀疑,这两段记载是无聊的小文人坐在屋子里瞎琢磨出来的,盖因小文人没什么见识,但好歹《三国演义》还是读过的,所以当他们瞎猜咸丰是如何击败皇家老六的挑衅、入主龙椅的过程时,猜不透其中的花样,就只好从小说里摘抄……

不怪史学家这么想,仔细看这两段文字,抄袭的氛围太过于浓烈了。但闹心的是,这记载居然已经被写入了《清史稿》。

《清史稿·杜受田传》云:

至宣宗晚年,以文宗长且贤,欲付大业,犹未决。会校猎南苑,诸皇子皆从,恭亲王奕䜣获禽最多,文宗未发一矢。问之,对曰:"时方春和,鸟兽孳育,不忍伤生,以干天和。"宣宗大悦,曰:"此真帝者之言。"立储遂密定,受田辅导之力也。

这明显的抄袭,一旦进入了《清史稿》中,那就有点麻烦。有什么麻烦呢?权威性!

这个故事虽然是抄袭来的,可一旦写入《清史稿》,那就意味着此事经由了最权威的部门与人士的鉴定,宣布有效……也就是说,这样的事情,的确发生过。

这件事情竟然是真实的历史,这同时证明了两件事:

第一件:上一届皇帝道光智商确实有问题。那厮好歹也是国家的储君,他活了一辈子,竟然连《三国演义》都没看到过,让人家随便从书中抄两段,就把他摆平了。

第二件:真正高妙的帝王智慧,不需要有什么神机妙算,只需要对当事人形成有效刺激,就足以奏效。

真正的大智慧其实是无心的，不会被既有的原则、经验和思考方式所局限，所以能充分灵活、充分弹性的深入变动诡谲的难局里，洞见常人所不能见的问题核心，察知常人所不能知的长远发展，而其拟定的对策，也往往出乎常人的想象，甚至乍看起来是违反常识的，唯有等到问题完全解决，才能看清这样深远通透的智慧来。

对于这种智慧的演说，孔子失马的故事，堪可称为一个典型的例证。

孔圣人孔丘在世的时候，率领门人弟子出门旅游，在途中，驾车的马儿吃了农夫的庄稼，农人很生气，当即将孔丘的马抓了起来，关在马厩里，声称以此马抵偿被吃掉的庄稼。

学生们知道了这件事，就公推最具舌辩之才的子贡出马，这子贡是天下知名的辩士，伶牙俐齿，只要一张嘴，便能够口吐莲花，倾动天下。却不料子贡去了之后，滔滔不绝地和农夫展开了大辩论，引经据典，妙语如花，正说得高兴，不提防那农夫操起木锹，一木锹将子贡打出门来。

子贡狼狈而归，回来后对孔子说起这事。孔子哈哈大笑，曰："你这个不知变通的蠢蛋，用别人听不懂的道理去说服他，就好像请野兽吃国宴，请乌鸦听交响乐一样，这能管用吗？"

连子贡都不管用，那怎样才能要回自己的马呢？孔子说："这事，太简单了，你让赶车的车夫去一趟好了。"

于是大字不识的车夫出马了，他到了农夫的家门前，一脚踹开门，两眼一瞪："咋的了，不就是马吃了你家几棵秧苗吗？你欠揍是不是？老子的马吃你的庄稼，是瞧得起你，你还敢反驳啊？"

农夫说："……你看你这个人，咋就这么野蛮呢？……我们又不是抢你的马，是怕你家的马吃了新庄稼不消化，所以才……你快点牵走吧。"

于是马夫轻轻松松地把马牵了回来。

帝王智慧的最高妙境界，说穿了也就一句话：智慧不分深浅，面对什么样的对手，选择最合适的招数，就足以立于不败之地。

7.帝王发明家

重复一遍：智慧不分深浅，面对什么样的对手，选择最合适的招数，就足以立于不败之地。

咸丰皇帝针对他爹道光脑子不够用的特点，单只是从《三国演义》中抄了两段，就赢了这一局。那么，当他面临着太平天国洪秀全的挑战之时，又有什么招数呢？

史书上说：咸丰没招，无计可施，反倒是洪秀全妙手无穷。事实上，爱新觉罗一家始终在怀疑，那咸丰莫非是上辈子欠了洪秀全的，所以洪秀全这辈子来讨债了……

世传文宗与太平军相始终，最奇者，文宗生于基福堂，堂内悬有洪范五福匾额，故监侍多称洪福堂若预为洪氏先兆者，已奇矣。而文宗方即位，洪即起事金田，咸丰改元，洪亦建号太平天国。及文宗崩而洪亦旋殁，遂复江南，抑何其巧奇哉。天生洪氏，若故与文宗为难。然非文宗之才识亦不克平乱，其时外患内忧交迫而至，洪军连占至十数省，英法联兵，南北并忧。文宗用人不疑，当机立断，屡濒绝灭，卒挽危亡。而朱批手敕，剀切感人，尤不可及。天假之年，中兴立致。后来隐患，何自起哉。又传文宗临命时，两后以军事为忧，帝曰："大乱即平矣。忧不在此。"闻者愕然，而不知实有先见云。

这是《四朝佚闻》一书中的记载。书中说，咸丰皇帝和太平天国的洪秀全，有缘分：

第一，咸丰皇帝生于基福堂，他出生的时候，堂内悬有洪范五福的匾额。这里有一个"洪"字，所以这匾额，当是两人结缘的先兆。

第二，咸丰即位之年，正是洪秀全于广西金田大搞群体事件的时候，咸丰改年号，人家洪秀全也弄了个太平天国出来。

第三，咸丰在位十一年，死掉，洪秀全也是当了十一年的天王，咸丰死后，他也急不可耐地死掉了……这能说不是缘分吗？

第四，咸丰皇帝临死之前，东太后慈安、西太后慈禧，两个太后都担心江南的战争，可是咸丰却摇头说："……没事了，我一死就全都消停了……"果然，这老兄前脚死，后脚曾国藩就将太平天国彻底消灭了。

总之，咸丰和太平天国的洪秀全两人之间，似乎有着某种神奇的默契。那洪秀全分明是跑来陪咸丰玩的，等咸丰蒙主宠召，魂归极乐，洪秀全也就不在人世间待了……

证据：

咸丰四年粤贼据扬州，诸将帅围攻之，贼守坚不能下。乃奏请决湖水以灌之。文宗皇帝赫然批答曰："辩不得扬州，无并伤吾百姓也。"圣祖爱民之深，真与天地同广大矣。不十年而奏廓清之功，有以哉。

这是《庸闲斋笔记》中的一段故事，记述得极为奇特。故事中说，洪秀全的太平天国，在扬州趴窝，死活不肯挪开，清兵拼了老命地进攻，却仍然拿不下来。于是军方领导就向咸丰皇帝请示："报告，咱们使用水攻之法吧，来个水淹扬州，淹死那帮不明真相的群众……"

咸丰皇帝哭了，说："扬州城里，哪一个不是爹养妈生的啊，你们出这么损的主意，也能忍心……就这么说吧，朕宁可不要扬州，也决不允许你们伤害到我的百姓……"

这么看起来，莫非咸丰真的是一位"明君"？可这天底下，哪有把人家妙龄少女从秋千上甩出去活活摔死的明君呢？咸丰不取扬州，只是因为他知道，在他和洪秀全两人共同参与的这个游戏之中，能否拿下扬州，并不重要。

那什么才重要呢？专利发明！

当咸丰皇帝被英法两国鬼子狂撵到热河之后，他改良并发明了女生专用的棱裆裤：

文宗末年，以关内骚乱，已视为无可挽回，西狩木兰，实备事急东归之计。一己则纵欲自戕，以冀遄死，故近侍官人，不著穷裤，群皆开裆，名"棱背裆"便其随时可以幸御也。及后，虚赢已甚，犹日服方剂以振其欲。唯下体畏寒异常，及冬尤甚，乃于衣紧内特制一物以温下体，制以貂皮缝缀，而袭以黄绒，缀扣带，以便系援，归内务府承造以进。有满人锡元庭者，在同治初以参将与剿北捻军士，其人本在内务府服官，经治其事，为人言之如此。

这段故事，说一个满族干部锡元庭，此人曾参加过剿灭北捻战役，复员转业后在内务府工作，主要职责是替咸丰一家子提供衣物。据锡元庭叙述说，送进宫里的衣服，清一色是开裆裤，让宫人穿在身上，为的是方便咸丰随时随地的幸御……可是咸丰不懂得养生，幸御过度，导致了下体阴寒冰冷，不得不又用貂皮黄绒,专门缝制了一个安全套,套在咸丰的下身上……

有史学家声称,满清入关,对人类文明有着十大贡献……不晓得咸丰发明的这些开裆裤,能够列入第几大贡献……不管怎么看,我们都能发现这样一件事:咸丰,似乎并不乐意陪洪秀全玩游戏,他更喜欢和女生们玩。

8.洪秀全的贡献

现在不能不说到洪秀全了,此人居然能够于万里河山之间,与咸丰分庭抗礼、坐断东南,若不是真的有点本事,也难有如此辉煌的人生成就。

那么,洪秀全是如何成就了他的事业与人生的呢? 这个事……最早的时候,洪秀全是在他的老家广东进行政治宣传的,他说:"我是上帝耶和华的小儿子,是耶稣的弟弟,是来拯救你们的,快把你们家里的钱都给我……"可是没人理他。洪秀全很郁闷,就去了广西,不巧遇到了广西豪族杨秀清,杨秀清听他这么一说,觉得有戏,就让洪秀全坐在椅子上别乱动,他自己带着萧朝贵、冯云山、石达开等兄弟们四处里宣传:"你们知道吗? 洪秀全是上帝耶和华的小儿子,是耶稣的弟弟,是来拯救你们的,快把你们家里的钱都拿出来,我替你们交给他……"如此轰轰烈烈宣传了一番,还是没什么效果。

洪秀全失望了,就回老家广东了。

他前脚刚刚到家,后脚就被杨秀清派人追来了:"老洪,快点回来……这边兄弟们干起来了,成功了……快点回来主持工作……"

怎么这么快就成功了呢? 洪秀全顾不上问这个复杂的问题,急急返回,果然就见兄弟们已经占领了广西永安。于是洪秀全急急登基,发布诏书,曰:

人无天父从何出? 生哥暨朕共老妈。爷亲教朕读神诗,凭诗认爷今无差。
爷又命哥教朕读,天嫂劝哥悠然些。哥生三子并二女,朕有一子爷带他。
天上有三十三天,爷哥带朕战层层。驱逐蛇魔阎罗鬼,即是撒旦把人缠。
层层逐他层层落。天将天兵护两边。朕时战倦中安睡,周围神使护后前。
老妈赐摘生命果,食饱大战嘱叮咛。那时砍妖三分之二,严将撒旦打落地。
爷欢封朕为天王,纸写七字作号记。爷复遣朕主人间,半天嘱朕放胆去,
凡有烦难爷出头。爷哥戊申既临世,爷哥降托东西王……

洪秀全的这纸诏书,曾经存档于广东督抚衙门,英法联军侵占了广州之后,将这些资料统统运到英国公共档案局去了……这么好的资料,就让洋鬼子们束之高阁,真是对人类文明的极大犯罪。

基本上来说,现在我们看到的就是洪秀全的说话风格,此人说话,正常人是很难听懂的。一旦你听懂了,那你多半已经有了麻烦,盖因洪秀全的宣传有着一种特殊的语境,对倾听者产生着一种奇妙的腐蚀效力,一旦你的思维顺着他往下走,很快你就会成为洪秀全的信徒。所以洪秀全才会轻易成功。

说洪秀全的成功太轻易,这分明是有点不太客观,事实上,洪秀全对中国历史是有贡献的,这贡献少说也表现在三个方面:

头一个贡献,洪秀全创造了一个固定词组:中国人民。"中国人民"这个固定词组,我们现在熟悉到了不能再熟悉的程度,但在洪秀全之前,这个固定词组的组合方式并不存在的,存在的只有"中国"和"人民"这两个毫无关系的词,但是洪秀全以其天才的创意思想,将这两个词组合了起来,从那一天开始,全中国人都跟在洪秀全的屁股后面学,都是洪秀全的学生……

洪秀全的第二个贡献,是创造出了天父天兄天王太平天国这个称呼。这个称呼目前被简化为太平天国,但这个词是绝对简化不得的,必须要严格地称呼为天父天兄天王太平天国,全称就意味着这个国度是上帝耶和华、圣子耶稣和洪秀全他们仨人的,跟别人没关系,一旦简化,就必然导致了这个神圣的国度产权不清晰了。

此外,杨秀清因为立功比较大,没有杨秀清就没有天父天兄天王太平天国,所以上帝亲封了杨秀清一个巨大的官,该官的全称为:天父天兄天王太平天国传天父上主皇上帝真神真圣旨圣神上帝之风雷劝慰师后师左辅正军师顶天扶朝纲东王杨秀清。单是杨秀清的官衔,就足足五十个字,估计那杨秀清至少背了仨月,也未必能够弄清楚自己到底是个啥官。

比杨秀清的官衔略短,但明显长于其他领导官衔的,是萧朝贵。萧朝贵的官名为:天父天兄天王太平天国传救世主天兄基督太子圣旨圣神上帝之雨电右弼又正军师顶天扶朝纲西王萧朝贵。萧朝贵的官衔,一共是四十五个字。

洪秀全的第三个贡献,也是最重要的贡献,是他首开选美大赛之先河,首肇

图文珍藏版

超女大赛之先声:"……考试女子,取傅善祥为女状元、榜眼钟氏、探花林氏,招入伪府,令掌簿司批答。"

这里有个傅善祥,参加了天父天兄天王太平天国的高考,夺得了第一名,是中国的第一个女状元。这件事被两个洋传教士听说了,就飞奔了前来,准备报道中国妇女解放运动的进程。

俩洋鬼子到了之后,惊发现女状元傅善祥细嫩的脖子上套着好大的木枷,正在堂前示众。另有一个名叫碧娘的姑娘,也被当众拖了出来,剥除了全身的衣衫,淋上麻油,吊到高高的旗杆上放火焚烧,此之谓点天灯。

俩洋鬼子看得呆了,惊道:"不可以这样搞,不要这样胡来,上帝曰:'要爱世人,爱你的女邻居……'这么年轻貌美的女孩子,你们怎么下得了手啊……"

"是这个样子的……"杨秀清耐心地对俩外宾解释说:"不是我们要烧死这个女生,我们好歹也是大老爷们儿,怎么会干这种事呢,你说是吧……可这是人家上帝的旨意的,上帝说了:'你得把那个女生烧死,不烧是不行的'……"

俩洋鬼子傻了眼:"上帝……啥时候说过这话?"

就是现在。只见洪秀全出列,走到俩洋鬼面前,突然两眼翻白,口吐白沫,浑身抽搐,口中发出怪异的声音:"……我是上帝,是耶和华……你们快给我把那个小丫头烧死,快烧……"

俩洋鬼子惊见如此人间怪事,只好抱头鼠窜。

现在我们知道咸丰皇帝何以从来不将洪秀全视为对手了。人家洪秀全压根就没想跟他咸丰玩,俩大老爷们有啥好玩的? 和咸丰一样,洪秀全也只喜欢和女生们玩。所以他和咸丰之间是有着默契的,大家各玩各的,谁也别招谁,谁也别惹谁……

9.如何对付洋鬼子

对付洪秀全,不需要咸丰动多少心思,因为他知道洪秀全也根本不会把心思放在他的身上。但是对付洋鬼子们呢? 这又该如何处理?

咸丰召集群臣开会,集思广益,群策群力,看看有什么法子,灭了洋人。

大家说:"洋鬼子这些坏东西啊,头顶长疮,脚底冒脓,坏透了,不好搞……

不过看起来呢,眼下的这些洋鬼子啊,就属英国鬼子最可恶,他们老是胡扯什么规则人权,明摆着是在玩咱们,只要见了他们就打,准错不了。至于俄国鬼子,他们是咱们的友好邻邦,而且俄国鬼子最恨英国鬼子,敌人的敌人就是咱们的朋友啊,所以咱们应该和俄国鬼子修好,说不定会让俄国鬼子和英国鬼子打起来……还有美国鬼子,美国鬼子的脑子都有毛病,对他们只要能拖就拖,拖时间长了,他们自己也就不好意思再扯皮了。最后是法国鬼子,法国鬼子智商比较低,哄哄他们,骗骗他们,就算完事了……"

咸丰听了,连连点头,曰:"没错,咱们大清国的基本国策,就是对俄国示好,对美国设法羁绊,对法国进行诱劝,对英国绝不客气,坚决消灭……"

以现代人的眼光再来看朝廷制定的策略,我们就知道林则徐何以会成为一代伟人了。林则徐虽然也不懂国际政治法则,最多只是个二把刀,可是林则徐想出来的法子招数,至少能对上百分之三十的路子。也就是说,林则徐也得三七开,三分正确,七分错误……这个正确率虽然是低了一点,可好歹,也比咸丰百分之百的错误要强上许多……

看看咸丰这脑子糊涂的,那俄国鬼子当属中国最大的敌人,因为他们对中国有着领土的野心,《瑷珲条约》一签订,就将中国大片大片的领土划拉到俄国人的家里去了。这是明摆着的强盗,对强盗示好,岂不是自讨没趣?相反,英国鬼子也好,法国鬼子也罢,再加上美国鬼子,这些鬼子都是漂洋过海而来的,他们的底线远比俄国鬼子高得多,只要大清国允许中国百姓做生意,他们也就懒得管你们那些闲事……

但是咸丰皇帝的做法,也不能说是全错。因为俄国鬼子抢走中国多少土地,都未必会影响到爱新觉罗一家的统治,可是英法美这仨洋鬼子却是要改变中国的政治游戏法则,这却是要爱新觉罗一家老命的事情。有以国毙——宁肯让整个中国陷入万劫不复的苦难深渊,也绝不肯放松皇权对中国的桎梏。这就是咸丰皇帝要干的事情。

如果咸丰错了,中国或许还会有几分机会。但如果咸丰做对了,则中国必然要为皇家权力的牢固付出代价。这就是远古的"帝王策术"与中国人民福祉的冲突。

没有办法,英法联军已经来了,任谁也没有办法。

10.像狗一样的抢骨头

公元 1858 年 3 月,英法联军及英、法、俄、美四国公使抵达天津大沽,科尔沁亲王僧格林沁率领他的铁甲骑兵,按照朝廷制定的基本国策,对法、俄、美三国鬼子网开一面,对英国鬼子要动真格的,打击侵略者,毫不留情地予以歼灭之。

僧王开炮了,轰轰轰,轰得英国鬼子狼狈鼠窜。

英国鬼子火了,纠结了法国佬,凑成了英法联军,气势汹汹地又杀了回来,轰轰轰,双方一通乱打,清军 8000 将士一哄而散,英法联军陷大沽炮台。

闻知这个消息,有御史陆懋宗星夜上书,咸丰得奏,拿起朱笔,批奏了一行鲜红的大字:

如狗啃骨,被人夺去,岂不恨哉!钦此。

批阅过后,立即传令宫中打包准备行动:北狩热河。

英法两国鬼子杀至通州八里桥,有点心虚,再往前走就攻人中国的首都了,这在国际上可是极坏极坏的影响,还是停下来吧,递交国书,马马虎虎搞个城之下盟吧。

中方全权代表载恒一见对方递交国书,大喜。这洋鬼子费这么大的劲,原来就是为了送这么一封信? 坚决不接他的信,气死洋鬼子。

中方拒接洋鬼子的国书,明摆着让英法联军下不了台。下不了台,没面子,还能怎么办呢? 硬着头皮往前走吧。

英法两国鬼子气势汹汹地冲进了北京城,到处打听咸丰皇帝的下落,想把国书送给他。却无人知晓皇帝的下落,只是听说热河之地有一个"且乐道人",正自玩得开心。英法两国鬼子郁闷之际,遂到处寻找向导,终于找到了大诗人龚自珍的儿子龚半伦。

英法两国鬼子进了北京城,就好比瞎驴进了瓷器铺,根本不辨东西南北,只能听向导龚半伦的吩咐。结果,龚半伦带领英法鬼子来到圆明园,遇到了圆明园的总管文务大臣文丰,正见文丰把一块"今日休息,暂不开放"的牌子往门上挂,告诉洋鬼子们说:"今天是休息日,圆明园不对外开放。"

洋鬼子见软法子行不通,只好硬闯进去,开始放火。文丰上前拼命阻拦:"不要烧,你们不要烧,有话咱们好好说……"可是阻拦不住,冲天的大火,已经燃烧了起来。文丰气急之下,一头栽在火海里自杀了。

这件事果然造成了极为恶劣的国际影响,不唯是中国人愤怒,就连法国人自己都看不下去了。遂有法国大文豪雨果愤然提笔,曰:"有俩强盗,一个叫法兰西,一个叫英吉利,他们闯入了古老的文明中国……"诸如此类。

此后咸丰决定自杀,但如何一个自杀法呢?要不……干脆沉湎女色而死,如何?

这是一个好主意。咸丰遂找来四名美少女,一名牡丹春,一名海棠春,一名杏花春,一名陀罗春,史称"四春",拼了老命地幸御了起来。感觉到四春的力度还不够,咸丰又扯过来"天地一家春",史上最著名的小美人慈禧,没过多久,就见咸丰两眼一闭,笑曰:"我死后,哪管你洪水滔天……"

咸丰之死,正式结束了他的大清帝国第九届皇帝的使命。

同治皇帝的人格萎缩

1.地球过敏症

大清帝国的第九届皇帝咸丰在世的时候,生活简朴,作风严肃,远非像有些人所想象的那样贪溺无度。史书上说,咸丰是位富有情调的皇帝,他酷爱女生的小脚,所谓的裙下双钩是也,缅娘新月,潘妃莲步,古今风流天子如出一辙哉。

为了更好地为大清帝国百姓服务,咸丰暗中派出亲信,潜伏在扬州,没多久,果然逮来一个绝色美少女。那女生是如何一个美貌法呢?书中说:"……凌波之纤跌如削笋,至需人扶掖以行。腰支鼠袅,本可作掌上舞,益以莲钩,每小步花间偶一摇曳,辄如乘风飞去,帝绝宠之……"总之是美到了我见犹怜,何况老奴的程度,是那种一听说就让人流鼻血的极品女生。

也有人说,这个女生其实就是咸丰皇帝最宠爱的"四春"之一,也有人说不

同治通宝

是……那么到底是还是不是呢？这真是天晓得，反正我们只知道，这个名叫凌波的女生患有洁癖之症。

洁癖是一种只有当事人才知其痛苦的严重疾病，西方有人将这种病戏称为"地球过敏症"，意思是说，患上这种疾病的人，已经不再适应于地球的肮脏环境了，火星上或许更适合她们……但是凌波没有去火星，而是来到了皇宫。或许她心想：这地球是脏得一塌糊涂，可是皇宫里……那地方应该干净一点吧？

然而凌波错了。当她来到皇宫的时候，才知道这鬼地方处处肮脏，到处都是污物，这种肮脏的环境对凌波的身心健康造成了极为严重的伤害……书中说："凌波瞿然如中蛇蝎，每遇一次必数日病。或因遭秽震颤，骤致倾付则怅恨欲觅死……"很明显，这个女生漂亮是漂亮，但她的病情也已经发展到了失去控制的阶段，哪怕是看到一粒灰尘，都心如刀绞，痛不欲生。

看到自己心爱的女人这般的痛苦，咸丰心如刀绞，当即命人将负责打扫卫生的工作人员们统统拖出去，用木棒活活打死。但这一招并无益于凌波的病情，反而刺激得她更加严重了。

于是凌波就对咸丰皇帝说："皇上。你爱不爱我？"

咸丰说："爱，咋就不爱你呢？"

凌波说："假如你爱我，就救我一命吧……"

咸丰问："咋个救法？"

凌波说："你让我早晨的时候，自己划着小船去荷花池里，摘取夜晚时凝结在荷叶上的露珠，那露珠是冷凝的蒸馏水，最是卫生清洁了……我喝了蒸馏水，就能够继续活下去了。"

咸丰说："OK，都依你。"

第二天一早，凌波果然独自起床，荡起小舟，驶入荷花池中，摘下一片荷叶，将凝结在叶片上的露珠一饮而尽，好甘美……不对劲，我的小肚皮咋就这么痛呢……喝过露珠的凌波突觉腹中疼不可忍，惨叫一声，失足跌下水中，居然淹死了。

咸丰皇帝闻之大骇，急忙跑来现场，命人将荷叶上的露珠拿到司法部门一化验。结果让他毛骨悚然：所有的荷叶上，都已经事先被人涂抹了剧毒药物。

这竟然是一起经过精心策划过的宫廷谋杀案。咸丰怒不可遏，亲自出马侦破此案，打死宫中也不知多少宫女，但直到他临死，也未能破获此案。

有人说，不怪咸丰侦破能力不足，概因此案系犯罪界资深人士所为，以咸丰的智商和能力，远不是这位犯罪大师的高手。

那么这位犯罪界资深人士，又是哪一个呢？

2.制度规定你挨饿

原来，运用了高妙的犯罪技术、杀害咸丰最宠爱的美少女凌波的凶手，是宫中素有"天地一家春"之称的懿贵妃。

那么，懿贵妃为啥要杀害这么一个少女呢？

……这话问得就没水平了，试想那美少女凌波不辞劳苦地从扬州赶到皇宫里，是干啥来了？是来找男人来了。

宫里有多少男人可供她挑挑拣拣？就一个皇帝咸丰，而宫中却足有几千名美少女闲置在那里，所以这凌波始入皇宫，就已经决定了她的命运，从此她将成为所有人的死仇大敌，不干掉她，大家哪来的好日子过？

残酷啊，宫廷争宠之战，自古以来就是这么个残酷法。

话说懿贵妃举重若轻地铲除了情敌，就把她的目光转向了宫廷之外。这外边好多好多的男生……有没有哪一个男生最欠揍？就听"嗖"的一声，大学士肃顺浮出了水面。

这肃顺，又是个啥样的人呢？肃顺这个人，说起来也不算是太好，但也说不上有多么坏，总之这是一个很有能力的人。他的口头语是："咱们旗人一定要好好地对待汉人知识分子，他们那支笔忒厉害，惹不起……"所以他力主重用汉人名臣，对满族大臣实施了打压政策，不让他们抢男霸女，这理所当然地引起了皇亲贵戚们的无比悲愤。

所以咸丰皇帝对于肃顺比较倚重，虽然肃顺也没有什么对付洋人的绝招，但他保荐的那些汉人，如曾国藩，如李鸿章，还多多少少能跟洋鬼子们较量几招，而且这些新晋汉臣，已经成为大清帝国的中流砥柱，这就造成了肃顺在朝中的地位水涨船高的事实。

正当肃顺春风得意、要风得风、要雨得雨的时候，出事了。

有一天，肃顺正兴高采烈地率了仪仗队出门，忽然见一大票人堵在门前，肃顺大怒，正要吩咐人拿下往死里打，可仔细一瞧，见来人竟然是咸丰皇帝带队，后面还跟着一个小女生懿贵妃，当时吓得肃顺魂不附体，急忙趴下问好……

就见咸丰皇帝满脸凶气，不由分说指着肃顺的鼻头一顿臭骂。肃顺被骂得不敢吭声，可是心里却纳闷儿，好端端的，皇上这是怎么了……偷偷抬眼一瞧，正见懿贵妃拿小手帕捂了嘴，站在咸丰皇帝身后，看着肃顺咯咯直乐。

当时肃顺火大了，心说你一个小丫头片子，我和皇上俩的事情你跟着掺和什么啊，还咯咯直乐，迟早有一天……

果然是风水轮流转，明年到我家。不过是眨眼的工夫，英法洋鬼子就稀里哗啦地奔着北京城扑了过来，咸丰皇帝当机立断，打马先行，这皇帝出逃可是一桩大事，沿途都需要人接待住宿，照料衣食。

这个工作，派谁来最合适呢？肃顺，当然是肃顺。因为朝中大臣之中，唯有这个肃顺还称得上能臣，也就是多少能干点实事，所以咸丰就将沿途接待的工作，安排给了肃顺。

却说咸丰皇帝一路北逃，沿途官员出面欢迎接待，每日里的伙食丝毫也不亚于在皇宫里的时候，吃得咸丰雄心万丈，就去找懿贵妃幸御，不想到了懿贵妃处，却发现那妮子已经饿成了皮包骨，一见了皇上就扑了过来："皇上救命，我都快要饿死了……"

咦,这不是有许多大鱼大肉吗?怎么懿贵妃给饿成了这样呢?派人一打听,咸丰才知道,原来肃顺只安排了他咸丰一个人的伙食,其他人等,如懿贵妃,每天只有两碗豆浆喝,而且还不管饱。听了这情形,咸丰皇帝的侠义心肠被激发起来,于是他拍着胸脯保证道:"贵妃莫担心,你等我去找肃顺替你说说情,让他赶明儿个替你也安排点吃的……"

于是咸丰皇帝兴冲冲地去找肃顺说情,万万没想到,肃顺竟然一口回绝了他:"皇上不可,按照制度礼法,懿贵妃非得挨饿不可,不光是她得挨饿,除了皇上你自己,所有人统统都得挨饿……你想啊皇上,国家都被洋鬼子欺负成这样了,她们还有心思狂吃海塞吗?"

咸丰皇帝被肃顺说得云山雾罩,只好回来对懿贵妃说:"……不好意思,事情没办成,人家肃顺说了,你丫就得一路上挨饿……这是制度。"

懿贵妃听了,顿时怒火攻心。肃顺,你小子欠揍是不是?

3.同治皇帝的个人简历

话说咸丰逃到了热河之后,不久病死。

临死,咸丰宣布,从今而后,我儿子载淳就是大清帝国的第十届皇帝了。但是小载淳刚刚 6 岁,还在尿床啊,怕他缺乏经验,被洋鬼子欺负,所以呢,兹任命以大学士肃顺为首的八大臣辅政……但是皇帝的印章玉玺,却要交给东西两官的皇后管理,你们八大臣有什么事情,跟东西两宫的皇后商量着办……

东西两宫的皇后,由此晋级为东西太后。东太后是慈安,而西太后,就是懿贵妃慈禧了。

说起这西太后慈禧,她在民间的名声是相当的不好,为啥呢?是不是因为她打不过洋鬼子,被洋鬼子撵得满世界乱跑?

不是这个理由,这西洋的鬼子们,是在完成了工业化进程之后、挟犀利的火器闯入中国的,莫要说慈禧只是一个女生,在前线战场上那么多的老爷们儿,也没听说有谁能干得过洋鬼子,所以民间人士不喜欢慈禧,一定是另有原因。

什么原因呢?这原因就是,慈禧是一个典型的失败教育家,她没能够为大清帝国培育出一个像样的皇帝来。由她亲手栽培、并隆重推介给大清帝国的皇帝,清一色水货,伪劣产品……也就是说,慈禧不懂得如何教育广大青少年,身为母亲却不懂得教育方法,难怪人民群众不给她好脸子看。

那么,慈禧又是怎么教育她的孩子们的呢?这个事,还是先从同治小皇帝的个人简历说起吧。

性别:男

姓名:爱新觉罗·载淳

出生:1856 年 4 月 27 日

籍贯:北京市长安街一号紫禁城储秀宫东走廊西拐角

属相:龙

星座:白羊座

血型:AB 型

身高:171 厘米

体重:42 千克

职业:皇帝

特长:评点春宫图册

社会关系:

父亲:爱新觉罗·奕詝

母亲:叶赫那拉氏

心路历程:

0 岁:出生。

6 岁:出任大清帝国第十届皇帝。

6 岁:打掉了以肃顺、端华等八老头为首的“反太后集团”,建立起垂帘听政制度。

7 岁:太平将李秀成攻上海,不克败还。太平将陈玉成兵溃被俘,解送京师剐死。

8 岁:太平军石达开独走大渡河,粮尽路穷,入清营被斩。

9 岁:湘军兵围天京,太平天国天王洪秀全服毒自尽,城中军民十余万皆死。

11 岁：左宗棠任陕甘总督，击叛乱教民。

13 岁：伊斯兰变民首领董福祥降，宦官安德海出宫，山东巡抚丁宝桢斩之。

14 岁：天津教案发生，修女数十人被杀，俄商 3 人被打死。

14 岁：两江总督马新贻，与张文祥、彭某三人结义，不求同年同月同日生，但求同年同月同日死，盟罢，马新贻杀彭某，奸其妻，张文祥遂密练药刀，于教场阅教时刺马新贻，此之为刺马大案。

16 岁：两江总督曾国藩卒。

16 岁：结婚成家，娶妻阿鲁特氏。

17 岁：日本来朝，递交国书，从此中国元首以平等礼节接见外国使臣。

17 岁：左中棠平定回疆之乱。

19 岁：卒，死因不明。

单只看小同治的个人业绩，感觉还是很不错的，平定太平天国洪秀全，平定回疆之乱，除了日本人趁机折腾了一番之外，也没听说洋鬼子们再闹什么事。所以这段时间，在历史上又称之为"同治中兴"，意思是说……以前国家的形势不是太好，但是到了小同治的时代，开始变得好了起来，而且越来越好……

如此说起来，这小同治应该不错啊。然而糟糕的是，中兴时代的政绩，偏偏与同治小朋友没什么关系，这就注定了这倒霉孩子的悲剧。

4.皇帝的家庭作业

咸丰这个人，虽然拿洋鬼子没得法子，不得不沉湎于女色之中，逃避现实。但是他毕竟是出自帝王之家，起码的帝王谋略，他还是懂得的。

不仅懂，而且精。瞧瞧，他临死的时候，给儿子小同治一家伙留下了八个辅政大臣，不过是辅一个破政而已，哪用得着这么多的人？

遗命八个辅政大臣，这是有其利害考虑的。如果我们记忆力还没出什么问题的话，就会马上想起来，同样的事件，在大清帝国的历史上已经出现过一次。

那一次是顺治死后，传位给麻脸儿子小康熙，当时小康熙才 8 岁，于是顺治给儿子留下了四个辅政大臣。这四个辅政大臣钩心斗角，打成一团，最后是老家臣鳌拜胜出，正当鳌拜热烈欢呼胜利的时候，康熙的老奶奶孝庄皇后突然出现在历史的阴影中，递给康熙一把杀人的刀：乖孙子，拿着这把刀，去把鳌拜那厮宰了，宰了他，你就是当之无愧的一代帝王……于是小康熙智擒鳌拜，顺利地完成了他人格的升华，由一个屁事也不懂的小毛孩子，成长为一个能征惯战的绝代帝王。

老忠臣鳌拜，全部的价值就是用来给康熙试刀，这可怜的老家伙不过是顺治留给儿子的一道家庭作业题。现在，大清帝国的第九届皇帝咸丰，也给自己的儿子同治，留了一道与康熙一模一样的家庭练习题。而且，同治的家庭作业，比康熙更要简单一些。

顺治留给康熙的，是四个辅政大臣。这四个老家伙就已经打得不可开交了，咸丰这里一家伙就给小同治留下了八个辅政大臣，按照中国人窝里斗的老传统，假以时日，这八个老家伙要是不打出几百数千条人命来，就算咸丰瞎了眼。

而且为了让局面更加复杂化、扯淡化，咸丰后面还有一手更绝的，他将皇帝的玉玺交由两宫太后掌管，知道两宫太后和这八个辅政大臣尿不到一个壶里，辅政大臣想做的事，两宫太后肯定会扯皮，这样势必会激化矛盾，让这伙人打成一团……打上几年，小同治也长大了，恰好也可以学一学康熙，把这些碍事的辅政大臣放倒，趁机也形成自己的独立性人格，成长为一代惹是生非的暴君……

除了羁绊八个辅政大臣，咸丰甚至对两宫太后也放心不下，这俩死丫头，别看自己活着的时候她们小鸟依人，百依百顺，可说不定自己前脚刚刚蹬腿，这俩丫头后脚就会立即叫一大群野汉子进宫……这事在历史上不止一次地发生过，而且许多皇帝临死之前，最担心的就是这事。

为了防止两宫太后红杏出墙，咸丰又想了一个秘法，他密授一纸朱谕诏书给东太后慈安，吩咐说："咱们家的小慈禧啊，这丫头太聪明了，你替我把她看牢点，如果她要是敢跟别的男人明铺暗盖的话……你就给老子干掉她。不用客气。"

咸丰这厮太有先见之明了，也许他早就知道，慈禧在入宫之前是有男朋友的，慈禧的男朋友便是大清国十大杰出青年荣禄是也。荣禄其人，才智过人，身手非凡,还有史学家一口咬定,慈禧曾经怀上过荣禄的孩子……后面这件事是真是假不太好说,因为我们缺乏第一手的资料,没有当事人的亲笔记录,任何猜测与推理,统统不算数。

总之,咸丰是个排兵布阵的高手,按他排下来的这个阵势,辅政的八大臣之间相互牵制,两宫太后与辅政八大臣相互牵制,两宫太后之间又相互牵制,就这么一个扯皮捣蛋阵布置下来,理所当然地为小同治预留出了成长空间。

按照事物发展的客观规律,等小同治长大了之后,就轮到慈禧出来,递一把杀人的钢刀到儿子的手中:"乖宝宝,拿好了这柄刀,出去替你娘把外边的那几个老家伙统统宰光……"诸如此类。

总之,咸丰替两宫太后安排的是早年间孝庄皇太后的活,也就是监督小皇帝完成家庭作业,成长为一个真正的男人。但是咸丰做梦也没有想到,他留给儿子的这道家庭作业,好是好,却被孩子他妈把这道练习题给做了……

5.慈禧的身世

打一个不恰当的比方,西太后慈禧与儿子同治,两人之间的关系就好比一个督促儿子学习音乐的母亲,儿子的水平高低好坏,听天由命。等到了考试的时候,母亲把儿子送到考场,站在门外等儿子金榜题名……这就算是完事了,基本上来说每一个做母亲的都是这么干的。你看凛冽的寒风之中,有多少母亲瑟瑟颤抖,等待着儿子走出考场。

但是慈禧这位母亲却有点出格,当她牵着小同治的手走到考场门口的时候,却突然发了飙,一脚踢开儿子,自己冲了进去……她在考场上打考官骂考生,撵得监考老师哭爹喊娘到处逃命,慈禧她是威风了,可考官能对她有好印象吗?

她表现得越是优秀,越是出色,大家就越是上火。你说这里有你慈禧什么事啊,跟着瞎搅和……

慈禧是怎么搅和的呢? 这个事说起来,那可就复杂了。要知道,在历史上,慈禧其人始终是笼罩在层层迷雾之中,她的历史并不清白,甚至连她的出生地,都是讳莫如深。

单只是慈禧的出生地,目前史学家就分成五个你死我活的派系,哪五个派系?

第一派:甘肃兰州派。此派的学者断言慈禧出生在甘肃兰州,有不同意此一观点者,骂之。

第二派:浙江乍浦派。该派的学者断定慈禧出生在浙江乍浦,凡不同意这一观点者,批之。

第三派:安徽芜湖派。此派的学者认准了慈禧出生在安徽芜湖,凡不支持这一派的人,贬之。

第四派:内蒙古呼和浩特派。这一派的学者坚信,慈禧出生在内蒙古自治区呼和浩特市落凤街,有不同意见者,斗之。

第五派:山西长治派,此派的学者认为慈禧出生在山西长治县,在当地甚至还有一个"慈禧童年研究会"……凡不同意这一派意见者,打之。

第六派……先别第六派了,单是这五个派别,我们就知道慈禧这丫头给大家添了多少的麻烦。连她的出生籍贯都没有搞清楚,你说大清国的政审官员是干什么吃的? 籍贯上都说不清楚,这样的女人又怎么可以送到皇帝身边去呢?

有一种说法认为,人家慈禧压根不乐意进宫,为啥呢? 前面已经解释过了,少女时代的慈禧,情窦初开,纯真烂漫,美貌慧黠,人家早就和男朋友荣禄月上柳梢头,人约黄昏后了……前面说过了,这种说法因为缺乏慈禧与荣禄的日记记载支持,不能作数的。但不管算数不算数,历史就是,咸丰皇帝前脚蹬腿,慈禧就立即秘密接见了荣禄。却不料此事早已被东太后慈安所察知,慈安火冒三丈,立即派人把慈禧叫来,给慈禧看了咸丰皇帝的遗诏。

清文宗在热河,临危之际,密授朱谕一纸与慈安后,谓某如恃子为帝,骄纵不法,卿即可按祖宗家法治之。及文宗崩,慈安以之示慈禧,殆警之也。

看到这个遗诏,年轻的慈禧顿时傻了眼。

此时,辅政八大臣进宫来了。

6.怪老头大闹皇宫

辅政八大臣此番造访,正是为了欺负两宫太后和小皇帝的。

要知道，这边只有两个女生和一个小孩子，而那边却有八个大老爷们，这八个大老爷们，以肃顺为主，咸丰恩师杜受田的儿子杜翰为辅，另有六个面和心不和的怪老头。这些怪老头虽然彼此之间钩心斗角，但却都瞧着两个女生不顺眼，所以有事没事，就要来闹腾闹腾。

《清宫档案史料丛编》第一册中，详细地记录了这次事件：

是日见面大争，老杜尤肆顶撞，有"若听信人言，臣不能奉命"语，太后气得手颤，发下后，怡等笑声彻远近。

这里说，八个怪老头闯入之后，冲着慈禧和慈安大吼大叫，唾沫星子喷了俩女生满脸，吓得两个女生花容失色，泣不成声。

还有一本《越缦堂日记》，也提到这件事，书中说得更邪乎，说是八个怪老头不唯是将两个可怜的女生吓惨了，连可怜的小皇帝同治都给吓得哇哇号啕……

总之，八个怪老头有点太不像话了，偌大一把年纪了，哪有这么欺负女生的呢？最气人的是八个怪老头中的怡亲王载恒，他居然"笑声彻远近"，这不是明摆着蹂躏两个女生吗？

清同治五彩人物花觚

八个怪老头欺负过女生，幸福地走了。

慈禧急忙哄着小同治睡下，然后来找慈安："姐姐好，刚才姐姐误会我了……其实我刚才偷偷见的男人，不是荣禄，而是胜保……"

"胜保？"当时慈安大大地吃了一惊。

胜保者，大清优秀杰出青年是也，举人出身，有个上书骂皇帝的习惯，经常写信骂咸丰浑球儿，终于有一日把咸丰皇帝骂急眼了，当即授了胜保一个官职，派他带兵去打太平天国。结果到了战场上，胜保被太平军追得屁滚尿流……这下子咸丰乐了，你一个臭书生，天天写信骂朕，你以为治理国家那么容易呢？现在知道厉害了吧？

再派胜保到六里桥,与英法两国的侵略军展开决战,这一仗,可把个胜保打惨了,挺漂亮的一张脸,被洋鬼子拿火枪轰得疮痍满目,回来后咸丰瞧他那狼狈样,顿时就乐了,当时御赐了他八个大字:忠勇性成,赤心报国。

听了这八个字,胜保放声大哭,此后每天早晨,胜保起床第一件事,就是背诵最高批示:咸丰皇帝他老人家教导我们说:胜保是个好同志……忠勇性成,赤心报国……背诵完了最高指示,这才洗脸刷牙……

这胜保,可以说是对咸丰皇帝最为忠诚的武将了,听到他的名字,慈安不由得动了心。有此人,说不定会……

"肯定会。"慈禧保证道:"所以我考虑……我是不是绣个荷包送给他……"

什么?慈安差一点儿没昏死过去。

7.胜保救驾

据《慈禧传信录》中记载,年轻的小慈禧真的绣了一个花不棱登的荷包,给胜保送了去,这只荷包上还有四个大字:精忠报国。

那么慈禧居于深宫,又是如何和胜保拉上关系的呢?

原来,胜保有一个姐姐,名字叫文殊保,是个优秀的文学女青年,最喜欢写字画画,愁风感月,一见到帅帅的男青年就两眼发直。慈禧入宫之前,就经常让文殊保教她书法,文殊保本来不过是个二把刀,慈禧又学得不用心,这俩小姑娘在一起没听说学到什么正经东西,但是姐妹情谊,却愈发的深厚。

有了这层关系,胜保和慈禧那就是一家人了,收到荷包之后,胜保顿时大哭,曰:"最高指示,太后说,胜保是个好同志,精忠报国耶……太后你发话吧,你让我砍谁,我就砍了谁,保证不皱一下眉头的。"

于是胜保咬破手指,写下了决心书:"首战用我,用我必胜……"就出发前往热河了。

胜保正走在路上,就听说慈禧与慈安已经是危若累卵,命在旦夕。

两宫太后情势危急,那是因为这俩女生缺乏对敌斗争的经验,现在她们已经拿定了主意,要搞掉这八个怪老头,于是天天给亲信写书信,招呼大家过来帮忙,倒是来了好多好多的人,可帮的都是倒忙……慈禧和慈安叫来帮忙的,有恭亲王,还有一个素有草包之称的醇亲王,醇亲王即有草包之称,当然要给大家惹出麻烦来了,他老兄一出场,就冲着肃顺等人大吼大叫:"……狂什么狂? 等回京之后再收拾你……俟进城讲话……"

醇亲王此言一出,彻底暴露了两宫太后欲端掉八名辅政大臣的计划。可这八名大臣哪一个是吃素的? 尤其是肃顺,其人素有"疾如鹰隼、猛如雷霆"的办事风格,他既然已经知道了两宫太后要动手,岂有一个束手就擒的道理?

所以这两宫太后,匆忙在热河找了个藏身之地,都躲了起来。

正巧在这个节骨眼上,胜保带着人马匆匆赶到了。甫到热河,就有人于黑夜中迎上前来,建议说:"打人不过先下手,杀猪务须快下刀,赶早不赶晚,马上动手吧,杀了八个辅政怪老头,快点救两宫太后于危难之际……"

胜保摇头:"肃顺等人,并没有什么谋反的形迹,至少他们没有派出人马追杀俩太后,更何况咸丰皇帝死前,有遗诏吩咐这八个怪老头辅政,就这样突然发起进攻,人家岂不说咱们要造反?"

于是胜保先派人密送书信与慈禧,然后保护着慈禧带着小同治回返京师,而肃顺等八个辅政怪老头还要沿途保护咸丰的棺木,走得自然就慢一些。

到得京师,早有两宫太后的同党恭亲王率众臣相迎,于是两宫太后放声号啕,直哭得天地变色,风云惨淡。恭亲王并众臣急问:"咋地了太后,谁欺负你们了?"

于是两宫太后当街哭诉"三奸欺藐之状"……意思是说,八个辅政怪老头瞧不起我们,欺负我们。这自然而然地激起了众臣的侠肝义胆,怒声问曰:"何不治其重罪?"两宫太后答曰:"彼为赞襄王大臣,可径予治罪乎?"众臣奏道:"那就先解除八个怪老头的行政领导职务,再整他们……"

第二天,群臣朝会,八个怪老头中的端华和载恒首先拿下,而为首的肃顺刚刚行至密云,被侍卫破门而入,当场就擒。

怪老头们怒不可遏,大声质问:"我等何罪。"

慈禧回答:"你在宫里用了我的瓦罐喝水……"

肃顺擅坐御位,于进内廷当差时,出入自由,目无法纪,擅用行宫内御用器物。于传取应用之物,抗讳不遵。此之谓肃顺之罪状也。

肃顺被押送菜市口正法,载恒和端华赐令自尽。大臣辅政制度从此被彻底推翻,小女人慈禧眉目含春地走上了历史舞台。

8.没事出门瞎溜达

《清官词》中有诗云:

北狩经年跸路长,鼎湖弓箭暗滦阳。

两宫夜半披封事,玉玺亲钤同道堂。

这首诗,说的就是东太后慈安、西太后慈禧这两女生,不甘寂寞、一味胡来,居然把儿子小同治的家庭作业替他完成了,悍然发动宫廷政变,干掉了八个辅政怪老头,让小同治彻底丧失了人生成长的机会。

话说自打两宫太后考试作弊,把小同治的家庭作业完成了,打掉了辅政的八个怪老头利益集团,害得小同治失去了生活的目标,于是小同治就弄来许多蜡制的洋鬼子人偶像,排列在书案上,然后他拎起小刀,一边高呼着:"杀洋鬼子喽,杀洋鬼子喽……用小刀把蜡人偶像的脑袋一个个的切掉……"

小同治有着长大后杀洋鬼子的想法,这是正确的,是应该支持的。可问题是,这个目标于这个小朋友来说,未免过于庞大了,他必须要先从小事做起,比如说先杀八个怪老头,练顺了手,再去琢磨洋鬼子们……可八个怪老头被他娘亲杀了,这让小同治咋个办呢?

于是小顺治就每天出门瞎溜达:

载淳尝微服由后宰门出游,湖南举人某居会馆,与曾国藩寓斋相对。一日,在床摊饭,见有少年入,就案翻视其文,以笔涂抹殆遍,匆匆即去,怪而询诸仆,仆曰:"此曾大人之客也。曾大人出外未回,故信步至老爷处耳。"国藩归,举人白其状,国藩大惊曰:"此今上也。"举人骇甚,竟不敢入春闱,即日束装归。

这里说同治在宫里待得难受,就跑出来找曾国藩玩,不巧曾国藩不在,于是小同治拿笔在曾国藩的书稿上乱画了一气,然后就走了。等曾国藩回来,对门急忙告诉他:刚才来了一个二愣子,在你的书稿上乱画……曾国藩笑曰:今天皇宫又没关好门,让皇帝跑了出来……

载淳出游,偶避雨僧寮,遇一人穷愁殊甚,询其所执何业,乃某姓家厮养卒也。为主人所逐，故托钵香积厨，以图果腹。又问如尔辈以何处出息最优，则以粤海关对。载淳遽假纸笔作一函，嘱交步军统领衙门，代为位置。时某亲贵执大金吾，得函，即予金治装，赴粤海关承役，其人遂以起家焉。

这一段是说小同治出门瞎转悠，结果来到了一个和尚庙，跟和尚一聊天，发现这家伙想弄个有油水的官，于是小同治助人为乐，大笔一挥，将这秃头推荐到了广州海关去……

就这么转悠来、转悠去，小同治幸福地进入了青春期，并遇到了他人生中的性生活导师：

穆宗朝，有翰林侍读王庆祺者。顺天人，生长京师，世家子也。美丰仪，工度曲，擅诣媚之术。初直南书房，帝爱之，至以五品官加二品衔，毓庆宫行走，宠冠同侪，无与伦比。日者，有一内监见帝与王狎坐一榻，共低头阅一小册。太监伪为进茶者，逼视之，则《秘戏图》，即丰润县所售之工细者。两人阅之津津有味，旁有人亦不觉。此内监遂出而言于王之同列，同列羞之，相戒不与王齿。或又曰："帝竟与王同卧起，如汉哀、董贤故事，是则未为人见。不能决也。"

上面这一段描述，见之于《清代野史》一书。平心而论，这段记载的可靠性不好说，所以另有一本书叫《异辞录》，特意为同治皇帝平了反，说是上面的记载纯粹是瞎扯……但这个说法，还是蛮符合广大人民群众心思的，所以在同治身死之后，就有人撰联曰：

弘德殿、广德楼，德行何居？惯唱曲儿钞曲本；

献春方、进春册，春光能几？可怜天子出天花。

总之，可怜的同治小皇帝，在坊间的名声并不是太好，那时节大凡稍有点名气的艺术家，大都声称自己跟皇帝有一手，这进一步地损害了皇帝的威严：

同治末有某伶者，相传曾为上所幸，伶生于二月初旬而死三月中，或挽之云：

生在百花先，万紫千红齐俯首；

春归三月暮，人间天上总销魂。

像这样的传说与记载，可以说是多如牛毛，也无怪乎大家都跟小同治过不去，这孩子彻底丧失了他的人生成长机会，就算活到一百岁，也是个没有自我人格的傀儡,被人如此捉弄,也是没办法的事情。

9.更年期与青春期的战争

相比于东太后慈安,西太后慈禧对小皇帝同治更为严厉,丝毫不假辞色。这是因为小皇帝是她亲生的,她当然不希望自己的儿子成为一个窝囊废,唯其以严格的教育,才能够让儿子成长为一个有为的大好青年。而且慈禧这个人虽然没读过多少书,却思维缜密,头脑过人,所以她理所当然地也就成了小皇帝同治心目中的威权象征。

伴随小皇帝开始出现的,是他的独立人格渐渐形成。凡是两足灵长类,都需要这样一个过程,要形成自己的独立性人格,首先就要摆脱对外界环境的依赖感,也就是要推翻权威,建立起以自己的认知观念为核心的崭新人格。

普遍的规律是,女孩子心目中的威权,是母亲;男孩子心目中的威权,是父亲。所以一旦到了少年叛逆的年龄,男孩子就开始跟父亲顶撞,而女孩子呢,则是左瞧母亲不顺眼,右瞧母亲不对劲儿,动不动就要找点小麻烦,闹点小情绪。这是更年期与青春期的战争,没有一个家庭能够避免。

但是在小同治这一家子中,他有俩老妈,却偏偏少了少年人的偶像代表父亲,实际上东太后慈安替代了他母亲的位置,而西太后慈禧则转移到了小同治父亲的位置上,俩人联手培育小同治。这就意味着,小同治必然要与生母慈禧展开对抗。

这一次激烈的对抗发生在1872年,小同治已经17岁了,男性生理已经形成,正在喷薄欲发的激昂阶段,宫里的美少女们,少不得千方百计找借口寻理由往小皇帝身边凑。

得赶紧给小同治找个媳妇,否则的话,后面的事情会是很麻烦……

西太后慈禧抢先推荐人选:"我推荐侍郎凤秀的女儿,那丫头貌美无双,聪明伶俐,有着母仪天下的威仪……"

东太后慈安断然否定了慈禧的提案:"我反对,凤秀家的女儿看起来鬼精鬼精的,但我听说那姑娘名声不是太好,好像她的男朋友多了一些……让她来当皇后,皇冠也会染得绿油油的,不可以。"

慈禧大诧："有没有搞错？凤秀家的女儿绝不是坏女生，我敢保证……"

慈安说："我推荐崇绮家的女儿阿鲁特，那姑娘仪态端庄，作风正派，嫁给小同治正合适。"

慈禧说："我反对，我坚持让儿子娶凤秀家的女儿。"

慈安说："我说咱们俩就别争了，何不把小同治叫过来，让他自己来挑，你看如何？"

慈禧心想，我自己的儿子，当然不会让老妈难堪，他肯定会挑老妈推荐的凤秀家的女儿……当即点头答应："好，就让小同治自己来挑吧。"

小同治来了，左看看，右看看，问慈禧："老妈，你想让我娶哪个姑娘？"

慈禧喜得眉眼挤作一堆："乖儿子，老妈当然希望你娶凤秀家的女儿，你看那孩子多水灵……"

同治说："既然老妈希望我娶凤秀家的女儿的话，那么，我决定，我就娶阿鲁特当老婆了。"

"什么？"慈禧急了，"傻儿子，你别跟老妈倔，老妈还是为了你好……阿鲁特那丫头不行的，她没文化。"

"阿鲁特咋就没文化呢？"慈安不爱听这话，"要不这样好了，咱们把阿鲁特那孩子叫过来，让小同治当面考考她……"

小姑娘阿鲁特来了，脸颊羞红，站在小同治面前，等小同治出考题。就听小同治问道："白日依山尽的下一句是什么？"阿鲁特回答："是黄河入海流……"同治乐了："那欲穷千里目的下一句，又是什么？"阿鲁特回答："更上一层楼……"

慈安在一边听得乐了："你看人家这姑娘，那真叫经典娴熟，对答如流啊，是谁乱嚼舌根子，说人家孩子没文化的？"

慈禧被气得半死，却也无可奈何，只好眼看着儿子娶了阿鲁特为皇后，凤秀家的女儿却只是落了个"慧妃"的职称。眼看着儿子天天搂着阿鲁特不松手，慈禧心里好不难过，就劝儿子说："儿子啊，慧妃那孩子，又聪明又懂事，你经常往人家那里走一走，皇后有点太贪恋床笫了，你以后要尽量少跟皇后上床，保养自己的身体要紧……"

慧妃贤明,宜加眷遇,皇后年少,未娴礼节,皇帝毋辄至宫中,致妨政务。

慈禧是一个成功的政治家,但她绝对是一个蠢透了的母亲。明明是在儿子叛逆的时代,她偏偏要指教儿子,除了激起小同治更加激昂的叛逆情绪,别的作用是起不到的。

从此,小同治再也不搭理凤秀的女儿慧妃,就让这可怜的姑娘一个人在冷宫里独守空床。

10.九州之铁铸此错

少年人的学习与人格成长,有着一个循序渐进的过程。现在所有的孩子,都要先识数,学习一加一等于二,然后再学乘除法,学三角,学代数,学几何,学微积分……当年咸丰临死之前,给儿子小顺治留下了一道基础练习题,就是如何干掉八个辅政老头。可是没曾想,孩子他妈斜刺里杀出,自己把这道题给做了。

做了就做了吧,第一道题让老妈做了,那就让儿子做下一道题好了……

没那好事,母亲替儿子把一加一这道题给做了,然后让不会做这道题的儿子去解微积分,那能解得了吗? 放在小同治这里,情形就是:他甚至连最起码的政治斗争经验都欠奉,又如何处理得了国家大事?

说到底,政治斗争不过是人际关系的总和。早年的小康熙,就是在摆平鳌拜的时候,学会了如何处理人际关系,从此有了清晰的政治头脑。可临到小同治,八个辅政的老头被他老妈急不可耐地打掉了,小同治又去何处学习政治斗争经验?

没有经验,就会闹出大笑话。遂有日本国公使来朝,引发了同治时代的一次深层次国际关系危机。

这一次日本公使副岛种臣来朝,递交国书的时候是站着的,最多是冲皇帝鞠一个躬,这标志着中国皇家正式宣布他们与国际友人平等了——只是承认皇帝和各级领导和外国友人平等,老百姓仍然需要趴在地上的——但不管怎么说,这总算是大清帝国不得不做出的让步。

政治斗争就是这样,你一让步,对方就会趁势逼人,咄咄逼人。

日本公使副岛种臣递交过国书之后,就派随行的副使柳原前光则到总理衙门串门聊天,见到了办事大臣毛昶熙和董恂。

柳原前光则说:"有个事我得跟你说一下,最近我们几条旅游船,途经台湾,不过就是开了几枪,打了几炮……没想到你们台湾的百姓又是冲我们敲锣,又是冲我们打鼓,弓箭鱼叉冲我们乱抛一气……我们认为这种行为是极不友好的,我想请你们哥俩儿给我一个解释。"

"哈哈哈……"办事大臣毛昶熙和董恂仰天长笑:"你们放着和谐的日子不过,跑台湾那么远的地方干什么去? 这不是明显找揍吗?"

中国大臣的讲话,听得日本来使目瞪口呆,旋即回去报告领导了。事情闹大了,日本人趁机出兵侵略台湾。

朝廷这边把两个乱讲话的大臣打个半死,派了林则徐的女婿深葆桢急赴台湾,布置台湾防务工作……

推究这次事件,责任还在小同治身上,因为这时候两宫太后已经还政,主持朝廷工作的就是小同治。最起码,他也要负起个领导责任来。

慈禧很愤怒,认为同治甫一亲政,就弄出这么大的乱子来,责任都在皇后阿鲁特身上。如果不是这丫头过于贪恋床第之欢,肯定不会出这样的事……

实际上,我们已经分析过了,这次事件的真正责任人,正是慈禧太后自己。可谁又敢跟慈禧太后说出这句话? 不想混了是不是?

偏巧这时候同治染上了不知其名的怪病,皇后就去看望他,这时慈禧已经凶猛地冲进房来,揪住皇后阿鲁特的头发,把人家女孩子硬拖出了房间,还一边拖一边拳打脚踢……皇后被打得惨不忍睹,情急之下大叫一声:"媳妇是从大清门抬进来的,请太后留媳妇的体面!"

这句话令慈禧更加的狂怒,因为慈禧是被偷偷弄进宫里来的,最恨别人揭她这个疮疤。盛怒之下,慈禧咆哮如雷,吩咐太监备大杖侍候,这时候忽然有人尖叫一声:"陛下驾崩了!"

慈禧急忙走过去一看,登时傻了眼。可怜的小同治,竟尔是连惊带吓,已经昏死了过去。实际上,他再也没有醒过来。

大清帝国的第十届皇帝,就这样葬送在不懂教育方法的慈禧手中。

光绪皇帝的"弑父情结"

1.四品大奶妈

大清帝国的第十届皇帝,同治,因为惊吓而死。皇后阿鲁特痛不欲生,吞金自尽,被父亲崇绮救活。于是崇绮进宫去见慈禧:"太后,我家丫头……咋整啊?"

慈禧说:"你爱咋整就咋整,我只告诉你一件事,我儿子同治死后无子,我也不再为他立嗣,我将让同治的堂弟兼姨表弟载湉出任大清帝国第十一届皇帝,那么你说皇后该咋办才好?"

崇绮当时就哭了:"太后,你这不是逼我女儿死吗?"

没错,慈禧就是要逼死皇后阿鲁特。因为在慈禧看来,如果不是阿鲁特碍事,儿子同治就不会与自己离心离德,更不会活活吓死……总之,这事都怪皇后不好,所以皇后必须要死。

同治皇帝死后75天,皇后阿鲁特氏"遽尔崩逝"。光绪皇帝的时代,就这样到来了。

光绪小皇帝登基的时候,刚刚三岁半,一被抱入皇宫,只听这小家伙号叫起来,任谁哄劝也无济于事。慈禧被哭得心烦意乱,就问道:"到底是怎么一回事,这孩子怎么哭个不停?"

"是这样的……"有人解释说,"太后,这孩子啊,打小让奶妈抱惯了,现在离开了奶妈,就会害怕,因此才哭个不停。"

慈禧说:"哦,我明白了,你家奶妈是个布衣百姓吧? 国家法律规定,老百姓是不允许到处乱走乱窜的,尤其是皇宫,更是不允许百姓出入……这样好了,我跟吏部打声招呼,就封奶妈为四品大奶妈吧,快点让她进宫来哄孩子。"

四品大奶妈来了,抱起小光绪一哄,就见小光绪转啼为笑,然后嘴巴一咧,继续大放号啕。

慈禧火了:"你这个奶妈,也不管用啊,不管用要你进宫干什么?"

四品大奶妈急忙解释道："……不是太后,是这么一回事,以前孩子在醇王府的时候,有个赶马车的车老板的儿子,和皇帝的年龄大小差不多,俩小朋友天天在一起玩……现在皇帝哭成这样,是想他的小伙伴了……"

慈禧一听:"好,有你的,车老板的儿子……那就四品车老板,快点让他进宫。"

四品车老板的儿子进了宫,和小光绪满地乱滚,俩小家伙登时乐翻了天。

看着这孩子那幸福的表情,慈禧心里暗暗打鼓,心说这孩子才这么大一点点的年龄,品位就这么差,恐怕日后……

果然,大清帝国落到这个孩子手里,终于彻底地砸了锅。

2.光绪皇帝个人简历

那么,光绪小皇帝又是怎么把大清帝国这口锅给砸了的呢?先来看看光绪皇帝的个人简历:

性别:男

姓名:爱新觉罗·载湉

出生:1871 年 8 月 14 日

籍贯:北京市太平湖醇亲王藩邸槐荫斋

属相:羊

星座:狮子座

血型:AB 型

身高:172 厘米

体重:50 千克

职业:皇帝

特长:无

社会关系:

父亲:醇亲王

母亲:叶赫那拉氏

心路历程:

第一阶段:0 岁~4 岁,醇亲王子阶段;

0 岁:出生。

第二阶段:4 岁~17 岁。少帝阶段;

4 岁:出任大清帝国第十一届皇帝。

5 岁:命甘陕总督左宗棠为钦差大臣,收复新疆。

6 岁:英国不法商人诈称修马路,公然于上海吴淞口修筑了中国第一条铁路,引起了中国人民的极大愤慨,数万人封堵铁路,两江总督沈葆桢以 285000 两白银买下铁路并拆除,中国人民欢欣鼓舞,拍手称快。

9 岁:总理各国事务衙门侍郎崇厚私割大片国土于俄人,朝廷大骇,将其下狱。

10 岁:因崇厚下狱,俄人大怒,增兵伊犁,遣军舰至中国海面。

11 岁:朝廷以曾纪泽为使,与俄人签订条约,割霍尔果斯河以西与俄。

11 岁:东太后慈安殁于钟粹宫,时年 45 岁,从此西太后独权。

13 岁:法人犯越境,中国军与黑旗军大溃。

15 岁:广西提督冯子材攻克谅山,中国正式宣布放弃对越南的宗主权。

16 岁:英人陷缅甸,缅甸国王锡袍于印度向大清帝国求援,大清束手无策。

17 岁:洋务派丁汝昌建铁路,国人痛恨之,称之为"丁日鬼"。

第三阶段:17 岁-28 岁。新政时期

18 岁:北京万寿山颐和园动工修建。

18 岁:英人入西藏,陷亚东要隘。

19 岁:亲政。

19 岁:芦汉铁路动工。

22 岁:广东阳江三合会反叛,聚众占大王山。

24 岁:日本陷朝鲜。

24 岁:黄海海战爆发,中国水师尽墨,士兵溺死者千数百人。

24 岁:光绪下诏,对日本正式宣战。

24 岁:甲午海战爆发,中国海军诸战舰或沉或逃,日军大胜。

24 岁:日军渡鸭绿江,陷凤凰城,再陷旅顺,屠城四日,当地居民仅余 36 人。

24 岁:日军陷海城,陷盖平,进逼威海卫。

25 岁:威海卫海战,北洋舰队全军覆没。

25 岁:李鸿章赴日谈判,遭日本刺客小山丰太郎狙击,左颊中弹,昏厥。

25 岁:马关条约签订,中国割台湾和胶州与日本。

25 岁:兴中会孙文于广州起事,事泄,志士陆皓东死,孙文东走日本。

26 岁:西太后与光绪交恶,从此不交一言。

27 岁:山东教案迭出,德人陷胶州湾。

28 岁:光绪亲召康有为,询问天下大计,全面推行维新变法。

28 岁:变法遭阻,康有为召江湖豪杰毕永年入京,欲诛杀慈禧,以清君侧。

28 岁:光绪欲请日本前首相伊藤博文出任顾问官,遭慈禧阻遏。

28 岁:慈禧太后突入西直门,径索维新党人证据,斩六君子,康有为、梁启超逃往日本,戊戌变法只 103 日,宣告失败。

第四阶段:28 岁~38 岁。囚帝阶段

28 岁:光绪被囚于南海瀛台。

29 岁:义和团崛起山东,袁世凯斩杀团民首领朱红灯。

30 岁:义和团奉旨入京,尽杀京城妇幼,围攻洋人使馆。

30 岁:慈禧五次召开王公大臣御前会议,正式对十一国列强宣战。

30 岁:八国联军入侵。

30 岁:孙文于广东起兵,遇清军阻遏,兵溃。

31 岁:八国联军撤出北京,慈禧返京,任命袁世凯为直隶总督。

33 岁:日俄于中国东北交战,清政府宣布中立。

33 岁:四川巴县青年邹容著《革命军》,号召排满革命。

34 岁:日俄血战,俄方大败。

35 岁:中国欲谋立宪,遣五臣出洋考察,党人吴樾以炸弹击之,五大臣无恙,吴樾身死。

36 岁:党人萧克昌、龚春台于湖南浏阳、江西萍乡起兵,传檄驱逐鞑虏,清军击之,党人溃,平民被屠者逾万人。

37 岁:党人起事频仍,清政府严禁学生干预政治及开会演说。

38岁:卒。清政府宣布立宪。

从光绪皇帝的个人成长历程上,我们能够看到一个人自他幼年时代对威权的依附,到少年时代的仰慕,再到青春期的人格形成与叛逆,这期间的灵魂厮杀与惨烈的呼声,构筑成了大中华史前未有之屈辱史的特定背景。

光绪皇帝人生的四个阶段,与大中国当时错综复杂的政治斗争融为一体,丝丝入扣且须臾不可分割。我们会注意到,这个孩子早在训政期间,就好像出了什么问题,甲午海战正是在这段时间爆发,可以确信,在这个倒霉孩子的成长过程中,有人做了手脚。

3.问题出在帝师身上

光绪皇帝人生的第一个阶段,也就是从出生直到被慈禧强行掳入宫中之前,他应该是幸福得无以复加的。这时候他有四品大奶妈的抚育,还可以与车老板的儿子相互嬉戏,人生得一四品大奶妈,足矣,这就是4岁之前的小光绪了。

然而横祸飞来,慈禧突然提出要求,要将小光绪掳入宫中当皇帝,光绪的父亲醇亲王听了这个消息,当时就哭了,他说,从今天开始他就不再是我儿子,是我亲爹了……

古人讲"君父",意思是说皇帝是任何人的亲爹,当然也是他亲爹的亲爹……所以自打光绪入宫之后,醇亲王再过去教导儿子,再也不能像以前那样威严地坐在座位上了,他得跪在儿子的脚下,平心静气、小心翼翼地问:"亲爹,撒尿了没有?"

据调查,就在这个孩子成长的关键时期,四品大奶妈严重失职,导致了小光绪人格萎缩,恋母情结大爆发,并且移情到了一个极不合理的地方:

上幼畏雷声,虽在书房,必投身翁师傅怀中。大婚后迄无皇嗣,或谓有隐疾,宫掖事秘,莫知其详也。

这一段记载来自《清光绪外传》一书,书中说,小光绪幼年时期不知受到了什么可怕的刺激,养成了一个害怕雷声的怪毛病,只要天上一打雷,这孩子就会凌空一跃,飞扑入他的老师翁同龢的怀里……

所以,这位翁老师在宫中起到的最大作用,并不是只是指点小光绪的知识学问,他只是提供一个"御用怀抱",供皇帝倚靠而已。书上还有一段记载,说是翁老师曾请假回家扫墓,结果小光绪没得怀抱可倚,从此失魂落魄、意识恍惚,如果不是翁老师奉命急急赶回的话,小光绪说不定会落下什么病根。

四品大奶妈就不要说了,我们单来说说这位翁老师。

宫闱之事,隐秘难言,翁老师身为帝师,当然是无日不思扩大自己在皇帝学生心中的影响作用。而在事实上,培养学生投入自己怀抱,相比于遍读经史,绝对是一个成本更低的法子。

光绪读书图

可以确信,第一个教育产品同治严重失败,这对慈禧的心理打击是致命的,等轮到小光绪,她一定是发了狠要把这个小东西栽培成帝国一代霸君。可饶是这娘们儿千算万算,又如何想得到岔子会出现在帝师这个位置上?

按照西方弗氏理论的解释,一旦孩子对两性关系产生一种根本性的错误解读,那就意味着这个人的一生必然会出现天大的麻烦。

有言道,金风未动蝉先觉,暗算无常死不知。就在慈禧琢磨为帝国培养皇帝的过程中,太多的人跑来把自己的私货塞进了小光绪的人格里,导致了这孩子的性心理与人格形成了严重的扭曲,这时候哪怕是招来最厉害的心理纠正专家,也是来不及救场了,更何况压根没人管这事。

一个只能投入男人怀抱的年轻男子,是绝无可能再对年少貌美的女生产生任何兴趣的,所以宫中美少女到处乱窜,而光绪柳下惠般的无动于衷,最终也没有生下一个孩子来……这还不算可怕,最可怕的,是这种畸形的观念,将进一步地影响到小光绪的思维,进而影响到整个帝国的进程。

4.师徒智商大回落

我们有理由怀疑翁老师,如果他满脑子都是琢磨如何扩大在皇帝心中影响的话,还能有多大的心思琢磨正事?

总之……无论如何,我们要培养起正确的人生观、价值观,要有远大的人生理想,要有高尚的人生追求,要胸怀祖国,放眼世界,要想到全球还有三分之二的人民生活在水深火热之中,吃不饱,穿不暖……

但是,翁老师在教导小皇帝光绪解决国家事务的时候,却带有着浓烈的原始人思维。比之于现代人的理性思维与智性思维,原始思维这东西比较幼稚,易于情绪化。

理性思维与智性思维,对事物的判断是基于利益的。比如你不喜欢你的邻居,但为了利益,为了避免和邻居家发生冲突,你就得对邻居笑脸相迎……但是原始思维则不然,原始思维是纯粹情绪化的,不是从利益出发,而是完全从个人的喜好出发,喜欢的就热烈拥抱,讨厌的就摔之砸之,总之是率真性情,直来直去。

那么翁老师最讨厌的是什么? 是洋人,是铁路,是洋务运动。

翁老师讨厌洋人,这是可以理解的,谁不讨厌洋人? 当时的人们是这样想的:好端端的人长一身黄毛,明摆着是进化不彻底,洋人即使是想让别人不讨厌他们,也是不可能的。

翁老师讨厌铁路,是因为铁路是洋人带来的,恶其余胥,恨洋人及铁路,这就是比较典型的原始思维。

再接下来,翁老师巨讨厌洋务运动,因为由曾国藩的学生李鸿章所发起的洋务运动,是跟在洋人屁股后面学。人家洋人修铁路,他李鸿章也跟着修铁路;人家洋人造巨船买军舰,他李鸿章也跟着建立起了北洋水师;这让翁老师看得好不上火。

恰逢李鸿章的北洋水师刚刚在德国买了一艘巨舰,预付款已经缴了,现在德国佬把船造好了,就等李鸿章拿钱验货了。

李鸿章急忙打报告:"拜托……给点钱让我把船弄回来。"

这份报告到了翁老师手中,结果可想而知……

打款的事情,就这么撂在了一边——圣旨下,因为经费不足,北洋水师两年内禁止购买西洋战舰。

可是万万没想到,到了 1894 年的 9 月 17 日,北洋水师的舰队忽然在海上遇到了那艘扔在德国的巨舰。一打听才知道,原来北洋水师没钱打款,人家德国人拒不交货,结果被日本人钻了空子,跑了去支付了尾款,把这艘战舰给弄走了。

黄海海战,由此爆发;随后是甲午海战,北洋舰队在日军的进攻下全军覆灭。

生恐被人们追究他切断对北洋水师资金支持的过失,翁老师先发制人,指控李鸿章犯下了严重的"保船制敌"之错误,并号召全国人民掀起揭批大汉奸李鸿章的政治运动……这一手,是地地道道的反咬战术,刺激的就是国民心理上最脆弱的神经,回避的就是关键性的问题。

5.教傻学生好升官

沉沉心事北南东,一睨人才海内空。

壮岁始参周史席,髫年惜堕晋贤风。

功高拜将成仙外,才尽回肠荡气中。

万一禅关砉然破,美人如玉剑如虹。

猜猜这首诗是谁写的?此诗,便是爱国主义大诗人龚自珍的杰作。

龚自珍,就是当年被林则徐怒斥为奸邪之人的那位作家。林则徐之所以怒斥龚自珍为奸邪之人,就是因为龚自珍的诗写得极好,但却决不肯在具体工作上沾一根手指头。盖因写诗这活,再难也是容易的,而干具体工作的人,那就难免错误百出,被人写诗来骂。龚自珍挑了最轻松的活来干,林则徐当然要上火的了。

而这首诗,正是翁老师天天教导小光绪来念的,可别忘了龚自珍的儿子龚半伦念这首诗的时间,比小光绪更长,可念到最后怎么样呢?还不是带着英法两国鬼子烧了圆明园。

国学经典文库

中国古代逸史

·清朝逸史·

图文珍藏版

但是只骂人不干活,也有一个天大的好处,就是不会犯错误。所以翁老师每天站在朝堂上,只管指着李鸿章的鼻尖破口大骂:"汉奸,你丫大汉奸……"

正骂着,李鸿章要去日本,和战胜国日本谈判签合同,翁老师喜形于色地跳了出来,戟指李鸿章大骂:"老李,你这个大汉奸,甲午海战的事咱们就不追究了,这一次你到了日本,再敢出卖国家利益,老子跟你没完……"

李鸿章大喜,曰:"翁老师如此爱国,那么干脆你去日本得了。"

……翁老师掉头飞逃,躲了起来。

正躲之间,小光绪颁下圣旨。圣旨下,李鸿章工作不力,丧权辱国,摘去三眼花翎,褫去黄马褂。翁老师骂娘有功,进入军机处,督办军务。

翁老师大喜,谁说把学生教傻了没好处? 看看,咱这不是升官了吗?

升官是好事,可是军务这种活,哪是翁老师这种人干得了的? 说破天,翁老师也就一个骂娘的本事。而且最要命的是,光绪小皇帝现在已经进入了青春期,对翁老师失去了兴趣。

现在光绪小皇帝心里已经形成了强烈的"弑父情结",这个情结可不是翁老师能够解开的了。

那么什么叫"弑父情结"呢? "弑父情结"是弗洛伊德弄出来的怪名词,该理论认为,男孩子到了青春期,就会萌生一种干掉老爹、独占老妈的强烈冲动,而女孩子到了青春期,则会产生一种宰了老妈、独占老爹的冲动……就因为这个怪异的理论,弗洛伊德被骂得惨了。直到今天,仍有许多正义人士,对弗氏的这一理论表示了最大限度地鄙视。

鄙视归鄙视,但弗氏的理论确曾破解了青春期少年成长的悬谜,把这个问题搁在光绪皇帝身上,那就意味着,他必须要申明自己的权力与主张,与监护人慈禧彻底决裂,至少是形成对峙之势。

于是有了"康有为进京","公车上书",形成了"王党"派系。

6.砍了慈禧个狗日的

据创办了复旦大学的老学者马相伯在日记中回忆,甲午海战之后,在广东南海县有一个叫康有为的老兄,该老兄路过一家妓院,瞥见花红柳绿,顿时急不可耐地冲了进去,完事之后一摸兜,坏菜了,今天出门忘了带钱……妓院老板见状大怒,立即派出十数个彪形大汉,手持切菜刀,沿长街狂砍康有为,康有为慌不择路,逃到海边,忽然看到招商局的一艘大客船,撒腿就冲了上去,他刚刚上船,就听嘀嘀两声长鸣,大轮船哐哐哐载着他远行了……

慈禧太后

到了一站,康有为下船一瞧,哎哟嗬,天津大沽……我到这地方来干什么呢? 要不我干脆去北京,找傻皇帝小光绪弄个差事干干吧。于是康有为进京,以举人的身份"公车上书",强烈反对李鸿章签订的马关条约,这事很快嚷得尽人皆知,于是光绪皇帝急忙派人叫他去:"你也反对《马关条约》? 那你咋就不去日本谈判呢?"

"我这不是……"康有为急了,"皇上,咱们真不能再这样下去了,要变法啊,变成法,通下情,慎左右……"

光绪皇帝问:"你这个法,咋个变法呢?"

"这还不容易?"康有为仰天长笑,"你下文件啊,铆足了劲的下文件,这文件下得多了,大概……就可以了吧?"

于是康有为迅速升官,带着弟子梁启超等人,开始疯了似的给大清帝国各级领导干部下文件,"维新变法"一共 103 天,这文件就下发了 100 多份,最多的一天,竟然一连下发了11道谕旨。

为啥要下发这么多的文件呢?……这是因为下文件没用,这世上,不管是成法还是变法,都是通过实际工作干出来的,如果下发两份文件就能变得个法,这活哪还轮得到他康有为?翁老师早就大包大揽,把文件下发了。

正是因为下发文件不管用,所以康有为才下发更多的文件,但文件越多,就越是流于形式,大家谁也不拿这文件当回事。

就这样,发着发着文件,康有为终于揣摩过来了。怪不得大家都喜欢站一边挑毛病,不干活,原来这活……还真不好干。

继续下发文件,仍然是一点反响也没有,康有为发愁了,这下子事情可难办了,弄到这份上,怎么下台呢?要不咱们干脆……

扳倒慈禧!康有为做出了决定。

这次康有为总算是摸对了路子,盖因慈禧这老太太,已经构成了大清帝国腐朽利益板块的核心关键,如果扳倒慈禧老太太,就能够把满清利益集团打得稀里哗啦,届时再来个变法,就会容易许多。

可是要扳倒慈禧,总得有个理由吧?康有为眼珠一转,计上心来。

有了,就说慈禧老太太要借天津阅兵的当口,发动军事政变,杀害光绪……可慈禧要想干掉光绪的话,在哪儿动不了手?别看皇宫地方不小,可宫女太监,哪一个不是慈禧的亲信?碗里下毒,茶里下药,被窝里放火,夜壶里塞毒蝎子……哪个办法都管用,又何必非要跑天津那么远的地方去?

按说康有为弄出来的这个借口,应该没人相信才对。但康有为管不了那么许多,箭在弦上,不得不发了。

7.“弑父情结”之养成

说起光绪皇帝的“弑父情结”,那也是由来已久。最早的时候,慈禧老太太要过六十大寿,光绪皇帝就为老太太准备寿礼,找来内务府郎中庆宽说:“我要为皇阿玛祝寿,你帮我设计几个镯子,让老太太自己挑,喜欢哪个,咱们就打造哪一个。”

于是内务府庆宽就精心设计了四个手镯式样,递到慈禧老太太面前:“老太太,您喜欢哪一个?"

猜猜慈禧老太太怎么说?

老太太说:"哎哟……我都喜欢……四个镯子我都要。"

于是庆宽回来向光绪皇帝报告:"报……老太太四个镯子都要。"

当时光绪皇帝就呆了,半晌才问:"……那这四个镯子,得花多少钱?"

庆宽一咬牙,你丫是皇帝,不赚你的钱赚谁的? 当即回答道:"要四万两银子。"

光绪目瞪口呆,说:"这岂不是要抄我的家了?"

书中暗表,光绪说的这句话,是有来由的。原来,光绪小皇帝有个私人小金库,藏了四万两银子在后门钱铺放贷,收取利息,慈禧老太太够狠,要一下子把他的小金库给端了,你想光绪能不愤怒吗?

小金库这事就算了,但是慈禧老太太太混账,这老太太自己在生活作风上倒是没听说犯过什么错误,哪怕是最不喜欢慈禧老太太的人,也无法在她的品德上挑出点毛病来……可品德这东西,没毛病正是最大的毛病。你老太太清心寡欲,德操高尚,这倒罢了,如果你要求大家都向你看齐,那事情可就有点麻烦。

更要命的是,这老太太对年轻人被窝里的事情怀有一种无可解释的浓厚兴趣。当初同治在世的时候,就是因为她吵着闹着往人家小夫妻的被窝里钻,结果生生把个同治皇帝吓死了,等轮到光绪,老太太的这个毛病愈发严重了。

慈禧老太太给光绪挑了个驼背媳妇——慈禧亲弟弟都统桂祥的女儿,也就是未来的隆裕皇太后。这件事,哪怕是再往好处想,那也有点太过分了,放着宫中成堆的美少女,慈禧老太太偏偏给光绪找一个驼背,这事搁在谁身上,不得大动肝火?

光绪皇帝是个男人,虽然被翁老师的教育扭曲了观念,但也没扭曲到这种程度上,他要的是珍妃,不要驼背。

驼背皇后顿时急了,就跑到慈禧老太太那里告状:"……妈,老公他不爱我……"

慈禧老太太一听就火了:"皇帝过来过来,听说你要胖珍妃,不要驼背? 这哪行啊,这事还能由得了你? 祖宗有成法,朝廷有制度……"

光绪也急了,从此和慈禧老太太势同水火:

《清史获野录》云:慈禧之不悦德宗,实起于壬辰之夏。一日德宗与孝定皇后因小事相争,上忽盛怒,诟后甚厉,后不能堪,乃诣慈禧前泣诉其事。慈禧遽大怒,语左右曰:"上吾所援立,乃忘恩至此耶?后吾亲侄,诟后是不啻诟我也,是何能容?"因以温语慰后曰:"汝无悲泣,古人有言,人尽夫也,以若盛年,何虑不能行乐。胡斤斤专恋此病夫为者,吾必有以处之。"自是上每请安入宫,慈禧未尝与交一言,如是者数月,两宫嫌隙遂成。后虽悔之,然无及矣。

争取婚姻自由失败,被迫要驼背,导致了光绪皇帝人格激烈萎缩,情绪一落千丈,此后他迷上了摄影,经常和大臣们合影之后,就在照片的后面写上三个小字:常八九。

这三个字是什么意思呢?人生不如意事,常八九!

8.坚决不让儿子砍

慈禧这个失败的教育家,以她酷厉的手腕,终于将小光绪逼迫到了鱼死网破的决裂境地。

砍了这个老巫婆,从此不再要驼背。午夜梦回之际,光绪皇帝不知在心里呼喊过多少次。

这一次可是要来真的了。然而,康有为这边还没商量好如何一个行动法,慈禧已经从圆明园突然回到了皇宫,进屋拿过来成堆的文件一瞧:"哎哟哟,这个康有为居然要砍了我,而且光绪还支持他砍……"

当时慈禧就急了,立即召开王公大臣扩大会议。在会议上,慈禧厉声申斥道:"我把你从醇王府接到皇宫,养大成人,是希望你成为一代帝君,可你倒好,你翅膀还没硬,就琢磨着要砍了我……我招你惹你了,你竟然要砍我?"

光绪傻眼了,难道他还能解释说:"我这也是没办法啊,我要成长,要推翻威权,要形成自己的人格……你说不砍了你,完成这一系列成长进程,这可能吗?"

事实上,光绪皇帝与康有为合谋密砍慈禧老太太,正是他潜意识中的"弑父情结"在起作用。正是因为他渴望着成为一代明君,所以才琢磨砍人这门功课。当年小同治就因为这门功课不及格,结果惨遭淘汰,现在轮到了光绪,如果慈禧能以国事为重,伸长了脖子让光绪皇帝上前砍一刀,那么中国历史的进程,肯定不会是现在这个样子的。

然而,自私自利的慈禧,她以老年人特有的专横霸道,残忍地扼制了小光绪的人生成长之路。而对于慈禧来说,这再一次意味着她在青少年教育上的失败。上一个失败品是同治,就因为她对小同治抓得太紧,舍不得放手,结果让小同治的独立人格始终无法形成,最后竟被活活吓死。

等轮到了光绪,倘使光绪皇帝成功地砍掉了慈禧太后,那么,这个孩子就会迅速地成长为一代明君,尽管他也不见得有什么本事驱逐列强,但他必将以铁的手腕,操纵着大中国沿着"维新变法"的既定途径向前行进。再加上他那无可争议的帝王威权,于大中国推进变法,势必不会遭受到任何形式的阻碍,那么中国的未来,必然会走上日本的"明治维新"之路。别的事我们不好乱猜测,但有一点是肯定的,倘若慈禧让光绪皇帝砍了她,其后的亚洲肯定轮不到日本人说话,中国也会提前百年晋级到世界强国的行列中去。

然而这个老慈禧,说什么就是不让光绪砍。慈禧老太太拒绝被砍,这卑劣的行为将使得她永世也无法获得后人的原谅。

她摧毁了大清帝国的未来与希望。囚光绪于瀛台,从此大清帝国彻底失去了它的机会。

9.都是平等惹的祸

正当光绪皇帝被关在瀛台反省的节骨眼上,义和团闹了起来。

义和团运动的兴起,起因是朝廷颁发了一份文件。追溯这份文件的下发始由,始自于同治时代。当年小同治在养心殿接见日本公使,从这一天开始,洋鬼子们见了中国皇帝就不再趴在地下磕头,而是鞠躬如也。也就是说,由此而开始,洋人们靠火枪洋炮,终于争取到了与中国皇帝平等的位置。

既然洋人们都与皇帝平等了,于是有圣旨下,要求吏部官员们为那些洋鬼子们,弄出个行政职称出来,要让老百姓们在服从皇帝领导的同时,也接受洋鬼子的领导,以免大家平起平坐,到时候乱了套。

于是大清帝国正式出台了《关于来华打工洋鬼子们行政职称的规定》之文

件,文件规定:"举凡来中国旅游、打架、偷盗、拐卖人口、捞地皮的洋鬼子,在本国无官无职者,一律享受副主任科员级别待遇;洋鬼子的教士们,享受科级待遇;洋神父享受县团级干部待遇……"这项规定,在大清国是千真万确的,当时还规定,洋教堂中级别较高的神职人员,与中国的抚司平级,也就是享受厅局级待遇。

制定这么个政策,主要是朝廷害怕老百姓们乱了起来,因为老百姓是见官就要磕头的,而洋鬼子们却在皇帝面前大模大样地站着,这种现象难免会让人民群众产生困惑。现在呢,有了这份文件,老百姓就会顿时明白过来:"哦,原来洋大人们的行政职务,比咱们县太爷还要大……赶紧磕头吧。"

所以在大清帝国晚期,就产生了一个奇异的社会现象,叫官怕洋人,洋人怕百姓,百姓怕官……百姓怕官,那是大中华的良序公俗;洋人怕百姓,那是因为百姓见了洋人就打;而官怕洋人,那却是无可奈何之事,因为洋人们比领导们的行政职务高一级,你不怕行吗?

应该说,朝廷的这个文件,出发点还是好的,是为了澄清群众之间一些错误的认识,不这么个搞法,就会有些人以为自己也用不着对领导磕头了,这还像话吗?但是这个文件也让一些群众发现了机会,这些人立即一窝蜂地入了洋教,从此他们就比街坊邻居的行政职务高出了一个级别……这让那些老街坊们,看在眼里,理所当然地会义愤填膺。

于是老百姓就纷纷起来"闹教",也就是手持切菜刀,满大街追砍信了洋教的二毛子,这场群众运动的规模越来越大,越来越宏伟……朝廷终于听说了这事,于是就有朝臣上奏:"启奏太后,近闻义和神拳法术精通,咱们干脆请义和团帮个小忙,把洋人统统灭了吧?"

"你说的这一招……管不管用啊?"慈禧老太太听得动了心,就下旨命令义和团进京,消灭洋鬼子。

义和团浩浩荡荡地来了,十数万人开始攻打洋人使馆,却是作怪,使馆中不过几十名洋鬼子,十数万拳民硬是攻之不入……慈禧老太太一瞧这情形,要不,咱们再搞点更来情绪的,热闹热闹?

玩什么最来情绪呢?干脆向全世界宣战吧。

公元 1900 年 5 月 23 日,慈禧老太太正式向十一个列强宣战。接到这封宣战书的,计有德国、奥地利、比利时、西班牙、美国、法国、英国、意大利、日本、荷兰、俄罗斯。

宣战书颁布之日,正是西方列强集体晕菜的时候。列强诸国吵成一团,这大清国莫非是疯了? 你丫还处在茹毛饮血的冷兵器时代,竟然要解放全世界,这个也未免太……怎么办呢? 出兵吧。

于是接到宣战书的列强国,勉强凑起了不到两万人的八国鬼子兵,呜嗷怪叫着杀人了北京城。闻知八国鬼子悍然应战,慈禧老太太笑曰:"来人,去瀛台接了皇帝,我们娘儿俩去大西北考察考察……"

帝后西逃,北京沦陷。

10.两宗四派闹江湖

慈禧携光绪一口气逃到山西。荒郊野岭之中,寒气凛冽,森森入毛发,两人却浑然不觉,只管背靠背呆呆地坐着,整整坐了一夜。临到天明,慈禧说话了:"儿子啊,我琢磨啊,这大清国……还得变法啊。"

"随你,你乐意咋整就咋整。"光绪皇帝说。

"不是……"慈禧太后说,"我的意思是说……不管怎么个弄法,你得先承认错误啊,你不承认错误怎么行?"

1900 年 8 月 20 日,光绪皇帝下罪己诏,承认自己犯了严重的政治路线错误,并深刻反省了中国所面临的严峻形势:"习气太深,文法太密,庸俗之吏多,豪杰之士少……"后面这句话的意思就是说,干活的人少,扯淡的人多……

再下诏书批判康有为砍慈禧老太太的错误行为:……康、梁之讲新法,乃乱法也,非变法也……那么什么才是真正的变法呢? 就是再把康有为、梁启超他们当年发下的文件,重新抄写一份,继续下发……

这个时代又叫晚清新政。这个新政是有一条底线的——必须要坚持爱新觉罗氏对大清帝国的正确领导,除此之外,余下来的事情,你爱怎么折腾就怎么折腾,不管是废科举、修铁道、办报纸、建学校,还是组织各种形式的民间政党社团,统统由着民间人士的性子来。但民间人士却认为,唯其剥夺爱新觉罗家族

·清朝逸史·

图文珍藏版

对中国的全部产权,才是唯一的救国之途,这样的话,局面就热闹了起来。

党人在两广及湘湖不断起事,而慈禧老太太却蹲在小黑屋子里瞎琢磨:下一步该咋整呢?那光绪还在瀛台的水牢上享受囚犯级别待遇呢,是不是把他……

公元 1908 年 11 月 14 日,光绪果断地去世了。听到这个消息,慈禧老太太也死了。

帝后殡天,引发了世人的无端猜测,这光绪皇帝,年轻力壮的,怎么会说死就死,会不会是……于是围绕着光绪皇帝的死,朝野之间迅速地形成了两宗四派。

两宗。分别是病死宗和毒杀宗。病死宗认为光绪皇帝是活活病死的,而毒杀宗则认为光绪皇帝是被人毒死的。

毒杀宗中,又分为慈禧派、李莲英派、袁世凯派以及神秘人派。

慈禧派认为,光绪皇帝之死,是慈禧老太太暗中下的毒。此一派的观点源自启功先生的《启功口述历史》一书的记录,书中说,慈禧老太太临咽气之前,忽有一个小太监端了只碗,曰:"这是老佛爷赏给万岁爷的塌拉……塌拉者,酸奶也……光绪皇帝喝了这碗塌拉,就立即塌拉了。"

李莲英派认为,是大太监李莲英把光绪皇帝毒死的。此一派的观点比较强势,支持者包括了英国鬼子濮兰德及德龄公主,这俩人一口咬定,因为李莲英是慈禧老太太的人,光绪皇帝恨之入骨,李莲英害怕慈禧死后光绪报复,于是李莲英干脆先下手……

袁世凯派则断定,光绪皇帝之死,是袁世凯暗中做的手脚。这是因为光绪在和康党一起谋算慈禧老太太的时候,拉袁世凯入伙,结果袁世凯死活不答应……事泄后,戊戌六君子被害,袁世凯却仍然是活蹦乱跳,所以袁世凯干脆一咬牙……这段记载,源自大清帝国第十二届退休皇帝溥仪的《我的前半生》,应该还是有权威性的。

神秘人派认为,光绪皇帝铁定是被人毒死的,这事错不了,但毒死这个可怜皇帝的,却非慈禧、李莲英及袁世凯等疑犯,而是一个谁也不知其名的神秘人,故称神秘人派。这一派的观点源自清宫御医屈贵庭,老屈在民国年间的杂志

《逸经》上撰文说,光绪皇帝百分百是遭人毒杀的,这事错不了……

那么,在这两宗四派之间,到底哪一个意见更靠谱呢?这才是天晓得的事情,恐怕就是光绪皇帝再活转过来,都说不清楚这一团乱事。更何况,大家的心思也不在这上面,那边大清帝的第十二届皇帝已经闪亮登场了,谁还顾得上理会一个死皇帝?

三起三落宣统帝

1.孤儿寡母摄政王

屋不在大,有书则名;国不在霸,有人则能。此是小室,唯吾祖馨。琉球影闪耀,日光入纱明。写读有欣意,往来俱忠贞。可以看镜子,阅三希,无心荒之乱耳,无倦怠之坏形。直隶长辛店,西蜀成都亭。余笑曰:何太平之有?

这一首模仿唐人刘禹锡《陋室铭》之《三希堂偶铭》,正是大清帝国第十二任皇帝爱新觉罗·溥仪先生的杰作,文坛高士多有评之,曰:"……写得不是一般的差,丢死人了……"

为何溥仪先生的诗句写的是如此之差呢?据说,此事唯天津一位术士最有发言权。

传说这位江湖术士,隐匿于风尘之间,每日里茶酒为乐,纵情长啸,小日子过得端的快活。唯其此人测算之术,无有不验,江

少年宣统帝溥仪

湖上素有神算子之称。忽一日,有一人星夜而至,形态威仪,身后跟着四个从人,抬着一只用红布罩着的筐子。

进了屋,就见那人向术士一点头,神态倨傲,漫不为礼:"先生请了,家里有点小事,想请先生测算一下……"说罢,微微抬手,那人立即掀起罩在筐子上的

红布,露出里边大锭大锭的蒜金来。

术士却是眼皮抬也不抬,只是咕哝了一声:"请王爷三个月后,再来看结果。"

"什么? 算一卦要用三个月?"来人正欲大怒,忽而失惊色变:"……你咋知道我的身份呢?"

术士闭目不道,只是挥了挥手:"去,去。"

来算卦的王爷好不恼火,有心当场发作,又担心惹怒了术士,算不到这一卦,只好忍气吞声,恨恨地去了。

三个月后,王爷又带着随从回来了,个个提枪携棒,单等术士算完这一卦之后,不打他个半死,也显露不出王爷的风范。却不料,等王爷到了术士的门前,才发现房门紧闭,蛛网密集,那术士竟尔是不知去向,唯其那破旧的门板之上,放着一只匣子,上面还有一行小字:醇王爷敬启。

来算卦的,正是光绪皇帝的亲哥哥,醇王府醇王载沣,只因为慈禧太后和光绪皇帝双双殡天,这大清帝国未来的命运,从此就悬疑不下,醇亲王心里没底,所以才想找个算命的先生卜一卦。

术士认出他是醇亲王,这倒没什么奇怪的,或许这江湖术士不知在什么地方见到过他。但当醇亲王命人打开匣子的时候,却十足地吃了一惊。

匣子里边,是一张黄裱纸,纸上用鲜红的朱砂写着两行字:

得之者摄政王;失之者摄政王。

得之者孤儿寡母;失之者孤儿寡母。

这两句话,是个什么意思呢?

醇亲王那原就不够用的脑子里,顿时就费了疑猜。

有分教,此一卦占,正契合了大清帝国十二届帝王的行进命运。

得之者摄政王,是说这大清的无限江山,是顺治朝的摄政王多尔衮打下来的;失之者摄政王,是说这大清帝国,很快就会被宣统朝的摄政王载沣弄得稀里哗啦,散板完蛋。

得之者孤儿寡母,说的是满清入关时,小皇帝顺治和母亲孝庄太后;失之者孤儿寡母,说的是帝国覆灭时代,小皇帝溥仪和寡母隆裕太后。

2.一语成谶

据《四朝佚闻》一书的记载,早年慈禧老太太病重,宫中有消息传出,醇亲王急急回家,却见小老婆和孩子皆失之踪影,大怒,立即打了灯笼火把于府中四处里搜捕,未及多时,早有家人来报:"报告王爷,少奶奶此时正抱着小王爷躲在女洗手间里……"

"给本王把那娘们儿揪出来!"醇亲王吼道。

早有一群如狼似虎的家人,蜂拥闯入女洗手间,不由分说,揪着小福晋的头发,将她硬拖了出来。小福晋吱哇惨叫着,手里却死抱着孩子不肯松手。

"把孩子交给我,少给老子添麻烦!"醇亲王载沣吼叫道。

小福晋大放悲声:"这是我的儿子,是我生的,我的骨血,谁也别想把他夺走……"

"你个妇道人家懂个啥啊?"载沣怒不可遏:"孩子这次进宫……是有好事的,你就偷着乐吧,哭成这样,真给老子丢脸。"

"什么好事? 还不是为了让孩子去当皇上?"小福晋顶撞道:"前面咱们家的小载湉……就是光绪,不就是进宫当了皇帝吗? 可现在他怎么样呢? 死得不明不白……"

"别胡说,再敢胡说大耳刮子抽你……"不由分说,醇亲王上前一脚踹倒小福晋,抢过儿子,抱了就走。

宣统嗣立,慈禧命既下,醇亲王急归邸,拥以入宫。其福晋鉴于德宗前辙,坚持不允,王夺之怀中,不顾也。

此一去,从此铸就了大清帝国覆亡的美丽开端,而醇亲王载沣也因为能力太差,脑子太笨,辅佐无方,治国无策,从此沦为了世人的笑柄。

话说醇亲王急匆匆地抱着孩子进了宫:"太后,太后你老人家安好……孩子我给你老人家弄来了……"走到慈禧太后身边一瞧,醇亲王顿时头皮发炸,这老太太的脸蛋咋个灰青灰青的……这么吓人……

旁边的儒臣张之洞笑曰:"老太太脸蛋灰青灰青的,那是再也正常不过的了,要知道这老太太已经咽气快小半个时辰了……"

"太后死了……"醇亲王载沣目瞪口呆:"……这老太太说死就死,连个招呼都不打一个,那我抱来的这个孩子咋整呢?"

这时候矮墩墩的袁世凯走了过来,笑眯眯地道:"孩子已经抱来了,再扔出去,也不妥当,要不这样吧,就让这小孩当皇帝,醇王父你弄个摄政王来干干……"

"闭嘴!"载沣对袁世凯怒目而视:"姓袁的,赶快在我眼前消失……我弟弟光绪,说到底就是死在你的手里,当初康党密谋起事,你要是帮我弟弟一把,他至于死得这么惨吗……"

袁世凯霎时间消失。

张之洞走上前来,说:"老袁虽然消失了,但他的建议还是有一定道理的,我的意思呢,醇王爷你就监国吧,要不你还能干啥去?"

醇王爷载沣问:"那我到底是监国呢,还是摄政王呢?"

张之洞说:"……都一样,有那个意思就行了,何必较真呢……"

于是请出光绪的小媳妇,也就是慈禧弟弟的女儿,隆裕皇后。虽然皇后和光绪夫妻感情并不好,而且皇后又是个驼背,但国家大事考虑不了那么多,快点抱着孩子宣布登基吧。

可是在小皇帝登基、接受群臣朝贺的时候,小皇帝溥仪也不知抽了什么邪风,大哭大闹起来,不停地说:"哇哇哇,要回家,哇哇哇,要妈妈……"被摄政王载沣掐住儿子的脖子:"坐好……"强迫小皇帝接受群臣的朝贺。可是小皇帝溥仪拼了小命,狂哭不止,大臣们只好因陋就简,草草了事,然后说:"完了完了,快回去吧……"

一语成谶。大清帝国,是要快完了。

忆戊申十二月(按,应为十一月),皇上继位,升太和殿受贺,大声痛哭,不肯升座,频言我不愿居此,我欲回家。监国强抑之,竟未安坐。毓鼎时侍班于御座前,见上号哭过甚,恐损圣体,急谋于御前大臣肃亲王,传谕殿前,草草成礼,拜跪未毕,侍阍即负之而去,且云"完了","回去吧"。毓鼎即觉其不祥,今日果应"完了","回家"之语。

3.宣统溥仪的个人简历

宣统溥仪,是距离我们最近的一位皇帝,该皇帝的生活充满了意外的刺激与迷乱,也是最易于走入我们内心的帝王之尊,我们甚至可以从他留下来的书信之中,一窥这位帝王的浪漫情怀:

石霞吾爱妆次:敬启者,倩以贱质,幸蒙青眼,五中铭感,何可胜言。一日不见,有如三秋。鹣鹣啾啾,卿卿我我,爱情密密,月夜花前,携手游伴,柳岸河边,并坐谈心。你是一个仙人,我是半个北鸭旦子么……

这是我们的溥仪皇帝给一个妃人石霞的求爱书简,前面读起来也勉强凑合,后面就有点夸张过度了。

很显然,这个皇帝是一个性情中人,要指望溥仪杀劫万方、叱咤风云,那难度可就有点高。而且,溥仪皇帝的个人简历,也有其独特之处:

性别:男

姓名:爱新觉罗·溥仪

出生:1906 年 2 月 7 日

籍贯:北京什刹海醇王藩邸

属相:马

星座:水瓶座

血型:A 型

身高:176 厘米

体重:62 千克

职业:皇帝

特长:照相

社会关系:

父亲:醇王载沣

母亲:苏完瓜尔佳氏

心路历程:

0 岁:出生。

3 岁：出任大清帝国第十二届皇帝。

5 岁：党人啸聚广州,十路义军大起,事败,死者葬于红花岗,后改名为黄花岗,称黄花岗七十二烈士。

6 岁：共进会于武昌起事,是为辛亥革命,成立湖北军政府,黎元洪为大都督,全国十三省云起响应,宣布独立。

7 岁：孙中山在南京就任中华民国临时大总统,宣告中华民国成立。宣统溥仪正式宣布退位。

12 岁：辫帅张勋入京,宣统复辟。

12 岁：讨逆军进入京城,张勋战败,宣统皇帝二次宣布退位。

18 岁：大婚,娶皇后婉容。

19 岁：冯玉祥发动北京政变,驱逐溥仪出京,废其帝号。

20 岁：溥仪搬家到天津,先后居住于张园、静园。

26 岁：溥仪到东北。

27 岁：出任伪满洲国执政。

29 岁：出任满洲帝国皇帝。

40 岁：被苏军俘虏,关押于伯力收容所。

45 岁：被移交中国政府,关押于抚顺战犯管理所。

54 岁：人民政府大赦溥仪,恢复其自由。

59 岁：出任全国政协委员。

61 岁：因患肾癌病故。

看看溥仪这兄弟的光辉岁月,那可真是跌宕又起伏,潮起又潮落,三次被人家从皇帝宝座上揪下来,三次吵着闹着非要爬上去,结果一次比一次下场更惨……

处于民智开启的共和时代,溥仪这兄弟非要跟全世界人民顶牛,要当什么皇帝。这年头,莫说是他,便是努尔哈赤重生、皇太极再世,也最多混个山大王干干,溥仪逆历史潮流而动,那是相当的不明智。但是话又说回来,这地球上的人口数量,是一个庞大的数字,几乎没有一个人能够摊上做皇帝这种美差,而溥仪这兄弟,却居然能够为自己争取来三次机会,这说明人家还是有点道行的,不服不行。

那么，溥仪又是如何把自己的一生，演绎得如此丰富多彩的呢？

4.仇敌满天下

据说，小溥仪之所以能够被慈禧老太太挑选为帝国皇帝的候选人，起因于一首诗：

蜗牛角上争何事？石火光中寄此事。

随富随贫且随喜，不开口笑是痴人。

这首诗……其实不是一首诗，而是佛家的偈子，啥叫偈子呢？类似于智者的语录，不过是言简意赅，道破人世间的虚幻。这首偈子，是布袋和尚弥勒佛所作，后来被醇王载沣写在了自己的扇面上，经常拿给别人看，意思是说：……快把你的钱给我吧，我不和你争……

此外，醇王载沣的厅堂，还挂着这么一副楹联：

有书真富贵，

无事小神仙。

总之，醇王载沣是很高风亮节的，但要追究起来，载沣扇面上的偈子与厅堂上的楹联，也不是他自己的原创，是他抄了老醇王的，当年老醇王的府中，正是挂了这么一句治家格言：

财也大，产也大，后来子孙祸也大。若问此理是若何？子孙钱多胆也大。天样大事都不怕，不丧身家不肯罢。

据说，当年慈禧老太太正是因为看到了老醇王家的这个治家格言，才怦然心动，曰："你这么懂得教育青少年……那快点把儿子抱来，让他当皇帝吧。"于是老醇王的儿子就这样成了光绪皇帝。

这些事，小载沣看在眼里，记在心里，知道慈禧老太太最好糊弄，只要你装出忸忸怩怩的样子，老太太就会立即让你的儿子当皇帝。所以小醇王载沣有样学样，果然立竿见影，立奏奇效，不仅使自己的儿子当上了小皇帝，就连自己也跟着儿子沾光，混了个摄政王干干。

老子曰："夫唯不争，故天下莫能与之争——诚哉是言。"之所以不争，就是为了要争最后这口气。

摄政王载沣一朝权在手,就要宰了袁世凯,因为他始终认为弟弟光绪之死,都是袁世凯暗中使的坏,所以载沣是非袁世凯不杀的。但那袁世凯也非等闲之辈,溥仪这边正登基,他那边早已是飞也似的逃入到天津英租界中,准备向英国当局申请政治避难了。幸好这时候朝中有老臣婉言相劝:"袁世凯杀不得,杀了这厮,只恐北洋军队就会立即造反……要知道,大清国的北洋军队,不过是袁世凯训练出来的私人卫队而已。"

由是袁世凯暂且不杀,废黜于洹上村。而这边摄政王载沣正要意气风发、大展手脚之时,却听得四面八方枪声不断,党人已经急不可耐地闹将起来。

说起党人闹事,那已经是见怪不怪了。在海外,大清国的留学生们组成了革命党;在国内,三山五岳的江湖好汉不断发起武装起义。慈禧老太太在世的时候,好歹有个袁世凯替他们摆平这些事,可现在袁世凯被撤职查办了,霎时间,党人风起云涌,纷纷归国,掀起了一波又一波的起义高潮。

先是光复会赵声及其旧部广州新军倪映典谋于广州起兵,水师提督李准击之,倪映典身死。

俟后,有党人汪精卫、黄复生潜伏北京,欲图谋刺载沣而未果,载沣生恐党人大举前来复仇,不敢判决汪精卫与黄复生死刑,囚禁在狱。但未及一月,党人已经啸聚广州城,欲图十路人马大举,未成,有七十二烈士葬于黄花岗。

紧接着,湖南哥老会的势力延伸入湖北,大搞抬营,把新军兄弟整个营整个营的策反为党人,终至于 1911 年 10 月 10 日,工程营中一声枪响,霎时间无数兄弟冲出营房:反啦,反啦!

伴随着武昌一声枪响,湖南立即宣布独立,继而是江西、陕西、河北、云南等全国各省纷纷宣布独立的时候,摄政王载沣才发现,他们爱新觉罗一家,如今已成为天下人必杀之血仇。

5.袁世凯,你够狠

正当摄政王载沣束手无策之时,突然有一大票人马自斜刺里杀出,直扑京师,扬言勤王。

袁世凯

这一票人马，皆是党人中的骨干分子，为首者世称士官三杰，分别是吴贞禄、蓝天蔚与阎锡山，而且这哥儿仨在日本留学的时候，和皇族少壮派的良弼同住一间宿舍，是睡在良弼上铺的兄弟们。但是现在兄弟们只要共和，不要兄弟了。

《史记》有云：先入关者，王也。倘若士官三杰冲入京师，则吴贞禄、蓝天蔚与阎锡山三人之中，必有一人黄袍加身，天下事，可知也。

正当此时，吴贞禄的老部下周符麟突然来到，同时江湖上传言纷纷，俱言此人之来，是为了拿下吴贞禄的项上人头。当时吴贞禄哈哈大笑，便将周符麟叫来，说："你小子想摘下我的脑袋是不是？容易，什么时候你要，吱一声就行。"

这时候吴贞禄的亲卫队长马惠田上前，笑曰："统领真会开玩笑，咱们自家兄弟……"拔出手枪，"砰砰砰"对着吴贞禄一通狂射，吴贞禄就此身死，连首级也被人摘走。

那么，周麟符与马惠田，又是奉了谁的命，杀死吴贞禄的呢？有人说是吴贞禄的同宿舍兄弟良弼干的，有人说是袁世凯干的，但到底是哪一个，此案目前仍然是悬而未破。

吴贞禄身死，阎锡山大骇，知道图谋清室不易，急急遁往山西，从此就躲在那里,再也没有出来过。

吴贞禄入关为王之梦破灭,北洋军队则浩浩荡荡地出发了,前往武昌要大战共和民军。但刚刚行至湖北孝感,三军突然齐刷刷地止住脚步,再也不肯向前一步,反而是不断扭头张望,其择机反噬京城的举动,昭然若揭。

摄政王载沣大骇,惊叫:"咋的了,这些人都是咋的了……"

咋的了? 这还用问吗? 大家都在等袁世凯一句话。袁世凯让他们去打民军,大家就去打民军,袁世凯让他们回头干掉清室,大家伙绝对不带犹豫的。

当此之时,摄政王载沣做出英明之决断:敦请袁世凯出山,收拾局面。

袁世凯出山,当真了得,首先是部将冯国璋轻取汉阳,朝廷欣慰之余,加封老冯为男爵。接下来是袁世凯的部将张勋与党人兼青洪帮的大魁首陈其美大战于上海之界,青洪帮的兄弟尽皆不要命之辈,打得张勋落荒而逃,连他最宠爱的美妃"小毛子"都被陈其美给抢了去。

双方各有损失,相持不下。此时革命军派内出现了"和平演变"声音,怎么个演变法? 就是派人秘密联系袁世凯:"袁世凯,你脑子有毛病啊? 就知道打仗打仗……你就不能也赶一个时髦,跟大家一起来共和?"

于是袁世凯摇摇摆摆去见隆裕太后:"太后好,跟你说个事……咱们的军队如果要打仗的话,得需要 1200 万两银子。"

隆裕太后说:"袁世凯,我跟你实说吧,宫里边,一粒银子也无……"

袁世凯一拍大腿:"那干脆我每年给你 400 万两银子算了。"

隆裕太后大惊:"袁世凯,你哪来的这么多钱给我?"

袁世凯笑曰:"好办,咱们这么着,咱们共和,你们清室退位,我来当这个大总统,等税收上来,我拨给你们每年 400 万两银子的退休金,如何?"

隆裕太后放声大哭:"袁世凯,你够狠……"

于是刚刚六岁的小皇帝溥仪,就这么被迫退位了。

6.二度登基为帝

此后小皇帝溥仪就居住在皇宫里,每天写些怪怪的文字,修身养性。外边的北洋军阀却是闹得不可开交,未几,袁世凯忽发奇想,登基称帝,却遭受到全国各地军马的讨逆，袁世凯大为郁闷，死之。

老袁一死，北洋派系的军人就闹腾了起来，谁也管不了谁，这时候不知是谁出了个损主意，把湖北的老实人黎元洪给骗了来，让老黎当总统。可是北洋的段祺瑞却对老黎不感冒，时逢第一次世界大战，段祺瑞要求参战，黎元洪不答应，结果段祺瑞居然动手暴打黎元洪，打得黎大总统哇哇痛哭。

当时黎大总统一看，这样不行啊，自己堂堂一个大总统，天天被人家暴打，这样下去还得了？找个人来帮忙吧。找谁呢？

黎元洪相中了北洋中比较缺心眼的张勋。张勋，就是那个美姬被党人陈其美掳走的张勋，这厮接到黎元洪的求救，就兴冲冲地赶来了。他一到，就押着康有为等社会各界人士，来到了皇宫，对溥仪说："陛下，你都看到了，这共和乱糟糟的，也不符合咱们中国的国情啊，你快点出来当皇帝吧。"

溥仪大喜，坐在龙椅上摇头道："我何德何能啊，足下另请高明吧。"

张勋放声大哭："陛下，你不出来做皇帝，咱们中国人民可咋办啊……"

没办法，溥仪只好说道："既然全国各族人民对朕寄予了如此厚望，朕也不好推卸责任，那什么，咱们这就登基吧。"

于是宣统复辟，溥仪再次登基做了皇帝，并封了前大总统黎元洪为国公。

黎元洪却一溜烟地逃进了日本使馆，发布檄文，号召全国各族人民共讨溥仪。黎元洪说："……受国民之托付，当兹重任，当与民国相始终，此外他非所知。"

檄令传出，段祺瑞第一个响应，派了飞机"嗡嗡"地飞到了紫禁城上空，吓得宫女太监们嗷嗷惨叫，到处乱钻乱躲。只有圣上溥仪临危不惧，反而冲到庭院当中，冲着空中的飞机大叫曰："快出来吧，完了完了……"正嚷嚷着，隆裕太后冲了出来，不由分说，照溥仪脸上，"啪"的一个响亮耳光，打得溥仪目瞪口呆。

溥仪大怒："大胆，你竟然敢打朕的耳光。"

"你个混账东西！"隆裕太后指着溥仪破口大骂："你小时候登基的时候，哭个不停，你爹说快完了，结果怎么样？大清果然就这么完了……现在咱们好不容易恢复了帝位，你又一口一个完了完了……"

溥仪闻知此言,沉默不语。果不其然,未及几日,段祺瑞驱军冲入北京城,与张勋大战一场,张勋不支,撇下圣上皇太后不顾,自顾逃之夭夭。

一众军人涌入宫来,吵吵嚷嚷,强迫溥仪立即下台。溥仪很是郁闷,曰:"下台就下台……你们嚷嚷这么大声干啥呢……"

这是溥仪第二次做皇帝,不过是眨眼工夫,但好歹也过了一回瘾。

7.谁也别想拦住我

此后北洋的兄弟们继续在北京城里打来拼去,忽然之间有一位曹锟兄弟胜出。这位老曹,是一个憨厚的人,他自己本事虽然不大,但是眼力超强,善于识人,找到了一个吴佩孚当帮手,老吴端的厉害,打得北洋众兄弟稀里哗啦,狼狈不堪。

于是老曹兄弟就想弄个总统干干,可是议员们都躲了起来,老曹也有办法,就派手下兄弟们满北京城去逮人,逮到一个,塞上大大的一笔钱,用轿子抬到国会去。去了后你乐意选老曹,老曹欢迎;你不乐意选老曹,老曹也不生气,要你就是凑个人头……就这样,老曹幸福地被选上大总统,正当他心花怒放的时候,出事了。

话说北京城中,卫戍京师的,叫冯玉祥,冯玉祥原本和吴佩孚关系挺铁,吴佩孚为此还保举了老冯出任河南督军。可后来因为老冯的脾气太倔,两人就弄僵了,正僵之间,东北王张作霖偷偷溜了来,暗中拉扯老冯说:"老冯,你这么大本事……干吗跟在曹锟他们屁股后面转?"

冯玉祥一听对啊,我老冯这么大本事,干吗要听曹老头的吆喝? 于是张作霖杀气腾腾,组建了镇威军,要来声讨曹锟与吴佩孚。其时吴佩孚正在洛阳练兵,听到这个消息,笑曰:"张作霖你个土匪,这下子你死定了。"

回到中南海点将,吴佩孚命令最猛的冯玉祥为先锋。冯玉祥得令之后,立即与张作霖两股合为一股,不由分说,便向着吴佩孚杀将过来。吴佩孚大骇,忙不迭地跳上一条小船,小舟从此去,江海寄余生。单只撇下一个可怜的大总统曹锟,叫天天不灵,叫地地不应,被冯玉祥不由分说,囚禁了起来。

于是冯玉祥和张作霖以胜利者的姿态入主北京。

安顿妥当后,哥儿俩再坐下来商量:"咱们再找点刺激的活来干干……炮轰紫禁城,赶走溥仪,如何?"

公元 1924 年 11 月 4 日,民国政府国务会议讨论并通过了冯玉祥关于驱逐溥仪出宫的议案。会议决定,如果溥仪死赖在宫中不走的话,就立即开炮,轰他们出宫……

上头赏菊正传班,玛瑙盘承御膳颁。

玉脍银酥餐不得,新谣唱彻纡千山。

这首诗,说国务院决议通过之时,溥仪正和师傅世续等在皇宫里赏菊设宴,吟赏烟霞,现场气氛和谐而融洽……正融洽之间,冯玉祥的部下杀气腾腾地冲了进来,把这个消息通知给了大家。

当时溥仪就惊得呆了,再一看表,距离开炮的时间,还不足两个小时了。

于是溥仪只好跟大家伙商量:破家值万贯,两个小时搬家,时间不够啊,咱们能不能等一会儿再开炮?于是国务院重新开会,临时通过了修正案,将开炮的时间延迟了 20 分钟。

20 分钟之后,又有诗云:

秋来宫柳不胜鸦,神武门边落日斜。

六驾驼车风雪里,铁轮和泪辗黄沙。

这首诗说倒霉的溥仪连饭也没得吃,只好行色匆匆出宫,以驼车六辆,载着老婆婉容和文绣,浩浩荡荡冲出宫门。时九月京师已寒,北风甚烈,有微雪矣。但此时溥仪的心,却比之于寒风,更要冰冷。

于是又有诗云:

谯周降表不堪论,惭愧中朝有旧臣。

天子本非刘后主,似云安乐实酸辛。

这首诗,说溥仪出宫之后,居住于醇王府,国民军每日里抛砖掷瓦,必欲得之而甘心。诸遗老劝溥仪逃往青岛,溥仪惨笑曰:"我今一平民,何处不可栖身?"

实际上,溥仪说这句话,却是为了隐瞒他内心中的勃勃野心,这颠沛流离的日子他是过够了,这个皇上,他是非当不可的了。

"谁也甭想拦住我!"溥仪在心里大声地呐喊着。

8.皇道派大暴乱

正当溥仪坐在家里生闷气的时候,日本东京发生了震惊朝野的大暴乱。

该次暴乱主要由职务较低的下级军官发起,这些年轻军官渴望着军事独裁,独裁多好啊,独裁了,想干啥就干啥……可是日本首相冈田启介认为,日本还不具备征服整个地球的实力,一旦发动战争,结果殊难预料,这个结论让皇道派的青年军官们气愤于心,决意干掉他。

1936年2月26日,由皇道派的粟原中尉和一名宪兵冲入了首相官邸的正门,不由分说,先将负责首相人身安全的警察从床上拖起来,一顿暴打之后捆了起来,然后士兵们冲进大厅,乱枪齐射,把大厅内的吊灯统统打碎,以达到先声夺人的目的。

首相的秘书急急忙忙从床上爬起来,打电话向警视厅求援,警视厅回答说:"你少诈唬,再诈唬灭了你……"原来叛军已经抢先一步,占领了警视厅。

这时候首相冈田启介醒了,爬起来想瞧瞧是怎么一回事,刚一露头就被妹夫松尾传藏揪住了。

松尾传藏将首相强行拖到一间密室门前,不由分说推了进去:"待在里边,千万不要声张……"刚刚扭过头来,叛乱士兵已经冲了过来,瞧见松尾传藏穿着华丽的睡衣,以为他就是首相,不由分说,一通乱枪,打得松尾当场丧命。

陆军大臣川岛义之被叛军从热被窝中拖了出来,强迫他立即面见天皇,要求对中国发动战争。

天皇的侍从长铃木比较倒霉,他正好端端地在屋子里睡觉,叛军狂涌而入,不由分说,子弹如雨点般向他打了过去,打得铃木犹如狂风中的一片树叶,被子弹掀得满天乱飞。可奇怪的是,等他落地之后,却仍然活着,硬是不死。

死得最惨的是财政大臣藏相高桥,只因为他反对对中国发动战争,执意削减巨额军费,引起了皇道派将士们的极大愤慨。那天夜里,当叛军涌入藏相高桥的卧室之时,藏相正笑眯眯地打着呼噜。一名中尉上前一脚,踢飞了他的被子,不由分说,"砰砰砰"照藏相高桥的肚皮上就是几枪。

藏相痛得醒转过来,大喊大叫:"干啥,你们要干啥?"

"我们要杀人!"吼声中,又一名青年军官跳了上去,抢起军刀,砰的一刀剁下,只听藏相高桥一声惨叫,他的一条手臂已经被砍下。然后叛军把军刀捅入藏相高桥的肚皮里,藏相高桥就此毙命。

教育总监渡边锭太郎被枪杀后,脑袋又被砍下。

随后,前首相斋藤毙命。

只有天皇的心腹顾问牧野伸显机灵,趁夜逃上了山,皇道派的青年军官们狂追不舍,却硬是没能追上。

然后皇道派的青年军官占领了一家旅馆,打出了旗号:尊王义军……然后日本各路正规军杀将过来,将这些满脑门子杀人放火的年轻人全都拖了出来,蒙上眼睛,统统枪决了。

皇道派的叛乱虽然被镇压了,但是,这些青年军官们的行动却引起了日本人民的极大同情:看这些可怜的孩子们,都急成这样了,你再不对中国发动战争……这未免也太不像话了吧?

于是以东条英机为首的统治派迅速浮出水面,在日本军队中占据了绝对优势。统治派认为:暴乱与刺杀,都是小儿科,没有意思,要玩咱们就玩大的,那什么……咱们先征服中国吧,然后再征服整个地球。

就这么决定了。

但如何才能征服中国呢? 日本人的目光,落在了黯然神伤的退休皇帝溥仪身上。

9.红杏出墙皇后闹

来找溥仪的,据说是川岛芳子,一个美丽的日本女间谍。

川岛芳子说:"皇上,你最近怎么不上早朝了?"

溥仪说:"……我是想上,可没人来冲我磕头啊。"

川岛芳子就问:"那为什么别人都不来磕头呢?"

溥仪气愤地说:"你看你……明知故问,人家这不是驱逐鞑虏吗……"

川岛芳子笑了,说:"皇上,这我就要说你了,人家都在驱逐你,你干吗还待在这儿讨人嫌?"

溥仪说:"我不待在这儿,还能待在哪儿?"

川岛芳子说:"当然是回你的老家东北,别忘了,你的家,在东北的松花江上,那里有满山遍野的大豆高粱……"

溥仪怦然心动:"……这事,我倒是跟东北王张作霖聊过,可是他的表现……嗯,不太积极……"

川岛芳子说:"张作霖不积极,有人积极。"

"谁积极?"溥仪狐疑地问。

川岛芳子回答:"日本人。"

溥仪霎时间色变:"……那我岂不是成了……汉奸……"

川岛芳子笑了:"东北是你的家,你乐意请谁过去,就请谁过去,谁能管得着你?"

"这个……好像有点道理……"溥仪被说得动了心。

由是溥仪秘密北上,到了东北,先当了满洲国执政,然后升任皇帝。他兴奋地对妻子婉容说:"老婆,我好好开心……你现在是皇后了……"

可没想到的是,此时婉容怀孕了!溥仪想了半天,也没弄明白,这到底是怎么回事儿。

有分教,帝王起落古今无,皇后通奸此时有。原来那皇后婉容,正值30岁的盛季年华,只因为溥仪受制于日本人,悒郁无欢。婉容按捺不住,先后与近侍祈某人与李某人通奸,并珠胎暗结,生下一个女儿……

溥仪知道真相后气急败坏,在孩子出生仅半小时,就秘令人将其杀死。婉容受此刺激,顿时罹患了精神病……

10.无奈的句号

皇后婉容的不幸遭遇,让我们明确了这样一件事,在这个莫名其妙的伪满洲国里,无论是皇帝溥仪,还是皇后婉容,都过得不快乐。

幸好这时候第二次世界大战就要接近尾声了,小小的日本已经被战争拖得彻底破了产,就在美军向日本投掷原子弹的前几天,日本举办了一个盛大规模的阅兵仪式,但到场的,是清一色的女流之辈……

当时新组成内阁铃木首相大惊失色:"怎么都是娘们儿……男人哪去了?"

日本的成年男子或死或被俘,以后的战争,就指望着这些娘们儿了。于是日本组成了数量多达2800万的女子纵队,要跟美国佬拼个你死我活。美国佬也不傻,才不会和这么多的女人动手,干脆丢两枚原子弹……

原子弹丢下两天之后,苏联人气势汹汹地冲入中国东北,可以确信,当时的溥仪肯定有一种如释重负的感觉……傀儡这种日子,人不人鬼不鬼,现在终于结束了……结束归结束,逃跑总归是要的。

溥仪逃到沈阳机场,被苏联士兵截住,请往伯力劳改营做客。

此后,溥仪又被移交给中国,在抚顺战犯管理所缝补袜子。他补的袜子针脚细密,均匀细致,果然有着不世帝王之雄风。

再以后,这位空前绝后、三次横遭废黜并三次登上帝位的皇帝,改行当上了作家,主要撰写《我的前半生》这样一部波澜不惊的奇书。此书承袭了娓娓道来的叙事风格,无论你怎么样读,都无法窥破在那惊涛骇浪时代。激荡的风云对这位末代帝王的心理冲击。

但我们知道,这冲击是相当强烈的。

一如我们在这里看到的。

乾隆的家庭悲剧及政治风波

乾隆十三年三月十一日,从济南到德州的路上,皇帝东巡的仪仗、扈从,匆匆北上,凤舆中的皇后富察氏病得奄奄一息。到了德州水次,皇后被抬上运河中御舟,即于深夜亥刻宴驾。这一偶然事件却在政治生活中掀起很大波澜,犹如火山喷发,大地震颤,使皇族和官僚们措手不及,蒙受突然的灾难。

乾隆对结发妻子的感情极为深厚,夫妻恩爱,伉俪情深,一旦永诀,十分哀恸。维万乘之君不可能改变命运之神的安排,难以弥合精神上的创伤。他为皇后之死,写了一篇《述悲赋》,其中说:"纵糟糠之未历,实同甘而共辛","影与形兮难去一,居忽忽兮如有失,""信人生之如梦兮,了万事之皆虚,呜呼,悲莫悲兮生别离,失内佐兮孰予随"。他的诗中说:"廿载同心成逝水,两眶血泪洒东风"。皇帝的哀思是深沉而真挚的,乾隆既是凌驾亿万人之上的君主,又是有血有肉,具有爱恨悲欢感情的普通人。皇后这次跟着皇太后和皇帝到山东巡幸,谒孔庙、登泰山,旅途劳顿,到济南感染风寒,休息了几天,病情略有好转,却过分匆忙地赶路回京,途中病情复发,遂至不起,酿成乾隆帝的终生憾事。此后,乾隆多次南巡,路过济南,怕触景生情,引起悲怀,永不进入济南城。乾隆三十年,皇后已死去十七年,第四次南巡,路过济南,绕城而行。乾隆写诗说:"济南四度不入城,恐防一入百悲生,春三月昔分偏剧,十七年过恨未平"。乾隆对孝贤皇后(富察氏死后谥号孝贤)的感情是深挚而持久的。

孝贤皇后之死给乾隆帝精神上极大的打击。可是,"祸不单行",在这之前,皇后所生的两个儿子都先于其母去世,这两个儿子都很聪明,深得皇帝钟爱。一个是皇次子永琏,"聪明贵重,气宇不凡",那时,老祖父雍正皇帝还在位,很喜欢这个孩子,"隐然示以承宗器之意。"乾隆登基后,很快按照雍正的立储办法,将永琏名字密藏于乾清宫正大光明匾额之后,"是永琏虽未行册立之礼,朕已命为皇太子矣。"不料,乾隆三年十月十二日,永琏猝患寒疾,当即死亡。孝贤皇后以后又生皇七子永琮,只长到两周岁。却"性成凤慧,岐嶷表异,出自正嫡,聪颖殊常",虽然没有来得及秘密册立,但乾隆的思想中已默定这个孩子继承帝位。到乾隆十二年除夕,灾难临头,永琮出痘死亡。这对乾隆夫妇又是一次重大的刺激。孝贤皇后之死仅仅在永琮逝世以后七十天。因此,皇后除了旅途的疲劳之外,丧失爱子的悲痛可能是更为重要的致病原因。

乾隆的家庭悲剧到皇后之死还没有结束。第二年,即乾隆十四年,皇九子殇,这位皇子年幼庶出,对饱经家庭变故的乾隆影响尚不大。可是又过一年,即乾隆十五年三月十五日,皇长子永璜逝世。永璜系哲妃所生,乾隆并不喜欢他,但他毕竟是长子,而且长大成人,已二十三岁,生下皇长孙绵德,自然在乾隆的心绪上又增添了几分哀伤,所以他说:"朕近年屡遭哀悼之事,于至情实不能已。"

乾隆帝中年丧偶,又失去几个儿子。如果事情仅止于此,那也是无数家庭中常常发生的悲剧,在历史的长河中无关宏旨。但由于皇后的丧葬事件引起了大官僚一连串的贬责黜革甚至赐死,使乾隆初年相对平静的宦海突然掀起了波澜。朝廷的政策方针从"宽"趋"严",向着新的统治格局和统治作风演变。

陷入极度悲痛的乾隆帝心情暴躁易怒,待人处事,一反常态。第一个碰钉子的就是皇长子永璜,他年轻不懂事。因为死去的不是自己的生身母亲,没有哀伤的表示。乾隆责备他:"遇此大事,大阿哥竟茫然无措,于孝道礼仪,未克尽处甚多"。永璜被公开训饬,他的师傅俺达受处分,其中和亲王弘昼、大学士来保、侍郎鄂容安各罚俸三年,其他师傅俺达各罚俸一年。一个月以后乾隆的册封文书,译为满文,误将"皇妣"译为"先太后",乾隆勃然大怒,指责翰林院大不敬,特别指出,管理翰林院的刑部尚书阿克敦"心怀怨望",交刑部治罪。其他刑部官员见皇帝盛怒,加重处分,拟绞监候。不料,暴怒的君王尚不满意,责备刑部"党同徇庇",故意"宽纵"。将刑部全堂问罪,包括署理满尚书盛安、汉尚书汪由敦、侍郎勒尔森、钱阿群、兆惠、魏定国,均革职留任,而阿克敦则照"大不敬"议罪,斩监候,秋后处决(后得赦)。这样严厉的处分使当时官僚们胆战心惊。

此后,大批官僚都被卷进因皇后丧葬而引起的政治漩涡中,五月间,工部因办理皇后册宝不敬,"制造甚属粗陋",全堂问罪,侍郎索柱降三级,涂逢震降四级,其他尚书、侍郎从宽留任;光禄寺因置备皇后祭礼所用之饽饽、桌张,"俱不洁净鲜明",光禄寺卿增寿保、沈起元、少卿德尔弼、窦启瑛俱降级调用;礼部因册谥皇后,议礼舛误,"诸凡事务,每办理糊涂",尚书海望、王安国降二级留任,其他堂官也分别受到处分。

因皇后丧葬而引起的贬革之风也刮到了外省。皇后之死,有些外省官员具折奏请赴京叩谒梓宫,这本来是表面文章,因为事实上外省官员各有职守,没有可能也不必要一齐来京服丧行礼。想不到乾隆对于那些没有折奏请来京的官员,横加挑剔,特别对满人更加不满。他说:"盖旗员地分亲近,沐恩尤为深重。一遇皇后大事,义当号痛奔赴,以尽其哀慕难已之忱,即或以外廷不敢预宫闱之事,而思及朕躬当此事故,亦应奏请来京请安,庶君臣之谊,不致漠不相关也。"因此,各省满族的督抚、将军、提督、都统、总兵,凡是没有奏请赴京的,各降二级、或销去军功记录。这样受到处分的有两江总督尹继善,闽浙总督喀尔吉善、湖广总督塞楞额、漕督蕴著、浙江巡抚顾琮、江西巡抚开泰、河南巡抚硕色、安徽巡抚纳敏等五十三名满族文武大员。

接着,风暴又袭入宫廷。两个年龄最大的皇子,大阿哥永璜、三阿哥永璋仍是由于没有表露哀伤的感情而遭斥责,皇帝的口气非常严厉。"试看大阿哥年已二十一岁,此次于皇后大事,伊一切举动尚堪入目乎?父母同幸山东,惟父一人回銮至京,稍具人子之心,当如何哀痛,乃大阿哥全不介意,只如照常当差,并无哀慕之忱。……今看三阿哥亦不满意,年已十四岁,全无知识。此次皇后之事,伊于人子之道,毫不能尽,……伊等俱系朕所生之子,似此不识大体,朕但深引愧而已,尚有何说!"永璜、永璋除了未尽人子之道以外,他们具体的罪状并没有说清楚。乾隆似乎回顾了康熙元年继承问题的教训,对永璜、永璋深具戒心,竟谈到立储续统问题,斩钉截铁地宣称:"此二人断不可承续大统……伊等如此不孝,朕以父子之情,不忍杀伊等,伊等当知保全之恩,安分度日,……倘仍不知追悔,尚有非分妄想,则是自干重戾矣!……须知此一位,但可传一人,不可分传数人,若不自量,各怀异志,日后必致弟兄相杀而后止,与其令伊等弟兄相杀,不如朕为父者杀之。……今满洲大臣内,如有具奏当于阿哥之内,选择一人立皇太子者,彼即系离间父子,惑乱国家之人,朕必将伊立行正法,断不宽贷。"

这时,皇后之丧刚满百日,乾隆失去二、七两子以后,心目中并没有可以继承帝位的人。他方当盛年,健康极佳,继承问题并未提到日程上,而永璜、永璋年龄尚小,也并无争夺嗣位的举动。乾隆却对他们深恶痛绝一顿痛骂,狗血喷头,摒绝他们继承帝位的任何可能。这种过分的做法,似乎出于丧妻后过度悲恸所产生的一种变态心理。

因孝贤皇后丧葬而掀起了风潮,皇子和大批官吏被卷进政治漩涡。百日丧满以后,风潮还在发展,这就是查究丧期内擅自剃发的案件。按满族旧习,帝后之丧,为表示哀思,官员在百日内不得剃发,七月间,发现山东沂州营都司姜兴汉,奉天锦州府知府金文淳在百日丧期内剃头。乾隆大发雷霆,声言丧期内剃头"祖制"立即处斩。亦如进关时,令汉人剃发,不剃发者无不处斩之理,姜兴当、金文淳几乎被杀掉,只是后来发现违制剃头的大有人在。象盛京、杭州、宁夏、京口、凉州、四川的驻防满洲抹丁很多剃了发。这才饶赦了姜兴汉、金文淳的性命。其实，所谓"祖制"仅是暧昧不明的习惯，律例会典中并无明文记载，汉官甚至满员对此也不甚清楚。十多年前，雍正皇帝去世时，许多官员没有遵照习惯，丧期内即已剃发，朝廷并没有追究过问。这次乾隆却要追究了，不久又发现大官僚江南总河周学健和他所属的文武官员全都在百日内剃发。乾隆震怒，大骂周学健"丧心悖逆，不惟一己敢于犯法，并所属官弁同时效尤，弃常蔑礼，上下成风，深可骇异"。还有许多大官僚丧期内并未剃发，却也受到牵连，如两江总督尹继善"知情不举"，被斥为"好名无耻之徒"；刑部尚书汪由敦与金文淳"谊属同乡，辈称前后"，金下狱时汪由敦给金以照顾，开锁迅速，汪被革职留任；江西巡抚开泰查抄周学健家产，乾隆警告他"若稍有回护徇庇之意，断不能保其首领"；大学士高斌将周学健押解至京，"伊素与周学健交好，或令周学健自尽，不得到京明正典刑，维高斌是闻"。这些官僚有不少是皇后丧葬案中第二次得罪了。更倒霉的是刑部尚书盛安，他未将金文淳斩立决而判为斩监候，乾隆认为是有意包庇，竟将盛安也判为斩监候。至于周学健本人，则发现他还有贪污行为，于这年十一月赐令自尽。

其实，违制剃头的大官僚何止周学健一人，湖广总督塞楞额、湖南巡抚杨锡绂、湖北巡抚彭树葵也于百日内剃头。听说乾隆严厉追究此事，吓得战战兢兢。杨锡绂准备自行检举，以求减轻罪愆，塞楞额因是旗人，恐加重治罪，阻止杨锡绂自首，后来事情败露。乾隆的怒气更是火上加油，大骂塞楞额"丧心病狂，实非意想所及"，令其自尽，杨锡绂、彭树葵革职。

皇后死后的半年，因丧葬而掀起轩然大波，除上述的大官僚以外，还有江苏巡抚安宁被解任，罪名之一是"伊于孝贤皇后大事，仅饰浮文，全无哀敬实意。伊系亲近旧仆，岂有如此漠不关心之理。"这年冬至，翰林院撰拟皇后祭文，用"泉台"二字，乾隆又吹毛求疵，认为这两字用于常人尚可，"岂可加之皇后之尊"，大学士张廷玉以及阿克敦、德通、文保、程景伊等"全不留心检点，草率塞责，殊失敬理之义"，俱罚俸一年。

因孝贤皇后的丧葬而引起的政治风波，震动极大，大臣们或被斥、或罚俸、或赐死，形成前所未有的大案。乾隆初年，一向标榜宽大政治。"纯皇帝（即乾隆）即位，承宪皇（即雍正）严肃之后，皆以宽大为政。罢开垦，停捐纳，重农桑，汰僧尼之诏累下,万民欢悦,颂声如雷。"的确,在乾隆初期处分大臣十分谨慎,不像后期动辄杀戮。乾隆十三年以前处死的大臣只有提督鄂善一人。乾隆六年,鄂善被揭发贪污银一千六百两,鄂善是亲信大臣,乾隆不忍杀他,"垂泪谕之,令其自尽"。有点"挥泪斩马谡"的味道,乾隆自己说:"降旨之后,心中戚戚,不能自释,如人身之失手足也。"号称"宽大"的乾隆竟因皇后丧葬案件,处分大员一百多人,小题大做,株连众多,量刑从严。这一偶然事件和皇帝恶劣的情绪在平静的宦海中竟搅起如许巨大的波澜。可见在封建统治之下,"人治"的作用很大,政治的发展很大程度以个人的意志为转移。专制皇帝的权威支配一切,没有可以制约和平衡的力量。他的反常情绪和任性放纵,有时会一发不可收拾,导致政治上的大灾难。

从孝贤皇后的丧葬事件,我们看到了个人的意志和情绪会对历史产生很大影响。乾隆十三年,官场遭到的灾祸显然是乾隆丧偶以后,极度悲痛,情绪恶劣,因而在烦恼焦躁中采取了过分严厉的惩罚措施。但是,对历史的研究不能到此止步,需要进一步探索的是,在自由意志和不正常情绪的背后是否潜伏着更为深刻的原因? 乾隆采取这些措施除了情绪的冲动之外,是否还有"理智"的考虑? 过分的严刑峻法是在什么背景下发生的? 它引起了什么影响和后果?

如果我们不满足于"悲痛心情下的极端措施"这一表面印象,而把视界更加拓展的话,就会注意到同年内正在进行征伐金川的战争。这是乾隆前期的第一次大规模战争。尽管当时海内富庶,国力鼎盛,金川之战却碰了大钉子,由于金川番民的顽强抵抗和地形崎岖,碉堡难攻等原因,清廷虽投入大量的兵力、财力,却劳师无功。由于金川的失利,大批官僚将帅得罪,甚至被处死。皇后丧葬案和金川失利案,几乎同时掀起两股贬黜、杀戮大官僚的风潮,对当时的政界和社会造成极大的冲击。

因金川失利被处死的最重要的官僚是讷亲。他出身满族世家,钮祜禄氏,属镶黄旗。他的姑姑是康熙的皇后,"讷亲贵戚勋旧,少侍禁近,受世宗知,以为可大用,迨高宗,恩眷尤厚。"乾隆初,他授保和殿大学士、首席军机大臣,兼管吏部、户部,是一个炙手可热的大人物。金川事棘,他受命督师,刚到前线,即逢腊岭兵败。乾隆一反平昔的宠信态度,责骂讷亲畏葸贻误,于十四年正月将讷亲正法于四川军营。另一个被杀的是川陕总督张广泗,汉军镶红旗人,雍乾之际,他因平定苗疆立功,乾隆对他十分信任。赞誉他"目下精于戎行,能运筹制胜者,朕以为莫过卿。"金川战败,张广泗被革职解京,十三年十二月处斩。还有一个论死的庆复,满洲镶黄旗人。国舅佟国维之子,隆科多之弟,历任两江,云贵、川陕总督。他是金川战争首开衅端的人,又谎报军情讳饰冒功。十三年下狱,十四年赐令自尽。其他因金川战争而被杀被贬的尚有总督纪山、班第,提督李质粹、袁士弼、总兵许应虎、宋宗璋、马良柱等大官僚和高级将领。

前线将帅应对战局负责,因金川之败而惩处指挥不当,战斗不力的将士本来是正常的。但处决讷亲、张广泗却罚非其罪、或罪轻罚重。金川战争,决策出兵、命将供饷以至具体的战斗都是乾隆遥控的,讷亲并不熟习军务。他赶到前线在六月初九日,而腊岭之战开始于六月初,至六月十六日战败结束。讷亲猝至前敌,实际上也来不及去指挥腊岭战斗,怎能把战败的责任推到他身上? 张广泗则了解金川战争的艰巨性,反对强攻硬拼,主张持久围困,但他的意见未被采纳。讷亲、张广泗、庆复都是金川败绩的替罪羊。这一年,乾隆家庭遭变、军事受挫,心情十分恶劣,故大批诛杀贬革大臣,约一年内被处死的大学士、总督、巡抚、提督等大员有塞楞额、周学健、常安(浙江巡抚,因贪污论绞)、讷亲、张广泗、庆复、李质粹等。被贬革者不计其数。和他十三年以来宽大作风形成鲜明对照,就像他自己所说:"朕御极之初尝意至十三年时,国家必有拂意之事,非计料所及者。自去年除夕,今年三月,屡遭变故(指皇七子永琮和孝贤皇后之死)。而金川用兵,遂有讷亲、张广泗两人之案,辗转乖谬,至不可解免,实为大不称心。"

把孝贤皇后的丧葬案和金川战争案联系起来,可以看出:当时皇帝和大臣的关系十分紧张,这是皇权和官僚机器矛盾加剧的表现,而这一矛盾普遍存在于封建的政治史上,不过,它的表现形式和解决途径,多种多样。乾隆前期,以皇后丧葬和金川失利为契机而爆发了皇权与官僚机器的冲突,这一普遍性矛盾在偶然的形式中表现出来,并带有浓重的个人情绪的色彩。

封建制度依靠庞大的官僚机构进行统治,而官僚机构总是伴随着贪污腐败、营私舞弊,矛盾倾轧,效率低下等不能根本克服的弊端,这种弊端又危及封建制度的长治久安。封建统治机器需要不断进行调整、清洗,以保持一定的素质和效能,这是符合封建阶级长远利益的。在高度的中央专制集权下,皇权至高无上。它既是官僚们的统治者、庇护者,又是监督、抑制、调整官僚机器最强大的力量。因此皇权和官僚机器,既相互依赖,又存在矛盾。君主为保持官僚机器遵照自己的意志而运转,必须经常进行整顿,以排除故障,洗涤积垢,防止失控。为保持君主的绝对权威,严刑峻法是必不可少的。重要的不在于用什么具体理由去惩罚官僚们,而在于牢固地掌握惩罚的权力,并毫不怜悯地付诸实施,就像驱使骏马飞奔,离不开御者的呼叱和鞭打一样。

从这种意义上说,康熙捉鳌拜,杀索额图,雍正处死年羹尧、隆科多和乾隆在皇后丧葬和金川战争中处分大批官僚是属于同一范畴的事件。不管处分的理由正当或不正当,皇帝的思想情绪正常或不正常,一旦做出严厉的处分,就足以整肃群僚,震詟视听,收到冲刷官场积弊的效果。这就是为使骏马奔驰而必须采用的统治术,一切雄才大略的封建君主都懂得它,并善于运用它。

乾隆十三年官场掀起的风波,似乎是偶然的,因为它是皇帝在不良心情下过分处罚的结果,但在另一个层次上说,这种处罚又是皇权对官僚机器进行控制和整顿的表现,是解决两者之间矛盾的手段,因此,它又是必然性链条上的重要环节。在这里,必然性和偶然性相互联结。必然性以偶然性为其存在的躯壳,而偶然性的背后隐藏着必然的东西。

乾隆即位之初,为纠正雍正的苛严而政局宽大,在一定时期内放松了控制,但却带来了副作用,官僚机构逐渐废弛,贪污腐化现象滋长。乾隆很早意识到这一点,并对官僚们提出过警告,"若视朕之宽而一任属员欺蒙,百弊丛生,激朕将来有不得不严之势,恐非汝等大员及天下臣民之福"。事态的发展就像乾隆预先指出的那样,吏治日益腐败,乾隆对官吏的惩治也随之加重,螺丝钉正在拧紧,朝廷的政策由宽大而趋于严厉。自从乾隆六年,鄂善因贪污赐死以后,乾隆对鄂尔泰、张廷玉两个势力最大的官僚集团特加贬抑。乾隆七年,因御史仲永擅泄露机密,进行追究,将鄂尔泰交部议处,其子鄂容安被革职。乾隆八年,因谢济世案件,湖南全省大官僚均被革职,包括巡抚、藩司、臬司以及湖广总督。乾隆九年顺天乡试,查获许多人夹带作弊,谕令"科场怀挟之弊甚多,势不得不严行搜检",乾隆十一年,各地抗粮闹赈事件激增,乾隆认为"民风日刁",加强了镇压,并责怪官僚们,"似此懈怠废弛,盗风何由宁息"。将安徽省自乾隆元年以来任臬司者,均交部察议。乾隆十一年,为了整顿日益废弛的官场和营伍,命讷亲南下巡视。这年,乾隆发现各省亏空甚多,"朕观近年来亏空渐炽,如奉天府霍备任内,则有荣大成等五案,山西则有刘廷诏之案,……揆厥由来,实缘该管上司,见朕办理诸事,往往从宽,遂一以纵弛为得体。"在乾隆的心目中,实行宽大政策已产生了流弊,官僚机器不适应统治的需要,他对现职的大官僚失去信任,雷厉风行的进行整顿已是刻不容缓的要务。

以皇后丧葬和金川战争为契机而对官场的整顿,产生了重要的后果,这就是加快了廷臣的换班和两代人的权力交替。乾隆初年,所用大臣都是雍正遗留下来的老臣,如允禄、鄂尔泰、张廷玉、海望、来保、阿克敦、张广泗等,连最年轻、最有权力的讷亲也是雍正特选拔上来的。乾隆整顿吏治的锋芒正是针对着这些旧人和老臣,他擢用了一批新人以代替旧臣,其中最重要的就是孝贤皇后的弟弟傅恒,还有乾隆的亲信侍卫,如舒赫德、兆惠、富德、明瑞、阿桂等人,正是依靠这批新进的年轻人,不久以后完成了平定准噶尔和回部的业绩,开拓了乾隆中期的统治格局。

乾隆帝和他的后妃

在河北省遵化县马兰峪西的昌瑞山下,有一片红墙黄瓦的古建筑群,那是闻名中外的清东陵。陵区的正中偏西,在一片郁郁葱葱的古柏青松前面,有一个巨大的陵寝,名叫裕陵,里面埋葬着乾隆帝。裕陵往西约一里,是裕陵妃园寝,安葬乾隆帝的 36 个后妃。

清朝在位最长的皇帝,除康熙帝以外,就是乾隆帝。乾隆帝诞生于康熙五十年(1711 年)八月三十日,死于嘉庆四年(1799 年)正月初三日,享年 89 岁。乾隆六十年(1795 年)十二月初一日,乾隆帝谕示群臣,说明年将归政于皇太子。为什么乾隆帝要主动把皇位让给儿子呢?因为乾隆帝的祖父康熙在位六十一年,乾隆帝认为自己不能超过祖父,便在当了 60 年皇帝之后,主动让位给第十五子颙琰,自己当了"太上皇",实际上仍然掌握军国重务。

乾隆帝聪明伶俐,六岁时就能背诵著名的古文《爱莲说》,不仅得到父亲的喜爱,也受到了祖父的重视。康熙帝每次外出打猎,都要带上这个小孙子,目的是不仅让他习文,更要让他练武。乾隆帝七岁时,有一次随同康熙帝外出打熊。康熙帝一枪击中一只熊后,还叫乾隆帝到熊的身旁再打一枪,以锻炼他的胆量。不料乾隆帝刚到熊前,那只熊猛然站起,乾隆帝急忙举起枪,这时康熙帝的枪也响了,熊再次被打倒。这件事给康熙帝留下了深刻的印象,他夸奖乾隆帝有一股子勇劲。

乾隆帝也是个勤于政务的人,这方面颇有些像他的父亲。他一般每天五更起床,在夏季,这时天已大亮,并不觉得早;而在冬天,却还是黑乎乎的。乾隆帝有个习惯,从寝宫到乾清宫的路上,每过一门,都要放一个爆竹。各衙门值班的官员听到爆竹声,就知道皇帝已起,从而也不敢怠慢。纷纷起来办公了。

乾隆帝还是个游山玩水的太平皇帝。他在位期间,正是清朝最繁盛的时期。国力的强盛,物产的丰富,都给他提供了优越的客观条件。他曾经六下江南,饱览了苏、杭美丽的景色;也曾经对内对外打过几次仗,有的虽然受到挫折,但结局总是对他有利。为此,他沾沾自喜于"十全武功",以"十全老人"自居。乾隆帝一生还写了大量诗词,文采虽不出众,却还是到处刊刻。由于乾隆帝的挥霍和浪费,在他晚年时,清朝已经显出衰落的兆头。

在乾隆帝的 36 个后妃中,孝贤纯皇后富察氏是察哈尔总管李荣保的女儿。雍正五年(1727 年),当乾隆帝还是皇太子的时候,富察氏被册封为嫡福晋,乾隆二年(1737 年)被册立为皇后。富察氏是个注意节俭的人,她当皇后 13 年,从没有佩带过珠翠宝石,只用通草绒花做装饰品。每年正月新春开始,后妃们都要做荷包敬献皇帝。别的妃嫔都用金银丝线,做成的荷包金光灿灿,非常华丽,唯独富察氏用鹿羔绒毛做成的佩囊,没有一点光彩。富察氏这样做,是想仿照清朝在关外时期的样式,以此提醒乾隆帝不忘祖宗。但这和乾隆帝挥霍奢侈的性格是不相容的。尽管乾隆帝表面上对富察氏还很敬重,但心里却是另一番情趣。

乾隆十三年(1748 年),富察氏随同乾隆帝东巡。三月,途经山东德州(今济南市），准备乘船返回北京。据说，这时富察氏劝诫乾隆帝不要挥霍过度，特别是要自重，爱惜身体。这下可把乾隆帝惹恼了。富察氏为什么说这番话呢？有人讲，乾隆帝那时对当地妓女非常眷恋。这样，在即将登船返回京师的时候，乾隆帝不仅责骂富察氏，还动手打了几个耳光。富察氏又气又恼，便跳到运河里自杀了。死的时候37岁。这种富察氏投河自尽的说法当然只是一种传说，并不符合历史事实。富察氏实际上是病死的。当刚到德州的时候，富察氏就得了感冒。赶巧，当地那时又连日阴云密布，春雨纷纷，天气格外阴冷。富察氏感冒没好，又劳累过度，转成肺炎，不治而死。富察氏死后，乾隆帝昼夜兼程返回北京，将富察氏殡于长春宫，服缟素12天。乾隆帝还写了一首著名的《述悲赋》，悼念皇后富察氏。赋中有这样的句子："最悲莫过于生死别离，失去了皇后我还有谁相随？走进椒房感到分外寂寞，凤幄在那里空空地下垂。"

皇后乌喇那拉氏，是佐领那尔布的女儿。她原来只是个侧福晋，乾隆二年（1737年）封为娴妃。十年（1745年）进为贵妃。孝贤皇后死后，她进为皇贵妃，管六宫事。十五年（1750年）册立为皇后。三十年（1765年），乌喇那拉氏随同乾隆帝南巡到杭州，因劝乾隆帝不要迷恋江南美景，早日返京，她遭到了乾隆帝的唾骂。乌喇那拉氏是一个个性很强的人，她受不了这样的辱骂，就把自己美丽的头发全部剪光，以此表示对乾隆帝的不满。乾隆帝认为剪掉头发违背了祖宗传下来的风俗，大发雷霆，下令让乌喇那拉氏先返回京师。乌喇那拉氏回京后，心情郁闷，长久不能恢复，到三十一年（1766年）七月，终于病死。乾隆帝吩咐仅按皇贵妃仪礼治丧。

乾隆帝还有一个妃子姓魏，汉族人，被举入满洲旗的时候，在姓氏上增加一个"佳"字，改姓为魏佳氏。她是内管领魏清泰的女儿。魏佳氏初进宫时只是一个贵人，以后升为嫔、妃、贵妃。乾隆二十五年（1760年）十月，魏佳氏生个男孩，就是后来的嘉庆帝。三十年，乌喇那拉氏失宠，魏佳氏被封为皇贵妃，四十年（1775年）病死，年49岁。

在乾隆帝的后妃中，有一个维吾尔族人，被称为容妃。即容貌出众的意思。容妃的父亲是阿里和卓，她的哥哥叫图尔都。乾隆二十三年（1758年），回部大小和卓波罗尼都和霍集占发动叛乱，图尔都和他的叔父额色尹跑到了布鲁特

(柯尔克孜族)境内。后来,清政府派军队出征霍集占,图尔都和额色尹带领一批布鲁特兵,帮助清政府进攻喀什噶尔(今喀什)由于额色尹参加平叛有功,兆惠派他前来北京朝见乾隆帝。二十四年(1759年)九月,额色尹到达北京,清政府封他为辅国公。此后,图尔都和他的妹妹也从新疆出发,在这年十二月到达京城。图尔都被授为台吉,她的妹妹在二十五年(1760年)二月则被选入宫中,开始称贵人,不久晋升为嫔、妃。她就是容妃。

乾隆五十三年(1788年)四月十九日,容妃病死。她的墓就在今河北省遵化县清东陵的裕妃园寝内,在她棺木的正面和侧面,都有手书的阿拉伯文金字,译成汉文,便知道那是伊斯兰教所信奉的经典《古兰经》上的话,开头一句是"以真主的名义"。在容妃墓的遗物中,有一条扎有辫绳的发辫,长85厘米,在细黄的发辫中杂存花白的头发。容妃死时55岁,那发辫正是她的。所以,无论是北京的陶然亭,还是新疆的喀什城外,关于香妃墓的传说,都是种种附会。

乾隆的管弦乐队

大约三百年前,由两位名叫费迪南德·维比斯特和托马斯·佩雷拉的耶稣传教士最早把西洋乐器带入了当时的清朝宫廷,从此,西洋乐器便传进了中国的紫禁城。两位传教士了解到康熙皇帝爱好推崇西洋文化和科学,便把他们所带乐器一一介绍给了他。

后来,一位法国传教士告诉法国国王路易十四世,说康熙皇帝非常爱好西洋乐理、西洋乐器和这些乐器的演奏,而且还经常认真演练这些乐器,并能象演奏大多数中国乐器那样娴熟美妙。

康熙的孙子乾隆皇帝也酷爱西洋音乐,尽管他的音乐才能远不如康熙,但他对西洋音乐的浓厚兴趣比其先祖康熙有过之而无不及。是他亲自组建了中国第一个西洋管弦乐队。

乾隆为了组建西洋管弦乐队,专门邀请了几位音乐方面的洋专家来中国。他要这些洋专家对已闲置了70多年的康熙用过的各种西洋乐器予以分门别类,并对其破损者进行修理。这些西洋乐器中,有些是外国来访者赠送的礼品,有些则是在康熙的西洋音乐教师托马斯·佩雷拉的指导下，由中国工匠制作的。

乾隆还传下圣旨，要工匠们制作象牙长笛和铁弦琵琶，这也许就是当时的钢琴或竖琴了。

乾隆组建的西洋管弦乐队所使用的乐器，除以上所谈到的外。还有吉他、曼陀林琴、大提琴、小提琴、单簧管、双簧管。而嘴饰假须，身穿对襟绣花马褂，顶戴花翎的 14 名太监便是这个管弦乐队的乐师。

缪炳泰为乾隆画像

清王朝的顺治、康熙、乾隆等皇帝很喜欢绘画。他们罗致四方画工。缪炳泰就是其中的一个。

缪炳泰（公元 1744~1807），字象贤，一字霁堂，江苏江阴诸生。精工写像，不由师授。有一次他为南书房一翰林学士画像，神气如生。这位学士回京，把像挂在宫堂，被乾隆见到，大为赞赏。立命兵部派人到江阴召缪进京。学士以为缪炳泰仅是秀才，恐怕不堪供奉，乾隆便恩赏缪为举人。缪炳泰在宫里为乾隆写"御容"的时候，跪在那儿好久，迟迟不敢下笔。乾隆便命侍臣取了满盘的眼镜，令缪选择。缪戴上眼镜，果然一挥而就。当时乾隆已上了年纪，耳孔毫发丛出，这是旁人写真时不敢画的，而缪炳泰却大胆地画了上去。弘历揽镜比视，高兴极了，即日赏缪郎中之职，没有多久又让他补了某部实缺。

乾隆盗木修圆明园

凡是到过北京明十三陵的人，都会在长陵见到一座重檐四出，黄瓦红墙的大殿。它造型巍峨，宏伟壮观，外形与紫禁城太和殿完全相同，此明宣德二年（公元 1427 年）建成至今经历了 550 多个年头，从未发生倾斜变形现象。站在这座殿内，可以闻到一阵阵袭人的香气。它的木架用的是昂贵的金丝楠木。这种木不刷漆而光泽油亮，不雕刻而纹路精美，任凭风吹雨淋而形态如故，袭人的香气沁人心脾，蚊蝇难以靠近。

翻开十三陵建造的历史，上面醒目地记载定陵、永陵等也都有一座楠木享殿。可为什么今天只能在长陵见到唯一的一座楠木殿呢？

事情要从340多年前说起了。1644年，李自成率大顺农民军开进北京。义军兄弟见到皇陵如此豪华，一气之下放火烧了除长陵以外十一座陵的享殿。但是，永陵的享殿在一场大火中烟熏火燎之后幸存，照样香气袭人。

到了清乾隆年间，有一天，乾隆在巡视明陵时看中了长陵、永陵享殿的金丝楠木。他一心想把长陵的楠木殿拆毁，将楠木用到正在兴建的圆明园中，但文渊阁大学士纪晓岚上奏说，《大清律》上注明，掘挖明坟者处死，皇上金口玉言，此举事关重大，且望陛下三思而后行。乾隆一时不敢妄动。但金丝楠木弄不到手，他始终茶饭无心，思来想去，一计生来。乾隆传令：调全国能工巧匠，修缮被火烧的永陵享殿，然后密旨传令，派亲信工匠用偷梁换柱的办法，把永陵的楠木撤换下来。不久，永陵的享殿修饰一新。乾隆既盗走了金丝楠木，又落了修缮明陵的美名。当一座精美富丽的金丝楠木殿在圆明园落成的时候，恭贺声不断传来，对于这楠木的来历，当时的人们哪敢提及？

事实终归是事实。日久天长，乾隆盗木的丑闻还是被张扬出去了。为了掩盖自己罪责，乾隆自下诏书，把自己发配到江南，盗木的事才算平息下来。

可惜的是，永陵的大殿毁于日本帝国主义侵略中国的战火中，今天只剩下一个残破的座基。乾隆盗木的证据——金丝楠木殿也毁于英法联军在圆明园燃起的大火之中。

乾隆帝饬谕皇子娴习骑射

满清于1644年入关，传位到第四代皇帝乾隆，已近百年。因为久处升平时期，满人难免骄逸自安，把弓马之技逐渐废弛了。不少满人受汉人的影响，甚至以通晓汉文、吟诗作画、自侪于士林为荣。乾隆帝对此非常恼怒。乾隆二十年三月，胡中藻所著《坚磨生诗钞》以"悖逆之词"构成大狱，案件涉及一些满族大员，为此，乾隆帝颁发谕旨，谆谆告诫："满洲风俗，素以尊君亲上、朴诚忠敬为根本，自骑射之外，一切玩物丧志之事，皆无所渐染。乃近来多效汉人习气，往往稍解章句即妄为诗歌，动以浮夸相尚，……此等弊俗，断不可长！"当时，大学士鄂尔泰的侄子、历任巡抚的鄂昌曾经和胡中藻往复唱和，乾隆帝认为鄂昌"身为满洲世仆"，"其罪实不容诛"，赐令鄂昌自尽，还特别降谕训示满人，应以清语（满文）骑射为事，禁止满汉人员以文字相往来。上谕称："嗣后八旗满洲，须以清语骑射为务，如能学习精娴，朕自加录用，初不在其学文否也"，"如有与汉人互相唱和，较论同年行辈往来者，一经发觉，决不宽贷！"

　　乾隆帝禁止满族大员沾染汉俗，对他的皇子皇孙，要求就更加严格，令他们时刻勿忘祖制。乾隆三十一年五月十二日，他看到十五阿哥颙琰（即后来继承皇位的嘉庆帝）手里拿的扇子上面有题画诗句，文理字画都清新可喜，询问之下，才知道是出于十一阿哥永瑆（成亲王）之手。当他接着看到书画落款是"兄镜泉"三字时，就大不以为然，认为这种以别号为美称，是书生习气，非常鄙俗，这不是皇子应有的行为。他训斥诸皇子说：皇子读书，惟当讲求大义，寻章摘句，已为末务，爱好虚名更不应该。皇子中有年齿已长的，偶有书斋名字，镌刻成图章，尚无大碍。像十一阿哥这样年纪还轻，正应当涵养德性，怎么能用这"浮伪之事"来淆乱自己的品德呢？

　　第二天，乾隆帝在乾清宫召见大学士和军机大臣，又切实嘱咐一番，并且举了自己继承皇位前的一件事为例。他说：朕即位以前，未尝不留心诗文，但从没有私取别号。22岁时，皇考（指雍正帝）因为编纂《当今法令》一书，问诸皇子有别号没有，朕答以没有。皇考遂命朕为"长春居士"，朕兄和亲王为"旭日居士"。可是朕从不用皇考赐给的别号署款题识。我国家世敦淳朴之风，重视习满文，学骑射，凡我子孙自当崇尚本务。起个雅致的别号，于实际丝毫无补。如果效法书呆子习气，流弊所至，满人纷纷以脱剑学书为风雅，甚至改易衣冠，变更旧俗，关系国运人心实非浅显！不可不知警惕。皇子等诞育皇家，读书容易领悟，骑射行围等事不经过艰苦磨炼不能达到精熟。人情好逸恶劳，如不谨慎，必致习为文弱而不能振作。阿哥等即使善辞章、工书法，不过儒生一技之长，若能熟谙国语（满文），习弓马，这才是正道。乾隆帝还命令把这一番话缮写张贴在上书房，使皇子等朝夕观省，知所劝诫。后来，乾隆帝去世，颙琰即位，嘉庆九年二月也颁发上谕,告诫子孙:"辞章之学,本属末节,况我朝家法相传,国语骑射,尤当勤加肄习,若竟以风雅自命,与文人学士争长,是舍其本而务其末。"

乾隆帝为何这样警惕满人渐染汉习?主要在于企图保持满人勇猛尚武精神和在社会上的特权地位,以巩固清王朝的封建统治。

道光逸事三则

1.道光皇帝俭朴

道光皇帝性极俭朴,至同治和光绪年间,宫廷之内,犹有遗风。除近御太监、总管首领太监之外,其余的太监仅穿粗棉布衣,即蓝粗布袍、青粗布褂、青布靴、青呢帽。有爱好者穿件羽毛褂,犹觉过分。如皇帝赏赐顶戴,成为有官职的太监,始得穿江绸袍褂,也止限官衣。而私衣一律用布。如私买绸缎衣服穿用,一旦被皇帝发现,免不了一顿责打。道光皇帝常在老库查点后妃的衣服账目,后妃常穿的也多是红绿粗棉布。可见道光咸丰年间,宫中如此俭朴。道光皇帝的陵寝也比其他皇帝的陵寝简陋。各殿的佛位供奉的都是些木制的馒头。传说这些都是道光年间的遗物。

2.道光皇帝幼年被罚扫地

宫内太监随侍处,地位最低的是打扫处。打扫处没有首领,只有大太监一名带班。凡是太监中不可造就的,就交到打扫处当差,专做打扫宫内地面的粗活。打扫处位于西华门内西河沿。道光皇帝当阿哥(皇子)时,不好读书。嘉庆皇帝非常生气,责打一顿,把他送到打扫处,与太监为伍。道光每天清晨早起,拿着笤帚,进内右门做笨活。道光皇帝即位后,凡是有暇就到打扫处,和太监们述说旧事。打扫处另设有御座,叫皇太子潜龙处。该处铺陈整洁,已封锁多年,不做别用。道光遗留的笤帚、簸箕也都油成黄色,以资纪念。

3.道光误伤皇子

据传道光初年,老师某太史教读过严,告诉大阿哥(长皇子)奕纬要好好读书,将来好当皇上。大阿哥说:"我做了皇上,先杀了你。"老师便将这话转奏了道光皇帝。道光大怒,把大阿哥叫来,他刚跪下请安,道光帝就踢了他一脚,正好伤了下部,没过几天就死了。道光甚是后悔,追封他为隐郡王。

4.不辨奸佞的道光

嘉庆二十五年(公元1820年),老皇帝去世。他的第二个儿子旻宁被立为新皇帝。道光皇帝能承袭帝位是由两件事情促成的。

其一,乾隆五十四年(公元1790年)冬天,乾隆皇帝到野外打猎,叫他的孙子随行,其中的旻宁,也就是道光皇帝,当时刚八岁。走到一处叫张家湾的地方,乾隆皇帝亲自与随来的将校比赛射箭,旻宁就在皇帝身边,等别人都射完后,只见他这个八岁的孩子也拿着一把小弓,连发2箭,都射中了靶心,旁边的乾隆帝一见,不禁十分高兴,抚摸着他的额头说:"你要是能连中三箭,我就赏你穿皇帝才能穿的黄马褂。"结果他又三箭皆中,射完箭,扔下手中的弓就跪在乾隆帝面前。乾隆笑着讲:"我看到了,看到了。"接着吩咐侍从取来一件黄马褂。因是狩猎途中,马褂都是大的,穿在旻宁身上,一拖到地连路都没法走了。于是就叫侍从抱着回家了。

其二,嘉庆十八年(公元1813年)"林清事变"之时,旻宁正在上书房读书,听说宫门口出事了,忙和太监爬到宫墙上去看个究竟,并叫太监赶快拿枪来。可宫里的许多太监都是事变者的内应,拿来的枪,里面没放弹丸。这时,旻宁看见一个拿着白旗的人,翻过养心门边的院墙向院里走来。他赶忙对准那人开了一枪,可却没打中,觉得奇怪,打开枪栓一看,才知道里面没有弹丸。急中生智,他一把揪下衣服上的一枚银钮扣压进枪里当作弹丸,举枪又射,这回那人是应声毙命,后边的人也不敢再翻墙进院了。

凭着这两件事,他才被暗中秘定为皇帝的继承人。后来成了清代由盛转衰的道光皇帝。

道光皇帝在位的30年中,非常简朴,穿的衣服都是洗过几次的。宫内的费用,每年不超过20万。内务府管理宫内皇帝一家人生活的官员们,有的诉苦说都快穷得饿死了,有的却赞扬皇上俭朴的美德。说他是三代以来的又一位圣主,就是汉文帝、宋仁宗也比不了。可不幸的是内忧、外患都开始于道光朝,这全是因为道光皇帝不辨奸佞的缘故。

当时的奸佞是谁呢?就是穆彰阿。他用尽阴谋手段,妒贤嫉能,误国害民,世人没有不恨他的。有一位蒲城人王鼎,其时和穆彰阿都是军机大臣,但对穆彰阿十分厌恶,每次见面,都免不了痛斥他一番。可每回穆彰阿都强装笑脸,忍让回避。一天,两人一同去见皇上,王鼎气愤地质问穆彰阿:"像林则徐这样一心为国的人,你为什么竟要遣戍他去新疆,你简直是宋代的秦桧,明代的严嵩。眼看着国家大事都坏在你的手中。"穆彰阿听后,仍旧是一言不发。这时道光皇帝却对王鼎讽刺道;"我看你是喝酒喝醉了。"随即叫人把他扶了出去。第二天王鼎又来见皇上,为林则徐鸣不平,说得激动竟惹得道光皇帝发了火。起身要走,王鼎竟上前揪住皇上的袖子不放,皇上一甩手,连听都不听就走了,王鼎气得不得了,回到家中,就效仿古人以死来劝阻皇上错误行为的"尸谏"方法,上吊自杀了。

按惯例,大臣自缢,必须上报官府,由官府派人检查现场后,才可将死者放下来。正在王鼎一家人急得不知所措的时候,穆彰阿知道了消息,让他的手下人拿来王鼎的遗书,只见这份遗书上写的主要是弹劾穆彰阿的罪状和赞扬推荐林则徐的内容。穆彰阿对王鼎的儿子讲:"皇上为林则徐的事气还没有消呢。如果把这份遗书再给皇上看,恐怕你父亲死前的名誉和你将要承袭的官职都难保呀,还是别给皇上看的好。"家里人听信了他的话,私下篡改了遗书,以得急病去世报告了官府,隐瞒了"尸谏"的真相。皇上知道后感到震惊,并从优给了一笔抚恤费用,其余的事也没再过问。穆彰阿则自鸣得意地说:"皇上如今关心的只是和谈。"

风流偶傥的同治

同治皇帝名载淳。在同治十一年(公元1860年),因册封皇后引起了一场风波。这一年召集满族和藏族王公大臣的女儿进宫备选。慈禧单单偏爱其中的一个女孩子,她是侍郎凤秀的女儿,想将她立为皇后。这姑娘虽长得美艳无比,但却举止轻佻,慈安及同治皇上都不喜欢。另一个姑娘,是侍郎崇绮的女儿,年龄比凤秀的女儿稍大些,容貌也比不上凤秀的女儿,但却给人以雍容端雅的印象,慈安很喜欢这一位,私下问同治皇上,两个姑娘看中了谁? 皇上也说看中了崇绮的女儿。于是最后决定册封崇绮的女儿为皇后,凤秀的女儿为慧妃。

同治皇上婚后,见皇后阿鲁特氏一向不苟言笑,两人便始终相敬如宾。在宫内无事时,皇上时常向皇后提问某一首唐诗。皇后往往是背诵如流,这使皇上十分高兴。两人伉俪情深,从没有吵过嘴,红过脸。慈禧见自己的亲儿子同治皇上对自己原本就不十分喜欢的皇后,如此体贴钟情,不由得十分生气。每当皇后按例来问候她时,她总给皇后看脸色。这样一来,同治皇上与慈禧母子间的感情也变得越来越不好了。于是,慈禧就借口管教皇上,对儿子说:"慧妃人很贤淑明礼,你要常去同她住在一起。皇后年轻不懂事,你不要总往宫里跑,妨碍了正事。"并暗中指使太监监视皇上是不是总去找皇后,而不去理慧妃。同治皇上对此十分不快,干脆哪儿也不去,独自住在乾清宫。

同治皇上因嫌慈禧挑毛病,整年住在乾清宫里,常常很无聊,身边的太监有的建议皇上换成便装出皇宫去外面转转,也就是微服私访。皇上一听欣然同意。他化装后从后宰门出了紫禁城,向城里走去。在湖南会馆,也就是曾国藩府邸的对门,住着一个举人,正巧同治皇上看见了他摊在饭桌上的一篇文章,于是就动手涂改了起来,改完后就又匆匆赶往别处了。这举人回来问会馆的从人是谁在他的文章上如此乱改? 仆人答:"是对门曾大人的客人,因曾大人不在家,就顺便来这,看到你的文章就改了起来。"等曾国藩回来后,这举人就拿着被同治皇上涂改的文章向他说了事情的经过。曾国藩听后,又拿起那篇文章看了看,大惊失色地说:"这是当今皇上的笔迹,是皇上改的。"举人一听,立时差点吓晕过去,也不敢再去参加考试,收拾行李赶紧回家了。

又一次,同治皇上微服到了琉璃厂,采购了一些玉版宣纸,用随身带的"瓜子金"付钱,但掌柜的见这种金子在市面上不通用,也就不收,并叫一个小伙计跟皇上回家去取银两。等一直跟到紫禁城的午门,小伙计吓得慌慌张张地跑回去了。结果,第二天,皇上派人将钱如数送到了那家店铺的掌柜手里,直到这时,他们才明白前一天来到这儿的人就是皇上。

·清朝逸史·

图文珍藏版

另一回，同治皇上在外面逛，遇着下雨，就到一座庙里避雨，遇见了一个也在避雨的和尚，这和尚一看就很穷。皇上就问他是干什么的，他回答原先为一大户人家做事，后来被主人轰了出来，只能靠当和尚化缘为生。皇上说："像你这种人，做什么事能发财呢？"那和尚忙说："去广东海关做事最来钱。"皇上听后，就写了封信，嘱咐这人拿着信去步军统领衙门，让他们给这和尚谋个职位。这和尚竟真的因此而被调到广东海关做事，据说还因此发了财。

同治皇上常常走出内城，去郊外游逛，自称是江西的一个书生。有一次在一个酒馆里曾遇见了毛昶熙，彼此点头微笑致意。事后，毛昶熙赶忙通知步军统领的一位长官，派了十多名士兵去跟在皇上后面担任保卫。几天以后，皇上又见到毛昶熙时，还为此事责怪他多事。后来同治皇帝满身起水痘，病得连床都起不来了。人们都怀疑是不是在外面游逛时，传染上了花柳病。

接清代宫廷内的规矩，皇上如果想去同某个妃子过夜，事先由皇后通知某妃子，叫她做好侍候皇上的准备，准备好后，皇上才前去同房。皇后通知某妃子的谕旨上还要有皇后的玉玺，否则，若是只有谕旨，谕旨上没有加盖皇后的玉玺，即使皇上来到某妃子的房中，妃子也不敢接待，只能婉言相拒。这实际上是从明代就流传下来的一种制度。始于明世宗遭杨金英谋杀未遂以后，就立下了这个规矩，以防不测。

同治皇上的病刚稍有好转，一天忽然想去凤秀女儿、也就是慧妃那过夜，告诉皇后阿鲁特氏之后，皇后不同意。同治就百般央求，后来竟长跪不起，非让皇后答应不可。皇后最后不得已，在通知慧妃的谕旨上盖了皇后的玉玺，同治皇上就高高兴兴地去找慧妃了。等到第二日早晨，同治皇上的身体就不行了，赶忙找来御医珍视，结果医生说已无法挽救了。这使皇后痛悔极了。

还有一种传闻，说是同治皇上病情好转后，叫人单独请来了军机大臣侍郎李鸿藻。李鸿藻一直被带到皇上的病床前，他见到皇后正在皇上身边，忙想回避，同治皇上却说："不用了，师傅是先帝的老臣，她不过是门生我的老婆。我有要紧话对你讲，干吗要避开呢？"他一听皇上这样说，也就不能走了，于是就地向皇后叩起头来。皇上忙说："师傅起来吧，这都什么时候了，还讲这些没用的礼节。"说着，拉住他的手说："我怕是会一病不起了。"他听皇上这样一说，不由得哭了起来,在一旁的皇后也跟着哭了起来。皇上一边止住他们的哭声,一边又讲:"这不是哭的时候。"转头对皇后说:"我没有必要再避讳我要死的事实,但我要选个继承皇位的人,你说谁合适呢?马上告诉我。"皇后答道:"国家需要一个长大成人的皇帝,我不想要什么太后的虚名,抱着个尚在襁褓中的小孩子做皇上,而给祖宗招来灾祸。"同治皇上听完皇后的话,不觉一笑,说:"你这样知礼,顾大体,我就没什么担心的了。"又回过头对李鸿藻说,应让贝勒载澍继承皇位,并口授了一份遗诏,叫李鸿藻就在床边写了下来:"好好保管,回去休息吧。也许明天我们还能见上一面。"李鸿藻辞别皇上后,已吓得面无人色了,慌慌张张地跑到了慈禧的面前,从袖口里拿出了皇上的遗诏,交给慈禧过目。慈禧看后,气得她怒不可遏,几下就把遗诏撕得粉碎,扔在地上,接着就把李鸿藻也轰了出去。随后下令断绝同治皇上的药品和饭菜,不许将这些东西送进皇上居住的乾清宫。没几天,同治皇上就死了。后来那个在同治皇上的遗诏中,想立为新皇帝的载澍,也一再受到慈禧的迫害。

同治皇上去世不到一百天,皇后也忽然死了。有一种说法皇后十分后悔没能照顾好皇上,故以死来陪伴去世的皇上。所以,当时有这样的谕旨:"去年十二月,因皇上去世,伤心过度,不幸去世。"以此来表彰皇后这种殉夫的节烈行为。但另有一种传闻,讲上述说法不过是想掩饰天下人的耳目,是骗人的。实际上,当同治皇上病重后,慈禧就将皇后叫去狠狠地训斥了一顿。等到同治皇上去世,立光绪皇帝载湉继承了大清的帝位,皇后竟与慈禧当面争执说:"这与皇上的遗诏不符。"气得慈禧扬手就打了她一个嘴巴,打完了还说:"你害死了我儿子,难道还想当皇太后吗?"皇后忍气跪在地上,痛哭不止。回到自己的宫里后,更加痛不欲生,一天到晚哭泣,双眼都哭肿了。一天,她父亲崇绮来看她,见她这副样子,就去告诉了慈禧。慈禧却说:"既然皇后这样悲痛,就让她随死去的皇上一同去吧。"说出这话没过几天,皇后果然就突然死了。死时年仅22岁。

光绪的"密诏"

戊戌政变之前,光绪皇帝曾两度颁发密诏。这和政变的发生,有着密切关系。第一道密诏交杨锐,第二道密诏交林旭。那时,帝后两党倾轧日深,后党的阴谋逐渐暴露,使光绪皇帝感到"今朕位几不保",嘱康有为等"妥速密筹,设法相救。"

交给杨锐的第一道密诏,虽然光绪皇帝"十分焦灼"等待,但杨锐却没有把密诏送给康有为"力谋救上"。

杨锐是张之洞的亲信。身为封疆大吏的张之洞有什么事,不找他在北京的儿子,总是叫杨锐代办。杨锐经常给张之洞提供京中情报,使张之洞能随时掌握北京的政治气候。据说张之洞的《劝学篇》——与康有为唱对台戏的著作,就是杨锐代拟的。

慈禧之所以不肯甘休,要追查深究,有一个藉口,听说光绪曾经颁过不利于她的密诏,她命令在宫廷等地大肆抄查,但始终没有找到。

慈禧和光绪死了之后,到了宣统元年,忽然有人到北京都察院拦舆告状,呈上了光绪给杨锐的密诏。目的是为了说明,光绪的密诏并无不利于慈禧太后之处,为杨锐申冤昭雪。

献密诏的人,是杨锐的儿子杨庆昶和他的门生黄尚毅。1898年,在逮捕杨锐的时候,他两个也曾被株连,后来释放了。

杨锐被押到刑部狱中之后,他的门生黄尚毅知道光绪曾有密诏,本想呈上去,表示其中并无不利于西太后的话,但考虑到慈禧的毒辣,不敢冒险,于是对杨庆昶说,若搜得手诏,一死必不可免,如果烧了,将来就没有昭雪的根据。他叫庆昶将手诏密缝于他的衣带之中,保留下来。杨锐被斩杀之后,他和庆昶扶柩出京回四川原籍,将手诏密藏了12年。

宣统元年,他将光绪手诏上缴都察院,"以光先皇帝圣德,慰我皇帝大孝之恩。"力辩其父杨锐之冤,奏请昭雪。

当时执政的摄政王载沣见到这奏本之后,有种种顾虑,没有加以处理,作了"留中"的批示;后来,咨政院陈宝琛提议昭雪,通院赞成,但仍然搁置不究,一直没有下文。

光绪在瀛台

作为政治犯被囚禁的光绪,幽居在南海瀛台。那是一个人工岛屿,四面环水，一面设有板桥，以通出入；板桥撤了，就里外不通，断绝来往。

瀛台之上，也有一些楼台殿阁。《三海见闻志》对瀛台做了这样的介绍：

瀛台上"仁曜门南为翔鸾阁。阁前有平阶几十级，斜迤而上。离阶十余丈有木吊桥。桥北之东西各有室五楹。"因禁光绪时，那里住的是一些看护的太监，监视光绪的行动。翔鸾阁有七大间，"左右延楼回抱各十九间。阁后东楼曰'祥辉'，西楼曰'瑞曜'。阁南为涵元门。门内东向为庆云殿，西向为景星殿，正中南为涵元殿。殿前左右有两井，护以井亭，此殿即为瀛台之正殿"，殿中陈设大镜、红木桌椅，金字筹石等等。

太监每天进送"御膳"时，架起跳板，走向瀛台，"进膳"之后，就抽去了跳板。光绪只能永远在瀛台之中，不能离开那里。他曾经忧闷地写下了"欲飞无羽翼，欲渡无舟楫"的诗句。

到了冬季，不需要跳板，也有可能离开四面环水的瀛台。那时，海水冻结，冰深数尺，可以踏冰而过。据说有一次光绪曾经带了小太监踏冰离开瀛台，被发觉之后，总管太监李莲英立刻命令凿冰，防止政治犯逃离那里。

生活在瀛台之中的光绪，不用说精神十分苦闷。他接触的人，只是守护他的太监；能去的地方，只是瀛台的那几座殿阁，面对着的只是汪洋一片，既郁郁不安，又十分愤慨，往往把愤怒的情绪倾泻在太监的身上，对他们经常发脾气，罚令长跪。

在无聊的生活中，光绪经常读书写字，作为消遣。在看《三国演义》时，往往掩卷长叹："我还不如汉献帝！"

在庆云殿东室的正面，挂有一幅《宋司马光谕人君用人之道》的立轴，跋文是："光绪丙午十月上浣录，臣全忠敬书。"还有一些匾额斗方之类，下款都写着："臣全忠敬书。"其实，这并不是别人写的，却是光绪的"御笔"。按照习惯，皇帝写的字，都标明"御笔"，既然是光绪皇帝写的字，为什么却署为"全忠"而自称为"臣"呢？这是为了表明他的心迹；称"臣"者，是不敢以帝自居也。

光绪脑子里盘旋思念的，有心爱的珍妃，有恨之入骨的袁世凯。据说他经常在纸上写有袁世凯的名字，以发泄他的悲愤情绪。临死的时候，隆裕皇后在他的身边，他不言不语地含着泪水，用手指在空中划了"斩袁"两个字。

光绪的心病

1898 年,戊戌政变之后,慈禧太后宣布训政,光绪皇帝下落不明,有各种各样的传说。当时,香港《士篾报》报道说:"中国皇帝,久未视朝,乃时事之最可忧者。或传其自寻短见,或谓为守旧党陷害,或谓正抱病,被困一室。""更有人传皇上确系中信石之毒,口吐鲜血,便溺亦皆有血,状甚危险。"

究竟是怎样的情况呢,确实是个谜。

那时候,英国驻华公使明白表示不承认慈禧训政,只承认光绪政权,并且联络各国公使,向总理衙门提出请求,要觐见光绪皇帝,藉以了解光绪皇帝的安危情况。各国公使都同意这个意见,就是俄、法公使表示反对,因为他们默认慈禧政权;但众寡悬殊,结果还是签名同意。

上报之后,还是没有批准觐见。理由是:皇帝病重。

究竟是什么病? 病情如何? 是不是已经把他害死,却以此为藉口?

上海西报纷纷刊载光绪已死的传说。总理衙门请英使禁止刊载,予以更正。为了打破这个谜,英使推荐法医德对福给光绪看病。他说,只要在报上刊布诊治情况,所谓谣言就不辟自灭。

法医德对福入宫诊视时,见"皇太后与皇上端坐左右。皇太后座前,置有一桌,桌上蒙以黄缎,身穿梅红绣袍;光绪座前,置有黄色踏凳一个,穿着便服,头戴红绒结顶暖帽。"法医宣布的情况,成为当时最重要的新闻。上海《字林西报》刊载他诊治的病情:"光绪体气瘦弱,精神短少,脾胃消化迟缓,大便滞泻,有不能赳化饮食之症……脉细速,头痛胸热,耳鸣眩晕。……"

内务府太医院御医所开的脉案,也不外乎"心肾不交,肝脉气旺,腰软精滑……"

天津《国闻报》另有报道,引用见到光绪的大臣的话说:"皇上两目炯炯,精神充足,不像有病的人。身靠龙椅斜坐在慈禧太后的旁边,默默无言。西太后不叫他说话,他就像木偶似的坐在一边。慈禧常对朝见的人说:'皇帝有病,不能久坐,下去吧。'"

根据这些报道,光绪的"病情"似很明显:维新变法的理想失败,他的羽翼有的被囚,有的被充军革职,有的被处死,他自己成为软禁的政治犯;由不能做主的傀儡变为不能说话的木偶,大有可能被撵下皇帝的宝座。他生理上固然确实有病,但心病更为严重。这就是光绪的"病情"。

光绪与珍妃的最后一面

有钱能使鬼推磨,光绪皇帝也干起了行贿的勾当。为了见珍妃一面,他不惜银两,买通了瀛台和监管珍妃宫两处的几个太监,终于买来了半个夜晚的时间。

那天,天一黑,光绪皇帝就坐卧不宁了。不停地在房间走动。并不时地问那几个值班的太监,恨不得立刻飞到珍妃那里。太监们这时候似乎显得持重老成,劝万岁爷不要着急,一定要等到夜深人静,大家都熟睡之后。如果让人发现了,不但万岁爷要吃亏,太监们恐怕连命都保不住了。聂八十和冠莲才的下场谁也不敢忘记。

"珍妃知道我要去看她吗?"光绪问。

"知道了。万岁爷放心。一切都安排好了,只是不能着急。"

"珍妃的天花治好了没有?"

"一会儿见了就知道了。越急越坏事,万岁爷万万不可着急。"

这时候,珍妃正躺在病榻上。虽然请太医看了几次,病情比往日好了一些,但并未彻底治好。她终日浑身发软,有气无力。听说万岁爷今晚要来看她,她激动得泪流满面。他们分开已经好几年了,俩人身陷囹圄,同在紫禁城里,却不能谋面。她总感到她快要死了,临死之前也只有一个心愿,那就是看皇上一眼。如今,他们就要会面了,珍妃的焦灼和兴奋之情是可想而知的。

那晚,天下着蒙蒙细雨。屋檐上滴下来雨水,不时地发出声响,好像有意要把时间拉长一样,珍妃不停地翻转着身子。最急不过人等人。此时此刻的珍妃,可是尝到了"等待"的真滋味。

"嘀哒,嘀哒。"这急人的雨声啊。

"呼——"不是万岁爷的脚步,是风。

珍妃侧身望着门口的珠帘,深凹的眼睛快要望穿了。太监神色紧张地告诉她,万岁爷来了。她看见皇帝跟在一盏宫灯后面,朝她这里匆匆走来。这时候她惊叫了一声,头软在了枕头上。

"珍妃,我看你来了。珍妃,我看你来了。"

光绪皇帝的眼眶湿润了。他抱着他的爱妃,一声一声地呼唤。两颗在紫禁城的上空飘游了几年的心,终于挨在了一起。小太监们被皇帝和珍妃相见的情景惹湿了眼睛,都默默地退了出去。

"嘀哒,嘀哒。"这雨声似乎变得亲切些了。

"呼——"风声也柔和多了。

珍妃躺在光绪的怀里,泪眼朦胧,好长时间竟说不出一句话来。光绪不停地给她擦眼泪。

"我想我见不着你了。"珍妃说。

"我也以为我见不着你了。"光绪说。

"老祖宗不会放过我的。我的病好不了。我活不了多久了。"

"不要说这些晦气话。"光绪说。

"能见你一面,我死也瞑目了。"珍妃说。

珍妃的身子实在虚弱,光绪知道她说的话不纯是因为心绪太坏。他没有别的办法,只能安慰她:

"瑾妃已买通了一个太医,让他想办法多看几次,会好的。"

"我让太医看病,是想多活几日,等着见皇上一面,今日见了,我就心甘了。看不看病就无所谓了。"珍妃说。

珍妃的眼睛瞪得大大的,望着屋顶。她不流泪了。她似乎在想着一件遥远的事情,而光绪皇帝的眼睛却一阵阵发酸。过了一会儿,珍妃又说:

"没见面的时候,想着有好多话。见了面,又这么凄凄惨惨的。其实我心里很高兴,就说些高兴的话吧。"

可他们一句高兴的话也说不出来。这时,夜已很深很深了。一位太监探进头来,说:

"时候不早了。你们说快点。"

说什么呢？在这个时候，这种境地，还能说出什么更好的话呢？他们相对无言。无言似乎是最好的语言。

突然，光绪皇帝看见珍妃的眼睛里放射出一道奇异的光彩。她好像没病了一样，脸色红润，荡漾着一层青春的活力。她推开了光绪皇帝的胳膊，慢慢地站了起来，解开了她的衣扣。光绪皇帝大惑不解：

"你……"光绪说。

"皇上，你不要嫌弃我有病在身。今日一面，不知今世还能再见不。从此后，我再也不能服侍皇上了。"

说毕，她缓缓地躺了下去。她躺在朦胧的宫灯的光晕之中，姿态优美，神色安详，象柔波中的一朵纯洁的白莲花。她把这一次的奉献，看作她最后的一次幸福。无论什么样的女子，被无私的奉献和深情的爱火温暖着的时候，都会显得圣洁而动人，何况是本来就妩媚而娇柔的珍妃呢！

光绪皇帝一切都明白了。

嘀哒，嘀哒。

雨声，风声。风雨声如泣如诉，凄婉感人，笼罩着紫禁城迷蒙的夜晚。一个是虚弱幽怨的女子，一个是失去自由的皇帝。此时此地，此情此爱，是任何语言也难以描述的。

溥仪和他的乳母

在末代皇帝溥仪生前，有一个他十分怀念的人，这就是他的乳母王焦氏。他和他的乳母有很深的感情。他曾深情地说："我是在乳母的怀里长大的，我吃她的奶一直到9岁。9年来，我像孩子离不开母亲那样离不开她。"

光绪三十四年(1908)，旧历十月20日，命在旦夕的慈禧突然决定立溥仪为嗣皇帝，以"承继同治，兼祧光绪"。当此懿旨一传入醇王府，却引起一场混乱。当时溥仪大哭大闹，乱打乱踢，不让太监抱他进宫，凄惨的哭声响彻王府，弄得来迎新皇帝入宫的王公大臣们面面相觑，束手无策。溥仪的父亲也慌了手脚，不知如何是好。正在王府上下乱成一团时，亏得溥仪的乳母出来，才结束了这场混乱。原来当她看到溥仪哭得上气不接下气，小脸蛋上糊满了眼泪鼻涕，心疼极了，就急忙走上前，把溥仪抱在怀里，将奶头塞进他的嘴里。溥仪立时停止了哭叫，他像得到救星一般，紧紧搂住乳母不放，此情此景，启发了一旁的王公大臣们：何不让乳母抱他进宫呢？就这样，溥仪在他的乳母怀抱里被送进了皇宫，开始了他皇帝的生涯。

溥仪进宫后，立即被带到慈禧卧室，屋里幽暗气闷，周围全是大人，紧张的气氛已使他很想哭了，当他又被簇拥到一张大床前，突然看到阴森森的帏帐里露出一张丑得要命的干黄瘦脸——这就是病重的慈禧时，立即吓得嚎啕大哭起来。王公大臣们被他这不恭不敬大煞风景的哭叫搞得惊慌失措，慈禧忙叫人拿冰糖葫芦给他吃，却被他一把摔在地上。只见他一对惊恐的泪眼到处张望，连声喊："我要嬷嬷！我要嬷嬷（即乳母）！"气得慈禧说："这孩子真别扭，抱他到那儿玩去吧！"溥仪一出屋，看见恭立在外的嬷嬷时，他一下就扑了过去。

溥仪大婚纪实

按照清朝的旧例，皇帝结婚都称之为"大婚礼"。1922年溥仪结婚时，清王朝虽已被推翻多年，但由于他仍旧保持着皇带的尊号，所以对内、对外依然称为大婚礼。为了把这场婚礼办得体面、风光，特成立了"大婚礼筹备处"，大肆铺张浪费。结婚时的一切仪礼，不但俱按清朝的旧例来办，而且还增加了不少民国以来的新花样。所用承差官员和人役等等，不下数百名之众，都穿着清朝的服饰。一时之间，头戴顶翎、身穿袍褂的人，又在北京的大街上此来彼往，大摇大摆起来，对当时已成立了十二年之久的所谓民国，形成了一种尖锐的讽刺。京城的市民们都互相召唤："走，瞧小皇上娶娘娘去！"连电影院也把溥仪结婚当做广告，以招徕观众。

溥仪的婚事，由挑选皇后到举办婚礼，都由溥佳的父亲载涛参与并主办其事。举行婚礼时，严禁中、外记者入宫拍照，而溥佳和庄士敦不但被允许参加了典礼，而且全部拍了照。

1.“名门闺秀”竞选皇后

早在 1921 年，溥仪 16 岁的时候，载沣、载涛，以及载泽与内务府大臣世续、“帝师”陈宝琛、朱益藩等，就相聚议论，谓“皇上春秋已盛，宜早定中宫”。大家同意后，又和溥仪及太妃们奏明，取得了他们的同意，即开始办理选后事宜。挑选的条件，必须是蒙古王公或满蒙旧臣家的女儿。

自从这个消息传出去以后，载涛家里简直是门庭若市，前来送“名门闺秀”相片的人往来不绝，并且还再三拜托载涛，务必“玉成”其事。载涛书桌上堆集的照片，几乎可以装订成册了。消息传到了天津、沈阳，连徐世昌和张作霖也派人来提亲。只因当时有满汉不能通婚的限制，况且溥仪又是皇帝，所以都婉言谢绝了。

载涛几次把这些照片送进宫去，供溥仪与太妃们挑选，均不如意，以致拖的时间很长。后来经过几番淘汰，只剩下了四家，即阳仓扎布（蒙古王公）、衡永（满族，曾任都统）、荣源（后任内务府大臣）和端恭（满族，额尔德特氏）。又经过仔细挑选，最后只剩下荣源的女儿婉容和端恭的女儿文绣，展开了一场激烈的竞争。端恭的女儿文绣是由载洵夫妇推荐，并得了端康太妃的支持。双方各不相让，于是形成僵局。载洵与载涛之间、敬懿与端康之间的矛盾也越来越激化了。一直拖到第二年春天，实在无法再拖下去了，就由载沣拿着文绣、婉容的照片，到宫里请溥仪做最后的“圣裁”。不知溥仪是和载涛的关系比较密切呢，还是由于其他缘故，他毫不犹豫地就指定荣源之女婉容为皇后。对于落选的文绣，王公、师傅们又经过商议，劝溥仪纳她为妃。溥仪是本不愿纳妃的，大概是碍于敬懿与载洵的面子，也就只好同意了。

2.典卖珍玩筹措经费

皇后选定之后，溥仪即下了一道“上谕”，命载涛总办大婚典礼事宜，绍英、耆龄（均为内务府大臣）为副；紧接着，大婚典礼筹备处也成立起来了。由于主办此事的内务府衙门人员不够用，又从宗人府调来不少人员会同办理。为了使这次婚礼办得合乎体制，于是又查阅了《大清会典》和历代皇帝大婚的档案，认为同治皇帝那次大婚典礼既简肃又隆重,最为适宜。溥仪也同意按那次的婚礼办,还说要一切从俭,不要过于铺张等等。不过经过办理官员们的"精打细算",最少不能少于四十万元,又经过溥仪批"可",就这样定下来了。如果按当时面粉两元一袋的价格计算,竟可买二十万袋,可以说是一笔罕见的庞大婚礼费用了。

这笔婚礼经费虽然定了下来,可是内务府却库空如洗,无法开支。没有办法,只好向北洋政府磋商,要求把历年所欠的"清室优待费",先拨给四十万元,权充婚礼经费。但得到的答复是:方今国库空虚,碍难照办,请另行筹措。的确,由于当时军阀连年混战,北洋政府的国库,比起内务府的府库来,也被"洗"得差不多了。因此,要办理这次婚礼,就只有向银行抵押宫内的珍贵文物,来筹措经费了。

当时,负大婚筹备主要责任的内务府堂郎中钟凯提出,把这些珍宝弄到天津卖给洋商,并亲自去联系了一次。不料其他官员怕他一个人独吞回扣,就把这个消息透露给报馆,报纸上大登特登宫中出卖古物的新闻,引起了北洋政府与各方面的反对。在舆论的压力下,便改用抵押的办法向英国汇丰银行筹措经费。抵押仍由钟凯经手,抵押的东西大部分都是咸丰、同治年间的金银器皿,一共装了四十多个大木箱还不够,又加上两箱瓷器和玉器。为了避免引起外界的反对,还特别声明这完全是抵押,绝非拍卖;一俟北洋政府的欠款拨到,即行赎回云云。但后来始终未听说北洋政府的欠款拨到,这四十多箱珍玩就这样"押死"了。其实,这种抵押与拍卖本没有什么区别,不过是让汇丰银行多赚了大批利润,钟凯等大得回扣而已。

3.纳采队伍奇形怪状

经费筹妥了,接着就拟定大婚礼程序,确定分四个项目进行:一、纳彩礼;二、大征礼;三、册封后、妃礼;四、大婚礼。并择定吉期,依次进行。

纳彩礼是在 1922 年 10 月 21 日举行的。由礼亲王诚堃睿亲王中铨任纳采正、副使。这天上午十时,正、副使由乾清宫出发,诚堃骑马在先,中铨手中持"节",在后步行;仪仗队手持黄缎龙旗两面以及木牌、木棍等,分两边随行。中铨的后面,有黄伞一把,白马、黑马各两匹,都是雕鞍锦辔,鞍上盖着一块黄色绒毯。再后是彩礼,计有黄绸围裹的木亭八座,里面放着玻璃锦匣,内置金银锞子、各色宫缎、金珠头面和金、银花瓶等等。后随绍兴酒四十坛,干鲜果品、喜饼若干,分装了一百抬;最后是全身染成红色的绵羊四十只。这支浩浩荡荡的行列走到神武门,又加上步军统领衙门和保安队派来的二、三百名马队,在前面开路;宗人府与内城守卫队的三起乐队,随行演奏。真是旌旗招展,鼓乐喧天。所经街道,都临时戒严,就连平时不开的地安门正门,这时也特地打开。最可笑的是,纳采队伍前面的马队、乐队,穿的全是民国的礼服,扛着洋枪,吹打着洋鼓洋号;后面跟着的正、副使、仪仗队以及一应执事人等,一律是清朝的服装,手持龙旗、黄伞之类。简直是奇形怪状,不伦不类。这支浩浩荡荡的"纳采大军"在路人的围观之下,就这样直奔帽儿胡同"荣公府"而来。(婉容被选为皇后以后,荣源被溥仪封为"承恩公")

纳采正、副使到达荣公府,早有荣源带着儿子润良在大门外跪迎"天使"。正、副使进了大门,荣源父子又跪迎一次,正、副使这才走进大厅;执事人等忙把彩礼搬进来,放在早就准备好的几条长桌上。荣源父子又上前叩头谢恩,然后设宴款待"天使"。"天使"仅稍坐一下,并不动箸,即起身回宫向溥仪"复命"去了。

"大征礼"(即派人到女家告知成婚的日期)是在11月12日举行的。这次派的是诚堃持节,中铨和昭煦(郑亲王)为正、副使;马队、乐队、仪仗队均与纳彩礼差不多。所不同的是,这次用黄绸围裹的木亭增加为十二座,锦匣里放的除金银绸缎外,还有迎娶皇后时穿用的衣冠和珠宝等物;鹅四十只,也都涂成红色。另派载振(庆亲王)为特使,特"谕旨"一道,告知荣源,择定某年某月某日迎娶皇后进宫。荣源仍与上次一样,跪接跪送,设宴款待。

4.民国要人纷致贺礼

接着,筹备处即发表溥仪的婚礼于12月1日举行。消息传出,各方面送礼地简直络绎不绝。满蒙王公、遗老旧臣与活佛等,当然都有"进奉",自不待言。就是民国要人,上自大总统,下至各地军阀、下野的政客等等,也纷致贺礼。黎元洪送来如意、金瓶和银壶;曹锟送来如意和衣料;吴佩孚送来衣料和银圆七千元;冯玉祥送来如意、金表和金银器皿;张作霖送来如意和衣料;徐世昌送来成套的新式木器;王怀庆送来九柄金如意;张勋送来银圆一万元;康有为除送来磨色玉屏、磨色金屏、拿破仑婚礼时用的硝石碟和银圆一千元外,还有他亲笔写的一副对联,上联是:"八国衣冠瞻玉步";下联是:"九天日月耀金台"。以豪富著称的遗老们,如陈夔龙、李经迈等,送的都是钻石珠翠。上海的犹太人大资本家哈同、香港的英国籍大资本家何东,也都送来了不少珍贵礼品。真是琳琅满目,堆积如山。当时,由于无处存放,溥仪叫人都储藏在建福宫里,后来绝大部分都被大火烧毁。

11月29日,溥仪结婚前夕,先举行了一次册封"淑妃"典礼,也就是为文绣进宫举行的一次仪式。这次仪式,既无纳采,也无大征,又没有乐队仪仗,只有昭煦和昭英把册封"宝册"送到端恭的家里;并于30日凌晨二时备了黄围轿车一辆,悄悄地把她接到养心殿,给溥仪叩了头,然后等候翌日迎接皇后到来。

11月30日,举行册封皇后典礼由诚堃、毓麒(怡亲王)为册封正、副专使。上午十时,正、副使从乾清宫内,捧出"金宝""玉册",分置于两座黄亭之内;然后上马前行,后面照例是些伞棍旗牌之类。所不同者,是有"凤舆"一顶、金顶黄轿车一辆。这顶凤舆,其实并不用,只是放在荣府的大门外,叫作"亮轿"。舆、车之后,还有黄色座伞六对、雉尾扇五对、金瓜二对、节一对、黄黑色龙旗各二对。出神武门,除马队外,又加上许多宪兵随行护卫。到达荣源家里,还是跪迎、跪送那一套,未婚皇后也到大厅内向"宝册"谢恩。婚前的各项典礼,到此即算告一段落,就等迎娶了。

5.退位皇帝俨然在位

大婚典礼于12月1日举行。30日夜间,满蒙王公和遗老旧臣们,就已齐集在宫内等候典礼。一日零时,溥仪穿着袍褂来到乾清宫,派载振、昭煦为正、副使,并派卸前侍卫衡永等八人随行。同时命那彦图(蒙古亲王)、贡桑诺尔布(蒙古郡王)、载泽和溥信四个御前大臣,在乾清宫照料一切。二时,溥仪派人把一柄如意放到凤舆里边,然后由载振押着出发。这顶凤舆三天前就摆在乾清宫的丹墀之上了，銮仪卫（掌管宫中卤簿仪仗事务）的人员，已经抬着它演练多次。它比普通轿子大得多，需十六个人抬；轿顶涂金，正中有一只很大的金凤凰，凤背上有一个小金顶；周围有九只小金鸾，嘴里都衔着长长的黄丝穗子。轿围是鹅黄色缎子底，上边绣着蓝色凤凰，抱着红色双喜字，绣工极为精细。据说是光绪结婚时在杭州定制的，这次又重新进行了釉饰。

迎娶用的是全副卤簿仪仗。除了伞、棍、旗、牌、金瓜、钺、斧、节、扇，比以前更多以外，还增添了牛角和大鼓各一百余对。出神武门，仪仗队前面的军乐队增加到五起，军警宪机关派来的骑、步兵增加到二千人左右。迎亲所经街道，照例戒严。马路两旁，人山人海，万头攒动。北洋政府要员与外国人来参观者，每人发给一枚钢质徽章，才准通行。

凤舆发走之后，即派载涛之妻与增崇（前内务大臣）之妻带领福晋、命妇二人来到坤宁宫铺设"龙凤喜床"。床上的被褥也是在杭州定做的，上绣"龙凤呈祥"图案，绣工之精致华美实为罕见。铺设完毕，正中又放上"宝瓶"，瓶内装着珍珠、宝石、金银钱与五谷之类；四角各放一柄金如意。接着，她们又连夜赶到皇后家里，给婉容梳好双髻，戴上双喜如意，穿上"龙凤同合袍"，头上盖上绣有龙凤的盖头，手里拿着一个苹果。这时就只等凤舆到来了。

三时左右，皇后登舆，即由衡永等八名御前侍卫，手执藏香在前引导，仍由载振骑马率领原班仪仗，经东华门，把皇后迎到乾清宫。

这时，溥仪穿着袍褂在乾清宫西暖阁等候。凤舆来到乾清宫檐下，先越过一个预先设下的大火盆；到达坤宁宫又越过一副马鞍。通过这些"障碍"之后，到了宫内。按规矩在皇后下轿以前，溥仪还要向她连射三箭，但他又临时传谕说不射了。这大概是因为溥仪从未射过箭，他又是近视眼，不愿意搞这一套了吧。

皇后下了舆，载涛之妻从她手中接过苹果，递给她一个宝瓶，溥仪这才揭下她的盖头，一同走上喜床，吃"子孙饽饽"；同时，窗外还有一个官员用满语高声念诵祝词。此外，宫内另摆下一桌筵席，叫作"合卺宴"，有猪羊叉、金银酒、金银膳等。其实这只是一种仪式，溥仪夫妇只坐一坐就离开了。随后新后又要向东南方坐帐，和溥仪一同吃"长寿面"。这样，婚礼第一天的礼仪就算完了。

国学经典文库

中国古代逸史

·清朝逸史·

图文珍藏版

2日早晨,载涛之妻,增崇之妻和福晋、命妇等先向溥仪、婉容呈进茶果;接着换朝服,由皇后行"捧柴礼",就是捧起一束外包黄绫的一尺余长的小木棍,交给萨满太太收藏在宫内。然后,他们夫妇向"天地桌""喜神桌"和灶君行礼。礼毕分左右坐在炕上,在福晋、命妇们的伺候下,共吃"团圆膳"。到此,大婚第二天的礼仪也算完成了。

3日上午,举行"受贺礼"。按原先的计划,一切都按照元旦大典那样办,但由于各国驻京使节早就提出要参观婚礼,当时为了维护清室的体制与尊严,拒绝了他们的要求。现在他们又通过北洋政府的外交部,再三请求要到宫中向溥仪祝贺。在这种情况下,就答应了他们的要求,并且成立了一个招待处,由庄士敦、梁敦彦任总招待,以下还有彬熙、存耆等十几名招待。在景运门外临时搭了两座大席棚,由北京饭店定购了丰盛的冷食、糕点和法国香槟酒。另外,还准备了一百余台二人肩舆,供他们来往乘坐。乾清宫外,仍照元旦那样,陈列着静鞭和各种乐器,并且搭了一个大牌坊,上面挂着各色彩绸。上午十时,大批驻华使节来到东暖阁,向穿龙袍褂、戴珠冠的溥仪和穿旗袍、梳两把头的婉容行鞠躬礼,溥仪夫妇只是微微点头,表示答礼。因为事先载涛就和庄士敦商议。溥仪这时虽还保持着皇帝尊号,但毕竟已经退位,不宜再像过去那样。高踞于宝座之上接受祝贺,所以就改在东暖阁了。

接见了外国使节,溥仪又坐上宝座,接见黎元洪大总统的致贺专使黄开文,礼仪同元旦时大致相同。黄开文退出,又接见北洋政府文武大员和各省军阀的代表。有颜惠庆、孙宝琦、吴毓麟、王怀庆、聂宪藩、李准、王廷桢、哈汉章和袁金铠等共四十多人。另外,还有张作霖的代表张景惠以及曹锟、吴佩孚等人的代表。礼毕,并请他们吃饭、看戏。接着又鸣鞭、奏乐,满蒙王公、旧臣遗老仍像元旦时一样,向溥仪行三跪九叩礼。不过人数比元旦时多得多,据说有不少是特地从各省赶来的。

受贺典礼结束后,所有的驻华使节、王公旧臣和遗老遗少等等,一齐来到景运门外那两座大席棚内,大吃大喝起来,一百多张大圆桌全被挤满,听说仪式就花费了万金以上。

6.演戏三天花费惊人

大婚期间,还连续演了三天戏。京、沪所有著名的演员,如陈德霖、田桂凤、王瑶卿、王凤卿、梅兰芳、杨小楼、余叔岩、侯俊山、尚小云、俞振庭、龚云甫、裘桂仙、钱金福、王长林,以及青年演员马连良、李万春、盖同香、侯喜瑞等都来了。这场戏由"升平署"(掌管宫内戏剧、音乐事务)总管太监武长寿与名演员肖长华主办。剧目安排得很好,演的也非常精彩。

2日上午演出开始。太妃、皇后、淑妃、福晋、命妇等,都坐在漱芳斋的屋内看戏;溥仪、溥杰、毓崇坐在廊内;满蒙王公、旧臣遗老坐在院内搭的一座暖棚内。溥仪入座时,台上首先演奏了一支大概是《万年欢》的曲牌,然后开锣,演的是《跳灵官》,全由著名武生、花脸扮演。按照宫中的规矩,开头两、三出戏本来应由升平署的太监来演,但因这时那里能演戏的太监已大多风流云散了,所以就由演员来扮演。《跳灵官》演完,接着是马连良、茹富兰的《借赵云》,李万春的《神亭岭》。当时这些演员都还初露头角,所以都排在前面的开场戏里。

溥仪、溥杰都不大懂京剧艺术,演武戏时,还能看看热闹;文戏一上就坐不住了。如陈德霖演《彩楼配》、龚云甫演《钓金龟》、王凤卿演《文昭关》时,就都到养心殿说笑去了;到演武戏时再回来。那天高瑞安演《恶虎村》,表演了一回"扒栏杆"(旧时方形舞台前上方横一铁棍,演员在上面表演动作),溥仪看了,大感兴趣,当即叫他又表演了一回,并特赏一百元。那天的戏还有杨小楼的《状元印》、梅兰芳的《汾河湾》。大轴戏是杨小楼、钱金福、余叔岩、九陈风合演的《青石山》,直到下午七时才散戏。

3日上午因有朝贺,是下午一时开的戏。这天看戏的人特别多,北洋政府的大员和各省代表都参加了。由于溥仪爱看武戏,安排的武戏也多。有侯俊山的《辛安驿》、周瑞安的《四杰村》等。最精彩的是杨小楼、俞振庭演的《双金钱豹》,杨演前部,俞演后部。演到最精彩处,载洵竟然喊了一声"好",就连溥仪也情不自禁地鼓起掌来。宫里规矩,看戏是不准喊好鼓掌的。自溥仪鼓掌之后,其他人也敢接着鼓掌了。最后一出是由许多名演员合演的反串《八蜡庙》,梅兰芳饰黄天霸、杨小楼饰张桂兰、余叔岩饰朱光祖、王凤卿饰关太、李万春当时只十一二岁,饰的是贺红杰。其他武行、院公等也无不由名演员扮演,因而演得十分精彩。由此可见老艺人们的艺术相当全面,真是文武不挡。

最后一天的戏,有小翠花、尚小云的《五花洞》、傅小山的《巧连环》、余叔岩、钱金福的《珠帘寨》等。特别值得一提的,是梅兰芳、杨小楼演的《霸王别姬》。由于这场戏当时还没公开演过,也许演得很少。大家都很想看,但也有一部分人认为,在这样大喜的日子,演这出戏是不适宜的。肖长华通过武进寿曾把这个意思向溥仪说了,溥仪认为没有关系,还是决定演了。这出戏演得相当真切动人,尤其是演到虞姬自刎的场面时,听说太妃和王公的女眷们还掉下泪来。散戏以后,有些王公旧臣却带着一种悲凄的心情离去,认为这是"不祥之兆"。到了1924年溥仪出宫的时候,还有人说:"大婚的日子演《霸王别姬》,就应在今日了!"

这三天的戏共花费了三万多元。如一出《珠帘寨》就是一千元,《霸王别姬》是两千多元。这次大婚,由于处处这样铺张浪费,原来准备的四十万元还是不够,听说又抵押了一部分金银器皿,才补上不足之数。

大婚以后,溥仪对办理这场婚事的有关人员,还进行了一次"论功行赏"。只是由于清王朝已经退位,不能再大肆封王赐爵了,除荣源由于女儿做了皇后,被封为承恩公外,其他人等,只能在服饰方面以示恩荣。如载涛和载洵都赏穿亲王补服;溥杰、溥佺、毓崇赏穿辅国公补服;陈宝琛赏加太师衔、朱益藩赏加太傅衔,庄士敦赏穿带膝貂褂等等。这个办法,真是既省钱又省事,只需溥仪下一道"上谕",再在《宫门钞》上登一下,受赏者也就心满意足了。

溥仪这次婚礼,其浪费之钜和场面之大,真是轰动了北京全城。不但清王朝的服饰又出现在北京街市之上,甚至连龙旗也打起来了。其实在共和已实行了多年的当时,这恰如一个久病之人,在临死前的一种迥光返照而已!

后宫逸闻

孝贤皇后红颜薄命

乾隆十三年(公元 1748 年)4 月 8 号的深夜,在山东德州古老的京杭大运河上,停泊着当今天子乾隆皇帝的御舟。这是一个不同寻常的夜晚,运河岸边全副武装的兵丁警惕地监视着御舟附近的一草一木,而御舟上的人们也都屏住呼吸,不能有丝毫的大意。终于,不幸降临了:御舟上哀声突起,皇后崩逝!从此大清帝国的宫廷进入了一个艰难多变的岁月。对于年仅 37 岁的乾隆帝来说,皇后富察氏是一位端庄秀丽、温柔贤淑的妇人,早已成为他生命中不可缺少的组成部分。此时,乾隆沉浸在万分悲痛之中,他无法接受皇后去世的事实,无法想象失去她,自己将多么孤独地走完今后人生漫漫旅程。

孝贤皇后

乾隆帝的皇后富察氏,生于康熙五十一年(1712 年)二月二十二日,满洲镶黄旗人,是典型的名门闺秀。其祖父米思翰,在圣祖康熙皇帝时深受倚重,官至户部尚书,列议政大臣,参与机密。康熙初年,米思翰与兵部尚书明珠一起,力主撤三藩,最终剪除了大清帝国的心腹之患。米思翰第四子李荣保官至察哈尔总管,富察氏为其爱女,从小即受到良好的教育,学习诗书,深谙古今贤德女子的佳言懿行,小小年纪,在当时旗人贵族女子中即已颇著贤声。

雍正五年(1727 年),弘历年届 16 岁,已长成翩翩美少年。于是,雍正开始考虑儿子的终身大事。在众多亲贵们的女儿中仔细观察、左挑右选后,雍正最终看中了富察氏。这是一个身材苗条、妩媚动人的姑娘。她的眼睛,像洁净透明的清水,一看就知道品性淳良;她的声音,婉转和顺,一听就知道温恭之性与生俱来;她的步态,稳重端庄,不用思量就知道为世家闺秀,贤淑之德,堪配天家。

这年七月十八日,16 岁的弘历与富察氏举行了婚礼。新婚之后,夫妻恩爱,伉俪情深。在弘历的眼中,富察氏的一言一行,一举一动都是那么的迷人,那么的可爱,她就是完美的化身。在富察氏的眼里,夫君是那么的英俊,那么的睿智,虽贵为天子,却对自己体贴入微,相敬如宾,一种终生有靠的欣慰之情便油然而生。在这些甜蜜的日子里,他们俩或泛舟于湖上,或信步于花园,有时开开少年人的玩笑,有时同阅古今典籍与诗文,当然,更少不了缠绵爱意,同祷白头偕老。

第二年(1728 年)十月,富察氏为弘历生下了一个漂亮的小女孩,然而,仅过两年,此女就不幸夭折。雍正八年(1730 年),富察氏生下儿子永琏。永琏是个长相俊秀,天赋极高的孩子,弘历夫妻对他异常宠爱,作为祖父的雍正皇帝对这个孩子也十分疼爱,认为他长大以后,定是一个能够担承国家重任的治国之材。雍正帝曾暗示弘历,将来自己传位于他,希望立永琏为第三代继承人。次年,富察氏又为弘历生下一个千金,这就是固伦和敬公主,15 年后,她下嫁给蒙古科尔沁和硕亲王色布腾巴尔珠尔,成为清代满蒙联姻政策的实践者。弘历与富察氏,这对年轻的小夫妻,有了一对活泼可爱的小儿女,其兴奋、满足之情可想而知。

1735 年,雍正去世,弘历继位,成为著名的乾隆皇帝,富察氏成为皇后。从此,富察氏以身作则,崇尚节俭,尽心尽力地辅佐皇帝、管理后宫。一年,乾隆身上长了个重疖,富察氏忧心如焚,亲进汤药,当乾隆病好后,太医说:"皇上必须修养百日,元气才能恢复。"富察氏听后,就搬到乾隆寝宫外面一个小房间居住,亲自照顾其起居。一百天后,乾隆身体康复如旧,富察氏却消瘦了许多。这个时期的清朝宫廷,真是充满了温馨与和谐,乾隆没有内顾之忧,一心一意地治理国家,整饬吏治,革除弊端,施恩于百姓,在民众中享有崇高威望。

然而命运似乎故意与这对恩爱夫妻作对。乾隆三年(1738 年)十月十二日,他们视若心肝的儿子、年仅九岁的永琏竟然突患寒疾,当即死亡。这对乾隆和富察氏都是极其沉重的打击。这场灾难最大的受害者皇后富察氏,得知这个噩耗,悲痛欲绝。多少次,她在梦中怀抱娇儿,醒来却是两手空空,唯有以泪洗面。第二天,当她去见皇太后、乾隆的时候,还不得不强装笑脸,她不愿自己失子的哀伤,过多地影响母亲和丈夫的情绪,就这样,一晃过了七八年。

最早注意到富察氏变化的是皇太后,因为她也是女人,作为母亲,她从自己对乾隆的爱中,几乎毫不费力地感到永琏的早逝对富察氏的打击是多么沉重。她悲哀地看到:富察氏变了,昔日清纯的笑声少了,清瘦的脸庞失去了往日的光彩,总是隐含着无尽的忧愁,而且她的身体一天天衰弱,真怕她有一天会发生不测。

乾隆十年(1745年)夏,富察氏又有了身孕。这对于富察氏来说,真是天大的喜事,抚摸着腹中的婴儿,她由衷地感到幸福。第二年,富察氏生下了一个健壮的男婴。孩子生期恰是佛祖诞生之日,上天作美,又降喜雨浇灌万方,乾隆夫妇视为吉兆,欣喜异常,就连群臣以及妃嫔,也喜笑颜开,竞相庆贺。乾隆绞尽脑汁,为孩子取名永琮,并已在内心将其立为太子。

然而命运实在太不公平,当永琮刚满一岁零八个月的时候,在大年三十竟因出痘不治而亡。这次打击,把富察氏彻底摧垮了。生活对于她来说,简直就是一场噩梦,一场灾难。八年之中,两丧爱子,前后所生四个孩子,竟有三个夭亡,对任何一个母亲来说,都是难以承受的打击。她实在太痛苦了,痛苦得以至于没有了眼泪,她实在太伤心了,伤心得以至于感觉不到生活的乐趣。

看着皇后急剧衰弱的身子,一种不祥之感在乾隆心中陡然产生。为了减轻皇后丧子的哀伤,乾隆十三年(1748年),乾隆带着皇太后、皇后等人一同启銮东巡。巡幸中,皇后显得兴致勃勃,时而到太后处问安侍膳,时而与皇帝低语闲谈,脸上的愁云,也比在京师时少了许多。其实,富察氏的兴奋与兴趣不过是为了不让乾隆以及太后失望,她内心的忧伤依然如故,而且与日俱增。当她路过乡村城镇,看到平民家的孩子活蹦乱跳地玩耍,便心如刀绞。山东的暮春,乍晴乍雨,冷暖不定。习惯于北方寒冷、干燥气候的富察氏在济南开始感到不适,太医诊断为寒疾,乾隆闻讯,立即下令推迟回銮,以便她在济南休息几天。然而,富察氏不愿因为自己而导致众人长时间滞留外地,不愿太后为自己的健康过分操心。因此,当病情略有减轻,富察氏就强打精神,对乾隆说可以启程回京。

富察氏的身体实在太虚弱了,过度的悲伤,旅途的劳累,使她根本无法抵御疾病的侵袭。4月8日,富察氏的病情突然恶化,惊慌失措的乾隆令将其火速抬上御舟,并调集良医会诊。这个时候,随驾的诸王、大臣也得到消息,纷纷前来问安。然而,为时已晚,病入膏肓的富察氏早已奄奄一息,到半夜时分,竟溘然长逝,和永琮去世的时间,仅相隔三个月。

在富察氏去世后的相当长的一段时间,乾隆完全沉浸在巨大的悲痛之中。为了寄托自己的哀思,乾隆将富察氏为自己制作的衣服、荷包,均一一收藏,令子孙后代,世世相传,并为其定谥号为"孝贤",从此,富察氏即为孝贤皇后。

公主之册封

1.公主、格格和额驸的品级规定

中国封建社会帝王之女自战国开始均称公主,到了汉代,又明确规定皇帝的姊妹称为长公主,皇帝的姑姑称大长公主,以后历代相沿。

清代,太祖初起时,诸女都称"格格"。崇德元年(1636年)四月,"五宫"(中宫、东宫、西宫、次东宫、次西宫)并建,宫闱制度初步确立,太宗皇太极宣布:皇帝之女,中宫所出者封"固伦公主",品级相当于亲王;妃、嫔所出者及中宫抚养宗室女下嫁者,均封"和硕公主",品极相当于郡王。所谓固伦、和硕,只表示公主的等级,并非公主封号。公主的封号,需届时由礼部奏请,皇帝钦定。例如,康熙帝第三女,初封和硕荣宪公主,"荣宪"为封号。

乾隆以前,公主的封号加在和硕或固伦与公主之间,如前述和硕荣宪公主。从嘉庆朝开始,公主的封号改冠于前,例如,嘉庆帝第三女"庄敬和硕公主"、第四女"庄静固伦公主",封号"庄敬""庄静"均列于前。道光二十四年(1844年)五月的谕旨更明确规定:"以后书写固伦、和硕公主等称,著将固伦、和硕字样与公主二字相连书写,不得以固伦等字样写在封号之前。钦此。"此后,奏书文移的书写格式也就划一了。

清代除皇帝之女称公主之外,亲王以下诸女,均封为格格。格格品级分五等,"曰郡主、曰县主、曰郡君、曰县君、曰乡君"。格格品级的划分是:亲王之女,封和硕格格,其中嫡福晋所生者,品级为郡主(与郡王福晋同),侧福晋所生者降二等,品级为郡君(与贝子夫人同);郡王之女,封多罗格格,其中嫡福晋所生者,品级为县主(与贝勒夫人同),侧福晋所生者也降二等,品级为县君(与镇国公夫人同);贝勒之女,亦封为多罗格格,其中正室所生者,品级为郡君(与贝子夫人同),侧室所生者降二等,品级为乡君(与镇国将军夫人同);贝子之女,其中正室所生者封固山格格,品级为县君(与镇国夫人同),侧室所生者称宗女,不授封,只给五品俸;入八分镇国公和辅国公之女,其正室所生者仅封格格,品级为乡君(与镇国将军夫人同),侧室所生者也不授封,只给六品俸;不入八分公下各公及将军之女,既不授封,也不给俸。

此外,历朝皇女下嫁,其婿均称驸马,而清代改称"额驸"。"凡额驸之品级,各视其公主、格格之等以为差。"公主被指婚后,开始议定额驸品级,先由礼部根据公主的等级奏请,然后由皇帝钦定。固伦公主下嫁,其额驸封为固伦额驸,品级与固山贝子相同;和硕公主下嫁,其额驸封和硕额驸,品级与镇国公相同。公主下嫁以后,所生儿子的品级,原来没有统一规定,乾隆四十年(1775年)正月初二日乾隆谕旨:"惟公主所生之子,未经定例赏给品级,此内如下嫁蒙古王公之公主等所生之子,本各有应得品级,毋庸另为办理。至在京公主所生之子,若不授以品级,于体制殊未允协。嗣后在京公主所生之子,至十三岁时,如系固伦公主所生,即给予伊父固伦额驸品级;和硕公主所生,即给予伊父和硕额驸品级,著为例。"此后,公主之子的品级问题,才算有了明确规定。

2.公主受封情况和特点

清朝从太祖初起,中经太宗崇德改元和世祖顺治入关,直到文宗咸丰帝为止,先后有九位皇帝,共生得八十六个皇女;此外,宫中又抚养亲王、郡王、贝勒之女十二个,共计九十八个。咸丰以后的同治和光绪两帝,均无子女,末代皇帝宣统三岁登基,五岁逊位,更无子女可言。所以,咸丰以前,各个皇女受封、下嫁的情况,是研究清代公主问题的主要对象和重要依据。

　　清代诸多公主中,太祖努尔哈赤之女下嫁吴尔古代、图尔格、伊拉喀和太宗皇太极之女下嫁索尔哈的这四位公主,由于材料不足,属情况不明者;另外,终身没有得到封号的有三十九位公主(其中有三十三位是幼年早殇)。这样,在余下的五十五位公主中,封固伦公主的二十七位(包括后来追封的),封和硕公主的二十六位,给县君品级和乡君品级的各一位,这就是清代公主受封的基本情况。

　　根据清朝制度的有关规定,结合各位公主受封情况,能明显看到这样一个特点:1636年崇德改元以前,包括后金政权时期,公主的等级制度没有明确规定,改元以后,虽然明确规定中宫所出之皇女,一律封固伦公主,妃嫔所出之女和宫中抚养亲、郡王之女,下嫁后均封和硕公主,但是,实际情况并不都如此,"然开国初,有皇女仅得县君、乡君者",如太宗皇太极的第十女,庶妃纳喇氏生,顺治八年八月下嫁辉塞时,仅得封县君品级;皇十二女,庶妃(姓氏不详)生,同年下嫁头等侍卫班弟时,也只得封乡君品级。她们都没有得到应得的和硕公主品级。"康熙以后,有妃嫔若诸王女封固伦公主者"也大有人在。如乾隆帝的第十女和孝公主,咸丰帝的独生女荣安公主和宫中抚养恭亲王奕䜣的长女荣寿公主等,她们都不是中宫皇后所生,本应遵照制度规定封为和硕公主,但是,实际上她们都封为固伦公主了。而康熙帝的第三女荣宪公主、第六女恪靖公主、第十女纯悫公主及宫中抚养恭亲王常宁的长女纯禧公主;嘉庆帝的第九女慧愍公主;道光帝的第九女寿庄公主等,她们也都不是中宫皇后所生,并且都是初封和硕公主,以后由于各种原因均晋封或追封为固伦公主了。

　　清代公主的品级晋封为什么会出现与典制相违的特殊现象呢? 究其原因主要是:

　　第一,政治需要。清代,特别是清初,由于政治上的需要,实行公主下嫁外藩蒙古王公之家的满蒙联姻政策。根据清朝制度规定,额驸的政治地位随公主品级的高低而定,如果政治上需要提高额驸的地位,则必须相应改变公主品级。例如,康熙帝的第十女为通嫔纳喇氏所生,下嫁喀尔喀蒙古博尔济吉特氏策棱,初封纯悫和硕公主,策棱随授和硕额驸,后来额驸在平定准噶尔战役中,战功卓著,需要晋封更高一级的固伦额驸,当时,公主已故世,遂追赠固伦公主,而额驸于雍正十年十二月晋封为固伦额驸。这种政治上的需要，还可以从清末恭亲王奕䜣之女荣寿公主的品级变迁中看得出来。咸丰十一年（1861 年）七月，咸丰帝在承德病逝，慈禧皇太后勾结恭亲王奕䜣发动"辛酉政变"，慈禧登上了垂帘听政的宝座，她为了表示对奕䜣的酬谢和信任，不仅授予奕䜣议政王和军机大臣等要职，而且将他当时只有七岁的女儿接进宫内抚养，封为荣寿固伦公主。后来统治集团内部发生矛盾，恭亲王于同治四年被罢去议政王头衔，公主的固伦品级称号也被撤销，直到光绪七年十月才得恢复。这充分说明公主的品级与政治斗争的密切关系。

第二，皇帝与公主（包括公主的生母）感情的亲疏。康熙帝的第三女是荣妃马佳氏所生，初封荣宪和硕公主，康熙"四十八年圣躬不豫，公主视膳问安，晨昏不辍四十馀辰，未尝少懈，迨即安之后，乃优旨褒奖，谓公主克诚克孝，竭力事亲，诸公主中，尔实为最是周厚，其典礼，晋封荣宪固伦公主。"又如，"高宗少女，素所钟爱，未嫁赐垂金顶轿"。这个少女就是乾隆帝惇妃汪氏所生、备受乾隆喜爱的女儿，所以得封为和孝固伦公主。十五岁时下嫁给和珅的儿子丰绅殷德。乾隆死后，和珅获罪被抄家，但仍留下一部分财产以赡养公主。后来也是由于公主的关系，丰绅殷德又被赐给公爵品级。

由此可见，康熙以后，固伦公主与和硕公主的等级差别，不单是由生母的身份决定的，更重要的是由于某种需要、特别是政治上的需要而晋封的。

3.册封公主仪式

清代，公主受册封的时间并不固定，有的在婚前，如咸丰朝的荣寿固伦公主，但大部分是在指婚后，先请旨钦定公主的品级，在下嫁之后再举行册封仪式。

公主的封号由内阁大学士拟定字样，进呈后由皇帝钦定。册封公主应给金册和不定数量的金钱，"公主金册四页，每页用六成金十有四两六钱二分五厘；金钱每个六成金一两五钱"，册文由翰林院撰拟。道光二十一年，皇四女寿安固伦公主受封时的金钱，直径为一寸四分，重一两六钱三分，金钱两面各镌满汉文字曰"富贵吉祥"。这是个典型的例子。

公主的册封仪式在许多地方与封册亲王差不多,正使必须从领侍卫内大臣或散失大臣同级中任命,副使可以从礼部满洲侍郎、内阁满学士或翰林院满掌院学士中挑选钦定。正、副使臣在太和殿受节后,由礼部官员前引先行,再由校尉抬着装有金册的彩亭随后,列仪仗出太和门、午门、长安左(或右)门后,正、副使臣及执事官员均乘马,前往公主府第。

同一天,公主府里热闹非凡,以备举行册封仪式的厅堂正中陈设节案、香案和册案;堂下庭院内设有仪仗,乐队摆在仪门之内。

正、副使臣快到府门时即下马步行,由于皇帝亲命的使臣所持之节象征皇权,因此额驸需穿朝服率领族属人员及早于大门外道右跪迎。正使持节先入,副使和彩亭随后,额驸等在后跟随。仪门内,又有公主穿礼服率领侍女跪迎于右侧,等使臣过后才能起来。

册封仪式开始时,正使、副使、宣读官和礼部官员都面西站在节案之东,在乐曲声中公主就拜位向"节"行六肃三跪三拜礼,礼毕乐止,公主到香案前跪听宣读官宣读的册文。宣读完毕,宣读官将册交给副使再转交侍女,侍女跪接后再转授公主,公主祇受后转交另_侧的侍女,侍女跪接后起来将册陈放在册案上。公主再到拜位行礼后退出正堂,正、副使取节回宫复命。这一整套繁复的册封仪式就算结束了。

同一天,公主还要入宫,到皇帝、皇后和诸妃前行礼致谢。公主回府后,府内还要举行庆贺礼,其隆重欢悦情景可想而知。

此外,据文献记载,最早册封公主时的"册",是纸制的。从顺治十一年(1654年)开始,才将纸册改成金册。至咸丰六年(1856年),又因财政困难,黄金奇缺,遂即奏请"寿禧和硕公主、寿庄和硕公主金册,改用银质镀金"。此后不论和硕公主还是固伦公主的金册,一律改为银质镀金,直至清末。

公主下嫁

清代公主出嫁称为"下嫁"或"釐降"。和硕公主和固伦公主下嫁时,在陪送的礼物、丁户、护卫等待遇上均有等级差别,但是,在下嫁的礼节仪式上,除筵

宴的次数,固伦公主比和硕公主多一次之外,其他基本相同。主要有初定礼、成婚礼和回门礼三个步骤

1.初定礼

公主下嫁由皇帝亲自指婚,由礼部会同内务府承办各种事宜。指婚日,皇帝的谕旨由襄事大臣(需从夫妇偕老之大臣中选派)在乾清门宣示。例如,同治五年九月钦奉上谕:"一等雄勇公符珍,指为荣安固伦公主额驸等因,钦此。"额驸祗受之后,礼部奏请钦定额驸品级。

初定吉期由钦天监选择。前一天,额驸在午门前恭进初定一九礼,其礼物按规定有马八匹、骆驼一头,可是道光二十二年以后,改为九只羊了。初定一九礼有行聘之意,物品不在多少,但必须是表示最大数字的"九"。

和硕公主

初定礼即为公主订婚,仪式比较简单。额驸于这一天先进宴九十席、羊九十九只、酒四十五樽,由内务府光禄寺备办。同时,宫内在保和殿和皇太后宫里分别举行筵宴,庆贺公主订婚。

当日清晨,保和殿前檐下和中和殿后檐下,分别陈设中和韶乐和丹陛大乐,两殿之间的丹陛正中搭一黄幕凉棚,名曰"反坫",内设大铜火盆两个,每个上放大铁锅一口,其中一个装肉,另一个盛水,烧热备温奶酒之用。其他铜盘、盐碟、方盘、桌张等物,也事先备齐。保和殿筵宴共设六十席,用羊六十三只,乳酒、黄酒七十瓶(乾隆三十五年以后改为三十五瓶)。入宴大臣的座次位置,要事先绘图恭呈御览。

凡入宴的王公大臣、侍卫及执事官员,均穿蟒袍补服,执事的拜唐阿等人也穿蟒袍。额驸及族中有顶戴人员均穿朝服,先由鸿胪寺官引导至皇太后宫门之外行礼毕,再到保和殿丹陛上恭候。吉时到,皇帝穿龙袍衮服,在乐曲声中升宝座,额驸及入宴人员行礼,然后开始进酒、进馔,宴席上还有蒙古乐队演奏蒙古

歌曲(若非下嫁外藩蒙古的,则演奏满族舞曲)。宴毕,皇帝还宫,额驸及族中人再到内右门外,向皇后宫的方向行三跪九叩礼。而额驸族中女眷在皇太后宫入宴的情况,大体与保和殿筵宴相似,只是规模要小一些,宴三十席,羊十八只,乳酒、黄酒二十瓶(后来改为十瓶)。宴罢,额驸族中女眷到隆宗门外,向皇后宫方向行六肃三跪三拜礼,此后各退。

公主下嫁初定礼,皇后是否举行筵宴则按具体情况而定。嘉庆七年,庄静固伦公主初定礼,奉旨,皇后御储秀宫筵宴额驸族中女眷;而嘉庆六年的庄敬和硕公主初定礼时,皇后没有举行筵宴,由内廷主位在翊坤宫代为筵宴,席间还有南府的戏班子演戏。这些就是初定礼筵宴的基本情况,也是初定礼的主要庆贺活动。

2.成婚礼

初定礼行过之后,礼部还要根据公主的品级,咨行各有关衙门备办公主陪嫁所用的妆奁衣服、首饰、金银、缎匹、马驼、帐房、女子、人口、庄头、器皿和柜箱等物。其中公主的妆奁物品,在下嫁的前一天就得派两名年命相合的内管领之妻押送到公主府,并负责铺放停当。同时。额驸穿蟒袍补服率领族中有顶戴之人员,到乾清门和内右门外各行一次三跪九叩礼。

成婚日,额驸先到午门恭进九九大礼,主要有文马二九(十八四),玲珑鞍辔和甲胄各二九(十八副)、闲马二十一四、驼六头,并进宴九十席、羊九九(八十一只)、酒四十五樽,这些东西分别由上驷院、武备院和内务府收管。当然额驸恭进的九九礼,也可改在别处如圆明园的大宫门外呈进,或奉旨免进,那就要由皇帝钦定了。例如,"道光二十一年寿安固伦公主下嫁,经臣部具奏,初定及成婚前一日。额驸应否进一九礼、九九礼? 奉旨,此次寿安固伦公主下嫁,所有额驸应进一九礼,著照例呈进,其应进九九礼,著毋庸呈进,钦此。"

如果是固伦公主下嫁,这一天还要在保和殿和皇太后宫分别举行筵宴,其规模形式均与初定礼时筵宴相同。这是固伦公主与和硕公主不同之处。

公主下嫁离宫之前,需先到皇太后、皇上和皇后前行礼拜别。如果是妃嫔所生的公主,还要到生母前行礼。

吉时到，公主由命妇导引升彩舆，各执事校尉和太监舁舆出宫，前导仪仗向例用灯笼八个、火把十枝、红毡二十条，嘉庆十一年以后，其数均增加一倍。陪送的福晋、夫人及随从的命妇都乘舆随行，内务府总管大臣、内管领等均乘马在前面导从，后面有参领及护军乘马护送。此外，还有陪送公主和赏赐额驸的各种物品、马匹等，车载、人抬、马驮，跟在后边有条不紊地向前进发。

沿途街道，早已由步军统领负责打扫干净，清水泼街，陈设整齐，一概不准闲杂人等走动。额驸府第更是内外修饰一新，门神、对联贴挂整齐，各处张灯结彩，主要厅道都是红毡铺地，上下人等都是吉服穿着，喜气洋洋。送亲的队伍来到府第之前，众人下马步行，仪仗停在门外，公主的彩舆人至正庭阶下，命妇引导公主下舆，额驸之父在外堂相迎，额驸之母在中堂相迎，公主入室后等候吉时行合卺礼。

合卺礼即公主与额驸的成婚礼。事先额驸家要备羊九只、酒九瓶，到时由年命相合的结发命妇上合卺酒，实际上，只用羊、酒各一。饮酒前先醮祝，即由内务府派出的两对年命相合的结发夫妻进肉一盘，跪割三斤左右（切碎），再进酒三杯，与肉一起掷撒于地，表示祭祀天地，然后公主、额驸交杯对饮，礼成，众人退下。

次日，内务府备饭六桌、茶四桶，由内务府大臣率领内管领之妻二人，茶、膳总领及妇女人等，送往公主处，这是表示皇帝对女儿出嫁后的关怀。

3.回门礼

公主完婚后的第九天，要和额驸一起入宫行礼，称九日回门礼。据《大清会典》记载："九日归宁谢恩礼，公主、额驸夙兴朝服。公主诣皇帝、皇后及所出之妃嫔前行礼，额驸诣乾清门外、内右门外行礼，如奉旨入宫，则偕公主行礼。"同时，还规定公主九日回门（包括以后每逢公主入宫）时，均用内管领结发夫妻两对、八旗官员结发夫妻两对为导引，再派出内务府官员一人、护军参领一员、护军校二员、护军二十人为随从。当然，以后随着情况的变化，有些做法也不尽相同。

清代档案里，关于公主九日回门的材料记载颇详，这里摘引一段如下："恭照本年八月二十六日辰时,荣安固伦公主同额驸九日回门礼。是日,公主乘舆出府,仪仗全设,随从女子等车辆及执仪仗苏拉人等,并派内务府司官二员、内管领二员前引,护军参领二员、护军校及护军二十名后护,内务府大臣一员随从。至公主进内在慈安端裕康庆皇太后、慈禧端佑康颐皇太后、皇上、皇后前行礼毕,诣寿康宫丽皇贵太妃前行礼。并赏给饭食之处,俱由宫殿监督领侍请旨遵行。其公主所乘之舆,头班、末班令太监异请,余班交銮仪卫校尉预备,所赏茶饭交膳房预备,为此谨奏。再恭查同治二年十一月初二日奉旨,寿禧和硕公主十一月初七日回门,公主额驸俱穿蟒袍补服行礼,毋庸陈设仪仗,在寿安宫赏额驸饭。至公主乘舆毋庸銮仪卫校尉预备,护从人等由内务府照每逢巡宫例除派,钦此,钦遵在案。今八月二十六日,荣安固伦公主同额驸九日回门礼,遵旨在寿西宫赏给茶饭……。”

如遇皇太后和皇上均在圆明园驻跸,则公主九日回门礼也可改在圆明园进行,道光皇帝的皇四女寿安固伦公主和皇六女寿恩固伦公主等即如此。

清代公主下嫁外藩蒙古的较多,特别是清初,据统计,在下嫁的六十一位公主中,仅嫁给外藩蒙古博尔济吉特氏部族的就有三十一位之多,占一半以上。这不仅是由于满蒙两族地理位置相近、生活习惯相似,更主要是清初政治上实行满蒙联姻的结果。清代皇帝的后妃多来自蒙古(许多亲王等的福晋也多是蒙古人),加以大量的皇女嫁给蒙古王公,这使满蒙两族上层统治集团血缘关系亲近,政治上相互协作。可见,清代公主下嫁是为一定政治目的服务的。

奇特的丧礼

就在董鄂妃弥留之际,顺治皇帝也已因哀痛过甚而陷于神情恍惚、举措茫然的状态。后来他全然不顾宫中的凶礼定制,硬使“蓝批”文件一直持续到自己死前七日才停止,竟然长达四个多月之久!而且,在停用“蓝批”的七天中,有一天是福临去悯忠寺观看太监吴良辅剃发出家的仪式,返宫即卧床不起,余几日均在病中。这就是说,如果福临不死,天知道“蓝批”要到何日才止?以致后来撰修《大清会典》时,官员们对此实难解释处理,只得略而不写。

蓝为哀色。顺治帝哀思如涌,无法斩断。

董鄂妃初丧的几天中,顺治皇帝"陡为哀痛所攻,竟致寻死觅活,不顾一切,人们不得不昼夜看守他,使他不得自杀。"从八月十九日至九月初一日景山寿椿殿设灵堂完毕,董鄂妃的尸棺一直停在宫中,福临几乎未离开爱妃生前居住的承乾宫。及至移棺之日,他已渐趋镇静,于是将一腔哀恸之情转为巨大的怒火,亲自组织指挥了一场清代历史上罕见的奇特丧礼。

董鄂妃

首先,顺治帝既以董鄂妃生前不得册封皇后为憾事,便下令追封亡妻为"端敬皇后",并谕诸大臣拟奏谥号。谥号是对死者一生功过的基本评语,字数皆有定制,诸大臣先按皇贵妃的等级拟四字,顺治帝不允。大臣们只得再拟六字,八字,一直增加到十字才止。其谥曰"孝献庄和至德宣仁温惠端敬皇后",其中"端敬"二字是皇后应有的谥字,共计十二字,而清太宗皇太极初谥也不过十五字,以后孝惠皇后死时的谥号仅十字。即使如此,福临仍以谥封中没有"天圣"二个最荣崇的字而生气。按照清代谥法,皇后应有"承天辅圣"字样,如果妃嫔生子而为帝者,谥有"育圣"等字。尽管顺治皇帝在心目中早已视爱妃为皇后,但董鄂妃生前既未封皇后,亦无子嗣帝位,他的要求显然违悖情理,大概是"陡为哀痛所攻"而"不顾一切"了吧。

随后,福临命令词臣拟撰《端敬后祭文》,一群满腹经纶的文臣绞尽脑汁,连写了三稿也未合旨意,最后只得请来职位不高却晓谙一些内情的中书舍人(文职官名)张宸拟稿。他根据顺治皇帝与董鄂妃生前的一些生活细节草成祭文,哀情溢于行句之间,尤其是"渺兹五夜之箴,永巷之闻何日? 去我十臣之佐,邑姜(周朝姜太后)之后谁人?"等语,福临阅后触动旧情,泫然泪下,只因董鄂妃生前曾以姜太后为楷模。于是,张宸竟因此寥寥数语,一跃而升为兵部督辅主事,可谓一字千金。

董鄂妃生前本不信佛，但在"痴道人"的朝夕影响之下，她卧病期间也逐渐"崇敬三宝（佛、法、僧），栖心禅学"，不但读完《心经》等佛典，还写有许多笔记，集为《端敬后语录》，但已失传。当她自知不久于世时，感到自己在几年艰难的宫内生活中，并无辜负皇帝和皇太后之处，却又无法理解积善为何不得善报。于是，她总是参究"一口气不来，向何处安身立命？"等语，想向冥冥之神问明自己的归宿。据顺治皇帝自称，她"每见朕，即举之，朕笑而不答"，而且临终前"犹究前说"，至死也未弄清自己为何受到如此严酷的惩罚。她死后，顺治皇帝对此事耿耿于怀，便将丧事办成了一场浩大的佛门法事，发誓为不得善终的爱妃安排一处阴间的"安身立命"之地。

八月廿三日，即董鄂妃死后第四天，太监李国柱匆匆来到茆溪森和尚的住所，宣他进宫为董皇后主持丧事，一场仿佛是佛家问答方式的奇特丧礼正式拉开帷幕。

承乾宫内已改设成临时灵堂，茆和尚入门，先叩拜守在董鄂妃灵柩前、身着丧服的皇帝，然后拈香拜灵。他一时摸不着头绪，只得拣好听顺耳的话吟道："董皇后于庚子秋月轮满时成等正觉，与悉达太子觌明星悟道，无二无别，奇哉！一切众生，皆具如来智慧德相，但以妄想执着，不能证得。今日董皇后在此阐扬最上法要，大众会吗？"言罢，喝一声下座而去。茆和尚语中提到的"悉达"，本是印度史诗《罗摩衍那》中的女主人，被印度教神化为罗摩派的崇拜对象，又被神话为多种形象美好的女神化身。茆和尚意在告诉顺治皇帝：董皇后已修成"正觉"，与悉达女神一起观星悟道，堪称奇事。另外，佛家认为高僧"涅槃"（死亡）本身就是一种向被"妄想执着"的世人指点迷津，"阐扬最上法要"，而董皇后之死正是这种高尚的举动。茆和尚此番大理论，可谓将董皇后之死吹捧到无以复加的高度。

又一日，茆和尚奉旨在董后灵前小参，曰："了却凡心，超出圣地，识取自性弥陀，随处总是佛事。"其实，董鄂妃至死也未能"了却凡心"：此语不过是安慰皇帝罢了。

再一日，茆和尚入宫再参。他觉察到仅说些不着边际的瞎话已使皇帝不悦，便口占一偈云："几番拈起几番新，子期去后孰知音？天心有月门门照，大道人人放脚行。"他以历史上著名的俞伯牙和钟子期的高山流水之情为例，哀悼顺治帝从此痛失知音。"天心有月"一句，"天心"实则"圣主之心"，那么，主心月应是"情"字，意即帝后夫妻的笃挚爱情足以光照世人，就像月亮的银辉清光一样。这几句话果然引动福临旧情，一阵酸楚涌上心头，他猛然想起爱妃临终前总爱琢磨的那句话，忙趁此时时请教道："一口气不来，向何处安身立命？"茚和尚不知此语出自何处，只以为皇帝又想寻死，吓得缄口不语，使顺治帝大失所望。

景山大道场安排就绪，茚和尚应召指挥移棺之事。他来到棺椁前，不禁大为吃惊。顺治皇帝亲临现场不说，那些手执红杠准备抬棺材者，竟然是一批官阶至二三品的旗籍大臣？！但皇帝在上，和尚岂敢多语，忙以禅杖指着棺材，口中念念有词。抬棺大臣见状，忙弯腰横杠准备起棺。突然间，茚和尚大喝一声："起！"顺治帝微微颔首道："谢和尚提拔。"

于是，从皇宫内的承乾宫到景山寿椿殿（明朝为永寿殿，今永思殿）的一路上，演出了一幕令人哭笑不得的活报剧。皇帝督阵，和尚指挥，而抬棺材者全是位居极品的八旗显贵。棺椁既大且重，抬棺者平日养尊处优，一呼百应，何曾受过这种带有污辱性的皮肉苦累？但天子跟前，谁敢不从。据当时的目睹者说："与舁（始棺）者皆言其重。"这些八旗要员当时龇牙咧嘴、狼狈万状的情形可想而知。更有甚者，顺治皇帝下令诸王大臣的命妇皆须哭丧，而且特谕"内大臣命妇哭临不哀者议处"。这真是一道亘古罕见的怪命令！一大群满族贵妇人光是跪在灵前哭还不算数，而且"哭临不哀"者还得治罪，这就足以发动一场"痛哭大竞赛"，想当时场面也颇为壮观！以后，孝庄皇太后见事情闹大，只得亲自出面谏阻，但诸位命妇早已吓得魂飞魄散了。这哪里是在为一个皇贵妃发丧，分明是顺治皇帝借丧事恣意发泄一种刻骨铭心的仇恨，向母后、也向一股股他自己也难以说清的恶势力。

茚溪森和尚很快得知，皇帝一直为爱妃亡灵的"安身立命"之处难以释怀，他便与弟子法海等人一番密计，在景山寿椿毁的灵堂上演出了一幕双簧，以问答的方式告诉皇帝，声称董皇后已变成龙女升天而去，不必再为她的冥间去处担忧。

紧接着,景山道场开法超度亡灵,茚和尚有几句妙语,逼真地描写了道场情况:"景山启建大道场,忏坛、金刚坛、梵网坛、华严坛、水陆坛、一百八员僧,日里铙钹喧天,黄昏烧钱施食;厨房库房,香灯净洁;大小官员,上下人等,打鼓吹笛,手忙脚乱。念兹在兹,至恭至敬,卨申(特意为)供养董皇后,呵呵!"这场"手忙脚乱"的法事进行到"三七(即二十一天)"为火葬日,寿椿殿前柴薪齐备,寂如空山,董鄂妃的尸棺即架于薪上。顺治帝亲临火葬场,令文职官员李世昌等人请茚溪森举炬。茚和尚秉炬至棺前,作偈道:"出门须审细,不比在家时。火里翻身转,诸佛不能知。"说罢举炬一掷,烈焰腾空,只在世间度过短短二十二个春秋的董鄂妃,从此玉殒香消。在封建政治的天平上,她和皇帝爱情的砝码显得太轻了,根本无法撼动天平的另一端——封建政治,也就无法找到自己的安身立命之地。

火熄烟尽,顺治帝请茚和尚收"灵骨(骨灰)",白椎和尚(茚溪森弟子)突然冒出一句:"上来也请师接?"茚和尚大吃一惊,此语甚为唐突冒失,等于在问"将来皇帝死后也是由你茚和尚超度吗?"岂知一语成谶,仅四个月后顺治帝即步爱妃后尘而去,果然也是茚溪森为其主持丧仪,秉炬火化。

但在当时却把茚和尚吓得面如土色,忙斥道:"莫莽卤!"白椎情知不妙,忙改口问:"皇后光明在甚处?"茚和尚答:"无踪迹处不藏身。"说完举禅杖就打,白椎掩头躲叫道:"天子面前,何得干戈相待?"茚和尚猛然省悟此处并非湖州报恩寺,而是景山寿椿殿前的火葬场,便收杖笑道:"将谓你知痛痒(让你知道胡说八道的惩戒)。"说着蓦地竖起手中玉如意,高声再占一偈:"左金乌(太阳),右玉兔(月亮),皇后光明深且固。铁眼铜睛不敢窥,百万人天常守护。"用几句法事中的套话将刚才危险的一幕掩饰了过去。皇帝及在场官员大概离得较远,未听清他们之间的问答,皆莫名其妙地望着几个打打闹闹的和尚不知何意。

白椎和尚的小插曲并非偶然。由于和尚们经常斡旋于内庭的太监之中,对顺治帝的身体状况了如指掌,已推知其不久于世,白椎和尚不过是个冒失鬼,将和尚们的私下议论贸然说了出来。顺治皇帝过早地纵欲,成年后又多年苦读至呕血,加上繁重的政务和更为沉重的心理负担,已经未老先衰,厌倦人生了。

顺治皇帝既深受封建政治的凌逼,却又同时亲手制造了更大的悲剧。董鄂妃尸骨火化后,"三十名太监与宫中女官,悉行赐死,免得皇妃在另一世界中缺乏服侍者。"另外,董后丧事花费之巨、仪礼之隆,已远远超出丧仪规定,"全国均须服丧,官吏一月,百姓三日。为殡葬事务,曾耗费极巨量的国币。两座装饰辉煌的宫殿,专供自远地僻壤所召来的僧徒作馆舍。按照满洲习俗,皇妃的尸体连同棺椁、并那两座宫殿,连同其中珍贵陈设,俱都被焚烧。"顺治帝在临终前的《罪己诏》中也承认:"(董后)丧祭典礼,过从优厚,不能以礼止情,诸事逾滥不经,是朕之罪一也。"自然,殉葬和滥施浪费的直接责任者是福临,而福临和董鄂妃爱情悲剧的一手制造者却是孝庄皇太后,但逼死儿子的母亲,又能说是胜利者吗?

在封建专制制度下,统治集团的首脑们都在制造悲剧,却又都是封建政治悲剧下的牺牲品。而造成这一幕幕悲剧的总根源,正是这些悲剧扮演者竭尽全力维护的封建专制制度。

这场"诸事逾滥不经"的奇特丧礼,一直持续到福临之死,而"丧礼进行曲"的最高潮,则是顺治皇帝削发出家,这不仅使丧礼更为奇特,而且直接影响和加深了清初的宫廷政治的矛盾,又大大跳出了爱情的狭小范畴。顺治帝对"理想"爱情的追求,既有其合理的部分,也有拘囿于时代和他的特殊地位的畸形部分。董鄂妃死后,福临心中的爱情之光已完全泯灭,而追求"不物于物(庄子语,意即不为任何世事所局限)"之心却更加强烈,这种完美的人生境界既然在世间根本不存在,便只能使人遁入佛门以躲开浓厚的"世情"。于是,顺治皇帝礼佛出家则成为其爱情悲剧的续篇。

盛年寡居的太后与摄政王多尔衮

睿亲王多尔衮,清太祖努尔哈赤的第十四个儿子。最初封为贝勒。天聪二年,太宗伐察哈尔多罗特部,破敌有功,赐号墨尔根代青。天聪三年,多尔衮从太宗自龙井关挺进明边,与贝勒莽古尔泰攻下汉儿庄,并在广渠门大败明将袁崇焕,又在蓟州全歼山海关援兵,一时声威大震,从此以后,多尔衮屡建战功,遂

多尔衮

于崇德元年晋封为睿亲王。

　　崇德八年，太宗去世，多尔衮与诸王、贝勒、大臣奉福临即位，为清世祖顺治皇帝。诸王、贝勒、大臣众议：以倾向于长子豪格、领镶蓝旗的郑亲王济尔哈朗与领两白旗的多尔衮共同辅政。当时议定的辅政誓词上说："有不秉公辅理、妄自尊大者，天地谴之。"实际上，多尔衮自始至终都是妄自尊大的。不过，他在摄政之初，由于形势所迫，也扯起了忠义的旗帜，而阿达礼等溜须拍马之流，不识时务，却刚好成了他这面旗帜的牺牲品。因为当时的局势，以豪格为首的两黄旗与以多尔衮为首的两白旗针锋相对，最后在折衷之下，产生了顺治皇帝。名位刚定，各种矛盾还很激烈，郡王阿达礼、贝子硕讬却力劝睿亲王废掉顺治，自立为帝。密奏不胫而走，睿亲王就当众宣示阿达礼之谋，结果硕讬、阿达礼被处死。随后，多尔衮串通济尔哈朗，议定罢免诸王、贝勒共管六部事宜，极力扩大权力，收束诸部。随着多尔衮权力的不断扩张，济尔哈朗越来越感到他没有能力与多尔衮势均力敌，于是特颁一道上谕，令臣下一切事宜先禀报睿亲王，并且在书奏上要以睿亲王领先。济尔哈朗以两辅之一的身份自甘卑下，多尔衮当然如虎添翼。自此以后，他就更加飞扬跋扈，大权独揽。

　　顺治元年四月壬辰，多尔衮领兵次翁后，明代平西伯吴三桂自山海关进书乞师，于是多尔衮率满洲铁骑，长驱直入，攻下了为李自成占领的明都北京。略加经营以后,多尔衮决定以北京作为大清帝国的都城。同年九月,顺治帝福临入山海关西行,多尔衮领诸王群臣,到通州迎接,顺治到达京城,封多尔衮"叔父摄政王"。十月乙卯朔,顺治正式即位,以多尔衮功高于世,特诏礼部尚书郎球、侍郎蓝拜、启心郎渥赫建树碑文,详记睿亲王功绩。顺治二年,郑亲王济尔哈朗议上摄政王仪制,得到允准。多尔衮势倾朝野,群臣无不震慑。他入朝时,阁部臣下一体跪迎。多尔衮心满意足,却又假惺惺地责问大学士刚林:"此上朝门,诸臣何故跪我?"御史赵开心忙上疏说:"王以皇叔之亲,兼摄政王之尊,臣民怎能不跪拜?"并进一步奉迎说:"皇上称王为叔父摄政王,王为皇上叔父,只有皇上才能这样称。至于臣民应于叔父上加'皇'字,这样才能上下有别,合乎体制。"虽然巴结得肉麻,但多尔衮却觉得很可心,很顺耳。于是,令下礼部众议,众议的结果,自然一体通过。这年末,江南底定,多尔衮总摄朝政,连顺治帝也礼让三分,不得不表示:"遇朝贺大典,朕受王礼,若小节,勿与诸王同。"(《清实录》)到这时,多尔衮的权力已经是登峰造极。

多尔衮功高位尊,党羽遍布朝野,虽然在名义上他只是个亲王,但他的摄政王身份和他左右朝政的魄力,实际上使他处于君临天下的特殊地位。因此,他以天下至尊自居,常常自由地出入宫禁。就这样,这位胆大包天的摄政王得以与皇嫂博尔济吉特氏相通,演出了一幕震动清廷的宫中奇闻。

博尔济吉特氏是科尔沁贝勒寨桑的女儿,清太宗孝端文皇后的侄女。天命十年二月归清,崇德元年由太宗皇太极封为永福宫庄妃。崇德三年正月甲午,生清世祖福临。崇德八年,太宗去世,福临即位,为顺治帝,年仅六岁。博尔济吉特氏妩媚俊俏,楚楚动人,太宗皇太极在位的时候,她倍受宠爱。她还受太宗之托,以她迷人的姿色和出众的才华感化了被俘的以绝食相抗争的明朝大将洪承畴,使他归顺大清,成为满洲铁骑轻松入关的"带路人"。太宗死的时候,比他小 20 多岁的博尔济吉特氏年方 30 岁,这正是杨柳正春风的风华时节。然而,残酷的现实使她不得不接受这样一个事实——她得过着盛年寡居的生活。她终日守着冷寂的宫殿,茫然看着苍天,郁郁寡欢。

在这个时候,大清入主北京。壮年英武的多尔衮在鼎定北京和稳固基业的过程中,频繁地"公私兼顾"、出入宫禁。这真是久旱恰遇甘霖。博尔济吉特氏倾慕摄政王的雄才伟略,摄政王爱恋博尔济吉特氏的盛年丰润。时日一久,眉目传情,灵犀相通,自然一天天地感情炽烈。但多尔衮不满足与皇嫂的偷情生活,想使他们的关系合法化。于是,多尔衮密召心腹大臣范文程,授予密计。第二天,百官上朝,范文程依计出班奏道:摄政王功高望重,谦抑自持;入关以后,威权在握,却不以帝位自居,扶皇上做皇帝,这恰如古制上的以父传子;摄政王以子视皇上,皇上自当以父视摄政王。言毕,朝中鸦雀无声,廷臣没有一个表示异议。接着,范文程进一步说:摄政王亲侣新丧,皇太后盛年寡居;既然皇上视摄政王为皇父,如今当然不应使父母异居;所以请摄政王与皇太后同宫。奏完以后,令下廷议。廷臣们个个心照不宣,自然一致通过。于是,摄政王与皇太后堂堂正正、顺理成章地成了夫妻。这件事,除了年轻的顺治帝恨得咬牙切齿、史官直书"皇太后下嫁摄政王"之外,就只有力保乌纱帽的阁部臣僚依例呈进贺表。这还不算,敢想敢为的摄政王还假皇帝之名,将此事宣示天下。诏书上说:"太后盛年寡居,春花秋月,悄然不怡。朕贵为天子,以天下养,乃独能养口体,而不能养志,使圣母以丧偶之故,日在愁烦抑郁之中,其何以教天下之孝?皇叔摄政王现方鳏居,其身份容貌,皆为中国第一人,太后颇愿纡尊下嫁。朕仰体慈怀,敬谨遵行,一应典礼,着所司预办。"(《清朝野史大观·卷一》)张煌言曾为这事写了一首《满洲宫词》:

上寿觞为合卺樽,慈宁宫里烂盈门。

春宫昨进新仪注,大礼恭逢太后婚。

博尔济吉特氏以国母之尊,以嫂嫁叔,这在中国帝后史上还是第一次。国母下嫁以后,皇朝的礼仪、奏章、请旨之类都随之发生了系列变化。顺治三年以后,群臣上奏,均称摄政王为皇父,摄政王与皇上字号并列,上谕也称皇父摄政王,甚至于殿试士子的策颂圣德,也是并称皇父与皇上。

多尔衮与皇太后同居以后不久,又以微罪为口实,将领两黄旗的豪格监禁致死,并夺豪格的爱妻为自己的妃子。顺治七年十二月初九日戌时,多尔衮暴死边外的喀喇城,享年38岁。多尔衮死后,顺治随即颁诏,令其丧礼一同帝制,并追尊多尔衮为成宗义皇帝。时年顺治亲政,14岁。不久,顺治追夺多尔衮封爵。博尔济吉特氏为顺治生母,顺治即位以后,尊为皇太后,顺治十三年二月,太后万寿,顺治还制御诗 30 首以进。康熙即位,尊为太皇太后。直到康熙二十六年十二月己巳,博尔济吉特氏去世,终年 75 岁。清朝制度规定,皇帝先死而葬者,皇后不得合葬,因此,康熙二十七年四月,圣祖奉太后梓宫诣昌瑞山。自此以后,岁必诣谒。雍正三年十二月,世宗即地起陵,称昭西陵。孝庄皇后历顺、康两朝孝养,到雍正时又三上尊册,备极尊荣,有夏仁虎《清官词》为证:

毓圣端由永福宫,章皇入主庆流虹。

三朝玉册分明在,备受皇恩孝养隆。

关于太后下嫁多尔衮一事,历来众说纷纭,没有定论,这里只是存其一说。下面姑录两条传闻与驳难,以飨读者。

传闻上说,多尔衮兵权在握,精明的太后博尔济吉特氏深知如果不很好地羁縻多尔衮,就很难保全她们母子二人的性命,因此,她在理智上接受了多尔衮。而多尔衮对于美艳、寡居的皇嫂早就垂涎三尺,他总是借机入宫,用言语挑逗春心。有一天,博尔济吉特氏正在午休,梦睡正酣,粉面桃花,鬓云半掩,实在是一幅迷人的睡美图。多尔衮见后按捺不住,就情不自禁地动起手来,俯下身去。博尔济吉特氏感而惊醒,于是拥被而起,对多尔衮大加呵斥。多尔衮见状后赶忙伏地,诉说多日以来的相思之情。博尔济吉特氏详加思量,最后以"天下统一之日,即我二人姻缘成就之时"相许诺,两人并以血书盟誓。后来,满洲的精骑远涉南疆,统一了中国,多尔衮就要求博尔济吉特氏实践许诺,博尔济吉特氏觉得这样有伤礼制,反复思虑以后,心志底定。不久以后,宫中传出消息,说太后去世。又过了几天,传旨以福临的奶妈嫁给摄政王多尔衮。此说破绽百出,只是传闻而已。

驳难者以清史大家孟森先生为代表。孟森在他的力作《清初三大疑案考实》中明白指出:①关于尊称。顺治尊称多尔衮为"皇父",只是古代国君尊称臣下为"尚父""仲父"的遗意。②关于张苍水。张苍水以清朝为敌,从他的诗句"掖庭犹说册阏氏,妙选媚闺作母仪"上看,他的记载水分居多,因为清初是没有皇帝娶有遗腹子的寡妇为皇后的。因此他的《满洲宫词》不过是挟裹私仇,谩骂而已。③关于诏罪。顺治八年,世祖颁诏数列多尔衮罪状,其中有"亲到皇宫内院"一条,这只能说是这位登徒子式的摄政王有淫乱后宫之疑,不一定就是与太后有染,说其私通,只是臆度而已。④关于朝鲜实录。李朝与清朝有频繁往来,清朝的各种重大礼仪活动,李朝总有派出的使节,可是不存在避讳问题的《李朝实录》却没有关于太后下嫁摄政王的任何记载。最后结论:太后下嫁多尔衮,纯粹是子虚乌有的事情;此事之所以广为传播,是由于夺取了大明江山的多尔衮,纳了他侄儿豪格的福晋为妃,明遗民斥此为乱伦,于是将此事附会太后,以泄亡国之恨。

总之,这事至今还是一个没有解开的历史之谜。

孝庄文皇后轶事

清初的孝庄文皇后,曾帮助顺治、康熙两位皇帝治理朝政,是一个深明大义、具有远见卓识、对清王朝颇有贡献的皇太后。

孝庄文皇后

孝庄文皇后,姓博尔济吉特氏,科尔沁蒙古贝勒寨桑之女,在清太宗皇太极还是贝勒时就嫁给他为妃。皇太极即位后,崇德元年被封为永福宫庄妃。崇德三年,生了福临,即后来的顺治帝。

崇德八年，皇太极病死于盛京。福临即位，博尔济吉特氏被封为皇太后。

顺治元年五月，满清入主中原，定都北京。同年九月，孝庄携顺治帝及大批文武官员从盛京（今沈阳）迁到北京，住进了紫禁城。当时，清廷内部各项制度不完备，皇帝年纪幼小，主持后宫的责任便落到了孝庄身上。

顺治十七年，由于宠妃董鄂氏病故，顺治帝痛不欲生，哭闹着要放弃皇权，到五台山出家为僧。孝庄极力规劝，顺治帝终于没有出家。此后顺治帝精神一蹶不振，半年后就因病致死。

康熙帝玄烨继位后，尊孝庄为太皇太后。康熙帝登极时只有八岁，十岁时生母又死去。孝庄将他收养在慈宁宫。康熙帝自己也说："全赖圣祖母太皇太后鞠养教诲以至成立"，因此祖孙二人的感情特别深厚。

玄烨即位时，顺治帝曾遗命索尼、苏克萨哈、遏必隆、鳌拜四大臣辅政。鳌拜、遏必隆同苏克萨哈之间存在着尖锐的矛盾，索尼对鳌、苏之间的矛盾则采取回避、不介入的态度。孝庄很担心辅臣之间的矛盾激化，酿成大乱。于是不待康熙帝亲政，在他还只有 12 岁时，孝庄就让玄烨迎纳索尼的孙女赫舍氏为皇后，以此笼络索尼，使之一心一意辅佐皇帝。

玄烨 14 岁时，已到了亲政的年龄，以索尼为首的一些大臣连续上疏，要求皇帝亲政，然而奏折却都被专权的鳌拜扣住，"留中不发"。又是孝庄凭着她太皇太后的权威地位，出面干涉，玄烨才得以亲政。此后，在解决康熙与鳌拜的冲突以及康熙设计擒除鳌拜的过程中，索尼一家起了重要作用。这正是孝庄深谋远虑、决策正确的结果。

康熙十三年，吴三桂、尚可喜、耿精忠三藩叛乱。康熙不顾绝大多数大臣的反对，毅然决定发兵平叛。那时国家财政困难，经费支绌，孝庄为了表示对皇孙的关心和支持，拿出体己银两缎帛，犒赏出征将士。

关于孝庄，还有所谓"太后下嫁"的传说，说她在清入关后下嫁给顺治帝的叔叔多尔衮亲王。

睿亲王多尔衮在清入主中原的战争中功勋卓著，顺治初年尊为"皇叔父摄政王"，后又被称为"皇父摄政王"，成了朝中说一不二的显赫人物。当时明朝遗臣张煌言做了十首《建夷宫词》，后人因词论事，从而便有了"太后下嫁摄政王"之说。加以孝庄死后又不祔太宗皇太极之昭陵,于是下嫁给摄政王多尔衮问题仍有争论。

著名历史学家孟森先生在所著《太后下嫁考实》一文中,曾否定太后下嫁说,认为"太后下嫁说"的直接根据只有张煌言诗,在现存的清代官书、档案中,没有任何记载,而张煌言对清王朝是怀有敌意的,且"诗之为物,尤可以兴到挥洒,不负传信之责。"因此,不能"据此孤证为论定也。"

笔者查阅了张煌言十首《建夷宫词》,其中一首原文为:

上寿觞为合卺尊,慈宁宫里烂盈门。

春宫昨进新仪注,大礼躬逢太后婚。

"慈宁宫里烂盈门"之句,是说太后结婚时慈宁宫内外张灯结彩,喜气洋洋。事实是,据《清实录》载,孝庄是在顺治十年慈宁宫修葺之后才搬进去的。所以,大办婚事,"慈宁宫里烂盈门",必得在顺治十年之后,但多尔衮已于顺治七年十二月病死。可见"太后下嫁"之说不可信。

张煌言诗之不可信,还可从《建夷宫词》中的另外一首中找到佐证:

掖庭犹说册阏氏,妙选孀闺作母仪。

椒寝梦回云雨散,错将虾子作龙儿。

这首诗是说清初某皇帝曾经娶了一个怀有遗腹子的孀妇为皇后。揣度作者本意,或者仍是影射孝庄文皇后下嫁这件事,或者是说清代某个皇帝娶孀妇的事。但无论从哪方面说,这首诗所描写的事情都属子虚乌有。孝庄一生仅生过一个儿子——顺治帝福临,那还是崇德三年皇太极健在之时。所以即使她后来下嫁,也不可能出现"错将虾子作龙儿"的事情。此后,直到张煌言被清政府所杀的康熙三年,清朝还从未发生过皇帝娶孀妇为后之事。可见,张煌言的诗确是"兴到挥洒,不负传信之责",根本没有史实根据。

据《清实录》载,顺治七年正月多尔衮娶肃亲王豪格之福晋博尔济锦氏。豪格是顺治帝的大哥,因与多尔衮有矛盾,被多尔衮强加罪名致死。当时多尔衮是炙手可热的皇父,迎娶亲王的福晋为妃,是免不了兴师动众、隆重操办的。又据《清列朝后妃传稿》载,《建夷宫词》正是写于顺治七年,诗中所记,看来与多尔衮纳博尔济锦氏有关。

依据这些事实，是否可作一假设：南明大臣张煌言出于对清朝的势不两立和对多尔衮的痛恨，在多尔衮纳妃问题上大作反清文章，编造出了"太后下嫁"的故事。至于诗中涉及的"慈宁宫"，则可能是借明朝旧制讽今。

后妃的生活起居

清宫里服侍太后、皇后、贵妃……女主的，有宫女，但是也离不开太监。因为有些事宫女们做不了，有些事太监比宫女做得更好，能随女主们的心思。就拿梳头这件事来说吧，本来是女人的事，但是清宫里给女主梳头的都是太监。至于管理宫内事务，那年头，女人也干不了。而且宫女在宫里一般是作几年就出宫，太监是终身服役。

这么一来，就是在女主的宫里，作总管的也是太监。新进宫的宫女要认他或者其他首领太监做师父，让老宫女作姑姑同他们学习礼法、规矩。她们的银钱也由师父来管理，生活由师父照顾。

清代末年，女主里寡妇多，当权的西太后虽然有好多事要做，但是日子过得看起来也是怪无聊的。她闲下来的时候，写写字，画点画，看看戏，……心神也像没有着落似的。

能解西太后心烦的是太监李莲英，李莲英最会服侍她，成了她离不开的人。他两人的感情看起来非常密切。每天三顿饭，早晚起居，他俩都互派太监或者当面互相问候："进得好？""吃得香？""歇得好？"有时候，西太后还亲自来到李莲英的寝室，招呼："莲英啊！咱们遛弯去呀！"李莲英便出来陪她去玩，他俩走在前边，其余的人远远地随在后面。西太后有时还把李莲英召到她的寝宫，谈些黄老长生之术，两人常常谈到深夜。

敬懿皇太妃是宣统年间加的号，因为溥仪是"继承同治，兼兆光绪"而继位，论辈数她是宣统皇上的母妃。她住长春宫，那时使唤的太监有260多人。宫女的数目很少，还不及太监的一个零头呢。她的宫里有茶房、膳房、司房、药房、佛堂、殿上、散差七处，都是由太监们任事，每处有个首领太监。宫女和妈妈只作寝宫里的事，比如服侍女主洗脸、漱口、沐浴、大小便等。另外还有品级高的两个首领太监,品级低的三个回事太监,更低的 13 个小太监。这个寡妇就有这么多的人服侍她。

这位太妃早晨起床后,由妈妈、宫女替她穿衣服鞋袜,走出寝宫,由梳头的小太监给她梳头、整装。八点钟进早餐,餐、后,她回到屋里去坐下,手拿着念珠念半个钟头无声佛。随后吃茶、吸水烟、旱烟。午后一点钟进小餐,餐后歇午觉。三点钟起床,四点钟进正餐,餐后又回屋里去念无声佛。随后由妈妈、宫女、太监们陪她,也许到外边转转,散散心;也许摸骨牌,让太监们讲故事、说笑话,让小太监们学猫叫、狗叫,乱扯些什么,有时候也由太监讲些从外面听来的新闻。无聊的时光常常这样混到夜里 10 点、11 点,进完晚粥太妃就进寝宫睡觉了。太妃睡下,有两个宫女,六个太监给她守夜,这叫"坐更"。宫女在屋里,太监在屋外和殿外。他们不能睡,要不出声地坐在那里,一直到第二天天亮。

太妃每天四餐,早、晚正餐荤素菜四十品,三样粥,四样糕点,四样面食。小餐都是糕点。晚粥,小菜十几样,粥两样,面食三样。一个人哪里能吃这么多呢,连每样尝一尝也尝不过来呀!而且菜和点心的品种只能按季节更换,不到季节,天天、月月是不变的,不用说尝,就是看也会看腻的。

太妃每天生活用度就要二百两银子,生活就这样奢侈。

宣统皇后一天的生活也是这样无聊,不过她有时还读书、写字、画画。后来她吸上了鸦片烟,赵荣陞就一直替她烧烟。她每顿饭后吸鸦片八口,每口一个烟泡。每次太监要跪着服侍她 20 多分钟。这个女人到伪满时期,在长春的宫里生活也是异常苦闷的。她生活的圈子太窄,在长春时只到外边公园里玩过几回。

这些女主们对待下边人喜怒无常,常常因为一点小事情责打人,尤其是当她们心里发烦的时候,太监们就成了她们的泄气的对象了。最残酷的一件事,宫里的太监都知道,就是西太后有一次硬逼着一个老太监把他自己的粪便吃下去,这个老人就因为这件事丧了命。可是西太后自己呢,却选用两名奶妈,每天要洗净全身,穿上一件大红紧上衣,只露出奶头,跪在西太后床前让她躺在床上吮奶吃。自己吃人奶,让别人吃粪便,皇上家的事就是这样。而且为了让奶妈能生好奶,把鸡鸭鱼肉给奶妈吃,但是不加盐酱,据说,加了盐酱奶就不好了。

这么一来,奶妈吃这些好东西,也像吃药一样难受了。

孝哲毅皇后以身殉夫

清朝入关后的第七代皇帝——咸丰帝,在咸丰十一年(1861年)七月十七日,于承德避暑山庄的"烟波致爽"殿离开了人世。他唯一的儿子,当时只有六岁的载淳继承了皇位,这就是清穆宗。载淳的年号是"同治",人们也称他为同治帝。

孝哲毅皇后

载淳虽然当了皇帝,但终究还是个孩子,不可能料理国家大事,处理军国要事的担子就落到了两位太后——慈安和慈禧的肩上。载淳呢,除大臣禀报时,装模作样的听听以外,依然过着上课、玩耍的生活。

同治帝在少年时代很调皮。他曾经在旧历除夕晚上,因为吃得太快,把一枚金钱咽到肚里,三天以后才随大便排出,宫人们都吓坏了,他却不当一回事,还说这是大吉大利。他在弘德殿学习,听倭仁、翁心存、李鸿藻讲课。一次,李鸿藻教他写字,他故意写得歪歪扭扭,直到李鸿藻走到面前,捧着他的手说:"皇上心不静,该休息了",这他才严肃地表示感谢老师的指导,并专心致志地写起来。不过,他虽然调皮,却很聪明。有一次,倭仁教他对对子。倭仁出的上联是:"天临南极近。"他马上答出:"星共北辰明。"他在一首《寒梅诗》的诗稿中,曾写下这样的诗句:"百花皆未放,一树独先开。"他还在一篇《任贤图治》的文章中写道:"治天下之道,莫大于用人。然人不同,有君子,有小人,必辨其贤否,而后能择贤而用之,则天下可定矣。"当然,这些东西免不了有些八股味道,但对一个十几岁的孩子来说,也还是很不错的。同治帝小时候,在弘德殿庭院中也学过射箭。有一次他三发两中,大臣们都很高兴。

少年时代的同治帝也有他的烦恼。慈禧是他的生母,慈安是他的养母,为什么生母反不及养母的态度好呢?他不能解释这种现象,经常陷于苦闷之中。他到生母那里请安,慈禧太后总是绷着脸,说话也是训斥的口气,从没见她有过笑容,更没从她那里得到过爱抚。到养母那里却不同,慈安太后总是温和地和他说话,问他学习的情况,告诫他不要太劳累。还经常拿出许多点心给他吃。于是,同治帝和慈安太后的感情日益亲近,对慈禧太后则越来越疏远。

宫廷中的生活虽然单调,但孩提时代还是很快过去了。同治十一年(1872年),同治帝已经17岁,两太后决定为他选后妃。懿旨传下,满蒙大臣纷纷把自己的女儿送入宫中备选,最后确定了五人。在她们之中,到底谁正位中宫,被立为皇后呢?慈禧太后喜欢侍郎凤秀的女儿,因为她长得漂亮。但是慈安太后和同治帝却不太喜欢,嫌她过于轻浮。慈安太后喜欢侍郎崇绮的女儿。崇绮女儿的年龄比较小,也不是很漂亮,但雍容端雅,让人一看就知道有德量。慈安太后曾背地里问同治帝,这两个人中他到底喜欢谁?同治帝回答喜欢崇绮的女儿。选皇后的事情就这样定下来了。慈禧太后的意见没被同治帝采纳,她不仅对同治帝有意见,对未来的皇后也开始有了成见。这年九月,崇绮的女儿阿鲁特氏被正式册立为皇后,她就是孝哲毅皇后。凤秀的女儿只被封为慧妃。

新婚之后,同治帝和皇后的感情非常融洽。皇后气度端庄凝重,不随便说笑,对同治帝始终以礼相待,同治帝对皇后也很敬重。当宫中没事时,同治帝便提出唐诗中的问题让皇后回答,皇后总是背诵如流,这使同治帝愈加爱慕皇后,他们之间的感情更真挚、更深厚了。不料,这却激怒了慈禧太后。她不能容忍同治帝对皇后有敬重的感情。于是,皇后每次到慈禧太后处请安,都要遭慈禧太后的"白眼"。时间长了,同治帝和慈禧太后的关系也更加疏远,感情也越来越淡薄了。一天,同治帝请安的时候,慈禧太后说:"慧妃为人贤明,应当对她格外眷遇;皇后年纪还轻,不太懂得礼节,不要经常到她那里去,以免妨碍政务。"从十二年(1873年)开始,同治帝已经亲政,慈禧太后说这番话,显然是打着勤政的幌子,挑拨同治帝和皇后的关系。慈禧太后还暗地里派太监监视同治帝,随时搜集同治帝和皇后的情况,这使同治帝非常不高兴。迫于慈禧太后的压力,同治帝常常独宿于乾清宫,他和皇后见面的机会越来越少。

据说,就在这个时候,同治帝开始走入歧途。他一个人住在乾清宫,晚上感到寂寞无聊,便在小太监的唆使下,常常换了衣服从后宰门出宫。

也有人说,同治帝从这时候开始和社会上的娼妓发生了关系。慈禧太后不让他和皇后见面,还要他去爱不喜欢的人,这使他非常苦恼,在家庭中没有欢乐,便到内城找那些私自卖淫的人取乐,和他同行的只有一两个小太监。开始,人们还不知道,时间长了,很多人知道了,但也不敢说。同治帝就这样染上了梅毒。一开始他没觉察,过些时候,脸上,背上表现出来了,才让宫中的御医看。御医看后大吃一惊,知是梅毒,也不敢说,就向慈禧太后询问治疗办法。慈禧太后说是天花,御医们便当天花治,一直也没见效。同治帝便骂御医:"我得的不是天花,为什么当天花治?"御医回答:"这是太后的懿旨。"同治帝不再说话,感到非常气愤。不久,他便因梅毒而死。

还有人说,同治帝最后的死和慧妃有关。从明朝世宗以后,皇宫中规定,皇帝到哪个宫去,先要由皇后传谕某妃嫔准备伺候,然后皇帝才能前往。给妃嫔的谕示必须盖有皇后印玺,否则,皇帝虽来,嫔妃也可以不接待。同治帝有病刚好,一天,他想到慧妃宫中,皇后没有答应,同治帝就长时间地给皇后跪着,皇后没办法,只好同意了。第二天,从慧妃那里回来,病情就加重了,不久,便死了。

上面这些关于同治帝的传说是真的吗?截止到目前,还没有一个统一的看法。不过,大体来说,是不确实的。

事实是,由于慈禧太后的刁难,同治帝和皇后阿鲁特氏的婚姻生活受到了破坏。他们尽管被人为地隔开了,但双方的爱情仍然真挚、纯洁。只是由于心情过分的忧郁,从同治十三年(1874年)十月三十日开始,同治帝就卧床不起。他得了天花,给他治病的是清宫御医李德立、庄守和。得天花之后又患了感冒,于是各种并发症都出现了。前后经过37天的治疗,共用了106副药,也没见好。进入腊月,绝望和悲泣笼罩了整个皇宫,十二月初五夜里,同治帝终于离开了人世,他只活到19岁。

同治帝死后不到一百天,孝哲毅皇后也离开了人间。这一对宫廷中的弱者,在慈禧太后的高压下,过早地叩开了地宫的大门。关于孝哲毅皇后的死,民间也有种种传说。

有人讲,同治帝病危之际,曾召军机大臣侍郎李文藻入见,决定以贝勒载澍继承皇位。同治帝口授了遗诏,李文藻在床旁记录了下来。谁知,李文藻离开同治帝以后,吓得战战兢兢,面无人色。他立即来到慈禧太后住处,把同治帝的遗诏献了出来。慈禧看后,大发脾气,当即把遗诏撕成碎片,扔到地上,把李文藻也呵斥出来,还命御医不再给同治帝看病,御膳房也不要给同治帝送饭。同治帝死后,慈禧太后让她的妹妹的孩子载湉继承了,皇位。孝哲毅皇后感到这与同治帝遗诏不符,极为悲痛。慈禧太后知道了,把孝哲毅皇后召去,劈头盖脸地打了几个耳光,然后骂道:"你害死了我的儿子,还想做皇太后吗?"还强迫她在地上跪了很长时间。孝哲毅皇后回到自己宫中后,越想越悲痛,只是哭,眼睛都哭肿了。一天,皇后的父亲崇绮入宫,把见到的情况禀报了慈禧太后,慈禧说:"皇后既然这么伤心,那就让她随同治皇帝去吧!"崇绮从慈禧太后那里出来不久,孝哲毅皇后便死了。

也有人讲,慈禧太后爱看戏,每次孝哲毅皇后都陪同去看,见演到淫秽的地方,总是回过头去面对墙壁。慈禧太后多次说她,她也不听,便怀恨在心,认为孝哲毅皇后是有意出自己的丑。对同治帝爱慕皇后,慈禧也说是皇后狐媚惑主,应当治罪。有人劝皇后说:"对慈禧太后应当亲近些,否则对你不利。"皇后回答说:"尊敬可以,亲近谈不上。我由大清门迎入,不是能轻易动摇的。"有人把皇后的这番话传到了慈禧的耳朵里。从这时开始,慈禧太后就有害死皇后的意思了。同治帝病后,慈禧去探视,有时看到皇后不在,就开口大骂"贱人!没有一点夫妇的感情。"在同治帝死前,孝哲毅皇后前往照顾,她一边为同治帝擦洗,一边从同治帝手中接过遗诏。赶巧这时慈禧太后来了,见皇后在哭泣,手中还拿着东西,便骂:"小贱人!你还装相,是存心把丈夫害死。手里拿着什么?快给我!"皇后不敢不给,便递了过去。慈禧接过,见是遗诏,冷笑着说:"你竟敢如此大胆!"随手把遗诏撕碎,又顺手打了皇后几个耳光。慈禧带着金指甲,皇后的脸被划出了一道道血痕。同治帝死后,皇后问她父亲崇绮怎么办,崇绮说了一个"死"字,皇后便决心殉死了。

其实,上面这些说法也都是后人编造的。同治帝临死前,瘫在床上,浑身的痘痈已经溃烂,而且早已失去了知觉,不可能口述什么遗诏。孝哲毅皇后在同治帝死后,精神上受到沉重打击,再加上慈禧太后不断的斥责殴打,对人生失去了信心,最后绝食而死,死时才22岁。

慈禧太后以她的残忍和淫威,逼死了清末宫廷中这一对年轻的帝后。

慈禧病危求医记

清光绪六年,慈禧太后突然得了重病。但这次应诏给慈禧看病的,既不是长守君侧的太医,也不是风闻海内的郎中,而是两位被保荐入朝的地方行政官员,即山东省泰武道员薛福成和山西省曲县知县汪守正。

据当时宰相翁同龢的日记等记述,这年5月,慈禧下诏各省保举名医。直隶总督李鸿章和山西巡抚曾国荃却分别推荐了薛福成和汪守正。慈禧允荐。6月23日,薛、汪二官员在御医李德立的陪同下前往长春宫寝榻为慈禧诊脉视病。他们不谋而合地诊断出慈禧患的是虚劳内热症(日记言为骨蒸),但是在处方治疗方面有分歧。薛认为其病凝结宜先用攻药破之,再用温补之法调理;汪则主张使用甘平药物慢慢疗养。最后是两种方案结合运用治好了慈禧的病,受到了升官赏赐等嘉奖。当然,对慈禧采用了如此富于胆识的医案,到底还是得以其精博的医术为基础。

从此,薛、汪医名扬播海内。而时人更感兴趣的是,这二位经历仕途,行医并非本业的官员,竟然具有如此高明的医技。原来,薛、汪二位既非祖传,也无名师亲授,而完全来自苦学和实践。据《一士类稿》书中引述道,薛福成前在工部任职时,"居闲无事",就"大肆力于医书",一边研究医学,一边"出诊人疾,无病不疗"。汪守正与医结缘,则自年轻时救灾恤患开始,以后长期攻读医书,利用业余为人治病。实际上,在治好慈禧的病以前,薛、汪二位在葛所在地区行医诊治解除人们的疾痛,何止万千。

慈禧与交际舞

交际舞传入我国约在鸦片战争后。

在北京,清慈禧太后的御前女官——裕庚夫人和她的两个女儿德龄、容龄会跳交际舞。

慈禧与外国公使夫人合影

裕庚是清朝汉军正白旗人,光绪年间做过道员,后出使法国,升大仆寺少卿,回国后负责办理各国外交事宜。其夫人是美国人,在裕庚全家住在法国期间,裕庚夫人经常带着两个女儿出入巴黎上流社会举办的宴会、舞会。1903 年裕庚全家回国,裕庚夫人和她的两个女儿做了慈禧太后的御前女官。

有一天,慈禧向裕德龄询问有关法国社会的情况。最后问道:"跳舞是怎么回事？我听人说，二人手牵手在屋里跳，要是真的，我想没意思，你跟男人一起跳上跳下吗？有人告诉我，（法国）白发老妇也跳舞呢。"慈禧说的跳舞指的就是交际舞。她享尽荣华富贵，却没有见过交际舞这种洋玩意儿，所以她对裕德龄说："我想看你跳舞你能跳吗？"于是德龄便向慈禧推荐让妹妹容龄独自表演一个外国舞蹈，慈禧点头表示同意。

在德龄的风琴伴奏下，容龄跳起了欢快、活泼的《仙之舞》。她的开朗奔放的情绪，优美自如的旋转技巧和敏捷的动作，把在场的人们带入了异国情调之中。清朝官员们从没有看到过这样的表演，因此裕容龄的表演轰动了整个清宫。清朝官员们大开眼界，慈禧对容龄的表演也觉新鲜。从此，就让裕容龄经常在清朝宫廷里表演舞蹈以供她消遣、取乐。

爱扮观音的慈禧

晚清，慈禧擅权误国，使财力枯竭，生灵涂炭，疆土损失，国势衰微。垂帘听政的慈禧，一有"余暇"便拜佛坐禅，求一时之安宁。拜佛求禅，看样是远水不解近渴，她倒也干脆，自己做起了观音，并拍成照片挂进寝宫，于是"老佛爷"这个称呼在宫中便不胫而走，慈禧很是乐意人们这样称呼她的。

佛教中有四大名山，四个大菩萨，这就是五台山的文殊菩萨、峨眉山的普贤菩萨、普陀山的观音菩萨和九华山的地藏菩萨，分别代表着大乘佛教的四种思想，即大智、大行、大悲、大愿。普陀山是观音菩萨显过灵的地方，于是就成为圣地。观音是佛教中唯一的女神，慈禧把自己扮成大慈大悲的观音，看来也是事出有因。

光绪三十年（公元1904年）七月，昆明湖阳光明媚，荷花盛开。一大早，宫里的太监和宫女便忙活开了，为慈禧扮观音准备行头和道具。其中最活跃的两个人物就是李莲英和庆亲王的女儿四格格。李莲英是慈禧的宠信人物，这已是路人皆知的事情，这位四格格也是个非常人物，溥仪在《我的前半生》中曾写到她："……奕劻的女儿即著名的四格格比荣禄太太更机灵。如果西太后无意中露出了她喜欢什么样的坎肩，或者镶嵌着什么饰品的鞋子，那么不过三天，那个

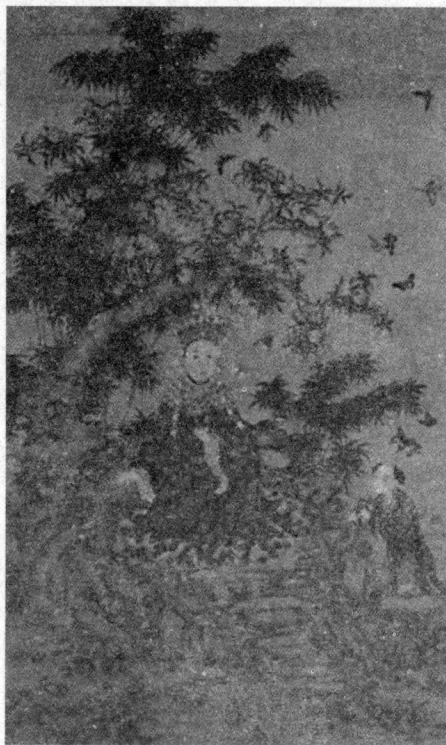

慈禧扮观音

正合心意的坎肩、鞋子之类的玩意就会出现在西太后的面前。奕劻的官运就从这里开始的。"这位四格格在慈禧晚年,经常伴其左右,深受慈禧宠信。庆亲王奕劻从远支宗室进到亲王,又爬上总理各国事务衙门大臣的高位,和他的这位四格格是分不开的。

慈禧扮观音神态颇庄严肃穆,她头戴毗罗帽,外加五佛冠,冠上每一莲瓣上有一尊佛像,代表五方五佛。五佛冠两侧各垂一条长飘带,上书"唵嘛呢叭弥叶"。她右手持柳枝,端立在昆明湖盛开的荷花丛后,身后是绘置的山石丛竹布景,正中悬一云头状牌,上书"普陀山观音大士"。慈禧的身左稍后是扮作韦驮的李莲英,身右立一俊俏少女,穿莲花衣,双手捧书一函。

慈禧扮观音的瘾头很大,一天得变换着摆出好几种仙姿。那时节的颐和园可真有点佛家仙境的意味。她有时坐着左手捧净水瓶,右手执念珠,穿团花纹清装,仍然戴毗罗帽,外加五佛冠;有时端坐在莲花台上,左手搁在膝头,右手持佛珠,身穿圆形寿字纹袍,头上戴毗罗帽,外加五佛冠,垂飘带两条。有时为了热闹些,让随侍的十几个人全部登场。慈禧穿清服,右手托葫芦,坐在昆明湖中的乌篷船中,身旁香几上香炉内插一镂空的大寿字,旁边挑起一横签,上书:"普陀山观音大士"。随船侍候的十五人均着清装,有两名持着带叶的青竹竿者撑船。慈禧神情自得,而随侍人员却紧张忙碌得不得了。迎合着"老佛爷"的兴趣,不断地变换场景和人物,这种扮观音的戏就不断地往下演,直到"老佛爷"尽兴。

有人说慈禧把自己扮成观音大士,是标榜自己为心肠慈善菩萨,是往自己脸上贴金,这样只能越贴越丑。这个判断有一定道理,却并不全是这个理儿。当时在清宫为慈禧作画的美国人卡尔就被"老佛爷"给媚住了。慈禧在她眼中便是一个"可靠的人物"。她说初次见慈禧时……"但见人丛之中,有一个非常美丽的女子,面带笑容,是个非常漂亮和善的妇女。估计年龄,不过四十上下,神情很好,十分可爱。世界上传出她是一个残暴、不可理喻的老妇,现在见到她,和传说的完全不同。……太后身体的各个部分,非常匀称。漂亮的面容,柔嫩的双手,苗条的身体,黑漆的头发,明亮的眼睛,高高的鼻子,眉目如画,樱桃小口,下颌虽阔,但不带一丝顽强的态度,耳官平整,牙齿整齐洁白,嫣然一笑,姿态横生,精神焕发,神采照人。加以明珰满身,珠翠盈头,一幅纤细庄严的态度,非笔墨所能形容。"在赞美慈禧年轻貌美的同时,还歌颂她的"圣德",说慈禧是"清代的大人物,也是世界上不可多得的女君主,是个有才能、有历练、有学问的奇女子。赋性慈善,爱国爱民;对国事极为热心,关心民生和国势强弱。"这位卡尔在颐和园的醇王花园内住了将近一年,慈禧扮观音的场面她也是得以目睹的了。她说慈禧慈善爱国爱民,这种意念性的东西也正是源于她所见所闻,再加上她那外国人的分析。

按佛教教义,观音大士佛法无边、功德无量,普度众生的菩萨,是慈禧的化身,是救苦救难之神。慈禧扮观音是对至高无上的皇权的一种宣泄,还是对焦头烂额的政事的一种逃避? 不管怎么说,这种扮观音的游戏,无论是对装扮者本身或是她的观众,都不过是一种精神上的鸦片——自我安慰和欺骗而已。

慈禧看戏喜怒无常

慈禧太后是个戏迷,尤其爱看京剧。她常常一边看台上的演出,一边拿着本子对词。唱错一句,或者一声走了板,一个眼神不对,全体演员的赏钱往往都得撤销。

按照惯例,每月初一、十五,以及二月初二、三月初三、五月初五、七月初七,宫中都唱应节戏。最热闹的是六月二十六光绪皇帝生日和十月初十慈禧生日,例必各演戏九天。在这样的场合,演戏时需要加倍小心,凡有杀、死、亡一类字眼都得删改。有一次慈禧让谭鑫培唱《战太平》,谭唱“大将难免阵头亡”一句,忽然灵机一动,改为“大将临阵也风光”,慈禧很高兴,当场有赏。有一次麻穆子唱《双钉记》,按照本子唱了一句“最毒莫过妇人心”,慈禧勃然大怒,立即传旨打麻穆子80竿子。演员们还得记住皇上、太后、皇妃等人的名讳、属相的“忌”字,一旦犯了圣讳,轻则罚棒,重则挨打。如慈禧属羊,所以《变羊记》《牧羊卷》《苏武牧羊》等戏都不能唱。《玉堂春》有一句“羊入虎口有去无还”,陈德霖唱时不得不改成“鱼儿落网有去无还”。

慈禧喜怒无常。有一次演出《下河东》,李溜子扮演奸臣欧阳方,唱念俱佳,惟妙惟肖。可是正唱着,慈禧却传旨把“欧阳方”杖责四十。她的意思当然是威慑群臣,可是李溜子却无端挨了一顿打。

慈禧还喜欢心血来潮,乱改戏词,常改得半通不通、不伦不类。可是演员还得唱出板眼来。有一次她把《混元盒》中的一段昆曲改得无辙无韵、句子长短不齐,勒令艺人唱,大家都发了愁,亏得王瑶卿脑子来得快,边编腔边唱,唱得还有板有眼,因而受到慈禧的奖赏。

慈禧万金拍一照

最近,英国伦敦科学博物馆以13000多英镑的高价购入一张叶赫那拉氏(慈禧太后)的照片。照片反映了此人当年生活的奢侈。照片上的慈禧,现在看起来有点滑稽。她身穿缎袍,上绣牡丹花,珠宝满髻。左垂珠络,中盘牡丹,皆以宝石配成。项下披肩,形似鱼网,以 3500 粒珍珠缀之,粒大如鸟卵,圆而光,复有美玉璎珞。手带珠玉镯各一,右手中指及小指,用金指罩护指;左手两指用玉指罩护指,指罩长三寸。指上还戴有几枚戒指。脚上着珠鞋一双,四周均镶大珍珠。

那是 19 世纪 50 年代的事,有个日本人带着摄影机来到中国,通过清朝的大臣庆王的介绍见到了慈禧太后,并在颐和园为慈禧照了一张簪花小照。当时庆王已给日本人千金。但是,朝廷又传下圣旨,另给了 20000 两金子。

慈禧的威严与痛苦

慈禧皇太后之威严,皆在眼神。平日直如日电,无人敢对其光,声音亦洪亮。每朝见群臣时,霁颜寒暄,令大臣之心情有意外之感激。初见面,必问大臣

慈禧簪花照

家中日常之琐事,如妻妾子女等,无不详细动问,乃至姬妾孰贤,子女孰肯读书。对于老臣之饮食起居,亦切切嘱之以珍重。令大臣等几乎忘记是在朝廷之上。言谈之间,忽然话锋转变,眼光灼耀,问某一件事情,"你们办得怎么样?"此一问往往令人答之不及,不由汗透衣裤。所以,每一大臣觐见退朝时,差不多满头是汗,极道太后之圣明。袁世凯曾说,"余在万军之中,心极坦然,独朝见皇太后

时,不知汗从何处来,而如此之心怯也。"

如果有人问:慈禧何如人也?答曰:天地间最痛苦之人也。功之者曰:用曾左胡李中兴诸臣,乃太后之力。罪之者曰:如果不是慈禧第二次垂帘听政,则君主立宪之政制早成事实。

慈禧时常暗泣,心想,试看前代太后干预朝政,均不得好评,因为垂帘听政,将恩怨集于一人。今万般艰难之事,集于我一妇人之手,教我怎么办?其心中无限之痛苦,咸流露于暗泣之中。

慈禧管太监之严厉

清宫制度,不准太监干预朝政,凡干预政治者罪大辟(即杀头)。

清初尚有太监读书之制。遇禧处、中海蕉园为小内监读书之所,后亦撤销。故太监识字者甚少。太监多来自乡下民间,粗俗无知,偶尔有识字者,百不及二十。太监进宫,先有会计司挂档(即注册立档)。入内务府三旗佐领下之旗籍为军。会计司为之置办衣服。太监进宫之日,凡是年幼聪明、俊俏、识字、年轻有力者由太后宫头选,皇上宫二选,然后才由皇后以及妃嫔各挑选。然而后宫所选者,多为性质柔和,面貌不扬之人。余者拨归督领侍,分拨四十八处承差。

太监贤愚不等,定制师徒相承。凡有罪则按律分三等处罚。一是死刑,二是发配,三是责打。死刑有两种,交刑部杀头(犯法),或交慎刑司打死(不宣布罪状,即秘密处死)。发配有两种,一是发往盛京充军,或发往南苑伍甸喂马。杖打也有两种,一是由敬事房和各宫各处之官杖打,或本处责打。慈禧在珍妃一案中处死了四十余名太监。慎刑司杖下立毙者真是惨极了。

太后宫的总管首领、妈妈、宫女,平日受太后的严厉训练,即使安德海、李莲英等,也是打出来的,其他人可想而知。太后宫几乎天天有打人声。然而各处所之首领因误差受杖者甚多。太监受杖者极少。偶尔有过失,多蒙宽宥。御前的首领回事小太监和妈妈宫女等殿上的近御者,屁股上常绑一块橡皮,以防重杖,其皮名叫宝贝。只有安分守己的太监和新太监,常蒙宽宥,所以怨者甚少。

慈禧的起居

太后宫内外共六百余人（包括太医、苏拉、厨役、茶役、如意馆在内）。不仅大众每日提心吊胆，疲于奔命，即使太后本身也颇繁忙，一日之间，无一时闲暇，午间歇觉，晚间归寝，两小时尚不旷闲，还要读书。

回銮后，各国使臣每月均有觐见。觐见时，有外交部拟就的问答词。太后不仅嫌字小，恐伤目力，还嫌词不合意，因此常自己动笔改编。然后命司房放大誊写。因自己不懂外国语，选裕庚之妻（德国人）、裕庚之女、三姑娘德龄、五姑娘容龄、德国女子克姑娘、某宫女贵福，昼间一同坐更，学习外国语。太后之自强精神，实令人惊奇。

太后喜写龙虎福寿大字，六尺、八尺极有气魄。太后身高四尺有余，写八尺之字，须拉纸者乘势一拉。仁寿殿的一笔寿字尤大，真是神奇。太后不写小楷，但喜绘画，而无工笔。偶然草草三五笔，稍具规模，便命太监交如意馆添枝加叶，设计颜色。完成后命南书房题跋，赏赐近臣。太后曾用朱笔写《般若波罗蜜多心经》一册，命如意馆前后绘观音像，如意馆按照太后的御容绘写，太后见之大悦。此经昔存颐和园。

平日，太后早膳后即出殿。在各处步行约半小时，回殿中踢毽子，有时静坐，持珠念佛，或书或画，吃水烟，喝茶，在殿内稍稍活动。十二点钟后，进寝宫歇午觉。午觉醒来，喝茶吃烟，然后出殿绕大圈子。下午五六点传膳，膳后仍绕一小圈儿，回殿掷骰子。图为庆寿图，其式即升官图之变相，版幅大小如八仙桌，上绘有名山洞府、蓬莱仙岛、宫苑瑶池，如到龙宫海藏溺水，受罚三骰，不得前进，到了瑶池，便算赢了。八个人各占一仙，会亲的王妃和格格均加入。如无会亲者，仅有四格格、垣大奶奶、崔玉贵和当班的御前首领。如人不够数，一人可兼二仙。司房太监执笔记点，如闻高喊，吕仙四暴子，那就是太后赢了。此后即准备归寝宫。

有时，太后归寝宫后，与坐更人一起编戏，以升平署的昆腔高腔剧本为蓝本，翻成二簧。如昭代箫韶（杨家将）节义廉明（四进士）均内廷所编。时有南

慈禧皇太后御筆

光绪甲辰年

慈禧书法

方人名宦妇某与缪嘉惠,皆少寡,选进宫中。某妇善诗文,主编戏,缪善绘画,主教画。

又选江南女子数名,在中南海养蚕,既有丝,即须织,又从南方选工匠,设立绮华馆,织造绸缎。司房太监李某,因会织布,名叫布李。太后知道后,在海内集灵囿中,命布李为头目,率领太监中会织布的,设立一个织布厂。太后驻中南海时,每日均到集灵囿中看织布。太后宫积存的棉线与布,在咸福宫的同道堂有一屋子之多。太后宾天时,全宫每人赏一件做孝袍。实有见物思恩之感。

太后命青年太监排戏,名叫普天同庆,专为万寿及节令,赏王公大臣听戏。如端午节时演阐道除邪,七夕之日演鹊桥密誓,中秋之日演天香庆节,均为宫外所没有。太后闻王公大臣赞美则大悦。太后自强好胜的性格，由此可见。

太后之起居大致可分两期。还政的八年，常驻中南海和颐和园，每日早过八点起，晚过子时睡。及至二次垂帘听政，早五点至六点，有时四点即起，常恐外边王大臣说闲话。为了严守时刻，时常强起，外人不得而知。

太后洗澡

慈禧太后洗澡和时令有密切联系。天热，洗得勤点，差不多夏天要天天洗，冬天隔两三天洗一回，都是在晚上，宫里白天没有洗澡的。

洗澡没有固定的时间，随时听老太后的吩咐，一般大约在传晚膳后一个多小时，在宫门上锁以前。因为要太监抬澡盆、担水，连洗澡用的毛巾、香皂、爽身香水都由太监捧两个托盘送来。太监把东西放下就走开，不许在寝宫逗留。司沐的四个宫女全都穿一样的衣着，一样的打扮，连辫根、辫繐全一样。由掌事儿领着向上请跪安，这叫告进，算是当差开始。在老太后屋里当差，不管干多脏的活，头上脚下要打扮得干净利落，所以这四个宫女，也是新鞋新袜。太监把澡盆等送到廊子底下，托盘由宫女接过来，屋内铺好油布，抬进澡盆注入温水，然后请老太后宽衣。

这里须要说明两件东西。一是老太后坐的洗澡用的矮椅子，一是银澡盆。

老太后坐的是一尺来高的矮椅子。这个椅子很特别，四条腿很粗壮，共有八条小龙附在腿子上，每条腿两条龙，一条龙向下爬，一条龙向上爬。最奇特是活动的椅子背，既能拿下来，又能向左或向右转，即椅子背可以换位置。因为椅背上两面都有插榫，像门上的插关一样，把椅子背放入插榫里，用开关一扣紧，就很牢靠了。椅子很宽，但不长，为了老太后坐着安全，两边站人又方便，这是专为给老太后洗澡用而设计制作的。仿佛椅子下面还有个横托板，是为了放脚用的。

另样东西是银澡盆。老太后洗澡用两个澡盆，是两个木胎镶银的澡盆，并不十分大，直径大约不到裁尺（清朝用的尺有两种，一种是步尺，一种是裁尺，步尺大，裁尺小）的三尺，也是斗形，和洗脚的盆差不多，也是用银片剪裁，用银铆钉包镶的,外形像个大腰子,为了使老太后靠近澡盆,中间凹进一块。空盆抬着觉得很轻。由外表看两个澡盆一模一样,但盆底有暗记,熟练的宫女们用手一摸就能觉察得出来,要切记:一个是洗上身用的,一个是洗下身用的,不可混淆。

最使人惊奇的是托盘里整齐陈列的毛巾,规规矩矩叠起来,二十五条一叠,四叠整一百条,像小山似的摆在那里,每条都是用黄丝线绣的金龙,一叠是一种姿势:有矫首的,有回头望月的,有戏珠的,有喷水的。毛巾边上是黄金线锁万字不到头的花边,非常美丽精致。再加上熨烫整齐,由紫红色木托盘来衬托,特别华丽显眼。

老太后换上浅灰色的睡裤,自己解开上身的纽扣,坐在椅子上,等候四个侍女给洗上身。

要明确地说句话:这是老太后用第一个银澡盆洗上身,与其说是洗澡不如说是擦澡。

四个宫女站在老太后的左右两旁开始工作了。伺候老太后可不是件容易的事,要迅速,要准确,要从容,这必须有熟练的功夫。四个宫女分四面站开后,由一个宫女带头,另三个完全看带头宫女的眉眼行事。由带头的宫女取来半叠毛巾,浸在水里,浸透了以后,先捞出四条来,双手用力拧干,分发给其他三个宫女,然后一齐打开毛巾,平铺在手掌上轻轻地缓慢地给老太后擦胸、擦背、擦两腋、擦双臂。四个宫女各有各的部位,擦完再换手巾,如此要换六七次。据说这样擦最重要,把毛孔眼都擦张开,好让身体轻松。

光说屋里不行,还有等候在寝室外面的宫女,这里干粗活的,悄悄地静候着屋里的暗号。她们伺候的时间长了,也会估计时间了。听到里面轻轻地一拍,就进来四个人,低头请过安后一句话也不说,先把使过的湿毛巾收拾干净,给澡盆换水添水,做活都轻巧利落。

接着还说洗澡的事。第二步是擦香皂,多用宫里御制的玫瑰香皂。把香皂涂满了毛巾后,四个人一齐动起手来。总是捞起一条毛巾拧干后涂香皂,擦完身体后扔下一条,再取再擦,手法又迅速又有次序。难得的是鸦雀无声,四个人相互配合,全凭眼睛说话。最困难的是给老太后擦胸的宫女,要憋着气工作,不能把气吹向老太后的脸,这非有严格的训练不可。

第三步是擦净身子。擦完香皂以后，四名宫女放下手里的毛巾，又由托盘里拿来新一叠毛巾，浸在水里，浸过三四分钟以后捞出，拧得比较湿一些，轻轻地给老太后擦净身上的香皂沫。这要仔细擦，如果擦不干净，留有香皂的余沫在身上，待睡下觉以后，皮肤会发燥、发痒的，老太后就会大发脾气。

然后，用香水——夏天多用耐冬花露，秋冬则用玫瑰花露，需大量地用。用洁白纯丝绵约巴掌大小的块，轻轻地在身上拍，拍得要均匀，要注意乳房下、骨头缝、脊梁沟，这些地方容易积存香皂沫，将来也容易发痒。

最后，四个宫女每人用一条干毛巾，再把上身各部位轻拂一遍，然后取一件偏衫给太后穿在身上。这是纯白绸子做的，只胸口绣一朵大红花，没领，短袖，上面松松的几个纽扣，仿佛是起现在背心的作用。外面再罩上绣花的睡衣，上身的沐浴才算完了。

应该特别说清楚的，澡盆里的水要永远保持干净，把毛巾浸透以后，捞出来就再也不许回盆里蘸水了，毛巾是用完一条扔下一条，所以洗完上身需用五六十条毛巾，而水依然是干干净净的。澡盆里的水是随时舀出一些又随时添入一些热的，来保持温度，这是干粗活宫女的差使。

候在廊子下面专听消息的干粗活的宫女，听到里面的暗号，鱼贯地进来，先把洗上身的澡盆和用过的毛巾收拾干净，抬走，再重新抬进另外一个浴盆来。冷眼看这一盆和方才抬出来的一模一样，可老太后瞧一眼就看得出来是洗下身的。洗下身的工具绝对不能用来洗上身。这是老太后的天经地义：上身是天，下身是地，地永远不能盖过天去；上身是清，下身是浊，清浊永远也不能相混淆。等洗下身浴盆抬进来的时候，老太后的下身已经赤裸了，坐在浴椅上等候着别人来伺候，大致和洗上身同样的费事。等把脚擦完了以后，老太后换上软胎、敞口、矮帮的逍遥屦，这是用大红缎子做的专为老太后宴居时穿的鞋。做法和以前做布袜子相似，双层软底对缉在一起，上边蒙上一层薄膈臂，白绸子里，外罩大红缎子面，绣花，真像旗下姑娘出阁时，踩轿用的红绣花鞋。因为老太后年事已高，为了使老太后宴居时又暖和又舒适又吉祥，老神仙不是很多穿红鞋的吗，所以做这种鞋。

等老太后穿好鞋离开洗澡椅子以后，洗澡就算完毕。

国学经典文库

中国古代逸史

· 清朝逸史 ·

图文珍藏版

　　室里只留下司浴的两个宫女了，廊下也只留干粗活的两个人，其余的道过"吉祥"后都退下去了。司浴的两个宫女重新给老太后舀水洗脸、浸手。与其说是洗不如说是熨，老太后用很长的时间在额头、两颊热敷。说这样能把抬头纹的痕迹熨开。七十岁的人了，脸上只略显皱纹，身上的肉皮像年轻人似的白，两手非常细腻圆润。这大概和她的驻颜术有关系。

　　老太后除去喜爱自己的头发以外，也特别喜爱自己的指甲。大概都看过老太后留下的影像吧（指美国女画家卡尔给画的像），手指甲有多么长！尤其是大拇指、无名指和小手指上的。养这样长的指甲非常不容易，每天晚上临睡前要洗、浸，有时要校正。冬天指甲脆，更要加意保护。

　　司沐的宫女留下两个，给太后洗完脸、浸完手和臂以后，就要为她刷洗和浸泡指甲了。用圆圆的比茶杯大一点的玉碗盛上热水，挨着次序的先把指甲泡软，校正直了（因为长指甲爱弯），不端正的地方用小锉锉端正，再用小刷子把指甲里外刷一遍，然后用翎子管吸上指甲油涂抹均匀了，最后给戴上黄绫子做的指甲套。这些指甲套都是按照手指的粗细，指甲的长短精心做的，可以说都是艺术品。老太后自己有一个小盒，保存一套专门修理指甲的工具：小刀、小剪、小锉、小刷子，还有长钩针、翎子管、田螺盒式的指甲油瓶，一律白银色，据说都是外国进贡的。指甲又分为片指甲和筒指甲，大拇指属片指甲，修大拇指时要修成马蜂肚子形，片大好看。无名指、小手指属筒指甲，要修成半圆的筒子形。指甲讲厚、硬、亮、韧，这是身体健壮的表现。就怕指甲变质，起黄癍，若有迹象就要用药治了。老太后有专盛指甲的匣，对剪下的指甲非常珍惜。

　　最让人奇怪的是老太后睡衣的前后襟和两肩到袖口都绣有极鲜艳的牡丹花。说句眼皮子浅的话，就是大家闺秀的嫁衣也没有那样漂亮。两条裤腿由裤腰到裤脚绣的也满是大红花。旗人一般的穿戴，有三十丢红、四十丢绿的说法。三十岁开外的人就不要穿大红的了，四十岁开外的人就不要穿大绿的了，要给后辈儿媳妇、姑娘们留份儿。可老太后快七十岁的人了，睡觉还要穿大红绣花睡衣，真不知道是什么讲究。睡觉躺在被窝里还穿花衣服给谁看呀，又是个老寡妇！

　　老太后是那样爱美的人，而且年轻的时候又是色冠六宫，由头上戴的、身上穿的、脚底下踩的，没有一处不讲究。旗人穿旗袍跟汉人穿裙子不一样，脚是明显地露在外面的。她的脚当然是底平趾敛了，现在老了，无须对脚进行控制了，所以晚上睡觉两只脚赤裸着，不再穿睡袜之类的东西。老太后日理万机，不管有多复杂的大事，只要头一沾枕头，一会就酣然入睡，在门外值夜当差的人都能听到老太后的鼾声。

我没有伺候过老太后洗脚和洗澡。宫里的事是不关己事不开口，好多的事都是凭眼睛看，靠耳朵听得来的。从来也没有人传授过，所以全是一知半解。一开始我是小尼姑跟着大尼姑走，人家烧香我跟着烧香，人家拜佛我跟着拜佛。问一句为什么，就许问出毛病来，最轻是吃白眼挨申斥："就怕把你当哑巴卖了！""欠用火筷子把你舌头拧下来！"何必自讨没趣受这样的抢白呢？后来当了侍寝，又当了掌事儿的，就不得不留心了。李莲英时常向侍寝的宫女问老太后的贵体情况，有时太医院的人也求老太监向姑娘们问老太后福体如何？这时我才知道宫女、太监、太医院的人都互相通气。李莲英也借着这些关系向各处卖人情。我记得民国初年，有一家浴池向我问老太后洗澡用的药方，我说，老太后洗脚确实用药，而且经常变化；洗澡，我没看见过用药，因为老太后洗一次澡要用五六十块毛巾，用完的毛巾都是雪白雪白的，不变色，用过药的毛巾则会变色。所以我的观察是洗澡不用药。但不久市面上御用的洗澡药就出现了。我猜那是假的。

老太后洗澡确实是分上下身，而且分得非常严格，这并不为了讲卫生，而是迷信。据说上身干净，下身脏，上身代表红运，下身代表黑运，决不能让黑运压红运。老太后是一辈子万事亨通走红运的，哪能让黑运压下去呢？这样的事，老太后是确信不疑的！我们是底下人，不敢估量老太后的心，大概因为牡丹是秀冠群芳即花中之王吧，所以老太后才喜欢它，睡衣要穿绣着大红牡丹的，至老不衰。老太后确有天下第一人的思想，使的用的东西，都要自己占天下的独一份，她自认没有人比她更高贵的了。

太后宫的沿革

慈禧太后在咸丰时，居储秀宫，称兰贵人。宫中首领一名、大师傅一名兼司房管账。太监总共不及二十名,女子六名。后因事受到薄惩,移居咸福宫后殿同道堂。不久生了同治皇帝,由贵人直封贵妃(差皇后一等),乃迁回储秀宫。因有皇子,储秀宫不敷应用,合并翊坤宫为一宫。自此用人渐多。当时,本宫之太监,多为粗俗的年老之人,因咸丰常来此宫,顾看皇子,渐将旧有太监拨至他宫,换些青年和五官端正的太监多人侍奉,添了妈妈三名叫大嬷儿、二嬷儿、三嬷儿。大嬷即是乳妈,二嬷三嬷即是看妈,专侍皇子的太监叫大伴儿。自此储秀宫的声势,遽然超过皇后的钟粹宫。热河回銮后,太后居长春宫,将太极殿、长春宫两宫为一宫,所有随侍的太监组成储秀宫,分上、下、茶、膳、药、司、佛、殿、散、花、集、鱼、他坦共十三处。

慈禧厚待杨小楼

清代宫中演戏是很盛行的。不论是在皇宫,还是在行宫、苑囿,都有戏台。皇宫中最大的戏台要属畅音阁。畅音阁位于宁寿宫东侧,建于乾隆四十一年(1776),建筑总面积达 685.94 平方米,高 20.71 米,分三层台面,上层叫福台,中层称禄台,下层曰寿台。每逢春节、帝后生日等重大节日,这里就灯火辉煌,帝后和大臣们都坐在畅音阁对面的阅是楼和左右回廊里看戏。看戏是清宫帝后生活中不可缺少的一部分。

宫中有一种应时的"承应戏",月月都有。如除夕、端阳节、中秋节、浴佛日、立春日等等,都要演出具有不同特点的节令开场戏。除此之外,在宴会时,要演承应宴戏。帝后生日要演承应寿戏。这些承应戏的内容,有的歌颂帝王功德,有的赞美升平盛世。应时的节令戏都各具特点,如除夕演的《贾岛祭诗》,端阳节演的祛邪应节的剧目等,都有与节令有关的丰富生动的故事情节。由此也可以看出清代宫廷中的戏曲演出是经常不断的。

清代宫廷中设有专司演戏的机构,初名教坊司,康熙时设立演戏的机构"南府"。道光时又改为"升平署"。乾隆时内府的戏班就相当庞大,子弟众多,袍笏甲胄及诸多装具都是世所未有的。有一次乾隆秋称至热河,蒙古王公都来朝见,中秋前二日为乾隆生日,所以从 8 月 6 日就演戏,一直演到 15 日为止。内容多为《西游记》《封神榜》等小说中神仙鬼怪之类的故事,取其荒诞不经,无所触忌,且可以凭空点缀,排引出许多人,变化离奇,盛大壮观。

清代帝后中很多都爱看戏,重视戏剧。康熙皇帝就曾经过问戏本和曲调,他爱看戏的情况,《康熙万寿图卷》就有真实的反映。此画现珍藏故宫博物院,为两卷工笔设色写实画,记录了康熙 60 岁生日的盛况,全部稿本完成以后,主管官员曾专摺具奏呈览。康熙看完以后谕曰:"万寿图画得甚好。"此画除艺术价值很高以外,就是极其真实。画上的路线自神武门始,经金鳌至玉东大桥、西四牌楼、新街口、西直门、海淀到畅春园止。在这条大道两旁,共有戏台 49 座,其中可见戏中人的约有 20 多座。所演戏剧大都属于崑山腔和弋阳腔。几十里内,御辇所经之处,戏台一座接着一座,戏目繁多,目不暇接,丝竹盈耳。主管官员如此大张旗鼓,殚精竭思地计划操办,自然是投康熙爱看戏之所好,讨他的欢心。

乾隆皇帝也很爱看戏。他还命张照编撰了很多剧本,辞藻富丽,极为超妙。道光、同治两位皇帝还曾粉墨登场,不让陈后主、后唐庄宗。尤其是同治常在剧中饰演无关紧要人物。一次演《打灶》,某妃演李三嫂,同治则扮灶君,被李三嫂骂一声,揍一下,虽有损帝尊,他却以此为乐。

慈禧太后则堪称戏迷,她自定剧目之后,即命太监传知内务府人员,以黄纸大书口传之懿旨,演某某剧,粘在剧场的后边。每出戏开始前,内务府人员先自幕后走出,朝冠补服,分立于戏台左右,这叫"带戏"。一出戏演完,他们随即退下。所演多文戏,如"捉放曹""定军山""红鸾禧"之类。演出结束,内务府依例犒赏。对尤负盛名的演员,则由慈禧另赐以内帑,多少不定。演员齐集台前谢恩之后,由内务府人员领出散归。

清朝定例,内外臣僚,除内廷供奉如上、南两书房及内务府以外,非官至二品,帝后不得赐"福"字,非年至 50 不得赐"寿"字。可是慈禧却一反旧例。她好看戏,嫌南苑的伶工无歌喉(南苑戏班皆由太监组成,当然无嗓音),于是遍传外班,如谭鑫培、孙菊仙、汪桂芬、杨小楼等都先后入宫演戏。慈禧晚年最喜欢看杨小楼的戏。他每次入宫必携其幼女同往。有一天戏刚演完,慈禧特召杨携女入见。她指着案上的猪羊和诸多面食品对杨说:"都赏赐给你",杨下跪以头碰地说:"奴才不敢领。""为什么?"杨曰:"这类物品,已赏赐不少,家中无处存放,求老佛爷赏几个字吧!"慈禧说:"你打算要什么字?"杨说:"求赏福寿字几幅,就感恩不尽了。"说罢,又以头碰地不已。慈禧点头同意,立命进纸墨,书写大福字、大寿字数方赐杨小楼,且连同前所指诸物一并赏赐,她说:"这些就赏给你的小女孩吧。"杨小楼乃封建社会所谓的优伶,得到臣僚们都不易得到的赏赐,竟然说家中无处存放,意若藐然。假使臣下口出此言,必以大不敬论罪。更何况携小女儿而觐九重,即使至亲至近的大臣也不容易遇上此等恩宠。慈禧因爱看戏而泽及她所赏识的优伶,竟连皇家的常规旧例都不顾了。客观地讲京剧在其发展过程中,与清廷的重视是分不开的,帝后们爱看戏,客观上促进了戏剧的发展。

令人咋舌的慈禧六十寿庆

1.所用衣物、玉宝及金辇

庆典时,为慈禧备办的龙袍、龙褂、氅衣、衬衣,以及各色蟒缎、大小卷绸缎等衣物和面料,其数量之多、质地之精,令人咋舌。计有:各色绸缎绣龙袍、龙褂54件(其中包括明黄江绸绣五彩云水十二章加品月寿字全洋金龙旗龙袍9件,明黄缎绣五彩云水十二章加品月寿字全洋金龙旗龙袍6件,明黄两面透缂五彩云水十二章加品月寿字全金龙旗龙袍9件,石青江绸绣五彩云水四章加品月寿字全洋金龙八团有水旗龙褂9件,石青江缎绣五彩云水四章加品月寿字全洋金龙八团有水旗龙褂9件,石青缎绣五彩云水四章加品月寿字全洋金龙八团有水旗龙褂9件,石青两面透缂五彩云水四章全金龙八团有水旗龙褂9件等),绣大红旗蟒袍料50件,各种貂皮、天马皮、青自胈皮、银鼠皮、灰鼠皮氅衣、马褂、紧身皮筒162件,各色缂丝绣缂、江绸绣各式寿字图案氅衣、衬衣、马褂、紧身216件,各色绸缎、罗绉5977疋件(其中包括各色大小卷花缎八百疋件,各色蟒缎、大小卷绸缎一千疋,各色大小卷绸缎纱罗绉绸2451疋件,元金妆闪八丝缎126疋,大小卷花缎江绸六百疋件,八五丝缎一千疋件)。以上总共耗费23万2000

余两银子。这些龙袍、龙褂、蟒袍、氅衣、衬衣、马褂、紧身和各种蟒缎、绸缎、罗绉等衣物和面料,分别由苏州、杭州、江南三织造承制。由于是"万寿庆典皇太后上用"的"特传要件",质量要求十分严格,必须质料要精、做功要细、花色要新,有许多图案画样"未经办过""必得挑选花本,方可上机织办,工程实为繁重"。但是,"工繁限迫",从派办到交货,不到半年时间,必须于限内"全数解京,勿稍迟缓"。

慈禧六旬寿庆时,照例要给她加封徽号。因此,须备办玉册一份,玉宝一方,并随满汉册文一份,宝文一件。这项任务交苏州织造承办,"照式镌刻",共用银 1923 两。由工部打造装盛玉宝的金箱一个,金印池一个,金钱一个,共用八成色金 243 两。为了打制金箱、金印池,以及金银首饰、器皿、镀金活计等,由粤海关采办足金一万两(合银 38 万 6000 两)。

庆典时,慈禧从颐和园还宫,从宫中回颐和园,要乘坐金辇,皇帝、皇后、瑾妃、珍妃等也要乘舆陪从。所用金辇和轿舆,均要新造。慈禧金辇一乘,由工部制造,金辇及其所有漆饰泥金、衣帏,以及缓镀赤金铜铁一切活计应需物料及工价,共耗银 76913 两;还需要为慈禧备制四人暖轿、亮轿各二乘,八人暖轿、亮轿各二乘,共需银 12500 两。帝后及妃嫔的轿舆,有十六人金龙画轿一乘,八人、四人暖轿、亮轿六乘,共七乘,制造这些轿舆及其随用冬夏季围帘、绦络、套垫、座褥、靠背等件,共用银 15065 两。此外,还要制造太后乘用明黄漆车二辆,皇帝乘用碟红漆车二辆,皇后、妃嫔乘用黄油车七辆,妈妈、女子乘用青车三十辆,修理库存各种旧车九十余辆,以及车上所需冬夏围帘、网络、靠背、坐褥及鞍辔等全套设备,共耗银 78900 余两。

2.宫廷点缀、陈设、修缮

在庆典期间,紫禁城、中南海(时称西苑)、颐和园、万寿寺等处殿宇、门座,均要加以装饰点缀,陈设布置,修缮油饰,以示喜庆。

庆典期间,宫廷各处殿宇和门座均要架彩和彩绸。紫禁城内架彩 164 间,彩绸 635 处;颐和园内架彩 98 间,彩绸 143 处;中南海内架彩 171 间,彩绸 298 处;万寿寺架彩 55 间,彩绸 38 处。以上共计架彩 488 间,彩绸 1114 处。仅此项工程所需采买物料、扎彩人夫工费、安挂运脚及照管官役津贴等,就需用银144150两;所需各色彩绸,分别由三织造承制,共需266650疋,耗银866610两。

慈禧在庆典期间,要从颐和园还宫,颐和园东宫门外、倚虹宫门外、锡庆门外、仁寿堂等处均要搭设彩殿、彩棚。颐和园东宫门外搭彩殿五间,锡庆门外搭彩殿五间,倚虹堂宫门外三间。仁寿堂前搭彩棚二进,前进五间,次进七间。以上共需采买物料、拉运车脚、匠夫工价等银460878两。

庆典期间,紫禁城内储秀宫、长春宫、翊坤宫、乾清宫、钟粹宫、养心殿、体和殿、太极殿、丽景轩等处,颐和园内排云殿、乐寿堂、仁寿殿、颐乐殿等处,中南海内丰泽园、瀛秀园等处,均要布置陈设,铺设棕毯、毡片,以及座毯、坐褥、靠背、迎手、足踏、床毯、大褥、帐幔、椅垫、凳套、帘子等项铺垫。这些物品,分别由三织造、武备院等处备办。紫禁城内各宫殿陈设不算,仅颐和园仁寿殿、排云殿、颐乐殿需要制办的围屏、宝座、孔雀扇、香几、香薰、景泰蓝仙鹤、凤凰等项陈设,就耗银114000余两。各处所需铺垫中,仅棕毯就需要一千块(其中长二丈宽八尺的五百块,长二丈宽一丈二尺五寸的五百块),所需棕毛50万斤;毡片60万尺(其中红色30万尺、白色和黑色各15万尺),所需山羊羢881250斤。只颐和园和中南海内所需的铺垫,共耗银224545两。

庆典期间,紫禁城、中南海、颐和园、万寿寺等处各殿宇、门座、甬路均要安挂各式灯只,总共6395只,需银20万两。修理宫内各处铜路灯石座173座,共用银16965两;制办宫内各处灯只随用珠繐吊挂等2167件,以及铜接油挑头钩子、葫芦顶等件,共用银6万两。各处殿宇、门座等处,均要陈设匾额、画屏,贴挂对联、门神、画斗、横披等物,共用银7万余两。

为了迎接"万寿庆典",对各处一些破旧殿宇、门座、房屋、寺庙等,需要进行修缮、漆饰,"以壮观瞻"。因此,凡慈禧六旬庆典需要拈香的庙宇,以及跸路经由的禁城附近门座等处所,均要"一律修理整齐",其中包括内城隍庙、永佑庙、宣仁庙、凝和庙、昭显庙、西华门门楼、西安门门座、北上门门座,以及西华门、东华门、神武门和北上门附近的大连房等处。此外,还有景山上五座亭子工程、慈宁宫工程、宁寿宫工程、御河桥东西琉璃门改建工程、万寿寺碑亭工程,以及大高殿牌楼和福佑寺工程,等等。这些工程花费了大量银两,其中仅几项有账可查的工程耗费就相当可观:慈宁宫工程用银 35 万余两,宁寿宫工程耗银 20 万两;御河桥东西琉璃门改建工程,仅琉璃瓦料就用了 82960 件,耗银达 70278 两;大高殿牌楼和福佑寺庙宇工程需银 43616 两;万寿寺碑亭工程需银 15039 两。而那些没有记载工程费用数目的内城隍庙、禁城附近门座等处工程,其所需资费,大概亦为数不少。

3.修葺街面、点设景物

庆典期间,凡慈禧太后由颐和园进宫经过的道路两旁,街道铺面要修葺一新,并分段搭建龙棚、龙楼、经棚、戏台、牌楼、亭座及点设其他景物,"以昭敬慎,而壮观瞻"。

整个点景工程,自西华门至颐和园宫门,金辇经由跸路共分 60 段:内城 27 段,自西华门至西直门;外城 33 段,自西直门至颐和园东宫门。每段内,大体都要搭建龙棚、龙楼、经棚、戏台、牌楼、亭座等景物。60 段共搭建龙棚 18 座,彩棚、灯棚、松棚 15 座,经棚 48 座,戏台 22 座,经坛 16 座,经楼 4 座,灯楼 2 座,点景罩子门 2 座,点景 46 座,音乐楼 67 对,灯游廊 120 段,灯彩影壁 17 座,牌楼 110 座。每段点景的规模和要求,概括起来有如下几点:

一、龙棚、龙楼、经棚均五间,明三间均挂架彩,上层均挂彩绸。

二、两旁对面经棚均三间,明一间挂架彩,次间挂彩绸。

三、龙棚、龙楼内均安设围屏、宝座、孔雀扇一对、香几一对、大果盘一对(摆苹果、木瓜);宝座前香案上安设玉炉瓶、三设、如意。

四、龙棚、龙楼、经棚前檐均挂黄红云缎胳门;每段彩幢八挂,用红云缎及彩缎做成;每段龙旗御杖一对,用黄缎龙旗一面,祝嘏牌一对,上书"某处某官恭祝万寿无疆"字样。

五、龙棚、龙楼、经棚内,地平板上均铺洋毯。

六、每段音乐楼、影壁、游廊均挂彩绸,牌楼两面均挂玻璃匾对。

七、上述棚、楼、壁、廊均安挂灯只,每段约 145 只左右。

八、戏台应用门帘、帐幔、椅垫、围桌,均用红云缎成做,铺设栽绒台毯,设置红油桌凳,三面均挂彩绸、灯只。

九、每段安设鲜花数盆;安设执事人员及祝嘏人员坐落布房两座,随油布顶子一份,每座三楹,三面玻璃窗口,内设红油桌椅板凳、茶几,均罩蓝布套,并配置茶碗、香盘、水桶等项家具全份。

十、每段派官员、茶役、士兵38人照料;僧众、乐师29人。口份由庆典处发给。

上述棚、楼、台、壁、廊等点景,均用木植成做,由各木厂商人承包;其彩绸、灯只、围屏、宝座、孔雀扇、香几、陈设、布房、桌凳等项均由官发。

这项规模庞大、"工程繁剧"、时间紧迫的景点工程,耗费是相当惊人的。按估算,每段需银四万两,60段共需银240万两。这笔款项的来源,城内"拟由中外臣工报效廉俸项下"拨用,城外"拟由宗室王公并在京各衙门以及各项祝嘏暨各直省将军、督抚等报效工需项下"动支。

4.筵宴、演戏、仪仗

庆典期间,庆寿活动的高潮是举行隆重的朝贺仪式、盛大筵宴和演戏。

庆典期内,照例要给慈禧加封徽号。六旬庆典,加封了"崇熙"二字,至此,那拉氏的徽号竟长达16个字,即"慈禧端佑康颐昭豫庄诚寿恭钦献崇熙皇太后"。加封徽号时,要举行一系列的仪式,如:上徽号的前一日(八月十四日),要遣官祭告天地、太庙,是日举行进奏书礼,皇上御中和殿阅奏书,随后至慈宁宫向慈禧太后恭进行礼,慈禧御慈宁宫接受封贺;八月十五日举行进册宝、贺表礼,届期皇上御太和殿阅册、宝至慈宁宫进上表文,王公百官率从行礼,皇后率内廷主位及公主、福晋、命妇等行礼,慈禧御慈宁宫受贺;八月十六日还要举行颁诏受贺礼,皇上御太和殿,颁布诏书,接受文武百官进上贺表和后妃们的拜贺。十月初十慈禧六十寿辰这天,要在皇极殿举行庆贺礼,皇帝将率皇后、王公、文武百官及外国使臣,至皇极殿行礼,亲进贺表,慈禧届期御皇极殿接受祝贺。

庆典期间,按例举行多次筵宴和乐舞。起初,安排于十月初三日皇帝率王公百官诣颐和园仁寿殿筵宴,初四日皇后率妃嫔、公主、福晋、命妇等诣仁寿殿筵宴,初十慈禧御排云殿受贺。九月初六日奉旨,所有庆典活动均"在宫中举行,其颐和园受贺事宜即行停办"。于是,又改为十月初五日皇帝率王公百官在皇极殿筵宴,皇上晋爵;初六日,皇后率妃嫔及公主、福晋、命妇等诣皇极殿筵宴,皇后晋爵;十二日,皇帝率近支王公等诣皇极殿筵宴,进舞;十三日,皇后率妃嫔、公主、福晋、命妇等家宴。但十月初一又奉旨:初五、初六两次筵宴"暂行缓期,候旨遵行"。

为了举办筵宴,御茶膳房、储秀宫茶膳房等处,需要备办大量的桌张、器皿、家具,以及膳食、酒馔、果品等等,需要开销大量的银两。内务府于光绪二十年九月二十六日,一次就要求户部预拨"殿廷筵宴及赏用饭食果桌"银23万两,其中茶膳房先发十万两,关防衙门所属各处六万两,掌仪司办买海味等三万两,果房三万两,柴炭库一万两。这仅是预支,"一俟差竣,如有剩余或不敷之处,再行奏明办理。"实际上,23万两银根本不够,还差得多,仅举一例就可证明。比如先发茶膳房十万两,可是茶膳房仅置办各种桌张、锅灶、炊具等一项就花去了126400余两银子。此外,制办其他金银、陶瓷、漆器用具的花费亦相当可观。仅金碗、金盘、银锅、银壶、叉子、勺子、酒素、羹匙和金银牙箸等就要789件,耗银13856两;筵宴所用的绒寿字宴花、供花共二千余支,需银2470余两;制办铜锡器皿共14200余件,需银三万两;由苏州织造制作各式漆盒318副,需银20376两。另外,由江西烧造绘有"万寿无疆"等各种图案和各式釉彩的大海碗、二海碗、大碗、中碗、怀碗、宴碗、汤碗、饭碗,各种尺寸的盘、碟、匙等共29170余件。这些瓷器,"烧造之多,为历来所未有",加上正值夏初,"阴雨连绵,坯胎缺乏烈日烘晒,造成较难",但因是"庆典应用各瓷,关系紧要",不敢"稍事迟逾",于是只得严督厂匠,"昼夜敬谨烧造",并"不惜工价,饬令匠头,多集工匠,分头赶烧"。如此耗费银两之多,是可以想见的。

在举行庆贺仪式、筵宴的时候,乐部要恭备中和韶乐、丹陛大乐,应进满蒙乐曲,庆隆舞乐章,喜起舞等。为此,需要制办各种乐器,中和韶乐和丹陛大乐乐官所穿蟒袍、补服、皮褂、朝衣、黄鹂黼黻袍、百花袍,庆隆舞应用豹皮褂、虎皮褂裙、羊皮套衣、貂氆套衣、水獭皮帽,乌春章京人等应穿大蟒缎袍、寿字袍,满蒙乐曲人员应穿蟒袍及廓尔喀、缅甸、高丽勷斗等乐人员应穿彩衣、彩帽等,总共2364件,用银40671两。此外,庆典应用导迎乐器、鼓衣、流苏及承差人员衣

·清朝逸史·

图文珍藏版

服等项,用银 22121 两。

庆典期内,宫中、颐和园等处要唱戏多日。为了准备唱戏,需要制作大量的戏装、道具(明称行头、切末等),其种类之多、数量之大、名目之杂、清单之长,简直无法在此罗列,至于耗银之巨,令人惊诧。在颐和园要办福、禄、寿三台戏,置台衣三份:福台群仙上寿台衣,禄台五彩凤垂牡丹台衣,寿台祥云金寿字台衣;还要置万寿无疆切末四份:罗汉渡海一份,地涌金莲一份,宝塔凌空一份,福禄天长云衣一份等,仅此项就用银 82090 两。还要置办万寿长春、锡福延龄等切末 73 份,以及兽形切末和盔头等,需用银 61880 两。此外,还要制作各色行头、彩衣、彩旗、盔箱等项共 7123 份,共糜费银 319629 两之多。这还不够,后来昇平署又续传办行头、切末等项,又耗银 56442 两。以上共用银 52 万余两。

庆典期间,慈禧乘"金辇"自颐和园还宫,或从宫中去中南海、颐和园,以及举行仪式和筵宴时,均需大量的请辇抬轿的校尉、太监,并配设浩浩荡荡的仪仗队。请辇校尉就需 798 名,请辇执、打仪驾苏拉 1628 名,提炉华盖及礼舆法驾执役校尉 1362 名。这些人员,均要穿着特制的仪仗服装,因此,需要制作大量的驾衣和靴帽。仅请辇请轿校尉、太监应用红绸纱驾衣,就需 3736 件,绿纺丝绸 374 疋,用银 23155 两;其他仪仗用红绸驾衣五千件,绿纺丝绸五百疋,用银 33130 两;骑驾鞍辔四百副及鞍板什件等项,用银 4583 两;骑驾、仪贺置办布衫、领子、靴鞋以及校尉口分需用银 28398 两;仪贺、骑驾、仪驾伞上镀金活计及校尉戴用镀金帽顶等件,共 2170 余件,使用黄金 364 两。坛庙大祀随侍御前侍卫官员等应穿褡护朝衣 390 余件,用银 46076 两;侍卫处备差侍卫应穿朝衣、蟒衣 412 件,用银 11808 两;执豹尾枪侍卫应用蟒衣需银 3418 两。

贡赏物品、报效银两

在庆典期间,慈禧为了表示对臣属的"行庆施惠",还要"加恩"赏赉王臣、百官、公主、命妇以及在庆典中效力的差役人等。为此,需要备办大量的赏用物品。其中有:如意 1000 柄、瓷瓶 500 百件、朝珠 840 挂、铜手炉 1500 个、黄盘 300 个等等,共用银 34312 两;香色丈带花大荷包 4000 对;各色蟒缎、八五丝缎 4000 疋,用银 115406 两;各色大小卷绸缎纺丝 5675 疋,用银十万余两;各色袍料二百余件、手巾一千条、包头一千块,共用银 43200 余两,等等。

慈禧为了满足自己穷奢极欲的需求，借做寿为名，大肆搜刮财物。皇帝以下王公大臣、外省大员都要向她进献"万寿贡品"。王公大员们为了讨好主子，向慈禧这个"老佛爷"表示"忠诚"，也就绞尽脑汁，纷纷向她进献能使之满意、"赏收"的贡品。可惜，由于当时各地大员进贡的"贡品单"没有完整保存下来，所以目前无法了解贡品的全部情况。现仅把光绪皇帝、内务府大臣福锟等进贡的物品揭示一二，从中亦可窥见一斑。

光绪皇帝进贡物品。计有：无量寿佛九龛，金字经一部，寿轴三轴，如意二匣（每匣九柄），金镶珠石如意一柄，时乐钟一对，珊瑚盆景一对，玉陈设 29 件，瓷陈设 29 件，古铜陈设 29 件，各种寿字朝珠、念珠 6 盘，各种绿玉、白玉、珊瑚、玳瑁、檀香、伽南香、金银簪、钳、镏、镯子、戒指等共 204 只，嵌寿意伽南香十八子手串 12 副，各样嵌花伽南香骊 20 件，珠口珐琅金表一对，各色龙袍、龙褂、马褂、紧身和衣面 99 件，各色绸缎、罗纱 228 疋件，羊皮、银鼠、灰鼠、天马、珍珠皮、青白肷皮、貂皮等各种皮筒 72 套，一两重银锞五千个，五钱重银锞一万个，银 30 万两。光绪帝进贡的这些物品，共耗银 288000 两，加上银 30 万两、银锞 1 万两，总值达 598000 两之巨。

内务府大臣福锟等贡品。计有：脂玉如意五对，绿玉红玛瑙寿星仙桃二件，脂玉插屏一对，脂玉盒子一对，脂玉瓶洗二件，脂玉镶嵌花瓶一件，脂玉花瓠洗子二件，脂玉杯壶二件，脂玉盖碗茶盅二对，脂玉花插圆屏二件，玉石大小仙台六座，玉字镶嵌围屏一份，镶嵌象牙花卉乌木围屏一份（随宝座、足踏、宫扇、香几、景泰蓝凤凰二支），镶嵌象牙人物紫檀围屏一份（随宝座、足踏、宫扇、香几、景泰蓝凤凰二支），玉镶嵌挂屏对子二份，珊瑚嵌绿字玛瑙盆景一座，绣花卉各色氅衣、衬衣、马褂、紧身料面 54 件，加宽各色寿意江绸、库缎 78 疋。

安徽巡抚沈秉成贡品。计有：文玉如意成对，一统万年成座，翠玉麻姑全尊，景泰铜鹤成对，灵璧乐石九座，铁花挂屏四扇，黄山景松九盆，花卉围屏九扇，牡丹画册四本。

为了举办这次规模宏大、豪华铺张的"万寿庆典"，需要大量的经费开支。这笔数目巨大的"庆典用款"从哪里来呢？据记载，一部分由"部库提拔"，一部分由"京外统筹"。部库提拔之款，从"筹备饷需、边防经费两款"中提用一百万两,从铁路经费中"腾挪"二百万两,"共筹备银三百万两,专供庆典之用。"此外,"应由户部行知各直省督抚,量力筹解,以供需要",这即是"京外统筹"部,也就是向京内外臣工摊派的报效银两。据档案记载,宗室王公、京内各衙门、各省督抚将军等文武官员,报效庆典需银(由官员俸廉银中按二成五厘扣缴)1214100余两,报效工需(点景)银共1767400两,两款共计达2981500余两。

这仅是慈禧借庆寿为名搜刮来的有据可查的现银,至于账上不记的巧取豪夺,尚不知多少;此外,她向京内外官员索取的"贡品"不可胜数,其价值则更是无法赀计。

血和泪的"庆典"

慈禧庆寿之年,正是中日战争进行之际。这一年(光绪二十年),日本军阀借口朝鲜东学党事件,出兵朝鲜,对清朝军队发动了突然袭击,这就是历史上的"中日甲午战争"。是年六月二十三日(1894年7月25日),日本不宣而战,在牙山口外丰岛附近袭击清朝运兵商船高升号,并将该船击沉,中国军队七百余人罹难。七月初一(8月1日)中日正式宣战。八月十六日(9月15日)日本陆军攻占了平壤。两天后,日本舰队进犯鸭绿江口的大东沟海面,挑起了黄海大海战。中国海军将士进行了顽强抵抗,清军统帅丁汝昌受重伤。"致远"等四艘战舰被击沉,几百名官兵壮烈殉国。九月二十六日(10月24日),日军渡过鸭绿江,侵入了辽南各地,随后相继占领了大连、旅顺。至此,日本侵略者的铁蹄践踏了中国大片领土,中国正处于国土沦丧、生灵涂炭的民族危亡的严重时刻。

可是,值此战火纷飞、国败民亡的危急关头,慈禧却大办庆寿活动。

她虽然也假惺惺地发布懿旨说:"自六月后,倭人肇衅变乱,藩封寻复,毁我舟船,不得已兴师致讨。刻下,干戈未戢,征调频繁,两国生灵均罹锋镝,每一思及,悯悼何穷……兹者庆辰将届,予以何心侈耳目之观,受台莱之祝耶! 所有庆辰典礼,著仍在宫中举行,其颐和园受贺礼,宜即行停办。"但这只不过是官样文章而已,事实上,"庆辰典礼"活动仍在极其铺张地进行着。她不顾战事的危急,下令动用饷需和边防军费一百万两,挪用铁路工程经费二百万两专供庆寿所用;还向各省和京内各衙门摊派强征了二百九十多万两供其挥霍。为她做寿应用的龙袍、衣物、缎疋、金辇照做不误;宫廷点缀、陈设和修缮工程照常进行;铺面修葺、街道点景加紧施工;贺礼筵宴、演乐唱戏如仪举行。十月十日(11月7日),是那拉氏的生辰,正是慈禧"六旬庆典"高潮之日。这一天,日军攻占了大连。当此领土沦陷、重镇失守、人民遭难的危急时刻,慈禧却在禁宫之中升殿受贺,大宴群臣,并连续赏戏三天。这真是中国历史上的咄咄怪事。

慈禧口头虽也说:"内而王公、一二品文武大臣,外而将军、督抚、都统、副都统、提督、总兵,照例应进贡物缎疋,均著毋庸进献,以示体恤。"但这纯属一纸空文,事实上中央和各省的文武大员"仍循旧例"进献"贡物"。对此,慈禧做出一副勉为其难的姿态,说什么"若仍不允准,无以申臣下将敬之忱,转似近于矫情",似乎出于无奈,只得默认。而光绪二十年九月二十日她却毫不掩饰地下谕命令王公大臣和各省大员必须将"六旬万寿贡品"于九月二十五日呈进,蒙古王公于二十六日呈进。

慈禧表面上虽也曾明降懿旨,指示这次庆典"一切用款,务当力求撙节,毋得稍滋糜费,以副予慎怀节俭、体念闾阎之意。"但是她这次"六旬庆典"所挥霍的白银总数不下于一千多万两,这个数字,相当于当时清政府岁入的六分之一。这些银钱,自然不会由王公大员们自掏腰包,而是以各种名目的赋税和劳役,把沉重的负担转嫁于劳动人民身上。慈禧过一次生日,不知有多少平民百姓绝于生计,家破人亡。她的奢侈享乐,挥霍无度,正是建筑在劳苦大众的斑斑血泪和累累白骨之上。

中日甲午战争,由于以慈禧为首的后党主和派的投降卖国和妥协退让而招致惨败,签订了丧权辱国的《中日马关条约》,承认日本对朝鲜的控制,割让了辽东半岛和台湾、澎湖列岛,赔偿日本军费二万万两,并且准予开埠通商和设厂,等等。马关条约的签订,大大加剧了中国的半殖民地化,使中国面临被帝国主义列强瓜分的严重民族危机。慈禧的倒行逆施,激起了人民群众极大的爱国义愤。在马关条约签订后不久,北京城门口就出现了一副无情地鞭挞慈禧的对联:"万寿无疆,普天同庆;三军败绩,割地求和",还有人把庆寿贺词中"一人有庆,万寿无疆"两句,改成讽刺意味十足的"一人庆有,万寿疆无"。这表现了人民群众对慈禧正当国难之时大办"万寿庆典"的无比愤慨。慈禧的"六旬庆典",是凝聚着前线将士和劳动人民的血泪的庆典,也是一场一人庆寿、举国遭殃的灾难的庆典。

珍妃之印

北京故宫博物院珍宝馆内,陈列着一件"珍妃之印"。金质,净重市制十三斤六两,印台为正方形,高3.4厘米,每边长11厘米,印文为朱文"珍妃之印"四

珍妃之印

字,有满、汉两体,汉文为篆书,横平竖直,笔画匀称,丰润秀丽,为玉筋篆。印纽为龟纽,头尾均与龙相似,这是比较标准的妃等级金印。根据宫中制度,封妃固应授宝(印),但宫中的制度也是在不断改变的。要辨明"珍妃之印"的真相,先得从"懿贵妃"铸印一事说起。

慈禧,叶赫那拉氏,咸丰二年入宫时,封号为兰贵人,后来升为懿嫔,复晋为懿妃。咸丰七年,又晋封为懿贵妃。按宫中制度,本当授以金宝、金册。可是,在铸印时,正值宫中制度改革,尽管是一位堂堂的"贵妃",也不能铸金印,只好铸一方镀金的银印。《内务府来文》:"咸丰七年正月初三日,内阁抄出,初二日奉清字旨,懿妃著晋封为懿贵妃,钦此。钦遵,到部。臣等查《会典》内载,贵妃宝金质,蹲龙纽,平台方四寸,厚一寸二分。又定例,金宝由臣部拨造蜡模进呈后,由内务府领取六成金四百两铸造。咸丰四年三月二十二日,奉上谕:嗣后册

封皇贵妃、贵妃及妃应制金册、金宝，册封嫔应制金册，均著改用银质镀金，著为令等因，钦此。钦遵。在案。此次，懿妃晋为懿贵妃，经由臣部奏请，应用镀金银宝一颗，仍由臣部会同造办处铸造。臣等请遵照《会典》台纽分寸拨造蜡模，恭呈御览，伏候命下，所用银两应请由户部领取纹银四百两，其镀金由臣部采办，会同造办处择吉铸造。铸成照例平兑，敬存内阁大库，俟诹吉行册封礼时，请出举行，为此谨奏请旨。"

自咸丰四年三月二十二日，咸丰皇帝下了谕旨："凡皇贵妃、贵妃、妃之册封时，其宝、册，均改用银镀金。"之后，时过三年，正值咸丰帝宠妃叶赫那拉氏由懿妃晋封为懿贵妃，只得遵旨行事，铸造了镀金银印。再过三十七年，值光绪二十年，他他拉氏珍嫔晋封为珍妃，光绪皇帝怎敢僭越规制，为珍妃打造金印呢？故而他他拉氏珍妃只能铸造一颗镀金的银印。

北京故宫珍宝馆展出的"珍妃之印"几经询问，连管库的负责人也答复："确系金印"。那么这"金"印既不可能是光绪帝宠妃他他拉氏之印，又是何人的呢？翻阅《列朝后妃传二稿》，在清朝帝王的后妃之中，还另有一位"珍妃"。清朝皇帝册封的后妃，均在八旗秀女中挑选。其中有：满洲、蒙古、汉军旗女子，其姓氏各不相同，入宫后的名号，由皇帝赐给，先是由大臣们草拟一些美妙的字，呈给皇上看。由皇上圈阅，挑选中意的"字"，作为某妃嫔的封号，其中也有些是按姓氏称呼的，所以清朝同代或不同代的后妃中，出现过名称相同的现象。如：雍正皇帝时有两个张格格；乾隆皇帝有顺贵人，道光帝也有顺贵人；乾隆帝有容嫔（容妃），咸丰帝也有容嫔；顺治帝有贞妃，咸丰帝也有贞妃（即慈安）；光绪帝有珍妃，而道光也有珍妃。由此想来，"珍妃之印"与道光帝的珍妃或有些关联。

"道光皇帝的珍妃，镶蓝旗，满洲，赫啥哩氏。其父，前任广东按察司按察使容海，母伊尔根觉罗氏。她生于嘉庆九年十一月十五日。道光二年十一月初二日进宫，初封珍贵人，现年十九岁。"道光四年九月初七日珍贵人赏为珍嫔。"道光五年四月十三日。命礼部左侍郎舒英为正使，兵部右侍郎奕经为副使，持节赍册，晋封珍贵人赫啥哩氏为珍嫔。册文曰：朕惟椒涂化，六宫佐中秖之勤；芝检承恩，九室备内宫之选。隆仪聿举，宠命攸颁。咨尔珍贵人赫啥哩氏，端恪修型,柔嘉秉式,展功绪而劳襄机杼,兰殿叨华;表德容而度饬珩璜,萱闱锡庆。兹仰承皇太后懿旨:晋封尔为珍嫔,申之册命。尔共鸾章祗领,迓蕃祉以长膺;翟采荣增,励芳规而益懋。钦此!"

珍嫔在宫中的待遇均按嫔等级享受,"每岁宫分:百合粉十二斤、荔枝干八斤、酸枣糕四斤、藕粉十八斤、福圆膏六瓶、木瓜膏六碗、柿霜六匣、南枣五斤、莲子六升。"

道光五年八月初八日谕内阁,奉皇太后懿旨:珍嫔著封为珍妃,所有应行事宜,著各该衙门察例具奏。赫啥哩氏在封妃时,确实打造了金册、金印。"礼部恭办珍妃金印一颗,龟纽。方三寸六分、厚一寸,五成色金,重二百五十两二钱。工部恭办金册一分,计十页,七成色金,各长七寸一分,宽三寸二分,每页重十四两五钱二分,共重一百四十五两二钱。金钱一个,七成黄金,重一两五钱。银镀金印箱,重一百十六两一钱。册大箱一个,印大箱一个。册小箱一个,钥匙箱一个,箱架几座二座。镀金银锁一把,钥匙全。箱架几座上银镀金件件全,象牙钥匙牌一块。"

北京故宫珍宝馆陈列的"珍妃之印"既为金质,则此印当为道光皇帝赫啥哩氏珍妃之印,因为道光朝封妃时才用金印。但令人困惑的是,珍宝馆陈列的"珍妃之印"与档案中所载道光珍妃之金印的重量并不相符,故"珍妃之印"是光绪帝他他拉氏珍妃之印,还是道光帝赫啥哩氏珍妃之印,仍是一个疑点。

道光六年十一月二十二日,魏总管传旨:"珍妃降为珍嫔。著按静嫔之次数,钦此。"

道光皇帝的珍妃既然降为珍嫔,那她册封珍妃时的印、册,未必还要保留。而且,从此宫中再未见到珍妃的记载,其卒年也不详。

"珍妃之印"的谜,最终还是从第一历史档案馆的档案中找到了答案。"道光六年十一月二十七日,掌稿笔帖式昆玉,持来汉字堂抄一件,内开,道光六年十一月二十二日,总管内务府大臣英和、禧恩、穆彰阿,面奉谕旨,所有广储司存贮册封珍妃金印、金册,著交造办处镕化,钦此。于十二月二十二日奉堂谕,现在镕化得五成金印重二百五十五两二钱,七成金册重一百四十六两七钱,著交钱粮库存贮,特谕。"

又据宫中档案"礼部为再行催事,所有恭铸敦宜荣庆皇贵妃、瑜贵妃、珣贵妃镀金银宝三颗,暨瑨妃、瑾妃、珍妃镀金银印三颗,总计应需库平十成金叶四十二两。前经奏准,移取并片催各在案,迄今日久未据知照发放日期,现在本部拨造蜡模,于四月二十五日进呈。奉旨,依议,钦此。应即遵即日开炉铸造,万难再缓,相应再行片催贵府,查照本部前咨定于何日发放,即日声覆过部,以便支领,幸勿迟误可也。"

道光皇帝赫啥哩氏珍妃之印,在她降为珍嫔之日,已由造办处将金印、金册,全部镕化。而光绪皇帝他他拉氏珍嫔,在光绪二十年正月,因逢慈禧六十寿辰之年,已封为珍妃,礼部在四月二十五日给内务府呈文时,提到了为王业瑨妃、瑾妃、珍妃铸三颗"镀金银印"。因此,故宫博物院珍宝馆内陈列的"珍妃之印",当为光绪皇帝他他拉氏珍妃之印;这颗印是"镀金银印"而不是纯金印也是毫无疑问的。

珍妃遗像

珍妃生前喜欢照相,在穿着上不拘宫中规矩,所以,在光绪二十一年十月二十九日,她与姐姐瑾妃同时降为贵人。在十一月初一日给珍贵人、瑾贵人的谕旨牌中,要求她们"谨言慎行,改过自新,平素妆饰衣服,俱按宫内穿戴,并一切使用物件,不准违例。"又指出:"皇帝前,遇年节,照例准其呈进食物,其余新巧稀奇物件及穿戴等项,不准私自呈进,如有不遵者,重责不贷。"照相机从外国传进来,属新巧稀奇物件;照相术传入中国之后,有些人认为是淫巧之物,认为照相会取人魂魄,致使人损寿……而珍妃能接受照相术。并在宫中留下了她的照片。据查在清宫后妃中,照相最早者,当属珍妃,至于慈禧照相,那已是珍妃死后三四年之后的事了。

珍妃像,最早以"珍贵妃遗像",刊登在民国十九年五月三日的"故宫周刊"上。这张珍妃宫装全身像,高 16.2 厘米,宽 11.3 厘米,照片天头"珍妃遗像"四字旁注有"刘宫女言照于南海"字样。相片上的珍妃梳着插满花的"两把头",身穿大镶边的长袍,上身着琵琶襟坎肩,左手扶着茶几,右手握着手帕,一幅满

珍妃遗像

洲贵族小姐的派头。刘姓宫女说："宫中之像乃光绪二十一年、二十二年之间所照,所着的衣服、长袍为洋粉色,背心为月白色镶宽边,乃光绪二十一年最时髦之装束,系于宫中另做者。珍妃每早于慈禧前请安毕,即回景仁宫,任意装束,并时摄各种姿势,此像则于南海所照,后为慈禧所见,颇不悦。"

《故宫周刊》上所刊登的"珍妃遗像"是经刘姓宫女辨认的,再无有其他依据。因为这张像刊登在《故宫周刊》上,又有宫女承认,所以这张"珍妃遗像"广为流传,并为人们所接受。

关于这张"珍妃遗像",故宫博物院单士元先生讲:"故宫博物院刚刚成立时,聘请了清宫太监唐冠卿、陈紫田二人当顾问,负责鉴定文物。据这两位太监讲,这张'珍妃遗像'并非光绪皇帝之珍妃,而是某王府的一位格格。"朱家晋先生辨认这张"珍妃遗像"时说:"这不是光绪帝的珍妃,而是宣统皇帝婉容皇后的母亲,即是荣源的妻子,照相的地点正是帽儿胡同荣源的府邸。"

另外从照片上的"珍妃遗像"四个字来看,也是不确切的,因为珍妃死后被追封为珍贵妃时,才正式入葬。入葬前所用遗像,应称作"珍贵妃遗像"。1982年第一期《紫禁城》杂志上刊登了一张"贞贵妃肖像",这是用故宫博物院所藏旧底片洗印的。在这张清宫妃嫔装束的半身像天头，原有"贞贵妃肖像"五个字。开始笔者对"贞"字也曾有过疑点。清宫中贞妃有几位：开国皇帝顺治有一位贞妃，她是轻车都尉巴度的女儿，董鄂氏，满洲，正白旗人。顺治帝死时，这位痴情女子痛不欲生，竟以身殉主。这年二月十二日，康熙皇帝即位，谕礼部："皇考大行皇帝御宇时，妃董鄂氏，赋性温良，恪其内职。当皇考上宾之日，感恩遇之素深，克尽哀痛。遂尔薨逝。芳烈难泯，典礼宜崇，特进名封，以昭淑德，追封为贞妃。"这位贞妃在位时，中国尚无照相术，当时帝、后、妃的形象，都是由宫廷画师画出的影像。故此相片不是顺治帝的贞妃。

第二位贞妃，就是咸丰皇帝的慈安皇后。她是广西右江道三等承恩公穆扬阿之女，姓钮祜禄氏，满洲镶黄旗人。生于道光十七年七月十二日，比咸丰帝小六岁。初入宫侍咸丰帝（时为皇子）潜邸。咸丰帝登极后，于咸丰二年二月封贞妃，五月晋皇贵妃，六月奉旨立为皇后……。这位皇后，不但身为贞贵妃时无照片，后来虽晋为慈安皇后，却连一张像样的画像也没留下。

以上两位贞妃、贞贵妃，都不曾照过相，这张标明"贞贵妃肖像"的照片人物，究竟是谁呢？中国传入照相术时，正值光绪皇帝、珍妃生活的时代，而珍妃死后，确被追封为"珍贵妃"，那么照片上的"贞"字，是否为笔误？在存疑的情况下，第一历史档案馆在编印《清代帝王陵寝图录》时，将"贞贵妃肖像"作为珍贵妃肖像编入书中，而后这张照片就成为珍贵妃照片，被一些刊物不断采用了。

1985年，笔者在第一历史档案馆查阅清宫档案时，找到了"贞"字的依据。"光绪二十七年七月初四日，贞妃安葬在恩济庄，过过营地一座。"这贞妃即珍妃。而珍妃被追赠为珍贵妃是在光绪二十七年十一月二十九日。在珍妃的照片上书写了"贞贵妃肖像"，无疑是用生前小照，加上追封的贵妃位号，当作遗像来用的。珍贵妃写成贞贵妃，可有两种解释：一是音同笔误；一是有意写成"贞"字，以示崇敬。在追封珍妃为珍贵妃的谕旨中曾有："上年京师之变，仓促之中，珍妃扈从不及，即于宫中殉难，洵属节烈可喜，恩著追赠贵妃位号，以示褒卹"看来，贞贵妃即是珍贵妃是无疑的。这"贞贵妃肖像"即珍贵妃肖像，也是千真万确的了。

珍妃生前有许多爱好，据《清宫述闻·六卷》记载：珍妃9岁时，即赋有"月影井中圆"的诗句。还记述了瑾、珍二妃,曾令画苑为她们绘红楼梦大观园图,并交给廷臣工题词。可见瑾、珍二妃情趣相投。遗憾的是珍妃墨迹罕见,也很难判断她的才华。而瑾妃却留下了墨迹和画幅,这字与画中,饱含着深厚的感情。

光绪皇帝死时,瑾妃35岁。当时刚登极的宣统小皇帝为安慰这位先皇的遗孀,尊封瑾妃为皇考瑾贵妃。没多久清朝灭亡了,又于癸丑年(1913年)二月初五日晋封瑾贵妃为端康皇贵妃。她的心始终被妹妹珍妃的死所牵动着,当她晋封为端康皇贵妃之后,于贞顺门内"珍妃井"旁,立了一个小小的灵堂,她挥笔疾书了"怀远堂"的匾额,又在灵堂正中,天头悬挂了"精卫通诚"的横幅。神龛下立着"珍贵妃之神位"的灵牌,摆上供品,用以寄托她的一片哀思。

"怀远堂"纸本,高17.5厘米,面阔为97.0厘米:"精卫通诚"纸本,高42.5厘米,面阔87.5厘米。每幅字上方,均钤有"端康皇贵妃御笔"之朱印。

瑾妃15岁入宫,29岁失去了胞妹,35岁又死了丈夫。她孤独地居住在深宫高墙之内,有时与太监、宫女消磨时光,有时则借丹青来解闷消愁。从瑾妃所绘的一团扇来看,其画工精细、设色淡雅、题字清秀、立意清新。坚石淡竹,画得恰到好处。此团扇白绢地,直径19厘米,彩绘太湖石及翠竹,生动逼真。象牙柄镂空,长10.5厘米,宽1.1厘米。画面右侧楷书乙未仲夏上浣,为1919年5月上旬。此时瑾妃已加徽号六年了。故太湖石天头钤一枚正方印,篆文为"端康皇贵妃御笔。"右下二方印,上为"乐琴书",下为"寿永年"。左上方有二小方印,上为"平",下为"安"字。此件团扇为端康皇贵妃四十六岁时所绘。可想珍妃也有绘画的才能,不过,传世作品尚未见到。团扇原存故宫,现为清东陵文物管理处藏品。"怀远堂""精卫通诚"两件瑾妃墨迹,均藏于故宫。

隆裕与载沣之矛盾

隆裕皇后,姓叶赫那拉氏,桂祥之女,亦即慈禧之内侄女。光绪十五年(1889年)立为皇后。因她与慈禧之关系,故不为光绪所喜爱;终光绪一生,与隆裕皇后未和好相处。

隆裕皇后

隆裕为人,庸碌无识,较之慈禧,则远远不如。例如慈禧对于政治虽然残暴自私,但尚有个人的见解;对于王公大臣,亦有一定的笼络手段。而隆裕则一切皆为其宠监张兰德所操纵,个人毫无主见。

光绪故后。隆裕一心想仿效慈禧"垂帘听政"。迨奕劻传慈禧遗命立溥仪为帝,载沣为监国摄政王之旨既出,则隆裕想借以取得政权的美梦,顿成泡影,心中不快,以至迁怒于载沣。因此,后来常因事与之发生龃龉。

宣统既立,隆裕皇后自然抑郁不乐,后受太监张兰德的怂恿,在宫中东部大兴土木,修建"水晶宫",以为娱乐之所。按清代制度,在"国服"期间,不得兴修宫殿(在封建时代,这是一个严重问题),然而隆裕对此并不顾忌;尤其当时清廷正在兴建新军(海、陆两军),所需甚钜,国库本已空虚,建军之用尚感不足,而隆裕乃不计及此,竟命由度支部拨出巨款来兴修宫殿,以为个人娱乐之举。后虽因革命军起而不得不停止,然此亦可见其无识之一斑。

宣统二年五月,载沣命毓朗、徐世昌为军机大臣。不数日,隆裕即迫令载沣将此二人撤去。载沣始则婉言请稍从缓;隆裕复以言语相逼。载沣不得已,以太后不应干预用人行政之权为对,隆裕始无可如何。其对载沣无理取闹,颇多类此。

隆裕闻革命军起,唯恐失去太后之地位与享受,初意亦主战;后因张兰德受了袁世凯之贿,乃劝隆裕共和,谓共和仅是去掉摄政王之职权,太后之尊严与享受依然如故。隆裕信之,遂有逊位之举。载沣无可如何,只好辞职,故逊位诏书不是由监国摄政王出名,而由隆裕下的诏书。其实,隆裕对共和之意义并不了解,只不过认为是把载沣之政权,移交给袁世凯而已,而在逊位诏中仍有"即由袁世凯以全权组织临时共和政府"之语。其后发现民国优待条件与张兰德所言完全不符,遂终日抑郁,逾年而殁。

载沣生性懦弱,在政治上并无识见。其在受命监国摄政期间,里边常有隆裕掣肘,外边又受奕劻、那桐等人挟制,他的地位虽为监国摄政王,然并没有任何作为的余地(实际上也不会有什么作为)。即如对隆裕之兴建"水晶宫"事,本可以既"违反祖制",又影响建军之正当理由,进行拦阻,但由于其怯懦怕事,不敢多言,也就不加可否任凭兴建。至于当时用人行政之实权,也等于完全操在奕劻、那桐之手;他个人并无一定的见解和主张。

光绪故后,隆裕在他的砚台盒内,发现有光绪亲用朱笔,写的"必杀袁世凯"的手谕,即交载沣处理。载沣犹豫不能决,乃商之于奕劻、那桐等人;而奕、那等则力主保全,让袁世凯自行称疾辞职,袁乃有辞职之举。待袁辞职后,载沣又不留其在京,反命回籍养病,把袁放走了。当时,清政府官僚中之有识者,多认为这无异是"纵虎归山,养病成患。"其巧黠者则暗与袁通。一这事是载沣之优柔寡断,毫无政治手段的表现。

载沣对于共和,本无定见,但由于内有隆裕赞同,外有奕、那挟制,个人又无良策以应付时局,惟坚决表示自己决不下此诏书而已。故其辞去监国摄政王之职,而由隆裕出名下逊位诏书者,乃实不得已也。

隆裕与载沣皆无治国之才,而奕劻、那桐等人,又只知贪污受贿;袁世凯有鉴于此,乃极力拉拢奕劻、那桐和张兰德三人,对彼等大行贿赂,以满足其贪财之欲。他一方面利用张兰德哄骗隆裕;另一方面又利用奕、那,挟制载沣。因此,实际上当时的军政大权已操诸袁世凯之手。即在袁辞去军机大臣,而返回河南之后,仍在暗中操纵一切。及革命军起,清廷复起用袁为内阁总理大臣,袁乃认为时机已至,遂利用革命声势,对清廷进行威胁,而自己乘机窃取国政。由上观之，由于袁世凯之阴谋及隆裕、载沣等之庸懦无识，遂成清末民初未能真正建成一个共和国家，徒供军阀数十年之混战而已。

慈禧圈定的中国最后一个状元——刘春霖

历史上得中状元者可谓寥若晨星。其选取方法及仪式往往受皇帝及主考官的个人私见，或当时的客观环境所左右。并非每一名中状元的秀才都是学冠群伦的。如清朝光绪末年的中国最后一个状元刘春霖，就因其姓名为慈禧所喜爱而被选中。

清代最后一科状元考试，当时考官推荐十人，本来以朱汝珍为首。名单呈御批，慈禧因杀害了珍妃，见榜上朱汝珍的"珍"字十分厌恶恐惧，又朱乃广东人，一见广东人，慈禧便想起太平天国的洪秀全，戊戌变法之康有为、梁启超及当时搞得风起云涌的孙中山，大为震怒，一笔勾掉。而刘春霖因姓名中有霖字，即有"霖雨苍生"之意，而当年正值大旱，举国上下求雨心切，慈禧便御笔一圈，刘便中选了。

政坛趣话

李鸿章发迹史

李鸿章（1823~1901），字少荃，安徽合肥人，出身于地主家庭。父亲李文安，曾经担任刑部郎中，原本姓许。李鸿章在道光二十年考中进士，选吉士，授权翰林院编修，跟着曾国藩讲求义理经世之学。

1853年，洪秀全在南京建立太平天国，工部侍郎吕贤基奉命任安徽团练大臣，奏调李鸿章帮办军务。李鸿章同吕贤基一起来到安徽合肥，积极招募当地土豪士绅的乡勇团练与太平军作战。同年11月，吕贤基被太平军击毙，李鸿章

李鸿章

带领这只团练,多次与太平军作战,却屡战屡败。于是,李鸿章经常是打不赢就跑,时间一长,得了个"李溜子"的绰号。

无奈之下,李鸿章只好前往江西建昌投靠曾国藩。咸丰十一年,曾国藩攻下安庆,准备大举进攻太平天国都城南京。恰好江苏缺乏主帅,他上奏推荐李鸿章可以大用,江苏、浙江的士绅也来请求派兵。同治元年,清朝廷下令李鸿章回淮南老家,募集合肥、六安一带地主团练武装刘铭传、周盛波、张树声、吴长庆、潘鼎新等部编成淮军,并于第二年率部到安庆,与原曾国藩湘军将领程学启、郭松林部合并,共约七千人。

当时长江沿岸都是太平军屯驻,李鸿章租用了外国人的八艘汽船,穿过太平军两千多里的防线,抵达上海,特别组织起一支军队,这就是淮军。李鸿章又根据湘军章程制定淮军军规。外国人嘲笑淮军衣装简朴,李鸿章说:"军队的可贵之处在于善于作战,并不是讲究服装美观,到我军打一仗后,再笑也不晚。"不久,朝廷下诏要他属理江苏巡抚。

美国人华尔招募了数千名外国兵,攻下了松江、嘉定、青浦、奉贤等地(今均属上海），称为南路军；程学启等则率领淮军和湘军进攻南汇（今属上海），号称北路军。

四月，太平军集中兵力打败南路军，占领嘉定、奉贤，华尔放弃清江逃到松江。程学启率一千五百人屯驻在新桥（在今上海吟江县）。太平军将新桥包围了数十层，踏着尸体进攻。程学启打开营寨向外冲突杀敌，太平军被迫告退。李鸿章亲自率军赶来支援，太平军突围而逃。李鸿章乘胜进攻泗泾（今属上海），解了松江之围。外国军队看到湘淮军作战勇猛，都为之惊叹。湘军、淮军的声威从此大振。

同治三年，清廷看到江宁长时间攻不下来，便督促李鸿章率军一起攻打。李鸿章认为江宁很快就会攻破，于是找借口拖延时间。八月，曾国藩湘军攻下了江宁，捷报传来，李鸿章便兵分三路，一路由刘铭传、盛波率领，从东坝出发，攻取广德，（今属安徽）；一路由潘鼎新、刘秉璋率领从松江出发攻取湖州（今长沙）；一路由郭松林、杨鼎勋率领从上海经海上支援福建。平定农民起义军后，李鸿章被封为一等肃毅伯，赏他双眼花翎顶戴。

同治八年二月，李鸿章以湖广总督协办大学士兼代理湖北巡抚。十二月，清廷下诏要他救援贵州，还没有出发，又改为救援陕西。第二年七月，他率军剿灭北山土匪，正好天津教堂发生事端，朝廷要他率军北上。教案一事了结后，李鸿章又被调任直隶总督兼北洋通商事务大臣。十月，日本请求通商，清廷又授权他为全权大臣与日本签订条约。同治十二年五月授他大学士，仍然留任总督。六月，授任武英殿大学士，第二年改任文华殿大学士。

李鸿章想用西洋各国的新法引导中国走上自强之路，他首先着重于军事，尤其注重培养军事人才。起初，他曾约曾国藩一道上疏清朝廷选派少年儿童到美国留学，每年一百二十人，以二十年为期，学成回国效力，但未等学完便中止了。李鸿章请求朝廷不要中止，但毫无结果。随后，朝廷分派学生到英、德、法各国留学，后来建立海军，将校都是由这些留学生担任。在上海时，他上书请求设立外国学馆，后来到了天津，他又上书请求设立武备海路军以及学堂，这成为中国研究军事学的开始。

李鸿章还曾创议制造轮船，在奏折中，他说："西洋人专门依靠枪炮轮船的精巧坚利,在中国横行。在这种情况下要赶走外国人,只是一句空话和妄想。退一步而言,要与他们讲和,守住疆土,也要有武器才能防守。一些读书人只懂得书中的迂腐之论,寻求目前一夜苟安,而提出停止制造轮船的建议。我认为国家其他费用都可节省,而只有养兵设防、练习枪战、制造轮船的费用不能节约。要节省开支,必然什么事情也办不成,国家没有立足之本,就永远无法自强起来。"

李鸿章主持国事,总是努力排除众人的干预。他任直隶总督达三十年,京师没有发生大乱。他一心研究外国政学、法制、兵备、财用、工商、艺业。听说欧美出现一种武器,他一定要千方百计购买到手,以防万一之变。

他曾设置广方言馆、机器制造局、轮船招商局;开设磁州、开平煤矿和铁矿以及漠河金矿;又广建铁路、电线和织布局、医学堂;购买铁甲兵舰;修筑大沽、旅顺、威海的船坞台垒,选取武官送至德国学习水路军械技艺;筹划与日本通商,派人驻日本经营;创设公司发展美国贸易。以上这些经营,都是中国前所未有的。

依照清廷的旧制,相权在军机处。李鸿章与曾国藩都是大学士,名为宰相,但都是以总督兼任,并不是真正的宰相。然而清廷内外对李鸿章与曾国藩都给予厚望,他们的名声也远在朝中主政人之上。清廷要借助他们,因为他们所经营策划的,都是海防、外交等重大事宜。从此以后,汉族地主阶级逐渐掌握了清廷军政大权,李鸿章也依靠淮军发迹,地位逐渐显赫。

安维峻弹劾李鸿章

安维峻,字晓峰,号阿道人,甘肃秦安人。光绪八年,安维峻考中举人,由于他气质刚廉,品性孤直,不阿权贵,不结朋党,因此,尽管他满腹经纶,才智出众,却始终仕途不畅。直到光绪十九年,安维峻才迁升至都察院福建道监察御史,官居六品,在京任职。作为一个忧国忧民的正直言官,安维峻所能做到,就是恪尽职守向朝廷上疏,提醒君王,纠正诸位大臣的过失。

安维峻在御史任上,前期所上奏折,没有一疏是阿谀奉承之作,全是进言整顿吏治和革除科场积弊，这都正是当时清朝政治腐败的焦点问题。安维峻有胆有识，不避权贵，上至朝廷大臣，下至地方疆臣督抚、学政、道员，只要是腐败者，都难逃他的参劾。比如贪赃枉法的礼亲王世铎、保举子侄窃取高官的李鸿章、为冒籍举人取保的新疆巡抚陶模、用官银替舞弊举人付枪手酬金的甘肃总督杨昌、渎职的广东学政徐琪等等。

安维峻曾在《力阻议和疏》中极富远见地指出："如果与日本议和，将滋长列强瓜分中国的野心。自此以后，将赔兵费、割重地看成是救急的好办法，那么中国将没有自强的一天了。"这一切竟不幸被他言中，甲午战争之后，列强果然掀起了瓜分中国的狂潮。

在中日甲午战争爆发后仅半年时间内，安维峻就上了四十一道折子，全是关于甲午战争的条陈，所言均系国家安危。尤其是光绪二十二年十二月初二，当安维峻听说李鸿章勾结太监李莲英，怂恿慈禧太后明谕光绪帝与日本议和的消息后，义愤填膺，痛心疾首。他决心以死上疏，于是连夜草拟《请诛李鸿章疏》，争取能够挽回局势，请求朝廷不要议和。安维峻在上疏中写道："皇太后既然归政于光绪皇帝，若是遇到事情就处处牵制，将怎么对得起祖宗和黎民百姓呢？李莲英又是什么人，怎么敢干预政事呢？如果他真的干预政事，以祖宗传下来的律令，李莲英又怎么能活下来？"他还列陈李鸿章求和卖国的种种事实，说道："请皇上将李鸿章跋扈之罪公布天下，如果有将士不为之振奋、有敌寇不被消灭，那么，请斩杀微臣，以正妄言之罪！"真是大义凛然，其心可昭日月！

然而此时正值慈禧太后六十寿辰，她一心只想着挪用海军经费修缮颐和园，准备举办自己的万寿盛典，生怕战争冲击了她做寿的雅兴，于是她在对待外国帝国主义的侵略时认为，只要能够求得和解，不惜卖国。晚清时期的李鸿章，掌握军政大权，担任直隶总督和北洋大臣，位尊权重。李鸿章此刻忧虑的是他存放在日本的巨额赃款会受到损失，尤其怕战争削弱了他的淮军和北洋海军的力量，造成战后自己的地位下降。因此甲午战争爆发后，李鸿章与慈禧太后的意见一致，力主议和，甚至不惜避战求和。特别是开战后，李鸿章竟然暗通日本使节，放走日本间谍船，甚至接济日本人煤、米、军火。对清军歼敌粮饷火器，则故意克扣勒索。他"闻败则喜，闻胜则怒"，奖励阵前逃将，惩罚抗敌将士，一心一意要将战争引向失败,用以压制主战派,为他的主和路线创造条件。

正是由于朝廷中这些投降派的错误战略,导致清军平壤战役、九连城战役、大连旅顺战役等一连串重要战役的节节溃败。对于李鸿章一味避战求和的卖国行径,虽然人人痛恨,但无人敢指陈他的罪状,因为不光李鸿章的地位显赫,连慈禧太后也放手让李鸿章大干卖国勾当。然而,仅仅是一位官居六品的小京官安维峻,怀着一颗忧国之心,不畏权贵,居然敢于上疏弹劾李鸿章,提出杀李鸿章以振奋民心,并指责慈禧太后专权误国,一时震动中外,成为中国近代反帝史上赫赫有名的人物,时人称为"陇上铁汉"。

安维峻的上疏犹如拿把匕首,直接刺中投降派的要害,慈禧太后又怎么能容得下他?光绪皇帝怕慈禧太后借此机会将安维峻投入大牢、迫害主战派,于是以安维峻"听凭传闻"为借口,先将他革职,贬往军台效力赎罪。

然而,安维峻的这一爱国正义行动,却获得了士大夫及人民群众的广泛支持和同情。登门慰问者络绎不绝,为其饯行者不胜枚举,赠钱赠物者数不胜数。临行前,在京的友人特地选择了明朝爱国志士、因弹劾权奸严嵩而被斩首的杨继盛的故宅为安维峻饯行。士大夫们纷纷赠诗送行。乌里雅苏台参赞大臣志锐特制"陇上铁汉"印章一枚相赠,京师大侠王五亲来保镖,并馈赠车马行资。甘肃赴京会试举人候乙青、李维坚亲自护送他到张家口。到了戍所,都统以下官吏都敬以客礼。人们都深为感叹说:"可见公道在人心,晓峰于此不朽矣!"

1897年,沙俄侵占了我国旅顺、大连,《中俄密约》使中国东三省成为沙俄的势力范围。安维峻在贬所张家口听到消息后,夜不能寐,在《次韵答钟愚公》诗的"自注"中说:"听说中俄签订新约,我在梦中呓语表示不平。当同屋的人将我叫醒时,我仍在说:'就是死我也要上疏。'醒来一看是梦,只得付之长叹而已。"一个戴罪之人,已经没有了上疏的权力,安维峻仍然念念不忘报国除奸,真是难能可贵!可惜,他的报国之志再也不能实现了。

1898年,安维峻贬谪军台三年之期已满,然而朝廷却下谕旨,延长他的戍期。这一年,戊戌变法失败,光绪帝被囚禁在瀛台,失去自由。安维峻希望清室中兴的幻想也随之破灭。安维峻这样一位小人物,却具有英勇不屈的顽强意志,他敢于触动大清朝统治阶级的腐败一面,因而当仁不让地成为彪炳史册、永垂千古的一代英雄豪杰!

张汶祥暗杀马新贻

1870 年 8 月 22 日,天气虽已入秋,但江宁城里仍然十分炎热。两江总督马新贻刚从校场检阅骑兵完毕,乘轿打道回衙。路经剑道的时候,突然人丛中走出一个老头拦轿喊冤。马新贻不得不示意停轿,他接过状纸草草看过,便吩咐手下把喊冤人带回衙门。就在这时,人群中冲出一人,手持一把四寸长匕首,迅速抢到轿前,对准马新贻的胸膛猛刺下去,只听马新贻"哎哟"一声惨叫,倒在轿里不能动弹,不一会儿就死了。站在马新贻身边的亲兵高叫着:"抓刺客!"刹那间,有的人扑向那刺客,有的人扑向那喊冤老头,大家乱成一团。然而,刺客根本没有走的意思,只见他站在原地一动不动,高声喊道:"不准抓那老汉,跟他不相干。一人做事一人当,杀人的是我张汶祥。"马新贻的亲兵一拥而上,绳捆索绑地把刺客带进了总督衙门。

威震一方的两江总督马新贻在督属遇刺身亡,刺杀者是名不见经传的张汶祥。一时之间,"张汶祥杀马"一案传得沸沸扬扬,朝野皆惊,连慈禧太后也惊动了。慈禧诏令"务得确情,尽法惩办"。关于张汶祥为什么要刺杀马新贻,众说纷纭,成为当时上至朝廷官署,下至茶坊酒肆的热门话题。

在衙门开庭审理时,刺客自称张汶祥,与马新贻是把兄弟。他面不改色心不跳,慷慨陈词,毫不含糊地将他怎样认识马新贻,怎样与马新贻结拜为兄弟,马新贻怎样为官不仁、忘恩负义,他自己又是怎样立志要杀马新贻等原原本本和盘托出。

原来这张汶祥是河南汝阳人,与结拜兄弟曹二虎、石锦标同为捻军头目。马新贻是山东菏泽人,进士出身,开始在安徽做知县,不久被委派到庐州各乡办团练。马新贻曾率团练与张汶祥、曹二虎、石锦标率领的捻军作战,结果战败被俘。在捻军营里,马新贻凭着三寸不烂之舌一再劝说张汶祥、曹二虎、石锦标等投降清朝,并保证为其牵线,给予高官厚禄。而此时张汶祥、曹二虎和石锦标早就在盘算着怎样投降于清廷,只是一直苦于无人穿针引线。捕获马新贻后,兄弟三人如获至宝,将马新贻当成上宾款待,推心置腹,并结为把兄弟,指天发誓:有福同享,有难同当。于是张汶祥等放走了马新贻。

马新贻回到清营里后,请巡抚招降张汶祥、曹二虎、石锦标这支捻军,改编为山字二营,由马新贻直接统领,张汶祥、曹二虎、石锦标为营官。

后来,马新贻升任安徽布政使,他的三位把兄弟也跟随他一同供职。不久,曹二虎将妻子接引到任上。曹二虎的妻子长得十分漂亮,马新贻见了神魂颠倒,馋涎欲滴,于是千方百计想要弄到手。在他的威逼和利诱下,曹二虎的妻子终于被他霸占。

起初,马新贻经常以差遣为名,派曹二虎外出公干。曹二虎一出门,他就偷偷将曹二虎的妻子找来,留宿署中,俨然成了他的妾侍。然而世上没有不透风的墙。马新贻与曹二虎妻子鬼混的事情被张汶祥察知,于是张汶祥劝曹二虎离开妻子,远走他乡,以免遭遇不测。曹二虎口头答应,却迟迟不走。

马新贻为了与曹二虎的妻子做长久夫妻,于是决意除去曹二虎。一天,马新贻命曹二虎赴寿春镇总兵处取军火,曹二虎不知其中有诈,独自一人前往寿春镇。当他刚一到镇上就被捉拿,并被冠以串通捻匪的罪名,令立即军前正法。马新贻就这样借他人之手将曹二虎杀害。

事后,张汶祥听说曹二虎被处死,十分气愤,发誓要为好兄弟曹二虎报仇雪恨。他悄悄地离开马新贻到一个人迹罕见的地方,天天练习刺杀术。练成以后,张汶祥就一直寻找机会刺杀马新贻。1868 年,马新贻升任两江总督。马新贻官运亨通、好不自在。万没有想到好景不长,1870 年 8 月 29 日,竟被张汶祥刺死。

案情审理清楚后,清朝大吏江宁将军魁玉和漕运总督张之万为了维护官方体面,掩盖事实真相,以"江浙海盗,挟仇报复"定罪上报朝廷。他们称张汶祥原系发逆,后通海盗。马新贻在浙江巡抚任内,曾奉命剿办海盗,杀了不少张汶祥的同党,因此二人结下不解之怨。后来,张汶祥的妻子罗氏被人诱惑私奔,张汶祥在马新贻巡视宁波时,曾拦轿告状,但被马新贻打回,二人再次结怨。在逃海盗龙某等挑唆张汶祥刺杀马新贻报仇,张汶祥听了有些心动,于是在新市镇私自开了一件小押店,准备伺机而动。不料这时恰逢马新贻布告禁止开押店,致使张汶祥血本无归。张汶祥激愤之中,二人结怨更深,杀机愈烈。七八年间,张汶祥曾多次潜赴杭州、江宁等地跟踪马新贻,准备寻找机会下手,然而都没能得手。本年七月二十六日(即阳历8月22日),张汶祥混入督属,刺杀马新贻成功。抓捕张汶祥审讯后,供出没有主使人,尚属可信。

刑部尚书郑敦曾复查此案,当他闻知张汶祥的实情后,内心十分敬佩张汶祥,想要减免他的罪行,但是总督曾国藩认为不可,于是还是以假供词上报,最后在第二年将张汶祥判处凌迟酷刑处死。

张汶祥刺杀马新贻一案的前因后果为世人所瞩目,后来实情外泄,许多民间艺人据此编成说唱、话本和戏剧,为张汶祥的惨死鸣不平。关于张汶祥的死,官方和民间的说法相去甚远。也许其中实情,也只有张汶祥地下有知了。

谭嗣同就义

戊戌变法进行到高潮时,由于袁世凯的告密,导致谭嗣同被捕。临刑前,最震撼人心的场面是维新志士谭嗣同面对屠刀,毫无惧色地英勇就义。

谭嗣同

谭嗣同,字复生,号壮飞,湖南浏阳人。1865年3月10日出生于北京。他生长在一个世代为官的封建官僚家庭,受过严格的封建文化的熏陶和教育。其父亲谭继洵曾官至湖北巡抚。谭嗣同从小胸怀大志,为人潇洒,文章新奇开放。父亲向来为人谨慎,经常教育他,因此父子俩关系比较紧张。谭嗣同从 10 岁起即从师于笃好经世之学的欧阳中鹄,后在著名侠客大刀王五(王正谊)门下学艺。他鄙视科举,好今文经学,很欣赏颜元、龚自珍、王夫子、黄宗羲等人的著作。自 1884 年起,他开始漫游了西北、东南各省,行程达八万余里。这不仅使他开阔了眼界,加深了对祖国的热爱,也使他亲眼目睹了下层人民饥寒交迫的悲惨生活,从而产生了挽救民族危亡,为振兴祖国而献身的念头。

1895 年,甲午战争的失败和《马关条约》的签订,使谭嗣同受到极大刺激。他愤而赋诗曰:"世间无物抵春愁,合向苍冥一哭休;四万万人齐下泪,天涯何处是神州!"1896 年春,谭嗣同在北京结识了梁启超,极受梁启超的赞赏。他对康有为的变法主张非常钦佩,自称是康有为的"私塾弟子"。此后,他积极投身于维新变法运动之中,并于 1897 年初,完成了他的主要著作《仁学》。在《仁学》中,谭嗣同把矛头直接指向封建专制制度和封建伦理道德,号召人们冲破封建伦常的罗网。1898 年初,谭嗣同回到湖南。他主持时务学堂,创办南学会,出版《湘报》,每次集会,都有数百人前来聆听谭嗣同的慷慨陈词,很快使湖南成为维新运动的重要基地。

1898 年 6 月,光绪帝下诏变法。受维新大臣徐致靖的举荐,谭嗣同被征召入京参与新政,授予四品卿衔,在军机处任职,与杨锐、林旭、刘光第时称"军机四卿"。谭嗣同喜出望外,为了报答"圣恩",他不顾"杀身灭族"的危险,不辞辛苦地积极推行新政。光绪皇帝准备召开懋勤殿,设置顾问官,命谭嗣同起草圣旨,并要求穿插一些前代的典型事例,说自己将亲自到颐和园去请示慈禧皇太后。谭嗣同退朝后对别人说:"我这才知道皇上一点权力也没有。"

当时荣禄是京师的总督,袁世凯以监司身份在天津练兵。光绪皇帝下诏提升袁世凯为侍郎,并要他到京师朝见。光绪皇帝两次召见了拥有兵权并表示过拥护维新的袁世凯,引得顽固派举朝惊骇。一些守旧的大臣纷纷到慈禧太后那里去告状,慈禧的亲信、当时的直隶总督荣禄连忙调兵遣将以备不测。外面纷纷传说荣禄将利用光绪帝到天津阅兵的机会废掉光绪帝。光绪帝感到处境危机,于是向杨锐下了一道密诏,其中光绪皇帝以紧迫的语气向杨锐叙述了自己的皇位很难保住,慈禧太后随时都会对他下毒手,希望杨锐等维新人士采用新的办法使中国转危为安、化弱为强,不要违背慈禧太后的意思,明确表示出自己试图找到一个折中的方法,使变法继续进行下去。

维新人士听了,痛哭流涕。此时,谭嗣同自告奋勇去充当说客,劝说袁世凯举兵勤王、杀荣禄、锢慈禧、救光绪、护新政,结果反遭袁世凯的出卖。政变发生时,他同梁启超正在寓所苦筹办法。当搜捕康有为的消息传来,谭嗣同镇定自若,从容地对梁启超说:"以前我们没有办法救皇上,现在我们没有办法救康先生。我是不怕死的,就让他们来捉拿吧!"梁启超劝他一起逃跑,他执言不肯,反劝梁启超说:"如果没有人躲过这次灾难,将来也就无人继承我们的变法大业;如果没有人因变法而死,我们也就无法报答皇上的知遇之恩"。其后,谭嗣同又与大刀王五策划营救光绪帝,但由于事起仓促,计划落空。这时,谭嗣同的处境已十分险恶,许多人劝他出走,都被他一一拒绝。他说:"各国变法,无不从流血而成,今日中国未闻有因变法而流血者,此国之所以不昌也。有之,诸自嗣同始!"他决心为变法流血牺牲,以此来唤起民众的觉醒。

9月24日,谭嗣同在浏阳会馆被捕。在狱中,他抚今追昔,从容自若,用煤渣在牢房的墙壁上欣然题诗:

望门投止思张俭,忍死须臾待杜根。

我自横刀向天笑,去留肝胆两昆仑。

9月28日,清政府以"大逆不道"的罪名,将谭嗣同和林旭、刘光第、杨锐、康广仁、杨深秀斩首于北京菜市口刑场,史称"戊戌六君子"。在行刑前,谭嗣同横眉冷对,正气凛然,面对屠刀,他面不改色,对着上万名围观者大声高呼:"有心杀贼,无力回天,死得其所,快哉快哉!"这使得刽子手不寒而栗,使在场观众为之震撼。这年,谭嗣同才33岁。

谭嗣同死后,大刀王五收殓了他的尸首。次年,他的遗骸运回湖南浏阳,安葬于城外石山下。后人为了表示对这位维新志士的敬慕,在墓前华表上刻下这样一副对联:

亘古不磨,片石苍茫立天地;

一峦挺秀,群山奔赴若波涛。

谭嗣同的死,表现了爱国志士们为了国家的强盛而不惜牺牲生命的英雄气概,同时也说明了改良主义道路是行不通的。中国要求得富强,就只有推翻腐朽的清王朝。

袁世凯以钱换命

戊戌变法失败后,光绪帝被囚禁于瀛台,过着郁郁寡欢的日子。而袁世凯则深受慈禧重用,官运亨通,升至军机大臣。这使光绪帝咽不下这口气,对袁世凯恨之入骨。当初光绪帝全权委托于他,却不料袁世凯卖身求荣,一夜之间形势大变,变法大计夭折,光绪帝被囚,戊戌六君子被杀,朝中大权又重新回到慈禧手里。而这一切,在光绪看来,都是袁世凯告密造成的,不杀袁世凯难解光绪心头之恨。于是,光绪帝病危之际,曾留下遗言给隆裕皇后,命其杀袁世凯,为自己报仇,雪戊戌之恨。

光绪、慈禧的相继宾天,两宫大丧期间,隆裕皇太后无暇顾及此时。但光绪皇帝留此遗言的消息却早已传到袁世凯的耳中。他听闻此事,当即吓得浑身瘫痪,可又不敢告休,担心引起朝中猜疑。一连数日,袁世凯苦苦思索着怎样才能度此生死关头,保住自己的老命。他想起了小德张。慈禧在位时,袁世凯就与小德张有过不少接触,互相利用、内外勾结。现在,小德张正是春风得意之时,唯有他是隆裕眼中的红人,也只有他能向隆裕说得上情。想到这儿,袁世凯不敢耽搁,趁宫里宫外都忙着两宫大丧之事、还未来得及处理他,抱着一线侥幸的希望来找小德张。事先,他吩咐下人将一大堆金银珠宝悄悄送进小德张府中。

这天,小德张正在自家宅邸歇息,突然听闻袁世凯来访。两人彼此寒暄之后,袁世凯眉头紧锁,长叹一声。小德张故意装出糊涂的样子,拱身问道:"袁大人有何难事,竟如此长吁短叹!""不瞒公公,最近听说大行皇帝(即光绪)有遗训,要太后惩治于我,为的是戊戌年变法之事。当年之事实非迫不得已,公公在太皇太后身边供职,自然知道太皇太后的为人,我一人岂能承担那天大的事情,并非我有意陷大行皇帝于危难之中,袁某有天大的胆子也不会做出那样的事情。还请公公帮助想想办法,再生之德终身不忘!"说着,袁世凯竟老泪纵流,哽咽地望着小德张,满脸祈求。

顺势袁世凯从怀中掏出一张银票,放在小德张面前,小德张用眼扫了一下银票,上面赫然写着30万两。小德张猛地一惊,30万两白花花的纹银,这是他从不敢想的数字。只要他一句话,这笔巨额钱财就成了他小德张的了。可转念一想,收了袁世凯的钱,就要为人家办事。此时非同小可,万一有个闪失,将如何收场。袁世凯老奸巨猾,早已看出小德张的心事,把银票又往小德张面前推了推,说事成之后还有重谢。小德张心一横,想着这些年辛辛苦苦也没捞着这许多钱,事成之后,还有一大笔白花花的银子进账,所有的忧郁都打消了。"若是这样,杂家也就愧领了。只是这事非同小可,须要细细商议,想个周全之策,以防有变。"袁世凯见小德张愿意帮忙,连声道谢,这才稍微安下心来。

两宫大丧已过去一个多月,隆裕太后猛然间想起光绪帝的遗训,于是召来摄政王商议,是否除掉袁世凯。摄政王听罢,大惊失色,双手颤抖。他深知袁世凯如今手握重兵,爪牙遍地,稍有不慎,必然导致政局逆变,事态难以预料。于是摄政王说道:"既有大行皇帝遗训,臣当尽力而为,必为大行皇帝报仇。只是,眼下袁世凯重兵在握,不可操之过急,太后容臣等从容计议。"

摄政王回到家中,一直满脸愁云,不思饮食。醇王福晋小心地问他究竟是为何事烦恼,摄政王将事情细细道来。醇王福晋听了,深感吃惊,良久无语。原来这福晋正是荣禄之女,戊戌变法时袁世凯告密,荣禄得到消息后,连夜进京密报慈禧,这才导致戊戌变法失败。因此,袁世凯若是有杀头之罪,这醇王福晋的父亲荣禄更该是罪魁祸首,也在劫难逃。醇王福晋将心中的疑虑说给摄政王听,摄政王连连点头:"我正是因此而为难,办与不办都无法交代,还是先与几位王爷商议再说。"

第二天一早,庆王、礼王及世续、张之洞两位中堂被请至醇王府中,共同商议。大家面面相觑,默默不语。过了好长时间,张之洞轻轻地咳嗽一声说:"戊戌变法失败,袁世凯有告密的罪责,然而幽居大行皇帝,斩杀谭嗣同等六人,却是太皇太后的意思。今日若以戊戌之责处办袁世凯,恐难成立,那样将太皇太后置于何地,若以其他罪名而言,又无确凿证据,朝廷斩杀大臣必有可明告天下之罪责,因此不能成立。依我之见,不如暂放其回归故里,待查明其结党营私、飞扬跋扈之罪名成立,再办不迟。"张之洞所言,众亲王都认为是万全之策,摄政王也只好将诸位大臣的意见禀告隆裕太后。隆裕听罢,心里很不是滋味,堂堂的大清皇帝,临终之托竟如此难以实施。

摄政王退下,小德张进殿伺候,见隆裕太后双眼红肿,神情呆痴,端坐在床边,心中猜想太后必有缘故,只是不便直问,婉言劝道:"太后还应以国事为重,保重慈躬。若有为难之事,外有摄政王赞助,奴才在宫中也会尽力替太后解忧。"隆裕听了,长叹一声,将心中烦恼之事说给小德张听。小德张低头不语,若有所思,过了好一会儿才说:"摄政王言之有理,袁世凯掌握重兵,且杀之无名,很有可能引起大乱。如今两宫大丧,局势未安,再也经不起大的变动。奴才以为还是将他开回原籍,稳住人心,暗中派人监视,时机一到再依计行事。大行皇帝在天之灵也会谅解太后的苦衷。"

隆裕太后擦干眼泪,召摄政王觐见:"就依众卿之议,开去袁世凯军机大臣及其他官职,遣回故里,容后再议。"当天下午,袁世凯即递上奏折,内称素患足疾,入冬即发,恳请开去差缺,回乡调治。隆裕太后准其辞归。

次日清晨,袁世凯即收拾行装,随带几名亲信迅速离京。临走之时,派一名亲信前往小德张府上,呈上二十万两银票,以示谢意。小德张在这一事件中既得了五十万两好处,又在隆裕面前做了一番表现,加重了他在隆裕心中的地位。

光绪帝遗训之事,就这样不了了之。岂不知,这一次放走袁世凯,如同放虎归山,袁世凯不但没领太后不杀之恩,而且与太后结下了很深的冤仇,成了来日灭清逼宫之人。

索额图舌战俄使

明末清初,沙皇俄国趁中国内乱之机,纵兵侵略我国东北黑龙江流域。他们在雅克萨和尼布楚等地建立侵略据点,肆意烧杀抢劫,奸淫妇女,无恶不作。他们甚至以其肉为食,尽显其野蛮残忍。

为保护东北边境人民的财产和生命安全,打退沙皇俄国的野蛮侵略,清朝顺治初年,清廷两次派兵抗击沙俄侵略军,击毙了他们的一个头目斯捷潘诺夫。

康熙即位初年,集中兵力主要平定吴三桂等人掀起的"三藩之乱",无暇顾及东北地区。沙俄趁机加紧扩大侵略,把魔爪伸到了色楞格河下游地区。"三藩之乱"平定后,康熙二十四年(公元1685年),清廷正式派兵攻打雅克萨。但沙俄侵略军在清军撤退后,再次占领鸦克萨,并加强防备措施。为彻底击败沙俄军队,康熙帝于次年再次派兵攻占了雅克萨。

沙俄军事侵略失败后,被迫同意与清政府举行谈判,划定两国东部边界。康熙朝名臣索额图作为这次中方首席谈判代表,在谈判过程中,舌战俄使,捍卫了中华民族的利益,为中国外交史谱写了光辉的一页。

索额图,赫舍里氏,满洲正黄旗人。他的父亲索尼,是清朝开国元勋。康熙四年(公元1665年),索尼的孙女,也就是索额图的侄女,被立为康熙帝皇后。赫舍里家族从此跻身于外戚行列。

索额图以其显赫门第和国戚身份步入仕途,很快便从一个三等侍卫升至保和殿大学士、太子太傅。然而,索额图的步步高升,更重要的还是取决于他的才干。早在康熙初年,为帮助康熙帝铲除鳌拜,索额图主动辞去吏部之职,以一等侍卫身份在康熙帝身边效力。因为他尽力护驾,深受康熙帝的信任。

第二次雅克萨之战后,康熙帝准备派一个代表团和俄国谈判划界。该派谁做首席谈判代表呢?康熙帝深思熟虑之后,最后还是决定用索额图。康熙帝很清楚,索额图足智多谋,沉着稳重精通满、蒙、汉三种文字,对中国古代历史熟悉,又能言善辩,是出使谈判的理想人选。

康熙二十七年(公元1688年)四月,康熙帝决定以索额图为首席代表,国舅佟国纲为第二代表,尚书阿喇尼、左都御史马齐、护军统领马喇等为代表团成员,正式出使尼布楚。临行前,康熙帝对索额图等人说:"尼布楚、雅克萨、黑龙江上下,以及连通这条大江的一河一溪,都是我们的属地,不能让于俄罗斯。"七月下旬,当使团到达克鲁伦河时,因噶尔丹发动叛乱,使团受阻折回。

第二年五月,康熙帝再次派遣使团北上。由于噶尔丹已经占领了漠北蒙古,又勾结沙俄,形势万分严峻。使团出发前,康熙帝对索额图、佟国纲说:"你们初议时,仍然要以尼布楚为界。如果他们极力恳求尼布楚,你们也可以以额尔古纳河为界。"康熙帝做出这样的让步,其目的很明显是要阻止沙俄与噶尔丹

中国古代逸史

图文珍藏版

进一步勾结,尽快划定两国边界,以集中兵力平定噶尔丹叛乱。

八月二十二日,中俄双方都在尼布楚城外扎营,两营之间各国分别派有二百余名卫兵,手里拿着武器侍立两旁。尼布楚谈判正式开始了。俄国首席代表戈洛文首先发话:"我们俄罗斯与贵国的边界是黑龙江,江以南归贵国,以北则是我们俄罗斯帝国的。"索额图表示强烈反对,他愤怒地说:"岂有此理?今天你俄国若是想要议和,就只能是以东起雅克萨,西至尼布楚为界。此界及其以南被你们占去的地区,必须无条件归还我方。"接着,他详细列举了中国历朝对东北进行管辖的具体史实,指出尼布楚、雅克萨一带和色楞格河以西地区,自古以来都是中国领土不可分割的一部分。戈洛文理屈词穷,只好耍赖地说:"我们没有时间讨论历史事实。"

索额图为抗议俄国人的蛮横无理,作为一种策略,他愤然离座,径直回到了自己的大营。但私下里,他又让随行翻译人员往来调停,给俄国人造成一种印象,那就是我们一定要坚持原则,但也不反对双方进一步磋商。

几天以后,双方恢复谈判。索额图私下已经了解到俄国人自从雅克萨战败后,已不敢轻易与清朝兵刃相见,因此,他们也不希望谈判破裂。但是,俄方又不甘心接受索额图提出的划界主张。于是,索额图这次以退为进,首先发话:"我们大清帝国真诚地希望能与贵国达成谈判协议,因此,我们决定向贵国做出让步,同意以格尔必齐河作为双方的国界。"

戈洛文立即做出反应:"贵国的要求我们不能接受。我们可以以雅克萨为界,在交界处划出中立地带,双方不得驻兵。"索额图看到戈洛文稍有让步,为顺利达成划界协议,他严词拒绝俄方的无理要求,并再一次愤然离座回营。索额图的意图是想以此压迫戈洛文,让他接受我方提出的划界方案。

当晚,索额图与佟国纲等人密议,决定再做些让步。第二天复会,索额图态度很强硬地说:"我们决定再向贵国做出让步,同意以格尔必齐河到额尔古纳河为界。但这是我们对边界线的最后退让,没有再讨价还价的余地。"戈洛文通过几十天的谈判,知道这个对手不好对付。面对这个无疑是最后通牒式的方案,戈洛文心想,若再提出些不切实际的要求,恐怕自己的和谈将会无功而返,便同意了索额图的划界主张。

索额图的一生，作为外交家，他获得了极大的成功，是中华民族的功臣；作为政治家，他也堪称康熙朝的一代名相，为平定"三藩叛乱"，维护祖国统一做出了贡献。

高士奇善解"圣意"得康熙赏识

康熙帝喜欢游山赏水，并且喜欢在所到景点之处舞文弄墨，留下自己的文才。不过，每当他出去游玩总爱带上自己的近臣高士奇，其原因是高某非常善解"龙意"。

一次，康熙出游苏州的狮子林，观见狮子林结构巧妙，奇山异石，曲廊流水，层出不穷，不禁随口说了一声："真有趣！"说完他想题几个字，但一时又想不出题什么好，便问随从在身边的高士奇题几个什么字好？

这高士奇立即跪奏说皇上刚才不是已经题过了，臣可不敢再题了。康熙奇怪地说自己哪里题过呀。高士奇却说皇上刚才不是说"真有趣"吗，去掉中间的"有"字，保留"真趣"两个字，不是最贴切吗。康熙一听大喜，回皇宫立即赏赐高士奇玉如意一只，白银五百两。

又一次，康熙到杭州西湖灵隐寺参观拜佛，并带着宰相明珠与高士奇二人。灵隐寺的和尚请求康熙写一块"灵隐寺"的庙名匾额，康熙提笔便写，但在写"灵"字时由于繁

高士奇画作

体字的"灵"上边是个"雨"字头，康熙把上面的"雨"字头写大了，下面的笔画又多，不好写下去。正在踌躇为难之时，高士奇在自己的手掌上写了"云林"两个字，假装上前为康熙磨墨，偷偷地把掌心向着康熙，由于"云"字下面笔画少，好

写多了,于是康熙就写成:"云林"二字了。所以,后来灵隐寺又称云林寺,此匾额至今犹存。

题完匾额,他们一行来到灵隐寺的大雄宝殿里。康熙笑着对明珠和高士奇说:"今儿个咱们像什么?"

这时,宰相明珠冲口而出,说:"三官菩萨";而高士奇却马上跪奏说:"高明配天"。康熙听了哈哈大笑,他对明珠说:"你以后要多读书,多向高爱卿学习呀!"

因为,"三官菩萨"指福、禄、寿三星,明珠的回答很不得体,竟然把自己与皇帝等同起来。而高士奇的回答却是说:"我,高士奇;他,明珠;共同在陪侍你这位天子",所以叫"高明配天"。如此巧妙、语带双关的回答,自然又赢得了康熙的喜爱。

其实,高士奇受到康熙的宠爱,不仅是由于他的学识与机敏,更是他的乖巧奉承与善解"龙意"的手段,他总是能在康熙最需要的时候,想出巧妙的解决办法。

有一次,康熙骑马到南苑打猎,突然坐骑乱蹦乱跳,险些把康熙摔下马来。众侍卫连忙上前勒住马,才没有出事。到了行宫休息时,康熙还很不高兴。高士奇得知后,便故意把自己的衣服弄上许多污泥浊水,一副狼狈不堪的样子,来到康熙身旁侍立伺候。

康熙见状问他怎么这副狼狈模样?高士奇立即跪奏说自己刚才骑马被摔到污水沟里,到现在还心有余悸呢!康熙听了不觉大笑,你们南方人真是文弱,我的坐骑刚才乱蹦乱跳,我不仅没有摔下来,还控住了呢!高士奇就是这样善于揣摩上级的心思,他使康熙感觉到自己的骑术还是顶不错的,没有像高士奇被马摔下来,于是就由不悦转变为高兴了。

高士奇在康熙身边30多年,他所做的官衔不算少,却都没有太大实权,因此政治上没有干什么大坏事。这一点说明康熙还是一个明主。

然而,高士奇却利用康熙对他的宠爱,收罗党羽,接受贿赂。这样自然引起别人的嫉恨和公众的谴责,结果他遭到了左部御史的弹劾。奏章中列举了高士奇四大罪状,请求康熙将他明正典刑。其中一条最有说服力:高士奇以一个穷监生的身份,只身来京师,并没有建功立业。现在只要问他拥有的财产有多少,就可以知道他招权纳贿有多少。

康熙就这个问题来问高士奇。高士奇却跪奏说,臣蒙圣上洪恩,常近侍在龙体身边,因此,一些地方上的总督巡抚、朝廷内的部院大臣们总是不断送一些来礼物。不过,臣收受这些礼物之后,并没有在皇上面前为他们讲过一句话。所以,这些礼物对送礼的人来讲,没有起到应起的作用;而对臣来讲,臣认为这些礼物都是皇上洪恩所赐,所以臣受之而无愧,望皇上明察。"

康熙听了他这一番辩词,自己深思了一番之后,便对高士奇未加处分,即没有罢官也没有抄家,而是勒令他退休,让他回杭州到自己出游时曾居住过的豪奢别墅——西溪山庄里,享清福去了。

名人逸史

状元李馀馀科场夺魁

吕宫(1603～1664年),清顺治四年(1647年)丁亥科中状元。他夺魁得力于亲王鳌拜的赏识。

本来,吕宫与鳌拜素不相识。鳌拜当时声势显赫,连顺治帝对他也畏惧三分。殿试那天,他心情特别好,也转去巡视考场。他大摇大摆来到考场之后,只见贡士都忙于答卷,无暇关顾。清初规定,殿试时只提供每位贡士一张矮桌,而不给凳子,贡士们得跪着做题。在紧张的气氛中,贡士们跪的姿势千奇百怪,有朝左歪的、有向右倒的、有身子扭曲的、有弓腰驼背的、有伏案的、有捧腮的、有抓头皮的、有挠痒的。鳌拜是一介武夫,看了这些读书人的情态,暗自发笑。众人之中,唯有一个跪着如同立着,稳稳当当,端端正正,对比全场,犹如鹤立鸡群。鳌拜见了,心下有几分佩服,不自觉地将注意力全部集中在他身上了。慢慢转到正面,又见那位贡士仪表不凡,镇定自若,更添了几分欢喜。再转到跟前一看,得知他姓吕名宫,江苏武进人。鳌拜还发现所有人写字都用衬格,只有他信笔挥洒,字迹却格外工整秀丽。原来,吕宫因来时路上下大雨,慌忙中丢失了铜衬格,信手写字是出于不得已。鳌拜并不知道个中情由。他拿起吕宫的文章看了看,觉得其对策文字敢于直言,不像别人只说些陈词滥调的套话,不禁大加赞赏。不仅自己赞赏,还把卷子指给主考官——大学士范文程和另一权臣陈名夏看,他们两人也附和着同声夸赞。几个主要当权人物都看中了,吕宫自然就稳操了胜券。这科他顺利地夺得了状元桂冠。

吕宫在殿试场上就交上了好运,加之他夺魁在清朝定鼎之初,正值用人之际,所以官运亨通,不到七年就越级提拔为弘文院大学士(正一品相当于以前的宰相)。

孙承恩(1619~1658年),常熟(今江苏常熟市)人。原名曙,字扶桑。顺治十五年戊戌(1658年)科状元。授职翰林院修撰,常陪侍顺治帝左右,作为顾问,宠遇日隆。有一次陪顺治帝游幸南海子,赐骑御马,碰上大风沙,中寒得疾而卒,年仅四十岁。

他被点为状元,还有一段文人们颇感兴趣的故事。上一年,他的弟弟孙旸在顺天考场考中举人,因牵连进考场作弊案被遣戍东北尚阳堡。照规定他也有"连坐流徙"之罪。但是他不仅没有"连坐"而且大着胆子进京考试。殿试毕,阅卷大臣将头十名拟好后,呈送顺治帝最后"钦定"。顺治帝翻阅第一名的卷子,见上面有颂语"克宽克仁,止孝止慈",大加称赞。等到拆开弥封看了姓名籍贯后,又怀疑他跟孙旸是一家。就派学士王熙赶快去询问本人。王熙跟孙承恩有旧交,到了孙的寓所。便详细说明来意,并且强调说:"今天,是上天堂还是下地狱,就在你一句话了。你看我回去该怎么回奏?"孙承恩沉吟良久,满怀感慨地说:"你照实说吧!是祸是福听天由命。我既不能欺君又不能卖弟!"王熙得到了答复,上马走了几步,又回头问:"你不后悔吧?"孙承恩果断地说:"就是死了也不后悔。"

王熙策马飞驰进宫。向顺治帝如实禀明,顺治帝特别欣赏孙承恩的诚实,就确定他为状元,还特赦了他"连坐流徙"之罪。

其实孙旸也是才华出众的人才,流戍多年之后,经人活动,还是被赦还了,活到七十多岁才去世。康熙继位后,曾到东北巡谒祖陵,孙旸在流放地受过接见,试过书法。后来康熙南巡到苏州,又曾问过"孙旸在否"。

严我斯,字存庵,归安(今浙江湖州市)人。官至礼部侍郎。顺治甲午年(1654年),严我斯赴省参加乡试,因家贫无力租船,附乘一条运粪的船前行。他随身只带了一筐饭,船舱又脏又臭不可近,就在船头背风处用餐。

考试期间,仅在花楼桥南租了一间破屋,乃是一架瓜棚。考毕,送喜报的人来了,那瓜棚无法容纳,只好借邻家的房子招待。

严我斯素来不喜欢读《孟子》,遇到考《孟子》里的题,每每以出错而被摈斥。这一科是同号舍的考生帮忙答了第三题(《孟子》题),方才获中。

乙未(1655年)、戊戌(1658年)接连两次会试,严我斯都失败了。辛丑(1661年)科再度北上,偶然获得一部《尔雅注疏》,途中详加批阅。正巧,第三场策问中有《尔雅》题,严我斯对答也就分外详细。但由于《礼记》题中小有毛病,自以为又要落远,不等发榜,就怅然离京而去。这次会试,全考场找不出一个《尔雅》题答得像样的。于是,考官们遍查不准备录取的卷子,发现严我斯的《尔雅》答卷后,没有一个不击节叹赏的。大家都疑惑这样的好卷子怎么未被录取,再查前两场的卷子,才知道其他经典的答卷有毛病。尽管如此,还是录取了。可是严我斯早已离京千里,来不及参加殿试,所以等到甲辰(1644年)科补行殿试,方才大魁天下。

封建帝王的一时心态,往往是决定进士名次的关键。是重书法,还是重文章,在康熙一人身上,前后就有过截然相反的态度。

康熙十五年丙辰(1676年)科会试揭晓后,长洲(今江苏苏州市)人彭定求被定为会元。等到殿试毕,阅卷大臣巴哈纳等十四人经过认真评阅,反复比较,将彭定求初拟为第三名。未拆弥封前,康熙帝将头十本卷子依次看过之后,并没有说什么。拆了弥封之后,他发现会元彭定求排第三了,就问道:"会元的卷子为什么放在第三?"巴哈纳回奏说:"他的书法不如前两名。"这时候康熙帝对书法还没有特别的兴趣,就一边翻着彭的考卷一边说:"会元的《殿策》一开头就有劝勉朕本人的意思,这是很难得的。难道古代的周敦颐、程颐、程颢、张载、朱熹他们都长于书法吗?"说着,亲自把彭的卷子抽到最前头。彭定求因此而大魁天下。

到了康熙三十年辛未（1691年）科，殿试过后，阅卷大臣张玉书等人初拟的名次是：

第一名吴昺，安徽全椒人，（吴敬梓的叔祖父）；

第二名戴有祺，金山卫（今属上海市）人；

第三名杨中讷，浙江海盐人；

第四名黄叔琳，顺天大兴（今北京大兴县）人；

皇帝就这样凭兴趣决定了进士的名次。彭定求和戴有祺之夺魁，一在文章，一在书法，各得其时。

李蟠，字根大，江苏铜山人。康熙三十六年丁丑（1697）科状元。他出身较贫苦，祖父、父亲都是命运不济的读书人。他本人中状元后，遭遇也是最惨的。仅于康熙三十八年当过一任顺天乡试正考官，任内就因受贿赂而革职遣戍边陲，从此便销声匿迹了。

李蟠的那个状元也中得相当可怜。他书法不太好，写字很慢，构思文章也慢。殿试那天傍晚时分，其他考生都交卷出去了，只有他一个人还留在殿前苦苦思索，慢慢书写。巡查的卫士们都等得不耐烦了，一再催他交卷。而他的卷了没做完又怎么能交呢？这一急眼泪也流出来了。他带着泪哀求道："请各位壮士老爷不要催，越催越写不出来。我一生的功名就在于今天，望各位成全！"卫士们见状都笑了，也就不再催促。一直等到四更，李蟠总算交了卷。

进场之前，他无力准备什么精美的饭食，只在街上买了三十六个馒头。因为身材高大，食量也大。考了一天一夜，这三十六个馒头吃得精光。这些情形，康熙很快就得知了，念他是个苦志之士，动了恻隐之心，就把他拔置第一名。

馒头，当时京城称为饽饽，于是人们就戏称李蟠是"饽饽"状元。

皇帝评卷定状元

在清朝的科举中，朝廷规定凡前十名的卷子，均要亲交皇上批阅。由皇上钦定一、二、三甲的名次，尤其是新科状元，一般都是由主考大臣们提名，最后由皇帝亲自决定。由于这种习惯,在清朝就有四个状元是皇帝亲自阅卷以后改定的。

第一个是康熙三十年的状元戴有祺。这一年的考试原拟吴昺为第一名,戴有祺为第二,杨中讷为第三,但康熙本人是位有名的书法家,酷爱书法艺术,对考生们的书法如何,一向看得很重。当他仔细审阅前三名的卷面时,觉得戴有祺的书法功力深厚,因此将他定为第一甲第一名状元,而把吴昺改为第二。

第二个是吴鸿。在乾隆十六年的考试中,进呈了十份考卷,乾隆仔细阅过以后,觉得拟议中的第一名刘墉在前十名中相比较平常,没有超人的才华,因此将吴鸿改定为状元,把刘墉改为二甲的第二名,降了五级。这一变动,主考官们不太满意,向乾隆进言,但乾隆说:"我们取的是一朝的状元,必得有人们向往的才气,怎么能让一个平平常常的人来夺冠呢。"说得考官们哑口无言。

第三个是王杰。在清朝的一百一十四个状元中,江苏四十九名,浙江四十名,过半数以上。从一开始就有江浙垄断状元的说法。为了改变这一趋势,乾隆即开始做些适当的调整。乾隆二十六年的考试中,江苏阳湖人赵翼考得非常出色。但因为他在朝廷中服务多年,考官们都认识他的字体,赵翼怕因此被除史,在参加殿试时,变换了自己的字体,考官们都没有认出来。等到最后启卷,他是第一名,充分显示出这个清代大学者的深厚功底和他不凡的才能。而和他同榜的第三名,是陕西人,名叫王杰。当乾隆看过他们的考卷以后,觉得赵翼虽然出众,但他毕竟是江浙人,在已考中的四十七名状元中,江浙已占四十四名,如果状元都被他们垄断了,对大清王朝是不利的。这位博识多才的皇帝,灵机一动,将赵王移位,王杰成为第一名,赵翼名列第二。这样既改变了那种不正常的趋势,又使古都陕西出现了第一个状元。接着这一势头,乾隆特别下了一道手谕,要礼部在今后的考试中,状元再不得取南人。由此,终于打破了江浙垄断状元科的局面。为大清王朝笼络各省人才起了很好的作用。

第四个是四川的骆成骧。他是光绪二十一年乙未科的状元。这一年的考试,光绪阅前十名的考卷时读到骆成骧议论时政的文章,其中有"主忧臣辱,主辱臣死"的言辞,正值甲午战争失败而处于悲观中的光绪,读到此极为感动,当即挥毫,改骆成骧为第一名。自此富饶的蜀都出现了第一个状元。

　　广东顺德的黄章,少年时代家境贫寒,近四十岁才入学为生员,六十多岁才补了廪生,八十三岁当了贡生,到他参加康熙三十八年的顺天乡试时已是百岁开外的老人。但他壮心不已,由广东启程,不远数千里入京参加北闱的考试。入场时,由他的曾孙为前导,手持一个偌大的灯笼,上面由黄章亲自书写"百岁观场"四个字,顿时使满场的举子为之钦服,都暗暗庆幸自己遇到了一个大寿星,科场中的福音。乡试结束,康熙特亲赐他为举人,使之荣归故里。

　　又有一位乾隆时代的考生,名叫谢启祚,也是广东人。九十八岁才参加第一次乡试。按照乾隆朝的惯例,像这样的高龄可以恩赐举人,不必亲赴科场应试,广东巡抚也数次写了上奏要报礼部呈请特赐。但谢坚决谢绝,对巡抚说:"金榜题名,必得经过科场考试,对所有考生毫不例外,何况我现在并不衰老,耳不聋、眼不花、手不麻,既然我还能亲赴科场应试,为什么我又要落一个腐儒的笑柄?"每次广东巡抚都被他的诚恳言语所感动,把要送走的礼部奏折又撤回。直到在乾隆五十一年举行的乡试中,他果然以优秀的成绩中举。为此他特做《老女出嫁诗》来抒发自己中举的欢畅心情:"行年九十八,出嫁弗胜羞。照镜花生面,光梳雪满头。自知真处子,人称老风流。寄语青春女,休夸早好逑。"等到乡试结束,巡抚亲自举行鹿鸣宴,为举子们祝贺,这时在座的竟有十二岁的童子中举。巡抚大人感到很有意思,当场挥毫题诗两句:"老人南极天边见,童子春风座上来。"这两首诗很快传遍江南江北,成为一时的趣闻。这位谢举人次年又亲自参加北京的会试,三场完毕中进士,授国子监司业官衔。这时他已九十九岁,终于实现了自己的最后志愿。又过了三年,他以京官的身份入京替乾隆祝贺八十大寿,乾隆见他如此潇洒,特别加恩晋衔为鸿胪寺卿,即相当外交部长之衔。并赠送他一块诗匾。这时,他的家眷中先后已有两妻两妾,男儿二十三人,女儿十二人,孙子二十九人,曾孙三十八人,还有两个玄孙,已是六世同堂的进士之家了。

　　还有一个是道光时代的考生,名叫陆云从,广东三水县人。入学时已整整百岁,三年后参加乡试,中举人,于道光六年又赴京参加丙午科的会试,三场试毕,精神勃勃,中进士,道光当即赐他为国子监司业官衔。

　　一位同时代的广西考生,名叫莫如瑷,他是浔州府学的学生,到一百零二岁才首次参加本省的乡试，三场考完，文章秀丽，书法优美，理论符合时代观点，因此被评为最优秀的考卷。当他步出考场时，步履矫健，向所有欢迎他的人频频挥手，怎么也不像个百岁老人。之后，皇帝特给他加京衔举人，以资鼓励。

这仅是其中的几例。一位研究中国科举制度的西方官员曾经写道："我很难理解中国的科举居然能挑动百岁老翁的情感，它究竟是种魔力还是一种引力呢？或许二者兼而有之。我甚至相信，它不仅对在世的活人具有效力，而且对名落孙山的黄泉举子大概也仍有起死回生的法术。"话说得很幽默，我们从中悟出了一个道理，封建社会之所以能够稳固地维持几千年的岁月，大概非常重要的一个支柱就是科举。

妙进谏听理三分

巡抚周文襄初到昆山，刚登岸，就在盛怒之下鞭挞一人。儒学教谕朱冕斥责衙役，让他们停止打人，他对周文襄说："请姑且息怒，到衙门再惩治他。"周文襄公听了他的话。到了府中，周文襄公召朱冕来，问其原因。朱冕说："刚下车，大家都看着你。如果因怒伤人，会影响你的威望。"周文襄向他道谢。不几天，太仓开设卫学，周文襄公奏保朱冕当教授，而且对两个卫学武职说："我为你们的子弟找到了一个好老师，应该尊重他。"朱冕，字七章，嘉兴人。

清代江南人陆陇其，为官颇有政绩。他担任知县时，曾作一篇《劝盗文》，派吏员到狱中向犯人诵读。《劝盗文》的大意是：

"一念之差，不安生理，遂做出此等事来，受尽苦楚。然人心无定，只将这心改正，痛悔向日的不是，如今若得出头，重新做个好人，依旧可以成家立业。"

犯人听了感人肺腑的《劝盗文》，都痛哭失声。

清朝大臣恭忠亲王喜欢喝酒，又喜欢唱昆腔。一次，亲王召令演员演剧，演的是武打戏。亲王正看戏，忽然说："你们到台下来打。"台下就是丹墀，都用锦石铺成，一翻跟头，就会腰骨受伤。演员们都踌躇不决，亲王催促很急，并吩咐取赏银。孙菊仙在旁边开玩笑说："你们好好打，打完了，王爷不但赏你们每人一个银锞子，并且赏你们每人一贴膏药。"恭忠亲王这才大笑作罢。

蒲城人王鼎,是道光朝的名宰相。他任户部尚书十年,经核出入,无人欺骗得了他。管理刑部则平反冤狱多起,曾先后巡按九省,审理重大案件三十余起。弹劾不法官员,不畏权势,不徇私情。改革两淮盐政,卓有成效。道光二十二年,开封附近的黄河决口,王鼎奉命负责治河工程,只用了六个月的时间就完满竣工,投资少而见效快,河南、安徽的百姓至今还感戴他。王鼎治河回朝,正赶上朝廷议论与英国签订丧权辱国的"南京和约"。他坚决反对,据理力争,结果触怒了权相穆彰阿。王鼎回到家里,悲愤已极,写好参奏穆彰阿的奏章,揣在怀里,然后上吊自杀,希望用死来说服道光帝回心转意。当时军机章京陈孚恩是穆彰阿的党羽,他设法毁掉了王鼎的奏章,然后又弄了一篇假遗疏交给皇帝,并谎称王鼎是得了急病死的。如果当时道光帝见到了那本真奏章,也许不会等到咸丰初年才罢斥穆彰阿。英国侵略者知道中国有人才,或许不至于像后来那样骄横跋扈了。

清圣祖康熙不喝酒,尤其厌恶吸烟。溧阳史文靖公、海宁陈文简公都抽烟成癖。康熙南巡时,暂住在德州,听说两人的嗜好后,特意赏赐给他们水晶烟管,借此进行讽喻。二人用烟管抽烟,火苗上升,烟管在唇边爆裂,二人害怕,不敢再用。于是,康熙传下圣旨,禁止天下人吸烟。

清圣祖康熙废弃了理王,揆叙、王鸿绪等人怕他复出,于是造出各种谣言来到处传播,康熙皇上听了很生气,想要置理王以重罪,众大臣都知理王冤枉,但不敢劝谏皇上。领侍卫内大臣娄德纳年岁已高,但善于理解皇上的心理。有一天,康熙皇上从畅春园回宫,想公开颁发诏书,娄德纳先在傍晚时期见皇上说:"听说护军统领某人得了病,瘦得只剩一把骨头了。"这个人一向体胖,是出了名的。第二天早晨,这人佩戴着刀侍立在神武门边,仍然像以前一样肥胖壮伟。皇上质问娄德纳,娄德纳笑着说:"从这件事可以看出,人说的话,不一定都可信呀!身体的胖瘦,是显现在外面的事情,还能讹传到这种程度,更何况弄不清楚的事情呢!"康熙皇帝点头表示同意他的话,立刻撤回了诏书。

清朝恭亲王的女儿昌寿公主在慈禧太后垂帘听政时,常出入皇宫,能以婉言劝谏太后纠正错误。一天,公主得知皇太后制作了一件色彩鲜艳的衣服,便从容地对太后说:"我曾在某处看见一件丝织品,材料的质量、颜色都特别好,准备用它做一件衣服进献给您，但只是因为没有祖宗的规定，所以只好放弃这个念头。"太后听完沉默不语。

德宗光绪即位后，恭亲王家的人都很嫉妒，公主竭力规劝众人要顾全大局，并时常给他帮助。德宗不被废弃，公主多方的努力也起了相当大的作用。

陈宝箴是曾国藩的门生，也当过左宗棠的幕僚。有一次，他从湖北左宗棠的军营出发，到南京去见曾国藩。见面时他满脸是汗，曾国藩问他怎么回事，陈宝箴笑着说："刚替人做完和事佬。我来时所坐的船上，掌舵的与摇橹的因驶船意见不合，起初是相互谩骂，后来竟扔下船上岸殴斗，船无人管，来回摇晃，几乎翻了。我害怕，也上了岸，对他俩说：'你俩因船殴斗，说明你们都喜欢这条船，现在扔下船上岸打架，船没人管，很快就要翻了，还不同舟共济保住船？'这两个觉得我说得有理，于是不再殴斗。我到酒店请他俩喝顿酒后，便和好如初。再开船时遇到顺风，很快地到了这里。但我还是怕晚了，所以跑出一头汗。"曾国藩听了后，沉思良久，长叹一声："我难道不如船工吗？"尽管以后左曾二人还是意见不合，但在军事上不再相互掣肘了。

左宗棠有个部下姓吴，世家子弟，又是左的门生。此人精于烹饪无论环境如何艰苦，对饭菜味道的挑剔都很苛刻。吴某的下属对此很有意见，左宗棠听到后，便在某天请吴某吃饭，吴不敢推辞，从早上等到中午，没有看见左宗棠准备的菜。将近下午，在他感到很饿时才开饭。送上来的是小米饭和青菜，吴某饥不择食，吃了三大碗。这时山珍海味才送上来，左很殷勤地劝吴某吃菜，吴某已经吃饱，坚决辞谢。左宗棠笑着说："饥饿时什么都能吃，吃饱后很难吃出好味道。可见饮食的道理，食物味道没有一定的好坏。"吴某很惭愧。自此后再也不因食物味道是否可口而责骂下人了。

清高宗乾隆初年，御史李慎修，德人，驼背但敢于直言。高宗在除夕赏赐诸位王公大臣看火戏杂技，李慎修认为这样会使高宗玩物丧志。高宗喜欢读诗，李慎修规劝他要适度，怕作文会妨碍政治。高宗认为他的话有道理，曾召见他说："你这样微小之躯，却能如此直言相谏。"李慎修上前说："我脸丑心好。"皇上大笑。当时由于铜钱价高，诸位大臣议论改革货币制度，李慎修上书阻止。

图文珍藏版

纪晓岚智对乾隆

清朝才子纪晓岚,从小就聪明灵慧,喜好读书,兴趣广泛,无论是神道奇事,还是天南地北逸闻,他都能说出个一、二。虽然才高八斗,学富五车,却无一点

纪晓岚雕像

书呆子气息。由于他心胸坦荡,八面玲珑,不管乾隆到什么地方出游,总也忘不了把他带在身边,要他随时随地为自己伴驾解闷。

纪晓岚刚中进士时,乾隆见他文采不俗,就挑选他担任侍读学士,陪小皇子读书。当时,纪晓岚一人在京城生活,常常想家,但作为侍读学士,他要终日陪伴小皇子读书,不能离开,为此纪晓岚心中十分苦闷,有时情绪低落。

有一天,皇帝觉察到他不太安心,猜出他可能时有想家之念,于是,就想和纪晓岚开个玩笑。乾隆问纪晓岚:"纪爱卿,我看你面色不佳,一定是有什么心事吧,我替你猜猜看,你说怎么样?"纪晓岚一听,吓了一跳,连忙说:"没有,没有。"乾隆随口说:"依我看,你是:口十心思,思妻,思子,思父母。对不对呢?"纪晓岚一听,乾隆没有责怪自己的意思,这分明是一副对联的上联,看来乾隆今

天的兴致不错,是想考考我的学识。于是,纪晓岚马上跪下道:"陛下圣明,如蒙恩准,臣感戴圣恩,我是:言身寸谢,谢天,谢地,谢君王!"纪晓岚对出了一副十分完整的下联,这使乾隆大为高兴,当场批准他回去省亲。

乾隆下江南时,有一次曾看到当地人在编一种竹篮子,乾隆问身后的纪晓岚这是什么物品。纪晓岚告诉乾隆说,这是竹篮。乾隆又问竹篮有什么用途,纪晓岚说是用来盛东西的。说者无意,听者有心,乾隆故意为难纪晓岚说:"纪爱卿,你为什么不说盛南北呢?"

只见纪晓岚不慌不忙地引经据典回答遭:"东方甲乙木,西方庚辛金;木和金都能装进篮中。南方丙丁火,北方壬睽水,竹篮盛火则烧成灰,盛水则要漏个光,怎么能盛南北呢?"问者是寻开心,答者显然也是胡诌,乾隆见纪晓岚故意装出一本正经的样子回答自己的提问,不禁哈哈大笑。

一次,乾隆驾幸承德避暑山庄,纪晓岚也陪驾前往。有一天,乾隆游览佛寺时突然雅兴大发,联想起京城的"天然居"店铺,作了一句回文式的上联:"客上天然居,居然天上客",想以此难倒纪晓岚。不料乾隆话音刚落,纪晓岚随口就对出了下联,"人过大佛寺,寺佛大过人"。乾隆拊掌称赞:"太妙了,纪爱卿的下联甚称绝对。"按常理说,皇帝出口称赞,做臣子的应该谦虚几句,为皇帝助兴。然而,生性滑稽、不拘一格的纪晓岚一时兴起,竟脱口说道:"世间没有绝对之物,对联当然也无绝对说法,对法还多着呢!"

乾隆帝见纪晓岚竟然当着许多大臣的面驳回了自己的金口玉言。心中大为不快,就厉声对他说:"那你马上再给我对出另一个下联来,不然的话,不要怪朕办你个欺君之罪!"直到这时,纪晓岚才意识到自己闯了大祸,紧张地思索合适的下联,不经意之间他看到一个和尚走进了山林之中,马上又来了灵感,出口对道:"僧游云隐寺,寺隐云游僧"。仓促之间,纪晓岚又对出了一句无可挑剔的下联。乾隆刚才看到纪晓岚害怕时的滑稽相,见他在仓促之间还能对出下联,心中的怒气一下子消光了,纪晓岚自然也就躲过了这一关。

还有一次,纪晓岚陪乾隆到野外郊游,正在行进之间,突然有一只白鹤腾空而起,乾隆兴起,要纪晓岚以鹤为题,立即作一首诗。只见纪晓岚随声吟道:"万里长空一鹤飞,朱砂为定雪为衣。"刚吟出两句,乾隆却故意刁难地说:"这是一只黑鹤",纪晓岚看看乾隆,接着吟道:"只因觅食归来晚,误入羲之蓄墨池。"乾隆听罢开怀大笑,随行的大臣,侍卫们无不赞叹纪晓岚才思敏捷、出口成章。

乾隆为了炫耀自己的文才,每次南巡都带有大量文学侍臣,一路上和他们谈古论今,作诗联句,可谓风流已极。不过,这位风流天子也有才思枯竭的时候。遇到这种情况,就全赖周围的文学侍臣"保驾"了。不过,他们不能锋芒太露,而要采取巧妙的方式替皇上解围,否则,弄巧成拙,后果不堪设想。据说有一次,乾隆驻跸镇江金山寺,有人请他题写匾额。乾隆苦思冥想,一时竟找不到合适的词语。幸好他反应快,拿起笔,在纸上装模作样地写了几个字,递给侍候在旁的纪晓岚说:"你瞧瞧这样写行不行。"头脑极其聪明,而且长期跟随乾隆,当然知道他这套把戏。只见他接过纸,看了一眼,叫道:"呵,好一个江天一览!"乾隆一听,正如抓到了一根救命稻草,赶忙挥笔写下"江天一览"的匾额。

纪晓岚就是凭着他的才华和机智,成为乾隆皇帝身边的红人,两人也因此而结下了深厚的友谊。

纪晓岚巧骂权贵

清朝怪杰纪晓岚不但才学出众,而且品德也好,他虽然身居官门,但却从不趋炎附势,他从来就没有把那些脑满肠肥而胸无点墨的公卿权贵放在眼里,有时兴致一高,还会痛快淋漓地把他们嬉笑怒骂一番。

纪晓岚的家乡有个横行乡里、大肆搜刮民脂民膏的贪官。有一次,纪晓岚回乡省亲,恰好碰上这个贪官为母亲做寿而大摆宴席。为了炫耀自己的地位,他强拉硬拽地把纪晓岚请到家中。酒过三巡、菜过五味之后,主人拿出事先准备好的一副泥金寿联,请纪晓岚题联。纪晓岚早就听说过他的恶名,决意要作弄对方一番。他提笔在上联上写了一句:"这老婆娘不是人。"来宾一看,大惊失色,主人更是气晕了头,还未等他发作出来,纪晓岚又写出了下句:"西天王母下凡尘",还未等写完,立时就有人大声喝彩。纪晓岚又在下联上写了一句:"养的儿子真是贼"。来宾又变得鸦雀无声了。众人都知道,这是在骂主人贪赃枉法。纪晓岚笔锋一转又添上一句:"偷得蟠桃孝母亲"。这位贪官看完,心知纪晓岚是在骂自己，但当着这么多人的面，又不好发作，真是哑巴吃黄连，有苦说不出。

当朝的一位内阁学士 70 寿诞，许多专爱结交权势的文武大臣、门生故吏纷纷送礼祝寿，纪晓岚也接到了请柬，无法推辞不去，也就只好去凑凑热闹。在宴席上，一些势力之辈正想赋诗呈对，为这位大学士歌功颂德。纪晓岚是知名的学者，所以，大家自然忘不了推荐他写几句。纪晓岚才学虽高，但书法不精，万般无奈之下，只好提笔歪歪斜斜地写了四个大字，众人一看纪晓岚写的字，顿时哑口无言，因为不论是字体还是内容都不敢恭维，本来热热闹闹的场面一下子冷清了下来。这位大学士不看则已，一看差点背过气去。原来纸上赫然写着"真老乌龟"四字。此时，只见纪晓岚不慌不忙地又加上了几个小字，变成了一篇"颂词"，"真正宰相，老臣元勋，乌纱盖顶，龟鹤延龄。"纪晓岚把骂人的四个字改成了冠冕堂皇、雍容华贵的颂词，满座惊叹不已！大学士细细品味，也找不出什么毛病来，但那"真老乌龟"四字还是那样大得刺眼。从此之后，这位爱弄权的大学士就有了一个绰号——真老乌龟。

乾隆即位时，和珅曾有过拥戴之功，所以，乾隆做了皇帝后，对和珅也是另眼看待，封他为尚书，位极人臣。和珅曾多次见到纪晓岚用一些诙谐幽默地话把乾隆逗得开怀大笑，每当此时，他总有一种莫名其妙的失落感，老是想找机会把纪晓岚当众侮辱一番，以解心头之恨。有一回，正值乾隆大寿，在花园大摆宴席，百官都来朝贺。作为乾隆宠臣的和珅和专替乾隆说笑解闷的纪晓岚一大早就来了，闲来无事，二人走到了一块儿。正在这时，一名太监牵着一条狗走过来。和珅灵机一动，指着这只狗，大声问纪晓岚："纪晓岚，你说这是狼（侍郎），是狗？"因为纪晓岚当时任职侍郎，所以和珅的问话是一语双关，骂纪晓岚是狗。周围的大臣们一听此话，当时就有人禁不住笑出声来，和珅也暗暗得意。不料纪晓岚却一本正经地指着狗对他说："和大人竟然连这种畜生都不认识？此物尾巴上竖（尚书）是狗，下垂为狼。"和珅当时位居尚书，纪晓岚并不在意他的官职比自己高得多，也一语双关地回骂和珅是狗。此语一出，乾隆和众大臣们哈哈大笑，和珅偷鸡不成反蚀一把米，好不尴尬！从此，和珅也很知趣，自知在口舌上绝不是纪晓岚的对手，也就不敢再故意为难他了。

纪晓岚有时不经意间也会把玩笑开到乾隆皇帝头上。在他负责编修《四库全书》时，有一年盛夏的一天，天气特别热，纪晓岚索性脱去上衣，光着膀子边看边写。突然外边一声高喝："万岁驾到！"众人一时慌了手脚，纷纷穿上长衣服准备接驾。因为纪晓岚脱光了上衣，再穿衣服已来不及了，他急中生智，一头钻到了一张带台布的桌子下面。乾隆进来以后，唯独不见纪晓岚，看看书案上，他写的字还墨迹未干，周围又没有藏身之处，便断定纪晓岚一定是躲在桌子下面。于是，便故意坐着不走，并示意众人不得出声。纪晓岚在下面呆得久了，浑身像从水里捞的一般，实在是受不了啦！他听到屋子里静悄悄，以为乾隆已经走了，便低声问道："老头子走了没有？"这下可捅了马蜂窝，乾隆勃然大怒，喝道："纪晓岚，你给朕滚出来！"纪晓岚只好爬出来，找了件衣服穿上，连忙跪下谢罪。乾隆说道："你给朕讲清楚，什么叫"老头子"，说得好则罢了，说得不好你休想活命！"纪晓岚不慌不忙地说道："陛下息怒，人们都称您万岁，一万岁还不老吗？陛下乃万民之首，首者，头也。至于子字，历来都是对圣贤的尊称。合在一起不就是老头子吗？"纪晓岚的一番话，直说得乾隆忍俊不禁，当然也就不会再杀他了。

纪晓岚学富五车，才高八斗，发生在他身上的奇闻轶事真是让人大开眼界，不得不赞叹他的才华！

郑板桥得名风流县令

在山东范县府衙的大堂之上，跪着一个小和尚和一个小尼姑，旁边还有一群无赖，只听到县令对小尼姑和小和尚说："既然你有情，他也有意，年龄又相当，本官有意成全你们，你们如果愿意，从现在起就可以还俗，在大堂上结为夫妻。你们愿意不愿意？小和尚和小尼姑做梦也没有想到大老爷不但不判他们的罪，而且还恩准他们结为夫妻，这天大的好事哪有不愿意的道理。二人当即跪下给青天大老爷磕头谢恩。

县令笑着说："快快起来，本官昨天刚刚卖了一幅画，手边还有一些银两，就送给你们作贺礼吧！另外，本官还要送你们一首诗作贺词。"只见县令提起案上

郑板桥雕像

的判笔一挥而就："一半葫芦一半瓢，和来一处好成桃。从今人定风规寂，此后敲门月影摇。鸟性悦时空即色，莲花落处静偏娇。是谁勾却风流案，记取当年郑板桥。"

这就是发生在郑板桥出任山东范县（今河南省范县）县令期间，留下的一段审案佳话。

郑板桥不仅画画得好，而且还具有蔑视封建礼教的性格。有一天，一大群人来到范县衙门吵吵嚷嚷要告状，领头的是本地有名的一个赖皮乡绅，身后跟的都是一些身着锦绣花衣的富家子弟。郑板桥知道这伙人都是一些纨绔子弟，整日不务正业，尽干些偷鸡摸狗、寻花问柳的事。在这些人中间，有一个小和尚和一个小尼姑被五花大绑，两人跪在地上浑身发抖，吓得头也不敢抬。

郑板桥知道，这伙赖皮今天准是又在寻什么开心，他一拍惊堂木问道："谁是原告，状告何人？状告何事？"领头的赖皮大摇大摆地走上前去刚要说话，只见郑板桥把惊堂木重重地一拍，"跪下"，衙役们齐声喝起堂威，这伙赖皮们都知道郑板桥一向无视权贵，吓得赶忙跪下。

领头的赖皮指着小和尚和小尼姑说："启禀老爷，我们是原告，告的是这个小和尚和小尼姑。告他二人不遵守佛门的清规戒律，经常眉来眼去，勾勾搭搭。昨夜他们二人私下约会时，被我们当场抓获。对这种伤风败俗的人，理应从严处罚，望大老爷明断！"

郑板桥一听，觉得此事有些蹊跷，再一看小和尚和小尼姑都是二十来岁的样子，不像是什么恶人。他觉得这里面一定有文章，便对衙役们说："把他们身上的绳索解下来，请他们站起来回话。"赖皮们刚想说什么，但一看郑板桥威严的脸色，谁也不敢再吭一声。郑板桥问道："你二人把详细情况如实告诉本官，不用害怕，只要你们说得有理，本官一定会替你们做主的。"

小和尚和小尼姑看了看这帮跪在地上地赖皮，又抬头看了看堂上坐着的大老爷，小尼姑突然跪下说："请青天大老爷为民女做主，小女子冤枉呀！"小尼姑接着把事情的原委讲了一遍。

这个小尼姑原来是一个农家女子，十六岁时父母双亡，她孤苦伶仃、无依无靠。这一伙赖皮欺负她孤身一人，经常上门调戏她，并逼迫她嫁给这个领头的赖皮。小尼姑死活都不愿意，他们就把她家砸了个稀巴烂，而她无处藏身，只好到大悲庵削发为尼。但是，这伙赖皮还不放过她，经常到大悲庵惹是生非。小和尚是崇仁寺的一个僧人，由于家中兄弟姐妹多，在家吃不饱饭，才被父母送到寺里当了和尚，他生来性格豪爽，爱打抱不平。崇仁寺和大悲庵距离很近，有一次，赖皮们在大悲庵外拦住了小尼姑，动手动脚，正好被路过的小和尚碰上，结果，小和尚一顿拳脚把他们打得四散而逃，从此以后他们再也不敢去找小尼姑的麻烦。当小和尚知道小尼姑的遭遇后，非常同情，便把她当作自己的妹妹看待，二人经常来往。昨天晚上，小尼姑约小和尚出来，想送给他自己亲手做好的一双布鞋，这伙赖皮埋伏在暗处，把他俩绑了起来说要告官问罪。

郑板桥听完小尼姑说的一番话，深有感触，心里暗暗自责，自己为官一方，却不能让老百姓填饱肚子，不能让老百姓有一个安宁的生活条件，真是有愧于父母官的称号！他略做思考，心里有了主意。

他面带笑容问小尼姑："本官问你一个问题，你要如实回答，不得隐瞒。你是否真的爱上了这个小和尚？"小尼姑一听，脸一下子变得通红，低头不答。"是还不是，请你告诉本官。"小尼姑看到郑板桥面带慈善，不像有什么恶意，大胆说道："回禀老爷，小女子确实喜欢这个和尚。"郑板桥听后，微微点头，又问小和尚："小伙子，你爱不爱这个小尼姑呢？"小伙子一时不知道怎么回答是好。他倒是个爽快人，心想既然事已至此，说不说反正都一个样，干脆直说了吧："我也爱她！"郑板桥一听："好！像个男子汉大丈夫！"

在地上跪了半天的赖皮们感到纳闷，大老爷今天怎么了，为什么不审小和尚和小尼姑偷情的案子，却问他们二人什么爱不爱的？

还未等他们明白过来，就发生了本文开头的那幕场景。等到郑板桥写完那首诗，便扭头对跪在地上的赖皮们笑着说："起来吧，起来吧，他们夫妻二人还得谢谢你们这些大媒人呢！"一句话说得小夫妻和众衙役们都笑了。这伙赖皮见事已至此，一个个灰溜溜地离开了大堂。

从此，这对小夫妻过上了幸福美满地生活，而敢于冲破封建礼教束缚地郑板桥也多了一个绰号——"风流县令"。

张謇不当状元而干实业

1895 年底，一则难以令人置信的消息在京城中传诵：甲午科殿试头名状元张謇弃官不做，却回老家创办企业。这个消息震动了朝野上下，在文人士子中

张謇雕像

也引起阵阵波动。按照传统看法,摘取科举桂冠就等于登上了通向封建大吏的阶梯,荣华富贵,唾手可得,而工商末技,素为士大夫所不齿,弃儒经商,更被视为离经叛道。张謇不为所动,依然抛开了状元—阁臣—宰相的传统仕途,义无反顾地迈出了由状元到资本家的第一步。

张謇,字季直,号啬庵,1853 年出生,江苏南通人。1869 年考中秀才,1876 年在淮军将领吴长庆部下任文书,1880 年随军移驻山东登周,结识袁世凯。近十年的军旅生涯,不仅开阔了他的眼界,也锻炼了他的才干。他精于书法,文章也写得很好,曾受到军机大臣翁同龢的赏识。1885 年,张謇考中举人,先后在江苏赣榆、崇明书院掌教。1894 年考中状元后,授翰林院修撰。日本大举进攻朝鲜时,他慷慨主战,曾带头反对李鸿章的妥协。后因父亲谢世,离职返回家乡。

甲午战争的惨败,民族危机的加深,使张謇深受刺激。他认识到只有发展实业,革新教育,才能使中国在世界民族之林再展雄姿。他甚至提出,士大夫应做实业救国的马前卒。恰在此时,湖广总督张之洞上奏清廷,请准许苏州等地在籍京官于当地招商集资办厂,以抵制外国资本在这些地区的渗透。这一奏折,给了张謇一个将实业救国的思想付诸实践的机会,把他推上了办厂当资本家之路。

张謇早年在家乡办过公益事业,对通州的物业十分熟悉。他根据通州棉花力韧丝长、手工棉纺织业发达的特点,决定在此地创办新型的纱厂。他引《易经》"天地之大德曰生"之意,定厂名为"大生纱厂"。

1895 年冬,张謇开始招商集资。然而一介书生又身无分文,筹资办厂谈何容易。洋货的倾销排挤,传统的陈规陋习,官府的掣肘牵制,厘捐的压榨掠夺,资金的严重缺乏,都是摆在张謇面前的道道险关。大生纱厂原定由通州和上海两地绅商集资 60 万两筹办。可是筹办不久,就有两名绅商毁约而去。万般无奈之下,张謇将纱厂由商办改为官商合办,官、商各筹股金 50 万两。这时又有两名商人因缺乏信心退出了董事会,而官股则用已在黄埔滩上堆放了 3 年、锈迹斑斑的一批纱机搪塞了事。于是,张謇只得将商股降为 25 万两,但仍是应者寥寥。自 1895 年冬至 1899 年春四年间,张謇凭借坚韧的毅力,穿梭往返于宁、沪、汉、通各地,甚至一改士大夫清高傲岸习气,求官告私,历经千辛万苦,建厂之事才算告成。

1899 春,纱厂建成后却因缺乏流动资金而无法开工。此时的张謇真是到了山穷水尽的境地了。面对数不清的沟壑坎坷,接踵而来的急流暗礁,张謇真是有些筋疲力尽、心灰意冷了。他曾拟将纱厂出租于他人,不料上海商人乘他之危,条件甚为苛刻。最后,他横下一条心,依然决定用厂中现有棉花纺纱出售,"卖纱收花,更续自传"。结果开车后,棉纱销路畅通,连年获利,厂子竟在没有流动资金的情况下运转了起来。这是中国民族资本主义发展史上的一个奇迹。

随着大生纱厂的日益昌盛,从 1900 年起,张謇又陆续开办了通海垦牧公司、上海大达外江轮步公司、天生港轮步公司,资生铁冶厂等企业。在发展实业的同时,张謇大办近代教育,兴建了许多大中小学校和文化设施,使昔日偏僻贫瘠的南通,一跃成为经济文化名城,张謇因此被誉为东南实业界领袖。

然而作为实业巨人的张謇,受自己经济地位的限制,却始终没有能站在时代政治斗争的前列。从 1901 年起,他开始从事立宪运动。1906 年,拥护清政府的预备立宪,与汤寿潜、郑孝胥等组织预备立宪公会并韧江苏咨议局局长,成为国内立宪派领袖。辛亥革命后,张謇见清朝大势已去,表示拥护共和,曾任南京临时政府实业总长,暗中却与袁世凯函电交驰,力主革命党人对袁妥协,鼓吹非袁莫属。后任袁世凯政府农林、工商总长兼全国水利局局长。1915 年袁世凯称帝后,张謇与徐世昌、赵尔巽、李经羲被封为"嵩山四友"。随后,张謇辞职回到南通,继续从事实业建设并主持江苏教育文化事业。在新文化运动中,他提倡尊孔读经,反对白话文,成为一个阻碍时代进步的顽固老朽。

第一次世界大战结束后,帝国主义卷土重来,加上国内军阀连年混战,苛捐杂税多如牛毛,民族资本主义发展举步维艰。1925 年,凝聚着张謇毕生心血的大生公司,因负债过多而落入银行资本家之手。1926 年 8 月,这位在清末民初风云一时的人物,怀着悲凉的心情,因病去世。

梁启超不娶何惠珍

1889年9月,年仅16岁的梁启超在乡试中成绩斐然,中举人第八名。梁启超的品貌和才学深深打动了主考官刑部侍郎李端和王仁堪。王仁堪暗想要将

梁启超

女儿许配给梁启超,而李端则决定将其妹妹李慧仙许配给梁启超。由于李端先开口,王仁堪只好压住心底的秘密,向李端连声道贺。李慧仙是京兆公李朝仪的女儿,知书达礼,举止端庄。对梁启超来说,能娶这样一位大家闺秀的确是惊喜交加了。1891年秋,梁启超在他父亲的陪同下,在北京正式与李慧仙完婚。当年梁启超刚刚18岁,中举人不久,又与名门权贵喜结连理,这可谓少年得志,前程似锦。

梁启超完婚后,携夫人返回广东老家。李慧仙也放下架子,出入乡里,孝敬老人,操持家务,颇得乡人赞誉。恰在此时,梁启超结识了康有为,为康有为独特的政治见解和学术观点所折服,从此开始投身于维新变法运动,生活道路和

思想追求发生了新的变化。他的夫人也因不习惯于乡村生活而回到北京。

1898年戊戌政变后，梁启超成为朝廷"钦犯"，亡命日本，李慧仙为避难携全家逃亡澳门。梁启超经常致信慰问，倾吐夫妻间笃深似海的爱慕之情。1899年，李慧仙到达日本，夫妻才得到团圆。虽然梁启超为事业四处奔波，无暇照顾李慧仙。李慧仙却从不计较这些，总是从各方面去关怀、理解、帮助梁启超。梁启超事业上的成功，倾注着妻子无数的汗水与心血。对此，梁启超也感激不尽，称他们是"美满姻缘，百年相爱"。

如果说，梁启超与李慧仙的婚姻是典型的父母之命，媒妁之言，那么1900年梁启超与华侨小姐何惠珍的恋情，则具有近代自由、开放的意义了。

何惠珍是檀香山一华侨之女，年方20，举止高雅，见多识广。梁启超初识何惠珍并未介意，但不久即对何惠珍流利的英文和不凡的谈吐暗暗钦佩。当时，梁启超在檀香山四处演讲，不懂英文，都是由何惠珍代为翻译的。报纸上有抨击梁启超的文章，何惠珍即用英文代为辩驳。何惠珍从内心深深爱慕着梁启超。有一天晚上，何惠珍的父亲宴请梁启超。席散后，何惠珍紧握住梁启超的手，含情脉脉地说道："我万分敬爱梁先生，可惜仅敬爱而已！今生或不能相遇，愿期诸来生，只得先生赐一小像，即遂心愿。"数日后，梁启超将照片赠予何惠珍，何惠珍也回赠亲手织绣的两把精美的小扇。此时，梁启超亦受何惠珍炽热感情的感染，不知不觉地坠入情网。

半个月之后，有一位好友劝梁启超娶何惠珍为妻。他当即表示，对何小姐我是万分崇敬，但一则梁某已有妻女，绝不能再娶；二来何小姐英姿勃勃，才气纵横，亦不能为妾；三是梁某奔波海外，一举一动，为世界所关注，不能因小而失大，败坏名声，更不能连累何小姐。他要好友转告何惠珍，他将为她择一佳婿。好友告诉梁启超，何小姐自从见到梁启超后，已决定终身不嫁，这话使梁启超很是为难。数日后，梁启超与何惠珍在宴会上再次相遇，何惠珍又深情地表示："先生他日维新成功后，莫忘我。但有创办女学堂之事，以一电召我，我必来。我之心唯有先生！"梁启超面对如此有才学、有抱负、有感情的年轻姑娘，再也抑制不住内心的爱慕之情。

但是，梁启超还是用理智战胜了爱情，决意拒绝何惠珍真诚而炽热的爱。

他曾致信妻子,讲述了此事的过程,而妻子却建议他娶何小姐为妾,梁启超一口拒绝了。为了回忆这次甜蜜、痛苦而浪漫的恋爱风波,梁启超用情和爱交织的笔写了24首诗,其中有两首这样写道:

颇愧年来负盛名,天涯到处有逢迎。

识荆说项寻常事,第一相知总让卿。

眼中既已无男子,独有青睐到小生。

如此深恩安可负,当宴我几欲卿卿。

梁启超虽然在研究婚姻、家庭问题上是极大胆和开放的,但在实际行动上却依然受着传统道德观念的制约,对待个人婚姻、家庭还是十分严肃和谨慎的。1924年9月。李慧仙因病去世,梁启超悲痛交加,挥笔写下了字字含情、句句蓄泪的千古名文《祭梁夫人文》。其中一段写道:"我德有阙,君实臣之;我生多难,君扶将之;我有疑事,君权君商;我有赏心,君写君藏;我有幽忧,君燠便康;我劳于外,君煦使忘;我唱君和,我揄君扬;今我失君,双影彷徨"。字字句句体现了梁启超对妻子的思念之情。

梅兰芳成名史

梅兰芳(1894~1961)是我国著名的京剧艺术大师,他是梅派创始人,曾任中国京剧院院长、中国戏曲研究院院长等职。梅兰芳原名梅澜,字畹华,祖籍江苏泰川,出身梨园世家。梅兰芳聪慧勤勉,八岁学戏,十一岁登台,十四岁便成名。他刻苦钻研,精益求精,具有极高的京剧艺术造诣,独创梅派风格。梅兰芳还多次出国访问演出,为中国京剧走向世界做出积极贡献。那么,梅兰芳是怎样成名的呢?

这要从吉林富商牛子厚说起。牛子厚是当时资财雄厚的大商人,他酷爱京剧,对京剧这个行当很有研究,欢乐宴饮时,常请戏班子演戏助兴。1901年,牛子厚为母亲祝寿,特地请来北京的"四喜班"演出。牛子厚与戏班子文武老生叶春善交谈,打算出资办"科班",由叶春善在北京召徒组班,在北京、吉林两地轮番演出,活跃吉林地区文化活动。叶春善十分赞成,回京后就张罗组建戏班子,并从牛子厚三个儿子喜贵、连贵、成贵名字中各取一字,把戏班子合名为"喜连成"班。叶春善演技高超,为人正派,他精心培育弟子,使得"喜连成"戏班很快享誉京华。

梅兰芳的祖父梅巧玲是著名的"同光十三绝"之一,父亲梅竹芬(1874~1897)是旦角演员,早逝,伯父梅雨田(1865~1912)是著名琴师。梅兰芳九岁到姐夫朱小芬家学戏,吴菱仙是他的启蒙老师。在吴先生的指导下,他学了《战蒲关》《三娘教子》《桑园会》《彩楼配》等青衣戏。他那时叫梅喜群,十一岁便开始登台,十四岁时,自小受到艺术熏陶的梅兰芳,搭入喜连成科班,虚心请教,刻苦练功,深得叶春善喜爱。

1908年,叶春善率"喜连成"班到吉林演出,牛子厚注意到旦角梅兰芳,看他功底深厚,气宇轩昂,料定日后必成大器。牛子厚向叶春善询问梅兰芳的来历,知他是艺人世家出身,带艺人班,牛子厚嘱咐叶春善要注意培养,帮他日后走红。叶春善有意安排十四岁的梅兰芳演《白蛇传》中的重要角色——青蛇,梅兰芳演得极为成功,令牛子厚十分高兴。牛子厚认为梅喜群这个艺名不够豁亮,为之改名"梅兰芳",并大作宣传工作,令"梅兰芳"这个名字一炮打响,在戏迷中广为传扬。"喜连成"班在由吉林返回北京途中,梅兰芳受到热烈欢迎,人们争相一睹当红名旦的风采。回到北京时,梅兰芳已成为红极一时的京剧名角儿,牛子厚便是造就名角儿的伯乐。

1913年,梅兰芳随王凤卿首次赴上海演出,受到热烈欢迎,显露了才华。先后加入翊文社、双庆社、喜群社、崇林社等班,与谭鑫培、陈德霖、杨小楼、钱金福、余叔岩、言菊朋、王长林等合作。早期演出以青衣戏为主。随即学演了花旦戏和刀马旦戏,诸如头二本《虹霓关》《贵妃醉酒》《穆柯寨》《五花洞》等戏,及昆曲戏《思凡》《游园惊梦》《闹学》《断桥》等,表演技艺有了显著的提高。以后又得到齐如山、李释戡等的辅佐,编排了《嫦娥奔月》《黛玉葬花》《千金一笑》《麻姑献寿》《廉锦枫》《天女散花》《洛神》《童女斩蛇》《西施》《太真外传》《霸王别姬》等古装新戏及《孽海波澜》《一缕麻》《邓霞姑》等时装戏。他对人物的化妆、头饰、服装进行了革新。在齐如山、王瑶卿等人的帮助下,创造了"绸舞""镰舞""盘舞""剑舞""袖舞""羽舞"等新的舞蹈,丰富了京剧旦角的表现手段。

梅兰芳成名后,严格要求自己,虚心好学,刻苦钻研京剧艺术,不断创造发展旦角演技,形成风格独特的"梅派"艺术。梅兰芳演出上追求精益求精,使京剧艺术日臻完善,为京剧艺术走向世界做出了积极贡献。1915 年秋,梅兰芳被推荐参加外交部宴会厅举行的联欢会,为美国驻华大使芮恩斯及教职员演出《嫦娥奔月》。头一次看到京剧的美国人深深地为梅兰芳高超的演技所折服,他们不禁赞叹中国竟有如此精彩迷人的艺术剧种,令人大开眼界。联欢会后,梅兰芳的大名在外国人中间传颂,美国驻菲律宾总督和英国安南总督专门观赏了梅剧,赞不绝口。

1927 年《顺天时报》和 1931 年《戏剧月刊》两次评比当今名旦的本戏和才艺,梅兰芳均名列"四大名旦"榜首。1930 年,梅兰芳应邀去美国友好演出。当时的美国正被全球性的经济危机困扰,经济恶化,市场低迷,一片萧条。梅兰芳也是心有顾虑,害怕演出不理想。出乎意料,他在美国纽约百老汇的演出极其成功,美国人民被他精湛的艺术表演所倾倒,由此对东方艺术文化的博大精深有了更深的了解。戏票销售一空,黑市票价被炒至十六美元。梅兰芳还被美国南加利福尼亚大学和波摩拿学院授予文学博士学位。此后,梅兰芳还应邀去日本、美国、法国、英国、德国、意大利、苏联等国演出,轰动一时。梅兰芳在苏联演出时,苏联元首斯大林率国家要员到场观看,大文豪高尔基、托尔斯泰对梅兰芳的表演艺术高度评价。

中华人民共和国成立以后,1956 年 5 月,他率中国访日京剧代表团赴日演出。他主张要辨别精、粗、美、恶,对《宇宙锋》《贵妃醉酒》《霸王别姬》《断桥》《奇双会》等戏进行了整理加工,使其成为梅派演出剧目的精品。1959 年他移植了豫剧《穆桂英挂帅》,作为向中华人民共和国建国十周年的献礼剧目。梅兰芳的传人主要有李世芳、言慧珠、杜近芳以及其子梅葆玖等人。梅兰芳作为中国京剧界的骄傲,为东西方文化交流、促进京剧艺术走向世界做出积极贡献,他也成为享誉中外的艺术大师。

章太炎喜欢蓬头垢面

　　我国近代民主革命家、著名国学大师章太炎。博学多才,满腹经纶,其著述涉及中国近代哲学、文史学、语言学等各个方面。特别是他倡导革命的诗文特别有战斗力,曾被传诵一时。章太炎早年积极参加反清民主革命,在《苏报》上

章太炎

撰写文章宣传反清革命思想,曾与邹容一起被捕入狱,还在狱中参与组织光复会。章太炎后来还参加了同盟会,并主编《苏报》,和保皇派代表人物康有为展开论战宣扬武装斗争的重要性。辛亥革命后,他积极参加反袁、护法运动,晚年逐步脱离革命斗争。思想进步的章太炎在生活上却不修边幅,常常蓬头垢面,足蹬破履,衣衫满是污渍;四季团扇不离手,扇柄还悬挂着袁世凯授予他的二级大勋章。章太炎的行为为何如此怪异呢?

　　章太炎原名章炳麟,因为他仰慕明末爱国主义思想家顾炎武(原名绛)、黄宗羲的思想品格,而给自己取名绛。章太炎博学多才,才智过人,记忆力更是超群。他早年当记者时,曾与同事谈起自己读书的时候大多过目不忘,出口成章。于是同事李书当场拿来一本书验证,章太炎果真能够流利地背诵出来,并且还准确地指出章节、页数,令在场同事们不得不信服章太炎的才学过人。不光如

此,章太炎的学识也并非常人可比,他的思维不同于常人,自幼喜欢散漫和随意放任,不留意衣饰搭配。章太炎经常的打扮是:留着中分头,挂着式样奇怪的大坎肩,积满污垢也不换洗;手中一年四季挥舞着一把团扇,仿佛三国时期的诸葛亮,又好似优哉游哉的济公,实在令人捉摸不透。章太炎讲课时,鼻涕流下来就用衣袖揩抹,弄得袖口油亮,却满不在乎。学生们被他的精彩讲解所吸引,也不在乎他的异常举动。章太炎高深的学识风采早已掩盖了他独特的外表。正是由于章太炎性格耿直、恃才傲物、我行我素,才形成了他独树一帜、别具一格的生活作风,曾一度被传为佳话。

　　章太炎生活在大清王朝即将灭亡,民主与专制正进行着殊死搏斗的时期。甲午战争之后,中国更是面临着严重的民族危机。在这种情况下,章太炎主张变法维新,还加入了强学会,担任《时务报》撰述用文章来表达自己的变法主张和政治观念。戊戌政变后章太炎被政府通缉,在逃亡日本后幸运地结识了孙中山,这更加坚定了他立志革命的信心,从此以后,他更是积极地投身于爱国运动。1903 年,章太炎的《驳康有为论革命书》因批判保皇派的改良主义谬论、鼓吹革命而被捕入狱。在狱中,他参与策划组织成立光复会。出狱后,他又参加资产阶级政党同盟会。章太炎具有激进的革命意识,对封建旧制度下的一切落后习俗坚决反对。他在 1899 年即以剪发辫的行为表明自己反清的决心。章太炎衣着随便、不拘泥繁琐规矩的习俗,体现了一种破除旧习的前卫意识。

　　章太炎才学出众,文笔犀利,力扫千军,因此养成了他傲视权贵的习惯,也正是这一点被鲁迅先生赞叹为"先哲的精神,后生的楷模"。章太炎对窃国大盗袁世凯独裁统治、镇压革命运动的行径十分不满,他连续发表讨袁檄文,令袁世凯感到震慑和愤怒。但袁世凯慑于章太炎国学大师的威名,不敢加害于他,反而授予他二级大勋章。然而尽管如此章太炎依然我行我素,照样每天"独夫、民贼"地骂不绝口。为此袁世凯十分生气,于是干脆设计将章太炎骗到北京将他软禁起来。从此以后,章太炎不仅没有闭口,反而终日大骂"袁贼",其势日盛,还在纸上写满"袁贼"字样,再火烧"袁贼"。章太炎还找到袁世凯当面理论,他蓬头垢面,敝衣烂靴,把袁世凯授给他的二级勋章拴着扇坠,直奔总统府而来。袁世凯听说章太炎来找他理论,顿时手足无措,吓得只好躲了起来。章太炎决不罢休，坚持在总统府外叫骂了一整天，路人一见章太炎的打扮，知道是被袁世凯折磨所致，也纷纷支持章太炎。正是章太炎的破衣烂衫，成为揭露袁世凯阴谋篡权、独裁统治的有力证据。袁世凯见软禁不是办法，只好赶紧把章太炎带到离城较远的龙泉寺，章太炎因此而绝食抗争。后来，袁世凯又把章太炎禁锢在钱粮胡同。等到袁世凯死后，章太炎才重获自由。

章太炎的不修边幅实际上是对封建禁锢的强烈反抗、对黑暗统治的无情揭露。从中也反映出章太炎不满时政，反对旧制，藐视权贵，不苟旧俗的与众不同的个性。

有的人认为章太炎不修边幅，是因为他生活自理能力差。有一次，章太炎去拜访孙中山后坐人力车回家。车夫问他去哪里，章太炎说："去家里。"车夫又问家在哪里，章太炎不耐烦地说："在弄堂里！"车夫只好拉着他漫无边迹地乱逛。由于章太炎久不归家，孙中山和章太炎的家里人都很着急，派出仆人四处找他。当他们忙活了半天，突然看到章太炎还在车上东指西点乱指挥呢，不禁大笑起来。后来，章太炎的发妻去世，他在报上刊登了一条征婚启事，一时之间，舆论哗然，应征者络绎不绝。章太炎从众多女子当中选择了一位可心的女子后，在哈同花园举行了盛大的婚礼。由蔡元培担当证婚人，到场嘉宾多达两千余人。这时，新郎官章太炎竟把一双皮鞋穿错了脚，左右反串，一拐一拐地走进礼堂。加上他身上的黑礼服又极不合体，好像卓别林到场一般，与端庄的新娘子极不协调，令在座的各位亲朋好友无不捧腹大笑。

章太炎不修边幅的举动实在有些与众不同，不可思议，但并没有遮盖他倜傥的文采，反而更给人一种可亲可敬的可爱感觉。不管是因为什么原因形成他这样独特的生活习惯，我们都一样尊敬他、爱戴他、永远记住他！

天国一姐洪宣娇

说起洪宣娇，可是了不得的人物，太平天国从萌芽到覆灭，近20年历史中，被提名率最高的女人，怕就是这位西王娘了。

在一些太平天国粉丝的描述中，身为洪秀全亲妹妹的洪宣娇不仅武艺高强,而且深明大义,为了团结一切可以团结的人,屈尊嫁给了萧朝贵,后来还为了洪秀全、杨秀清和石达开的安定和谐,殚精竭虑;有的描写说她擅长使用双刀,甚至精通神术,不仅救出过洪秀全、冯云山,还曾枪杀清军猛将,刀劈西洋大兵,简直是要多生猛,就有多生猛。

但在一些把太平天国当邪教、当叛逆,把大清王朝当正统的文人笔下,洪宣娇则是个娇媚风骚的人物,先靠一张俏脸引得大批山民入教,再凭美色周旋于洪、杨、韦、石之间,洪秀全靠她的佳人魅力打下半壁江山,又因为她的红颜祸水弄得江山风雨飘摇。

还有一些人,如著名剧作家阳翰笙先生,把洪宣娇塑造成一个复杂的女性:有时因争风吃醋而丧失理智,有时却因本性觉悟而头脑清明。

褒也好,贬也罢,总之人们笔下的洪宣娇,是当之无愧的天国女一号。

令人奇怪的是,差不多所有关于洪宣娇的记载,都是在清末民初——也就是太平天国灭亡 30 多年后——才出现的。最早把她塑造成女将、女英雄的,是1902 年起黄小配在广东《少年报》上连载的《洪秀全演义》;而最早把她塑造为狐狸精的,则是稍晚蔡东藩《清史演义》中的相关章节。后来或正或反的各种描述、渲染,几乎都是从这两部书里反复翻炒。

早在当时,有一些史学前辈就指出,在清方记载的太平天国资料中,找不到"洪宣娇"这个人半点痕迹,因此甚至有人断言,洪宣娇就是个彻头彻尾的杜撰人物。

1.有没有洪宣娇其人

答案是:有,也没有。

其实,洪宣娇压根就不是洪秀全的亲妹妹。洪秀全有两个姐姐和一个同父异母的妹妹,但她们直到金田起义前夕的 1850 年才可能随洪秀全的母亲和妻子来广西(也可能根本没来)。而洪宣娇却是广西土著,一说是广西桂平紫荆山人,一说是广西贵县赐谷村人,父亲叫王权政,似乎是洪秀全表亲——赐谷王家的后人,从这个意义上说,她和洪秀全也许可以扯得上表兄妹关系。

照这个说法,洪宣娇应该叫"王宣娇"才对,如何改姓了洪?

其实，她一开始还不是改姓洪，而是改姓杨。原来，同为烧炭佬的杨秀清和萧朝贵都是一方势力的首领，为彼此联合就认了干亲，方法是杨秀清认萧朝贵的老婆王宣娇为妹子，王宣娇改名为"杨宣娇"。后来洪秀全等人要造反，杨宣娇炮制洪秀全神话有功，被拉为上帝的亲生女，耶稣和洪秀全、杨秀清等人的亲妹妹；似乎就在此时，她从杨宣娇变成了洪宣娇，而萧朝贵也就变成了"帝婿"。

　　说"似乎"，是因为所有靠谱的第一手资料，都没有完整写出"洪宣娇"这三个字；所谓"宣娇姓洪"，还是从她"天王妹子"的身份推断出的。可按照上帝教的说法，杨秀清、韦昌辉、冯云山、石达开，也都是洪秀全的"天弟"，既然他们并未改姓洪，似乎也就没有单把宣娇改姓的道理。这里也只好存疑待考了。

　　如果洪宣娇不改姓杨、洪，她也肯定不能继续叫"王宣娇"，因为洪秀全不许凡人姓王，洪宣娇的父亲就改了姓黄，洪宣娇若嫁给其他人，大约只能叫"黄宣娇"了。

　　有意思的是，洪宣娇父亲黄权政姓名里的三个字也许都是后来避讳改过来的——除了"王"改黄、汪外，洪秀全的"全"要改成"泉""荃"或者"权"，韦正（韦昌辉的名字）的"正"要改"政"；也许，"黄权政"的姓名，原本该是"王全正"也未可知。

2.在一手史料中真的找不到"洪宣娇"么

　　其实，还是找得到的。

　　《李秀成自述》里谈到萧朝贵时说"天王妹子嫁其为妻"，虽然没提洪宣娇的名字，但事儿是提到了的。不过，这样含混的记载非但不能以正视听，没准儿好多以为洪宣娇是洪秀全亲妹子的传说，还就是打这儿开编的。

　　曾经在天京住过的张汝南在其所撰《金陵省难纪略》里，提到萧朝贵是"帝婿"，其妻"伪称天父第六女"，还是没名没姓，按排行来说，也应算是洪秀全的妹妹或干妹妹。

　　1853年，洪秀全的堂弟洪仁玕在香港，口述给瑞典人韩山文不少太平军掌故，其中提到"男学冯云山，女学杨云娇"，并说明"杨云娇"就是萧朝贵妻子，也就是洪宣娇。

1932 年,萧一山先生在英国伦敦找到太平天国政权于 1857 年出版的《天父诗》,里面收录了一首"天父下凡教导先娇姑"的诗,这个"先娇姑"当是洪宣娇。

近年在国外发现的《天兄圣旨》,其中多处谈到萧朝贵借天兄下凡教训、挫抑"西王娘",甚至"西王娘"的"肉父"黄权政。这个西王娘自然就是洪宣娇,因为只有"天父之女"才会有所谓"肉父"(也就是凡间的父亲,天上的父亲自然是上帝)。

以上这些,差不多就是洪宣娇在可靠史料中的全部记载了,而且这些记载竟无一处直接写出"洪宣娇"三个字。

为什么会出现"杨云娇"的说法?有专家认为,是为了避讳冯云山的名字,把原本叫"云娇"的宣娇改了名字。这种说法恐不可靠,因为洪仁玕口述时身在香港,既没必要、也根本不知道太平天国的避讳,"云娇"是韩山文用英文注音拼出的,很可能是音译讹传。

至于"先娇",有三个可能:第一,洪宣娇其实原本就叫"洪先娇",只是后人讹为宣娇;第二,印书人笔误(太平天国印书和文件里笔误随处可见);第三,洪宣娇此时已故,称"先娇姑"以表对死者的尊重。

3.洪宣娇到底有什么事迹

关于洪宣娇的事迹,据韩山文的记载,主要是在洪秀全 1847 年到达紫荆山时,洪宣娇声称在 10 年前梦见上帝,告诉她"十年后有人来此教人拜上帝,汝当遵从",而洪秀全恰也自称在那一年做梦,开始以上帝次子和使者身份"拯救世人",两个梦话一拍即合,对洪秀全的威望的提升自然有极大帮助。洪宣娇既是洪秀全亲戚,又和杨秀清、萧朝贵关系密切,一时间成为上帝会的核心人物,不仅当上了"天父第六女",而且在女会众中影响很大,因此洪秀全等曾号召"男学冯云山,女学杨云娇",把她列为楷模。

好景不长,洪宣娇很快因"无故逞高张""乱言"等罪名,被杨秀清、萧朝贵接连挫抑。杨秀清借天父下凡,授权萧朝贵等打洪宣娇 60 大板;萧朝贵也借天兄下凡,把"女学杨宣娇"改为"女学胡九妹",从此洪宣娇在太平天国的舞台上几乎销声匿迹。也就是说,此后她上战场当女将、在各王府翻云覆雨等等故事,都是凭空杜撰的。另外说一句,太平军没有真正的女兵,而洪宣娇是否会打仗,我们并不知道,就这样一个家庭妇女,又如何能带着几百名女兵上阵杀敌呢?

究竟是什么原因,让杨秀清和萧朝贵对自己的干妹子、小媳妇痛下狠手?

也许,洪宣娇的娘家赐谷王家与洪秀全有亲戚关系,而杨、萧一直害怕这支天王表亲夺权,故对王家百般打击,洪宣娇自然免不了遭受殃及池鱼之灾。

也许,洪宣娇靠"梦见上帝"上位上了瘾,后来又多次重操旧业,这自然会触犯同样靠这一招吃饭的杨秀清、萧朝贵大忌。现在保存下来的史料都记载,在金田起义前夕,杨、萧和其他假托天父传言的"妖魔"斗争激烈,洪宣娇如果真玩这招,挨 60 大板,已算杨、萧手下留情了。

也许,洪宣娇不过犯了女人常犯的毛病——吃醋。萧朝贵当时已经有不少小老婆,而史料中还保留着萧朝贵、杨秀清帮洪秀全甚至韦昌辉管教新收小老婆的语录,作为"天之骄女",洪宣娇怕也免不了发点脾气,而这种不足为外人言的问题,也只能以"乱言"之名予以处置、含糊了事了。

4.洪宣娇的情人

100 多年来,人们给洪宣娇找了不少情人:杨秀清、石达开、林凤祥……但这些都没有任何史料可供佐证。

从史料看,萧朝贵是个封建夫权思想浓厚的农民。他在世时,洪宣娇想"出轨",怕是门都没有。萧朝贵死后,洪秀全大搞"男归男行,女归女行",男女隔绝了好几年,洪宣娇估计见男人面都不容易,又如何能找情人?

5.洪宣娇的下落

对于洪宣娇的下落,传说也纷纭得很,有说她和国舅赖汉英在天国灭亡后逃到香港安度晚年的,也有说她在大京陷落时英勇牺牲或自杀的。这些恐怕都是无稽之谈,赖汉英 1853 年底就死了,自然不会在 1864 年带洪宣娇去香港。天京城破之时,幼天王洪天贵福突围去湖州,路上并未带一个女眷;而洪宣娇的儿子萧有和是跟着洪天贵福去了湖州的,几天后在湖州病死,也没有提他母亲一个字下落。

如果洪宣娇活到1864年天京陷落，她很可能死于城中，或作为战利品被入城的湘军掳走。但是，很可能她根本没活到这一天——前面提到，1857年她已被太平天国官书称为"先娇姑"，也许早在这之前，她已经与世长辞了。

石达开的传说

石达开恐怕是太平天国首领中传说最多、名气最大的一位，却也是"山寨传说"最丰富的一位。

他的身世、才能、生死，他会不会写诗，有没有干女儿，他究竟是亲洪秀全还是亲杨秀清，为什么要"离家出走"，他究竟是"义王"还是"分裂主义者"，他对基督教或拜上帝教的态度如何——从他在世直至今日，人们都在热烈地争议这些问题。照理说，一个被清方俘获，且在赴死前留下供词的人物，不应有这么多的悬疑，然而事实偏偏就是如此。

1.他是哪里人

当石达开声名鹊起，成为太平军和清方都十分重视的人物时，他是哪里人这个问题，就成了热衷搜集情报的清方间谍和纯粹好奇的地方文人所关注的热门话题。

曾国藩授意编纂的情报集、素以翔实严谨著称的《贼情汇纂》，把石达开称作"广西浔州府桂平县大梭村人"；湘军大将李元度1858年写信招降石达开，称之为"桂林富户"；南京、安庆和江西的文人记载则五花八门，有说他是"广西诸生"的，有说他是"广东巨寇"的，还有说他是湖南富商，在广西做买卖时被逼迫入伙的。有一位在天京不知什么机关工作过的知识分子张晓秋，特别善于搜集天国首要的事迹，很多后期非常知名的人物，如蒙时雍、赖文光，前期毫无名气，他也能找到蛛丝马迹，在当时记上一笔，成为今天珍贵的第一手资料，可面对大名鼎鼎的翼王石达开籍贯问题，这位档案学高手却抓耳挠腮、毫无头绪，最终提起如椽大笔，写下三个大字：广西人，算是保持了其知一说一的严谨学风。

石达开雕像

　　好在石达开留下了供词，好在自民国起就不断有人去广西实地走访，今天这个谜已不再是个谜了。

　　小心翼翼地张晓秋最终还是只说对了一半：石达开生在广西，但原籍却是广东和平县。他生在广西贵县龙山山区东北部的奇石墟那帮村，生日则在清道光十一年(1831)二月，也就是说，1850年底金田起义时，这位"首义七杰"之一，还是个不满20岁的青年。

　　几乎所有清方记载都说他家是个大财主，《贼情汇纂》说他捐了10多万两白银入伙，民国时歌颂他的小说都渲染他的毁家纾难，而"亲不亲、阶级分"的年代，又以此把他打成"地主阶级的代言人"。其实他家并不是很有钱，后来发现的《鼎建渡船碑记》是贵县鼎建渡口建成后，记载为渡口、渡船捐款者姓名的一块石碑，上面有石达开的名字，捐钱只有1000文，在石碑上列明的石家子弟不少，最多的捐了4000文，最少的仅300文，而且没有一个是主事的，可见石家只是当地一般家族，而石达开家则不过是富农而已。太平天国自己的记载倒是更靠谱一些，《天情道理书》只笼统说石达开和韦昌辉"俱是富厚之家"，而李秀成则说他"家富读书，文武备足"，这和他自己说的"耕读为业"是基本吻合的，也就是说,他是个家境殷实,丰衣足食,但田地不多,有时还需要自己下地干农活的小康之家子弟。

鼎建渡口落成时,石达开只有十几岁,还是个未过弱冠的少年,1000文钱虽然不是个大数目,但对于一个少年而言已属难能可贵。碑文上和他并列的,许多都是"昌"字辈的石姓,即他的叔父辈;当地口碑说他的父母很早就去世,他独自操持家务,轻财好义,喜欢替人出头,善于居间调停,年纪轻轻就有"石相公"的绰号。

他并没有亲兄弟,石家在当地也不是大家族,但由于他年纪轻轻就表现出侠义心肠和出色才干,因此族人、同乡对他都很推崇、敬佩,洪秀全、冯云山在紫荆山区密谋起事时,就模仿刘备三顾茅庐,亲自登门,将这位年轻人郑重其事地请出了山。1853—1854年,太平天国定都天京之初,曾经编纂过一组说书体的通俗史书,其中就有"访石相公"一段。虽然这部名为《新诏书》的史书并未流传下来,甚至可能根本就没出版过,但石达开的威望、地位可想而知。

道光三十年(1850)七月,接到金田团营命令的石达开在家乡召集了1000多人,其中有不少是石姓子弟,取道六乌山口,在白沙墟屯集一个多月后,开赴金田。这支石家子弟兵,日后成为太平军的主力之一。

2.太平军第一名将

由于众所周知的原因,100多年来对石达开的政治评价起起落落,至今也还有歧见,但有一点各方几乎都没有分歧:石达开是名将,甚至是太平天国第一名将。

曾经在湖口之战中被石达开逼得跳湖自杀、在南昌城被围得一筹莫展的曾国藩,后期曾在给皇帝的奏折中贬低石达开远征军的战斗力,说他远离根据地,一再受挫,已经"不复当年气象",然而就算在这份别有企图、未必客观的文件中,他也坦白地承认,虽然石达开的远征军不如当年的西征军,但石达开本人的能力毋庸置疑。1864年7月,天京陷落,李秀成被俘,曾国藩急匆匆从安庆赶去审问,仍郑重其事地问"石达开死否",而此时石达开大渡河军覆,已过了一年有余,可见其心中对石达开的忌惮。左宗棠将石达开称为"贼之宗主""我所素惮"。李秀成、陈玉成都是自我感觉甚佳的太平军名将,洪仁玕更是浮夸成性,但他们无一例外地推崇石达开善于用兵。民国和民国以后的史学家、兵家、文人墨客,对石达开的用兵更是推崇备至。

然而在太平军早期,石达开的战场声望似乎并不十分响亮。

在金田、紫荆时期,清方前线将领奏报中的"悍匪",是罗大纲和萧朝贵;在洪大全即萧亮的供词中,太平军中"最善合战"的,是韦昌辉;在《贼情汇纂》和早期一些清方文人记载中,"头号名将"的光环则同样落到萧朝贵、李开芳、罗大纲、曾天养等人头上。

相反,早期记载中,石达开给人的感觉似乎并不善战,甚至压根就不像个武将。

有关对 1853～1854 年间历史的许多公私记载中,石达开得到的评价是"性和平""诚悫",仿佛是个善良忠厚的行政干部,而《贼情汇纂》则干脆说他是"铜臭小儿,毫无智识"——一点能耐都没有。

今天翻阅史料,可以知道就算在早期,石达开也主持了许多重大军事行动。

在转战金田、东乡等地时期,石达开是左军主将。大败向荣、奠定攻取永安基础的官村岭会战,指挥者就是萧朝贵、石达开。1852 年长沙之役,当萧朝贵伤重而死、太平军全军被清方援军困在湘江以东、长沙城南的狭小地域的危急时刻,石达开孤军渡过湘江,不但在湘江以西打开局面,还在随后的橘子洲头会战中设伏大败向荣,为太平军撤围转进,变被动为主动,杀开了一条血路。此后破岳州,破采石,石达开都是实际的军事负责人。可这些功绩都是在多年以后才传开,如长沙城下的功绩,是清末纂写、民国初年改写的《善化县志》所载,而石达开"一炮登采石"的军事奇迹,则也是先在民谣里唱响,几十年后才被录入史册的。这究竟是什么原因?

首先,萧朝贵和他关系微妙。

萧朝贵是"帝婿","代天兄传言"、半人半神的通天人物,他和杨秀清结盟,排挤冯云山等早期拜上帝会骨干,尤其忌讳贵县赐谷村王氏一族,因为这一族是洪秀全的表亲,资格老、血缘纯正,对其专权构成威胁。赐谷村和石达开的那帮村都在贵县,石家和赐谷王家关系密切,洪、冯"访石相公"的牵头人,可能就是赐谷王氏的王玉琇等人。己酉年十二月（1850年初），拜上帝会众在石达开、王玉琇等率领下和六屈团练周凤鸣部交战获胜，萧朝贵以天兄名义命令班师，石达开、王玉琇公然顶撞，"俱说不可班师"。这在整套《天兄圣旨》中是绝无仅有的。萧朝贵心胸并不开阔，他虽然继续任用石达开，却时刻提防石和王家"勾结"。《天兄圣旨》中提到石达开的次数寥寥无几，两人关系之疏远可见一斑。在这种情况下，石达开自然难以出头，既不容易独当一面，即使有机会和功劳，也会被有意淡化。金田起义前夕，大病初愈的杨秀清独揽中枢大权，"退居二线"的萧朝贵只得转抓军事，这自然也要抢去石达开不少上镜的机会。等萧朝贵去世，太平军很快又进入大进军的全盛时期，全军围绕着洪、杨中枢统一东下，上有杨秀清主持一切，下有林凤祥、李开芳、罗大纲、赖汉英等具体将领冲锋陷阵，介于二者之间的"前敌总指挥"石达开，也就比较难出彩了。

其次，清方情报搜集大局观不足。

由于始终把太平军当作"草寇"，对其各种体制存有自觉不自觉的鄙夷，因此在清方情报搜集中，仅就军事一块而言，最初更注重前线将领的信息，而对高一层的战役指挥不屑一顾，因此能打能杀的罗大纲、李开芳、林启容、韦俊，甚至黄再兴、曾水源等人都被重视，而几次负责战区指挥的石达开、秦日纲则被忽略其军事角色，只说他们"窜"这里、"窜"那里，却很少提及他们的"窜"，正是为了协调各部的军事行动。

等到1855年1月，连战连捷、从湖南湘江里一路杀到江西湖口的曾国藩湘军，遇到了整合各路太平军败卒、残部、守兵和援军，水陆严阵以待的石达开，并在湘军志得意满的最高峰，年仅25岁的石达开先是将清军水师大船和小战船割裂，然后连续夜袭，各个击破，紧接着千里反攻，收复武汉三镇，又在清军反击时避实击虚，转战江西，夺取8府42县，让曾国藩坐困南昌，一筹莫展，石达开"天国第一名将"的荣衔，也就一下子实至名归，毫无争议了。

此时此刻，曾国藩翻阅那套《贼情汇纂》，读到"铜臭小儿，毫无智识"时，不知做何感想？《贼情汇纂》是情报总汇，属于军事需要，但这套书后来并没有编下去，其内容只到咸丰五年（1855）七月，即湖口兵败的半年后，而其总纂官张德坚也没有被重用，历史记载中最后的官衔，只是六品衔的即补县丞、府经历

（按照县丞的品级则只有八品）——或许，类似石达开信息这样的重大失误，是这个情报编纂机关被解散的导火索吧？

3.天京事变中的角色

天京事变是太平军由盛而衰的关键，"天父杀天兄，江山打不通"，大量领袖、骨干的死亡倒在其次，宗教的魔力消散，"打天下"的壮志减退，才是最关键的。

除了不早不迟恰好在天京事变前夕病死的胡以晄，健在的太平天国诸王全部卷入这场混战：洪秀全先下密诏让韦昌辉杀死杨秀清，继而又下密诏让石达开勤王，讨伐韦昌辉，这已没有什么争议；韦昌辉杀死杨秀清的罪责究竟该谁承担姑且不论，他在诛杨后遭到石达开"滥杀"指责，恼羞成怒，杀死石达开全家，派秦日纲追杀石达开，这个罪责肯定是逃不脱的；秦日纲是洪秀全的一把刀，一条狗，缺乏自己主见，但杀杨他有份，追石他也有份，双手沾满同僚鲜血，最终死于非命，也属罪有应得。唯独石达开的角色晦涩不明。

按照李秀成的说法，石达开和韦昌辉替洪秀全打抱不平，在洪秀全不知情的情况下合谋杀死杨秀清；而按照石达开的说法，韦昌辉见杨秀清专权，上奏洪秀全要密谋诛杨，洪秀全"口中不肯"，却故意加封杨秀清"万岁"激怒韦昌辉，最终导致韦杨火拼。而根据发现的资料显示，诛杨是洪秀全下密诏，让韦昌辉、秦日纲在朝臣领袖陈承镕的里应外合下完成的。不过石达开有没有和韦昌辉等三人一样事先得到密诏，就众说纷纭了。

不管密诏有没有得到，历史的一幕是，韦昌辉在江西、秦日纲在丹阳星夜兼程，赶回天京杀死杨秀清，而此时的石达开却仍然在湖北前线和清军作战，他的双手没有沾自己人的血。得知韦昌辉大开杀戒，他只带了曾锦谦、张遂谋两人匆忙赶回天京劝阻，结果被恼羞成怒的韦昌辉杀死全家，一行三人缒城逃脱，随即召回西征大军讨伐韦昌辉，但行军半路得知宁国被清军围困，就顾全大局先解宁国之围。韦昌辉的倒行逆施最终激起天京城内公愤，洪秀全用计除掉了他，派人带着他的首级，请石达开回朝辅政。

这段历史对于太平天国的每一个人而言，都是难言之隐，因此当时过境迁，每个当事人都会以自己的理解，以及对自己最有利的解释，来阐述这段往事，真相如何，恐怕只能是千古之谜。但有一点是明确的，石达开是这次事件中最无辜、最顾全大局的一个首领。

4.“远征”与“回朝”的是非

1857年6月2日，在天京辅政半年多的石达开借口到天京城南门外的雨花台“讲道理”，带领亲信随从离开天京，在这一天从安徽铜陵渡过长江，前往安庆，此后再没有回去。

对于他的这一行为，太平天国官书和私下里都称之为“远征”，并没有将之视为叛逃或造反——至少表面上没有，而石达开的部队虽然越走越远，最终离天京万里之遥，却始终打着太平天国的旗号，石达开本人更是一直自称“真天命太平天国圣神电通军主将翼王石”，至死不改。

他为什么要离开，是很清楚的。

他出走后沿途张贴一份五言韵文的告示：

为沥剖血诚，谆谕众军民：自恨无才智，天恩愧荷深。

惟矢忠贞志，区区一片心，上可对皇天，下可质古人。

去岁遭祸乱，狼狈赶回京，自谓此愚忠，定蒙圣君明。

乃事有不然，诏旨降频仍，重重生疑忌，一笔难尽陈。

用是自奋励，出师再表真，力酬上帝德，勉报主恩仁。

精忠若金石，历久见真诚。惟期妖灭尽，予志复归林。

为此行谆谕，遍告众军民：依然守本分，照旧建功名。

或随本主将，亦足标元勋，一统太平日，各邀天恩荣。

在这份沉痛委婉的告示里，他说自己虽然忠诚于太平天国，却得不到洪秀全的信任，反倒产生猜忌，不得不离开天京，用实际行动证明自己的心迹。

按照李秀成的说法，洪秀全被杨秀清、韦昌辉等人“弄怕”，不敢再相信外人，便提拔自己的两个哥哥洪仁发、洪仁达为安王、福王，又把一大批亲戚、近臣安排到重要岗位，以牵制石达开，这些人能力有限却手眼通天，让石达开感到莫大的威胁。

石达开说自己是避祸出走，并非杞人忧天。洪秀全只用了一份密诏，就将通天人物杨秀清满门抄斩，又只用了一道诏旨，就让杀红了眼的韦昌辉顷刻灭亡。他要真的觉得石达开构成威胁，有加害之意，石达开在天京很难反抗，因为洪秀全是君，石达开是臣，反抗就是谋反。

石达开是开国元勋，是上帝的第六个儿子，洪秀全的"天弟"，是"圣神电"，和杨秀清、韦昌辉一样，也是半人半神的人物（尽管憎恶迷信的他几乎从未用过这个功能），洪秀全最擅长的把戏——借上帝的"神话"为自己说事，对石达开并不好使，这也让他很难像另一个被猜忌的对象李秀成那样委曲求全，因为委屈也未必能求全。

当然，他还有两个选择：造反和降清。

如果造反，他就和自己公开反对的韦昌辉没有两样，真的成了残害同类、背叛天国的罪人，这和他讲究忠义的个性不符。更何况，从拜上帝教时代起，洪秀全就是太平天国的偶像，尽管许多将士对他的所作所为不满，但真要造反就是另一回事了。届时"义王不义"，昔日支持他石达开的将士未必不会倒戈。

降清的路，不少走投无路的政治牺牲品也的确选择了，比如韦昌辉的弟弟韦俊。听说太平天国内讧，清江西巡抚福济、湘军大将李元度都写信给石达开劝降，甚至远在北方、正被第二次鸦片战争搅得焦头烂额的咸丰皇帝也特意下诏，让曾国藩相机游说。但石达开是"义王"，素以忠于太平天国相号召，他既不肯起兵造反，自然也不肯去国降敌。

这也不行，那也不行，又不能叛逆，又要保住性命，还得给追随自己的部下一个交代，那么一个说得过去的归宿——离京远征，和洪秀全保持若即若离的关系，就成为最佳选择。从目前能看到的史料可知，石达开远征后始终和天京保持断断续续的联系。他在安庆期间，仍能以"通军主将"的名义调动大部分太平军，反攻皖北、进援九江，都是在执行他的计划；他渡江南下后，洪秀全派人送来金牌和义王金印，请他回援天京，他虽然没有接受义王的封号，却上书洪秀全，建议由自己攻打浙江，调动清江南大营分兵，再一举解围。这实际上和后来李秀成大破江南大营"围魏救赵"的"贼中得意之笔"如出一辙。他也的确包围衢州，进取浙中。直到1859年，干王洪仁玕封王、拜军师，据说他还从广西写信

图文珍藏版

祝贺,并和洪仁玕、李秀成等有南北会师、收复广西的商讨。

这些配合计划最终一个也没能实现。一方面,清廷已缓过手来,充分发挥地大、兵多、装备好、粮饷足的优势,将两支太平军分隔开来,守着根据地和水道的主力太平军尚能支撑,缺乏固定基地的石达开部就只能不断游动作战,一次又一次作重建基地的尝试,无暇配合作战;另一方面,洪秀全也不愿石达开再出风头,浙南之战,他先是重封五主将,事实上剥夺了石达开指挥全军的权力,继而拉拢与石达开并肩作战的杨辅清等东王旧部,封杨辅清中军主将,使后者放弃和石达开配合,转而投奔天京。等石达开被迫放弃计划南下,和天京越隔越远,洪秀全更玩弄起驾轻就熟的政治权术,表面上,继续保持石达开的翼王封号,甚至还加封了"殿前吏部又正天僚公忠又副军师",不称石达开为叛逆,暗地里却取消石达开姓名的避讳,取消其"圣神电""电师""天父第六子""五千岁"等半人半神的封号,使之成为地位在洪仁发、洪仁达、洪仁玕,甚至洪秀全那些乳臭未干的子侄驸马之下的普通朝臣。等到 1860 年前后,追随石达开南下的许多太平军旧部回归天京,而天京方面又大破江南大营,先后夺取苏南、浙江,实力达到后期鼎盛,在洪秀全眼里,石达开就更没有什么价值了。

许多论者承认石达开的顾虑有合理性,却不认同其出走,认为石达开应该委曲求全,继续追随洪秀全以避免分裂;另一些人则根据《李秀成供》,认为石达开将"好兵好将"都带走,弄得"天国无人"。委曲求全是行不通的,前面已经分析了,那么,石达开带走了很多"好兵好将"吗? 石达开从雨花台出走时,身边只有少数随从;他在安庆时仍是通军主将,掌握军权,但渡江去江西时,带走的仍然只有张遂谋等少数部队,皖北太平军的主力(也是太平军中期最重要的机动部队)陈玉成、李秀成、陈仕章等部并未带走,地方守军也无调动——后期太平军元老、宿将最多的,正是皖北这一块,早期水军统帅唐正才、曾经当过天王御厨的侯裕宽、殿前监斩官魏超成、管过圣库的侯淑钱、洪秀全的亲戚张潮爵等,在这块地盘一直呆到英王陈玉成兵败,皖北据点丧失;他从江西进军浙江、福建时,所率领的六路人马,基本上由国宗和翼殿旧部率领,原本不属于自己的除了联合作战的杨辅清等东殿旧部,就只有李寿晖、李誉生等少数失意分子和名不见经传的小人物,江西方面非翼殿系的大将,如九江的林启容,湖口的黄文金、李远继等，都没有被他调动。更何况，攻打浙江是汇报给天京，并得到洪秀全批准的行动，他作为通军主将调动各路人马协调，也并无不当。

当然，由于石达开的崇高威信，和许多将士对洪秀全所作所为的不满，苏南、皖南许多郡县的将士纷纷自行离开驻地追随石达开，造成许多地方的混乱，句容、溧水等地就在这种混乱下被清军乘隙攻破。不过这个责任，恐怕不能由石达开单方面来背。

两三年后，局面为之一变：成千上万当初追随石达开出走的将士，却万里迢迢回归天京，自称"回朝""起义"，吉庆元、朱衣点等67个"回朝"将领上书洪秀全，解释自己的行为是"起义出江"，是因为不满石达开"将真圣主官制礼文多更改焉"和在江西、浙江、福建擅自行动等。

前面已经说过，石达开进军江西、浙江的行动是得到洪秀全首肯的，甚至"远征"本身也为洪秀全所默认甚至乐见（这样一个危险人物和自己保持安全距离存在，总比在眼皮底下或干脆造反来得好），不能算"擅自行动"，至于改变部分官制、军制是事实，但同期太平天国中央改得更多，将在外君命有所不受，也算不上多大问题。更何况，石达开本人的官衔始终不变一字，更改官制、设置大批高级职位，满足的是追随他远征的将士们加官晋爵的胃口，"多更改焉"的责任，其实更多该由这些"起义出江"者来背负。

那么何以到了1860年，当初追随石达开的将士大批"回流"？

石达开以忠义自居，始终不肯独树一帜，这固然令人佩服，但佩服是一回事，能不能继续跟下去则是另一回事。不少追随将领当初都有"攀龙附凤"的念头，想跟着石达开打下另一块天下，如今石达开始终尊奉洪秀全正朔，这些人的念头落空，一遇挫折，不免产生"与其做忠臣的忠臣，不如直接做忠臣"的念头。加上洪秀全又一直用高官厚禄相招诱，石达开又"来者不强，去者不留"，走掉的人自然不少。

这些离开石达开出走的人，目的是获得更好出路，而未必是"回朝扶主顾王"，因此不少人走到半路，觉得降清前途更光明，就不惜戕害战友，卖身投靠，如武卫军正统戎张志公就害死了不愿投降的主将，反过来追剿其他战友；另一些人，像童容海、吉庆元、朱衣点他们，回到天京，自然要为自己当初的离开和如今的回归找一些冠冕堂皇的理由,把责任推给不在身边的石达开,就是最自然不过的选择。人在矮檐下,他们做如此选择,原也可以理解——但理解和相信是两码事。

值得一提的是,并非所有回朝的远征将士都是主动离开石达开,如人数较多的李寿晖、谭体元部,就是被石达开派出策应攻打桂林的石镇吉部,不料行军途中得知石镇吉部溃败,归途又被清军切断,不得不辗转北上,与天京方面的李世贤部会师。

尽管是迫不得已,1859年石达开从宝庆退往广西,对军心、士气却是一个不利的选择,一些广西籍的核心将士多年转战都无异心,回到家乡却心生懈怠,不少人就此还乡,等石达开部离开广西,这些人在清方迫害下无法立足,或出走海外,或辗转仍回天京(如向石达开请假葬母后回天京销假的李誉生就是个例子)。不论动机为何,结局怎样,这些"广西老兄弟"的懈怠,无疑进一步动摇了远征军的士气。后期石达开转战西南,手下几乎没有几员前期叫得上名字的将领,有兵无将,也严重影响了远征军的战斗力。

5.学历、诗歌和干女儿

石达开的相貌据说平平,"面短方身中有须",但识见不凡,在安徽、江西,都能"不甚附会邪教俚说",改变"打先锋""掳掠"等粗放征收方法,实行"照旧交粮纳税"和轻徭薄赋、与民休息的政策。江西有个叫邹树荣的清方文人,提到石达开时忍不住写诗赞颂"传闻贼首称翼王,仁慈义勇头发长,所到之处迎壶浆,耕市不惊民如常";清江西巡抚福济写信劝降,称赞他"往来吴楚,转战千余里,号令严肃,步伐整齐,士卒为之用命,妇孺亦且知名,未尝不心焉佩之";直到1858年,太平军已撤出江西很久,湘军召集乡绅宴会,还有绅士当众称赞石达开"龙凤之姿,人不可及"。

太平天国最大失误之一是不善用人,尤其不善用知识分子,在这一点上石达开就做得较好,他军中许多大将都是书生、科举出身或招贤而来,如大将朱衣点是招贤而来,重要幕僚李岚谷、潘含孚是科举应试出身,后期独立带兵作战、被称为"深知调度"的李复猷本是"广西土寇",坚持到1872年的最后一支太平军首领李文彩则是横江起义、一度归附"大成国"的壮族武装首领。他善于用人这一点,直到太平天国覆灭,仍有许多将士念念不忘。

曾有华侨在1856年披阅太平天国印书,写下"一国二主,篝火狐鸣,自古从无成事"的话,许多人也对洪秀全沉湎宗教狂热,只说天话不说人话耿耿于怀。洪秀全"认实天情",直到临死还让"大众放心",说自己上天领天兵天将来救天京,而石达开的远征军自1860年离开广西后,就基本摒弃了"天父天兄"的一套。与之相比,同样反感"天话"的李秀成每打下一城,仍要聚众"讲道理";而李世贤、汪海洋部太平军甚至在天京陷落一年半后还保留上帝教,部下将士在咒骂扰民者时会不由自主喊出"免得天父降灾殃"的话来。

正因为石达开见识高过同侪,而且善于和文人、士绅打交道,因此清方和民间一度认为他是有功名的。咸丰曾根据前方奏折,称石达开"广西诸生",福济在劝降信里则说"阁下学校中人,读书明理",同样坚信石达开有秀才、举人之类头衔,和湘军将领有的一比。

但实际上石达开读书是真,秀才却是没有的——不但没有考上,甚至根本都没有去考过。这大约不是因为他年轻,曾国藩、左宗棠等人第一次参加科举都只有20岁不到,据贵县当地口碑,石达开对清廷腐败不满,曾立誓不考清朝试,不做清朝官,这恐怕是他不涉科举的主因。当然,他父母双亡,又没有兄弟,要独自支撑全家农务,也的确抽不出身去铁砚磨穿地折腾科考。

石达开会写诗,这在当时就广为传言,但并没有什么诗流传下来。到了清末,忽然出现许多"石达开遗诗"、檄文,辞气慷慨,催人泪下,许多人正是看了这些诗文,才油然而生对清廷的敌忾之心,投身辛亥革命之中。然而这些诗文却都是假的,目的或是激发民气,宣传革命,或仅仅是寄托个人的某种情感。由于参与造假的几乎都是大才子,大诗人(有梁启超、高天梅等),因此作品的艺术价值很高,许多都流传深远。1934年,李宗仁、白崇禧在广西贵港(石达开的出生地贵县)修建翼王亭纪念石达开,亭柱上的对联"忍令上国衣冠沦于夷狄,相率中原豪杰还我河山"系白崇禧手书,就来自一篇伪造的《石达开檄文》。至于那首著名的七律"扬鞭慷慨莅中原,不为仇雠不为恩。只觉苍天方聩聩,欲凭赤手拯元元。三年揽辔悲赢马,万众梯山似病猿。我志未酬人已苦,东南到处有啼痕",更是至今仍有人坚信为石达开所作。小说家鄂华在《翼王伞》中称,石达开原作是"莫凭只手""人犹苦",高天梅的赝品只改了几个字,许多人竟信以为真,其实懂得近体诗格律的人一望而知这是无稽之谈——"人已苦"格律无误,而"人犹苦"就出律了,石达开若能诗,怎会马虎至此?

不过石达开的确是会写诗的。他在1860年驻节庆远府(今广西宜山),曾率部下10人游览城郊白龙洞,共留下11首五律,一首古风,保存至今,其中他本人的五律如下:

挺身登峻岭,举目照瑶空;

毁佛崇天道,移民复古风。

临军称将勇,玩洞羡诗雄;剑气冲星斗,文光射日虹。

从这首五律看,格律工稳,四联皆对仗,说他"能诗"并不夸张,但意境刚强有余,回味不足,是典型的"武将诗",不能算一流佳作。

由于石达开戎马倥偬,诗词只是"业余爱好",并随着太平天国的覆灭而大多湮灭,目前保留下来的最多只有两首半:白龙洞五律;1861年石达开在贵州化屋基和苗民欢宴,写过一首七绝:"万颗明珠一瓮收,君王到此也低头。五龙抱住擎天柱,吸得黄河水倒流";所谓"半首"则是指前面提到的那篇以古风体写成的出走告示,因为这类文告既可能是亲笔,也可能是书手代劳。所以只能算"半首"。

至于近几年所"发现"的一系列石达开檄文、诗词,则一望而知都是赝品——这些"作品"词句粗疏,格律紊乱,又岂是"能诗"的石达开所会写出?

石达开的干女儿更是一桩有趣的悬案,从清末的小说家言,直到几年前央视的电视剧《太平天国》,干女儿多得数不清,能叫得上名字的就有韩宝英、石筠照、石绮湘、石益阳等等,其中"四姑娘"韩宝英更是一度弄得几乎被当作信史,说她被石达开救下,为报恩想以身相许,被拒绝后认石达开为义父,并嫁给一个长相酷似石达开的马生。石达开到韩宝英、石益阳家乡湘南时,不过21岁的青年,如何收得成年大姑娘做义女?随着史实的普及,如今一些太平天国史爱好者已经"进化"到先看有没有"干女儿",再看和石达开有关的"新史料"——如果有,那多半是假货。

6.石达开的生死谜团

1863 年 6 月 13 日,兵困大渡河的石达开走投无路,为了保全部下生命,自动投入清军大营,6 月 25 日,在成都慷慨就义,死前侃侃而谈,面无惧色,遭受凌迟酷刑时不但自己不出一声,还劝阻了因疼痛难忍而呻吟出声的部下曾仕和,就连目睹情状的清方官员、幕僚,对此都十分钦佩。

然而石达开究竟死了没有,当时的清方、太平军方面,都有不少怀疑者,以至于处死石达开的骆秉章不得不再三向皇帝表明,自己杀死的石达开是真的,绝不会有假(1852 年湖南巡抚张亮基等曾谎报在长沙"阵毙"石达开),而曾国藩、沈葆桢等人始终怀疑,以至于再三追问被俘的李秀成等,石达开死了没有,你们有何高见?

干女儿系列传说中,韩宝英让长相酷似石达开的丈夫替死,石达开则流落江湖,后来在渡船上遗下一把刻着"羽翼王制"的铁伞。这当然是无稽之谈,石达开精明过人,避难中怎么会带着那么明显的证物? 何况"羽翼王"的字样也不合太平天国制度。还有一种变种传说,则说石达开发现韩宝英的密谋,就打昏马生,自己去成都赴死,后来行走江湖,鼓吹革命的"翼王"反倒是马生假扮的。这当然还是没影的事,前面已经说过,干女儿之说本身就全无依据。

不过清末倒的确有许多四川的会党、革命军假借翼王的名义号召。当然,此时年岁久远,他们假托的是石达开后人、旧部、继承者等等。到了民国军阀混战时,一位土匪出身的团长石定武就自称石达开后裔,派兵包围当初困死石达开的清将唐有耕后人宅院,抢走了唐府保存的石达开遗物。这些传说的另一大后遗症,就是五花八门的"翼王藏宝"传说,前几年屡屡有江湖奇人打着"进京献宝"的旗号,献的就是所谓"翼王窖藏",当然,没有一个兑现的。

石达开在走投无路时曾经题壁"大军乏食乞谁粜,纵死浍江定不降",但最终他还是"投降"了,也因此一度被贬为"叛徒",另一些不愿心目中偶像"投降"的人则一口咬定,石达开是"诈降"。

他是否"诈降",无凭无据,无法证实或证伪,但他的"投降",按照他自己写给骆秉章的信所言,是"舍命以全三军",在突围无望的情况下牺牲自己,保全部下性命,这是他向来秉持的"义气"的体现。从某种意义上来说,他部分达到了目的,被困部属中得以生还的有几千人之多。来自新西兰的国际友人路易·艾黎在评论李秀成写供词"投降"时曾经质问,难道为了换取部下的生存,自己放下武器并牺牲生命,是一种可耻的念头和行为吗?这一质问对评价石达开的是是非非,同样是振聋发聩的。

如今100多年过去,对太平天国的评价时而上天,时而入地,可谓褒贬不一,但绝大多数人对石达开仍寄托深切的同情。他的"粉丝"据称是太平天国首领里最多的(有人说超过其他将领粉丝的总和),而以他名字命名的纪念建筑也同样最多——光"翼王亭",就有贵港、宜山、石棉、南宁、黄石5座。

冯云山的"假面"

太平天国是近代中国一场奇特的政治运动。对这个"建在人间的天国",百余年来人们褒贬不一;从洪秀全到石达开,从杨秀清到李秀成,几乎每个太平天国的重要人物都饱受争议,迄无定论。

在这群草莽英雄中,唯独一个人,不论评论者站在怎样的立场,对其政治主张作何评价,但对其个人能力、品德却众口一词地赞誉、佩服。

政治完人冯云山

这个人就是冯云山。

长期以来,冯云山在文学作品中的形象,就是个忠心耿耿、深谋远虑的老黄牛兼神机军师。他不但没有野心,甚至没有脾气,差不多是天国首义领袖中唯一顾全大局、懂得谦让、没有政治野心的人物。

有人断言,倘若他不死,杨秀清也不会跋扈到和洪秀全分庭抗礼的地步,后来那场几乎注定了天国覆灭命运的内讧,也许就根本不会发生;也有人认为,以他的务实性格,也许可以把后期陷入宗教癫狂状态的洪秀全拉回人间,让其少说天话,多做人事,让太平天国更像个正常国家。

一句话,他简直是太平天国唯一的完人。

原本支离破碎的天国史料中,关于这位完人的记载偏偏少得可怜。直到近20多年,随着海外新史料的相继发现,人们才发现了冯云山的"假面"与真面——倒不是他有心以"假面"示人,而是长期以来,人们对他的理解和认识,有许多地方并不那么靠谱。

1.政治完人评价的背后

冯云山似乎是太平天国中唯一能被各"山头"所接受的人物;对这位"政治完人",留下的崇高评价和高贵头衔并不少。

——"三兄":这是太平天国还没成立时,他得到的尊称。这个"三兄"可不是瓦岗寨拜把子的老三徐茂公(其实也没这档子史实),而是上帝的第三个儿子。按照洪秀全的说法,上帝的大儿子是耶稣,他自己行二,接下来就是行三的冯云山了,一人之下、万人之上的杨秀清还只能算四弟,您说这尊崇高不高?

——男学冯云山:这话是萧朝贵假托基督的话说出的,算是"神话",冯云山也就成了太平天国第一个男劳模。要知道和他并称的女劳模不久就换了个替补,可他这男劳模的头衔,却一直挂了下来。

——天国第一状元:太平天国打下的第一座城市,是广西的永安州(今蒙山县)。洪秀全、冯云山都是一直没考上秀才的读书人,这下得了个城,自然要解决这个心理障碍,就组织了太平天国历史上第一次科举考试,冯云山便是这次考试选拔出的第一个状元。虽然这状元头衔来得有些容易,不免有"职务学位"之嫌,但毕竟算是开天国风气之先了。

——"云师"：定都天京后，洪秀全自称太阳，把诸王都加了个天象的头衔，已经死去的冯云山被称为"云师"，意思是在天上管理云彩的高级干部。

——杨秀清的赞美：在杨秀清组织班子编纂的《天情道理书》里，说冯云山"历山河之险阻，尝风雨之艰难，去国离乡，抛妻弃子，历尽艰辛，坚耐到底"。在这本书里，除了杨秀清自己。其他人得到的评价都远没这么不吝辞藻。

——洪秀全的赞美：1859年，洪秀全的族弟洪仁玕在太平天国最困难的时期抵达天京；洪秀全大为感动，不到20多天就将洪仁玕连升三次，从普通百姓提拔为干王兼军师，在其封王诏书中赫然写着"胞果然志同南王，历久弥坚"等语。冯云山受封为南王，这"志同南王"四个大字，字字浸透着孤独的天王对这位故去老友的怀念与赞赏。

——其他各领袖的赞美：太平天国后期最主要的将领是陈玉成和李秀成。前者在被俘后和清朝官员谈话，认为天国将领大多是庸才，只有两人例外，即冯云山和石达开；后者在长达7万字的供词中写道："前做事皆南王也"——意思是说，起义最早的奠基工作，都是冯云山的功劳。

不过对冯云山的崇高评价并非都是其真面，也有"假面"：

"三兄"固然好听得很，却半点不好受用：杨秀清、萧朝贵趁冯云山被迫打官司之际，靠自称上帝、耶稣附体获得大权，并得到洪秀全的认可，而原本的"二把手"冯云山被降成"四把手"，所谓"三兄"，不过是在"人权"被削夺后，胜利者从"神权"方面所给的、聊胜于无的补偿罢了。

"云师"半神半人，煞是神气，可封号的时候就比杨秀清的"圣神风"低了一级，而到后期，杨秀清、韦昌辉都死了，石达开也走了，洪秀全一个人玩神权游戏，圣神风雷、圣神雨电之类的头衔弄了一大堆，他这个老干部却仍然孤零零顶着个"云师"的旧封号不上不下。

2. 早期生涯的真真假假

冯云山是广东花县禾乐地人，客家人，住处离洪秀全住的官禄埗村只有三里路。两人关系不错，据说还沾点亲戚。1843年，洪秀全第四次科举落榜，看了传教士梁发的《劝世良言》，似乎印证了自己的怪梦，于是决定要传播上帝福音,拜上帝;冯云山是最早信奉这个"拜上帝教"的三人之一。第二年二月,洪秀全决定去广西传教,同行的只有三人,而且都姓冯(冯云山、冯瑞嵩、冯瑞珍),冯、洪间的交情可见一斑。

种种迹象显示,此次广西之行,洪秀全的目的真的就是传教,而不是去谋反。到了广西贵县赐谷村洪秀全表哥家,洪秀全见村子实在太穷,挨不下去,就让三冯先回去,自己留下来帮表哥、表侄打官司。

冯云山并没有回去,而是跑进了蛮荒的紫荆山,靠拾粪、打短工度日,并因不经意间流露出才华,被读书富户曾槐生赏识,当上了私塾先生。他利用当地"三不管"的有利条件,开始传播洪秀全的拜上帝教,并在几年间建立了一个横跨数县、拥有几千名会众的"拜上帝会",而且每个人都尊奉从没见过面的洪秀全,这不仅令后来回到广西的洪秀全惊奇、感动,也令后世许多读史者叹服不已。

这些都是事实,但真面之后也有"假面":

冯云山并非和洪秀全"亲密无间",洪、冯分手不完全是因为经济问题,而是两人发生了言语冲突,这可是载在太平天国唯一一本官方历史书《太平天日》里的事实。至于两人吵嘴的内容,不得而知,但吵嘴后两人分道扬镳,几年间互不联系,而洪秀全回到花县老家后,冯家人竟气势汹汹跑到洪家要人,逼得洪秀全不得不再次去广西找人,可见矛盾不小。

冯云山是个老实人,但也是个有叛逆思想的人。在最初,冯云山甚至比洪秀全还叛逆。直到1847年8月再次回到广西并见到冯云山前,洪秀全的梦想,不过是做个传教士,只可惜被人暗算没做成。(见后面罗孝全一节。)他并不想造反,第一次去广西更不是"筹划革命",否则何必"筹划革命"三年后,又跑去广州考"反革命清廷"的秀才? 可是,冯云山在广西紫荆山,却已经开始勘察险要,结识当地英雄好汉,还到处打砸神庙佛像,十足是要造反的架势。可以说,太平天国近20年的造反史,是从冯云山开始,而不是从洪秀全开始的。可以这样说,即使洪秀全最后根本没进紫荆山,冯云山也会领着拜上帝会起义,并像陈胜吴广起义时号称扶苏、项燕为其领导人一样,把"洪先生"尊为虚拟的偶像。

冯云山不树自己当头,而是把根本没在身边、甚至当时还不想造反的洪秀

国学经典文库

中国古代逸史

· 清朝逸史 ·

图文珍藏版

全扶为一把手,也是煞费苦心:冯云山自己和当地人朝夕相处,既亲切又熟悉,容易产生感情,但很难产生敬意,而扶一个远在天边的偶像,让人产生"冯云山这么厉害还得服洪先生,洪先生自然更厉害"的心理,更容易聚集人马,且朝夕相处者总会被人发现这样那样的毛病,而看不见摸不着的偶像却不会犯错误,也容易形成神话。

1847年8月,洪秀全在广西和冯云山重逢,并在后者的激励下决心造反,开始编造自己是上帝之子、耶稣亲弟弟的神话(因为他的宗教启蒙读物《劝世良言》通篇没提耶稣一个字,在1847年赴广州见到传教士罗孝全之前,他和冯云山压根不知道有"天兄耶稣"这个人)。两人旋即纠集会众,在短短几个月内砸掉周遭几个州县的多座大小神庙,引起当地大户王作新、王大作兄弟的愤怒,兄弟俩带领壮丁抓住冯云山,后被冯的表哥卢六抢回。

曾有一些记载称,清朝桂平知县王烈认为冯云山要造反,判处他和卢六凌迟极刑,拜上帝会好不容易才将他救出,而卢六则英勇就义。

事实上,王家兄弟的确在状纸上说冯云山"不从朝廷法令",想让他尝尝凌迟的滋味,但冯云山援引两广总督耆英"传教合法化"的饬令,又搬出《圣经》对质,最终被判无罪。据简又文先生的访问口碑,王烈的上司、浔州知府顾元凯看了冯云山的材料,认为他是个读书人,不会造反,就让王烈以"无业游荡,遣返原籍"结案,反倒把原告王家兄弟训斥了一顿。

冯云山在大牢里蹲了整整半年(1848年1月至6月),但他并非被抓,而是和卢六一起被传票传到县衙的,那时候打官司不论原告、被告还是证人,没结案前都得坐牢,因此不算什么犯人。6月,他被遣返原籍,走没多远就说服两个解差皈依上帝教,一同返回紫荆山,可卢六却病死在大牢里,能算得上"因公牺牲",但似不能说是"英勇就义"。

浔州的"忠烈祠"里有王作新的牌位,说他在太平军起义时被冯云山满门抄斩,许多史书也这样写,但实际上王家并没有遭难。王作新直到太平军离开广西,还慢悠悠躲在山里写他的七律和八股文,这些文字今天还能看得到。

很显然,冯云山既不是某些人说的"杀人不眨眼的屠夫",也不是另一些人说的"坚决镇压反革命的勇士",对他而言,这场官司不过是一个插曲。当地人传说,他和王作新原本还做过朋友,可王秀才见他私塾挂了副对联:"聊借荆山栖虎豹,暂将紫水活蛟龙",认为是反诗,就此划地绝交——其实这对联是《水浒全传》里一对联改的;冯云山是想造反不假,可他怎么会明目张胆说出来呢?

冯云山出狱后便发现,自己原本的地位已经不保:当地土著杨秀清、萧朝贵靠着神灵附体的把戏夺得了实权,把他架空了。

传统的说法,这时洪秀全去广州,设法营救他去了,不在广西,因此被杨、萧钻了空子,但后来在英国发现的史料《天兄圣旨》表明,萧朝贵第一次"天兄下凡"时,洪秀全本人在场,显然,杨、萧等地方实力派用"替洪秀全的神圣地位背书"——让"天父天兄"说洪秀全是天王,换取洪秀全对他们的地位的承认,而洪本人对这桩政治交易极为满意,并毫不犹豫地牺牲了冯云山这位老朋友的利益。

假面后的真面的确很残酷:乡情、友情,最终都敌不过政治考量和利益交换。不过有一点却是真的,即冯云山的确顾全大局,毫无怨言地默默接受了这一角色错位;杨、萧起初还半遮半掩,到金田起义前夕,就干脆自居左辅、右弼正军师,把"三哥"挤到了配角和部下的地位。

3.冯云山的死

清方许多记载都说,冯云山是在咸丰二年(1852)四月二十三日,太平军围攻桂林不克、北上经全州,沿湘江行至湖南、广西交界处蓑衣渡时,被清朝湘勇统领江忠源阻击,中炮战死的。由于这段记载是左宗棠写的,清朝史书基本沿用,江忠源也因此名声大噪。

但是,据简又文先生的访问,印证清方当时编纂的情报全集《贼情汇纂》的记载,冯云山可能未必死于蓑衣渡。

当地的口碑称,太平军本不打算攻打全州,准备绕城赶路,城上一名清朝低级军官一时冲动,对城下太平军一顶黄色轿子开了一炮,结果太平军一片哗然,不顾伤亡猛攻全州16天,终于攻破——轿上坐的正是当时已封为南王的冯云山。

冯云山中炮后是死于全州,还是裹伤继续北上,最终死于蓑衣渡,无法考证。蓑衣渡之战并不激烈,双方基本战成平手,江忠源甚至不是清方主力(主力是正规军和春部),渲染战况和战果,无非为了邀功而已。

冯云山的尸体始终未能寻得,他也因此成为太平天国首义八王中,仅有的两名入土为安者之一。另一位幸运者是排名最末的豫王胡以晄,他在1856年病死江西临江,而那里恰是他的祖籍,可谓叶落归根了。

其余6人,杨秀清、韦昌辉、秦日纲在内讧中死无葬身之地;石达开在成都被凌迟处死;洪秀全死后埋在宫殿院中,被随后攻破天京的湘军掘出焚尸;萧朝贵战死在长沙城外,葬于妙高峰下,太平军攻长沙不克,转进岳州,他的尸体被清兵掘出戮尸。

4.冯云山不死又如何

冯云山如果不死,能不能如某些传统的推断所言,压抑杨秀清的野心?

恐怕不能。

前面已经提到,杨秀清、萧朝贵借代天父天兄传话夺取大权,洪秀全是支持的,而他们获得大权后很快扶植起自己的嫡系,并将冯云山的势力排挤出去。

根据记载,冯云山是孤身一人追随洪秀全起义,并无一个亲属在军中。他在紫荆山最初依赖的是曾家、卢家、王家(洪秀全表哥),其中曾家被排挤出太平军,除个别人外未参加金田起义,无一人官职被正式记载;卢家据说只有卢六一人,且早已死在狱中;王家被杨秀清、萧朝贵百般打压,最终被边缘化,只是因为和洪秀全沾亲,才没有被完全排挤。

1854年在天京,王家官做到最大的王维正(当时已经改姓黄,洪秀全的表侄),不过是殿前丞相、副理机匠。"殿前丞相"听着不错,其实是虚衔,普通士兵立了功也能得到,据说当时太平军中有这头衔的不下数千人;"副理机匠"就是管理织布工人的二把手。

要知道,王维正加入拜上帝教比杨秀清、萧朝贵都早得多;洪秀全第一次入广西,跟冯云山分手后特意留下来要营救的人就是他;第二次入广西,砸第一座神庙——六窠庙(刘三姐庙)时,洪秀全在墙上题诗一首,给洪秀全捧砚台的也是他,而他不过是这样的芝麻官,其他王姓就不用提了。

也就是说，到了金田起义前夕，冯云山不但地位是杨、萧的副手，实力更远不如杨、萧。

有一次，萧朝贵因为芝麻绿豆大小事，要打一个叫谢享才的两千棍，冯云山看不过去而讲情，竟要跪在天兄附体的"六妹夫"萧朝贵脚前苦苦哀求，最后"天兄"才开金口：这次给你面子，下次再讲情，连你一块儿打——就这样的权威、这样的实力、这样的表现，他就算到了天京，也只能跟韦昌辉、石达开那样，"在东王面前不敢多言"，杨秀清不压抑他就算给他面子，他如何去压抑杨秀清的野心？

那么，冯云山能不能如某些人所期望的，让洪秀全少搞些神权政治？

恐怕更不能。

洪秀全被杨秀清、萧朝贵的神权把戏折腾惨了，却也体会到这一套的威力。等杨、萧一死，就照方抓药乃至变本加厉。他并没有别的特长，神权是他最得力的工具。

为了捍卫神权，他不惜逼走石达开，气得陈玉成宁可自取灭亡也不回天京，把李秀成差点噎死；同样为了捍卫神权，他在天京事变三年后给杨秀清、萧朝贵平反，并把幼东王（不到 10 岁的洪秀全亲儿子洪天佑）和幼西王（10 多岁的洪秀全外甥萧有和）提拔到昔日杨、萧的地位；给曾欺压过、甚至可能试图加害过自己的杨秀清加上长达 47 个字的超级头衔，而对于死去多年、既有功劳也有苦劳的老朋友冯云山，不过维持以往的封号。

道理很简单，以神权立国的太平天国，不能没有"天父天兄"的地位，否则洪秀全这个"天父次子、天兄亲弟、天父天兄所派下凡之天王真圣主"权威何在？为获得此权威，早在广西起义前，洪秀全就牺牲过冯云山一次；为保住此权威，即使冯健在，他也只能被再牺牲一次。

不仅如此，零星史料表明，冯的思想未必和洪有本质差别。

在广西，冯"侮弄神像""撕毁书籍"，做法和后来洪秀全一样，而此时洪还没打算造反，正忙着考清朝的秀才。

在坐牢期间，冯搞出了一个"太平天国天历"，这本闭门造车的历法既没有闰年，也没有闰月，大月 31 天，小月 30 天，40 年"一加"，加年每月都是 33 天。

这样的历法"均匀圆满",看上去很完美,符合洪秀全的口味,却很不符合科学——该立法推行六七年后,太平天国的"中秋节"月亮却仍是个月牙儿,莫名其妙以至于恼羞成怒的太平军将士据说有的迁怒于月亮,竟用弓箭射、火枪轰,以泄"不圆"之忿。

各方史料都记载,太平天国早期的典章制度都是冯云山制订。这样一个光丞相就有 24 名、军中到处都是大员,且洪秀全、杨秀清、萧朝贵、冯云山、韦昌辉和石达开等人的姓名(甚至曾用名)都要避讳的制度,是后来洪秀全更苛刻、更可笑制度的萌芽,而这样的一个制度,就出自冯云山之手,指望他匡正洪秀全,难矣。

即便冯云山真如有些人所期望的,是个抱持温和改良立场的政治家,又能改造洪秀全吗?被称为"志同南王"的洪仁玕,主张改革拜上帝教中"天妈天嫂"之类荒诞神话,实行资本主义改良,取消诸如避讳、肉刑等不合理制度,但他抵达天京、担任洪秀全首辅后没多久,就开始主动配合、甚至迎合洪秀全的自我神圣运动,将他反对避讳等合理主张抛在脑后,反倒以自己名义主持出版了专门介绍如何避讳"违禁文字"的《钦定敬避字样》。

洪仁玕是在香港多年、受基督教正式洗礼的"新人类",又是洪秀全的族弟、和冯云山几乎同时入教的"老革命",他的结局是被洪秀全改造,而非改造洪秀全,关系比他更疏远的冯云山,又如何可以例外?

由此可见,说"冯云山不死,天国必不如此",无非是人们出于一己愿望,所描绘出的又一"假面"而已。

萧朝贵的"勇敢"

洪秀全名义上的妹夫、太平天国西王萧朝贵,在壬子二年(1852)年八月,死于湖南长沙城外,未能看到定都南京的那一天。

由于早死,关于萧朝贵的原始记载并不多,《李秀成供》全文 70000 多字,提到萧却只有寥寥两句,一句是"天王妹子嫁他为妻",另一句是"勇敢刚强,冲锋第一"。

便是这两句,引发后人无数遐想。

单田芳先生的长篇评书《百年风云》把萧朝贵写成从广州知府大营里反出来的衙役,仗着一身好武艺,把冯云山从广州护送到广西金田。

一些早期的太平天国史研究者,如凌善青、谢兴尧等人,则惋惜萧朝贵死得太早,认为如果不是他早死,洪秀全就可以利用这个忠厚耿直、性格豪爽的"妹夫"牵制杨秀清,后来的天京事变,也许就不会发生。

然而,李秀成在后期固然是太平天国最著名的大将、重臣,前期却只是个"懵懵懂懂而来"、因为不知道回家怎么走而不得不一路跟到南京的普通上帝会众,直到进南京城也不过是最低级的"圣兵",天国早期上层的各种秘事,他能知道的不会很多。

别的不说,就论说萧朝贵的两句,头一句"天王妹子嫁他为妻"就不太准确,笔者在写洪宣娇的一文中已做了交代,那么,他说萧朝贵"勇敢刚强",是否也说错了呢?

滑稽的亮相和不滑稽的政治

萧朝贵第一次亮相,是在戊申年(1848)九月初九日,声称天兄耶稣基督附体,演了一出活灵活现的行为艺术。

我们知道,洪秀全、冯云山最初是根据一本叫《劝世良言》的基督教宣传手册传教,而那本书不知为何,居然通篇没提到耶稣这个人,所以冯云山创立拜上帝会是只说上帝、不说耶稣的。直到1847年洪秀全赴广州,在美国人罗孝全的教堂进修,才第一次知道耶稣。这年阴历七月他回到广西,拜上帝会才知道耶稣。

所以到戊申年九月,拜上帝会众对耶稣这个才树立了一年两个月的偶像,是很陌生的。谁也没见过耶稣长什么样,因此"天兄"萧朝贵迫不得已,只得屈尊来了个自我介绍,《天兄圣旨》里他的第一句话就是:"朕乃耶稣。"

以往的研究者多以为,萧朝贵和杨秀清代天父天兄传言、搞下凡的一套,是因为冯云山吃官司,洪秀全跑去广州、香港打点,广西拜上帝会群龙无首,迫切需要有新的权威出现,以安定人心。

从后来发现的史料看,杨秀清的"天父"下凡在戊申年三月,此时冯云山在狱中,而洪秀全在广东,拜上帝会一片混乱,他的做法的确是有利于稳住阵脚;但是,等到九月萧朝贵的"天兄"下凡时,不但冯云山已经出狱,甚至洪秀全也在广西,故目前保存的第一道天兄圣旨里,"天兄"劈头就问:"洪秀全胞弟,尔认得朕吗?"

这时候,洪、冯等"老领导"已经复位,而杨秀清这个"新权威"也已经树立,再多添一个"神人"并无实际需要。萧朝贵的"下凡"和"通天",与其说为了"革命需要",毋宁说是为了他自己的需要:作为拜上帝会通神人物的后起之秀,他必须用这样的非常手段,才能后来居上,占据梦寐以求的高位。

他的做法很简单:第一,逼洪秀全认账;第二,和杨秀清捆绑。

逼洪秀全认账其实很简单,以教主自居的洪秀全在广西并无嫡系部众,依靠的正是"神力",只要"天兄"肯认他是"天弟"、是天王,对他就(至少暂时)只有好处,没有坏处;更何况,身为"天弟",却要否定"天兄",这太平天国奉天诛妖的神话也就无法自圆其说了。

因此当"天兄"质问"尔认得朕么"之际,洪秀全连眼皮眨都没眨,就大声回答"认得"。以后还多次积极配合,和"天兄"互相认证——你们怀疑天兄是假的?可天兄知道上帝胡子的颜色,不信?问天王啊,他也知道。你们怀疑天王是假的?可天王知道上帝袍子上绣的是什么动物,不信?问天兄啊,他也见得真真的呢。

跟杨秀清捆绑也不难。尽管杨秀清精明强干,能力远超过萧朝贵甚至洪秀全,但他却是个孤儿。他的部下在1854年编过一本《天情道理书》,里面说他"五岁失怙,九岁失恃,伶仃孤苦,困厄难堪"。

其他史料也证明杨秀清孑然一身,靠伯父杨庆善烧炭抚养成人,既无兄弟,也无亲族,以至起兵后为扶植嫡系势力,把军中许多有才干的杨姓人物都认作本家,如后来当上辅王、成为天国后期主要大将的杨辅清,本名杨金生,和他只是桂平同乡;被称作"老国宗"的杨宜清是广东天地会成员;杨秀清死后以"国宗提掌军务"头衔进军福建的杨在田则是湖北人,是太平天国定都天京后,科举选拔出的"天试翰林"。

与杨秀清相比,萧朝贵家族繁盛,易于压孤身一人的杨秀清一头;且萧和杨一样，都是目不识丁的"烧炭佬"，两人结盟也是顺理成章的；更何况，"天兄"比"天父"终究矮了一辈，对杨秀清而言也可以接受。

可见，滑稽的亮相背后，却是半点也不滑稽的政治。

1.抢当主角欲何为

萧朝贵抢这个主角，当然不是为了跳大神好玩，他要的是整个拜上帝会的控制权。

拜上帝会的名义领袖是洪秀全，洪秀全的位置是"天安的"，不好动也不能动，否则就师出无名。

但是，拜上帝会的实际领袖，却是缔造者冯云山，而冯所依靠的，则是一批客家知识分子，如他最早的东家大冲曾氏以及洪秀全的表亲赐谷王氏等。

萧朝贵的目标，正是要抢夺冯云山的位置。

他最早是对曾氏、王氏，以及其他早期拜上帝会骨干下手。办法很简单，就是让"天兄"出面，责骂这些人"乱讲""帮妖""有异心"，用棍棒和高压逼后者屈服。

要做到这一点似乎很难，但实际上却易如反掌，因为他有个最好的帮手——洪秀全。为了得到"天兄"的神权背书，洪秀全不得不牺牲那些早期元老的利益，维护"天兄"的权威。

为此，洪秀全不但不敢住在表兄家里，甚至主动"哀求"萧朝贵扮演一回天兄，去封住"珠堂"（萧朝贵给赐谷王家起的代号）的"歪嘴"。这时，"天兄"甚至反过来"将军"——珠堂是您最好的帮手啊，您要不要萧朝贵这妹夫都行。洪秀全也得赶紧表明立场：他们哪儿成啊，我要没了您，都不知该怎么办了。

其实，在萧朝贵死了之后，洪秀全照样好端端活了 12 年。

在这出残酷的政治双簧下，一些人试图效仿杨秀清、萧朝贵，也玩一下"下凡"的把戏，但很快就一败涂地——没有天王洪秀全这个上帝亲儿子、耶稣亲弟弟的"认亲"，他们装神弄鬼，岂不是死得更惨？

大冲曾家后来渐渐淡出拜上帝会，曾出面积极援救冯云山的曾玉珍根本就没有参加金田起义，而是假装"病故"，在家里安安稳稳地度过了余生。

赐谷王家因为是洪秀全表亲，倒是全体跟到了天京，但因为这个"历史问题"，只做些芝麻绿豆大的后勤职务，直到杨秀清、萧朝贵都死后，才慢慢抬起头来。

对于冯云山，萧朝贵的办法是逐步架空。

最初他仍把冯云山放在杨、萧前面，说"冯云山、杨秀清、萧朝贵都是军师"，却说后两人是"双凤朝阳"，等杨、萧完成权力结构更迭，就毫不客气地通过"天话"，把自己"提拔"到冯云山前面。

当然，光跳大神是不行的，他还必须证明自己的确就是当主角的料。

史料上记载，他在金田起义前夕十分忙碌，频繁召见各路首领，安排人事、军务，甚至连只带 500 人的"先锋长"都要由他来任命，远在广东信宜的会众如何应付官府，也由他直接指导。

这段时间杨秀清得了重病，"又聋又哑"，眼睛流脓，萧朝贵成了金田起义实际上的头号组织者。从目前看来，他是胜任的，也是辛苦的，以至于因连日奔波，两条腿都长了疮。

他原本是农民，势力只限于紫荆山区，但在起义前夕，他却成功地拢住了三山五岳的各路人马。对于"明白人"韦昌辉、胡以晄，他送诗、送盔甲，极力勉励；对曾天养、陈廷扬、余廷璋这样的积极分子，他用"老忠臣""君子口对心"这样的话去激励；对于一些梦想攀龙附凤、和洪秀全认亲的会众，则用"认亲就要好好认"的双关语提醒；对于一般会众，则祭起"天兄下凡"的法宝，让迷信的会众深信，跟着天父天兄，就能过上梦寐以求的好日子。

他并不是一个心胸开阔的人，但在很多时候，却表现得比洪秀全要识大体。

在准备起义阶段，洪秀全到处躲藏，并经常接受会众的馈赠，萧朝贵就假借天兄名义提醒洪秀全，不要拿得太多，如果会众日子过不下去，就该让他们把馈赠拿回去养家糊口。

起义前夕，志得意满的洪秀全居然偷偷穿起龙袍，萧朝贵多次提醒，应注意安全和保密。

洪秀全的脾气很大，经常无故发火，也不爱听逆耳的话，他就让"天兄"说"秀全，牡丹虽好也要绿叶扶持"。

起义之初，有位广东天地会的著名首领罗大纲，跟另外8个天地会首领张钊、田芳等前来归附，但不久张钊、田芳等8人全部叛逃，只有罗大纲一人留下。

对于这个"外人"，不少拜上帝会骨干表现出猜忌和歧视。罗大纲出兵时托陈来照顾其患病的妻子，陈来却趁罗妻病故，在操办丧事时贪污其首饰。

萧朝贵勃然大怒，以天兄的名义当众大骂陈来"看不起罗大纲，便是看不起何人"，给予严厉惩处，安抚了这一支骁勇善战的生力军。

后来罗大纲父子、兄弟为太平天国奋战至死；太平军攻克的第一座城市——永安州（今广西蒙山），就是罗大纲的功劳；从永安突破清军重围的突破口，也是罗大纲打开的。

太平天国的重要领袖石达开是贵县人，和赐谷王家过从甚密，且个性十分突出，曾公开顶撞"天兄"的撤军命令，这在早期几乎绝无仅有，因此萧朝贵和石达开的关系并不融洽。

即便如此，"天兄"在以高压逼迫石达开撤军后没几天，就以表彰石达开亲族的办法，委婉地表示了对后者的安抚。

尽管以今天的角度看，萧朝贵的许多安排、部署并不见得高明，和后来杨秀清当政时的"事事严整"更有极大差距，但不能不承认，能把一次草莽起事搞得如此有声有色，萧朝贵起到的作用是显而易见的。

至少我们无法想象，如果这次起义的组织者是洪秀全本人，会搞成怎样的一副局面。

2.天兄的气量

应该承认，作为农民领袖，萧朝贵是有一定能力的，但他的气量却颇为狭小。

萧朝贵是文盲，对读书人很是看不起，他将洪秀全军的时候，曾故意说自己"无用""识不得多文墨"，逼洪秀全说"天下万国都靠他们（杨、萧）二人"。

他在处罚陈来时，指桑骂槐，说"尔读的诗书多，明白过朝贵"，迫使冯云山等"读书人"不得不操起大棍对陈来"乱打"，以明心迹。

在他主政期间，拜上帝会中有文化的骨干，日子过得都不算好：冯云山退居二线;韦昌辉低调做人;金田起义时期独当一面、十分活跃的石达开,在《天兄圣旨》里只露了两面,唯一一次开口说话,还是和"天兄"顶嘴。

与他相比,同样是文盲、同样搞下凡附体的杨秀清,却表现出对知识和知识分子的尊重,不仅收留许多有文化的人士,更假借天父下凡,要求洪秀全不得焚书,并尊重历史典籍和古代英贤。两相对比,高下立判。

萧朝贵本来不姓萧,而是姓蒋,过继给萧玉胜为养子,饱受欺凌和白眼,因此产生了报复心理。他的第一次下凡除了办"公事",另一件事就是"假公济私"痛打了养父的亲儿子萧朝隆一顿板子。

许多当时清方资料都记载,萧朝贵的父亲萧玉胜夫妇在永安州期间私自同宿,违反了"夫妇不得同宿"的禁令,被萧朝贵亲自下令处死。

这一记载曾被认定为"污蔑",但此后发现的史料却证明,萧朝贵的生父是蒋万兴,一直在太平天国养尊处优,而萧朝贵对萧家反倒耿耿于怀,屡屡报复打压,是否真有"处死父亲"的事,还真不好说。

对于妇女出头逞强,他是很不满意的,曾经借天兄下凡,痛打了"妻管严"林大立 500 大板;他对于自己的妻子洪宣娇"出头露面"也是十分不满,最终让盟友杨秀清代为管教,一顿板子打回厨房了事。

从目前留下的《天兄圣旨》看,萧朝贵的活跃期是金田起义前后的 1848 到1851 年,多的时候一天要"下凡"好几次。但是自太平军从山区进入城市后,他的"下凡"明显减少。进入永安之后,仅有寥寥 4 条保留下来。

在辛开元年(1851)十月二十五日,洪秀全封杨秀清等 5 人为王,并规定西王萧朝贵以下受东王杨秀清节制,从此太平天国进入长达 5 年半的杨秀清时代。

历史证明,主掌"大场面",杨秀清的确是太平天国前期最合适的人选。萧朝贵的才能和胸襟,也许只适合在广西山区打场面,他的地位下降,是与其能力相称的。

3.萧朝贵是勇将么

李秀成的 8 个字把萧朝贵勾勒成一位勇将,一些史学家还发掘出萧在永安

"大战妖魔"受伤的事实,为此诞生过不少有声有色的文学性描写。

然而导致萧朝贵受伤的"大战",并非发生在战场上,而是发生在桌子上。

原来,广西山间传统的"降傩"有"大战妖魔"的成例,就是让神灵附身者手执宝剑,跳上桌子,手舞足蹈,与看不见摸不着的"妖魔"大战,并最终将其"擒拿正法"。

萧朝贵也不例外,他最早一次"大战"发生在庚戌(1850)年八月初一日,对手是"妖",帮手是杨秀清。此后又多次"大战",最激烈的一次发生在辛开元年(1851)五月十六日,连着"大战"了三场。据他自报战果,"姓尚的大妖头"(可能是清军主将向荣)"心胆俱皆取开",当时太平军与向荣正在苦战,互有胜负,这种做法意在安抚士气。

他最后一次、也是导致"英勇负伤"的一次,是在永安州城中,当时城池被清军围困,后勤发生困难,士气不高,他"奋勇上阵"意在鼓励,却不料从椅子上摔下,跌伤了颈椎,休了几个月病假。

尽管如此,李秀成说他"勇敢刚强",也并非全是讹传。

金田起义爆发之际,杨秀清忽然痊愈,"耳聪目明",指挥、决策井井有条,被此时连小兵还不是的李秀成赞叹为"天意不知如何化作此人",而眼光、胸襟均等而下之的萧朝贵相形见绌,逐渐从神坛淡下,却在战场上找到了发挥潜能的空间。

辛开元年七月十九日,太平军被清军向荣、乌兰泰部合围,险要全部失守,只好冒雨突围。萧朝贵和石达开率领左一、左二、前一、前二四个军为先锋,趁着倾盆大雨,奔袭清军主将向荣的平南官村大营,打得向荣"锅帐全失",溃不成军,保障全军顺利突围。向荣这位清朝名将哀叹"生长兵间数十年,不曾见此贼;自办此贼大小数十战,未尝有此败"。

这一仗恰是李秀成入伍的第一战,给他的印象想必是十分深刻的。不但如此,这一仗对清方震撼也不小,《贼情汇纂》给萧朝贵的评语是"面貌凶恶,性情猛悍,每率群丑,与我兵苦战"。

此后作为前军主将的他经常担负开路先锋的角色。1852 年攻打长沙之役,他只带 1000 多人马,避开衡阳大道,绕道安仁、攸县、茶陵、醴陵,当年阴历七月二十三日从郴州出兵，八月初七日就到达长沙城外石马铺，并击溃清方从陕西调来的几千援兵，可谓神速之极。几十年后的辛亥革命期间，就有革命党把"萧朝贵奇袭长沙城"编入小册子，当作军事启蒙的范例。

然而这次奇袭并未成功，反倒导致萧朝贵的丧生。

萧朝贵偷袭是因为得到情报，清方外城的修葺工作尚未完工，守军只有不到 2000，但当他赶到城下时，清方从北方征调的援军恰好到达，城中团练也刚刚成军。《善化县志》记载开战当天城中仅绿营兵力就有 2400 人，加上团练号称 8000 人，实际应有 5000—6000 人，而萧朝贵出兵时 1000 多人，在茶陵会合当地会党后，也不过 3000 多人，根本无法包围长沙城，只能聚在城南攻打。

不仅如此，由于不熟悉地形，萧朝贵误把高耸的天心阁当作城门，走了一段冤枉路，等回到南门外，守军已回过神来关上了大门。

他的死，据部下写给杨秀清的汇报称，是被炮弹打穿胸部受伤，时间是1852 年 9 月 12 日（天历八月初八），即他抵达长沙城外的次日。

清方记载称，萧朝贵身穿耀眼的黄袍，在妙高峰上挥旗督战，被炮弹击中。至于他什么时候因伤死去，并无确切记载，只能说是在太平军长达 81 天的长沙包围战中的某一天而已。

4.假如萧朝贵不死

跟冯云山的死一样，也有一种论调，认为假如萧朝贵不死，就可帮助洪秀全，抑制杨秀清的野心，从而避免天京事变的悲剧。

从前面的介绍可以看出，这恐怕只是幻想。

首先，萧朝贵并非洪秀全的盟友，而恰是杨秀清的盟友；他的崛起与杨秀清的提携有关，而他之从神坛淡出，也和杨秀清地位的提高密切相连。

自杨秀清病愈掌权，他跳大神的机会就越来越少，而打仗的机会越来越多。很显然，即使他不死，也只能成为杨秀清的一名助手、一枚棋子，至少不会、也无力成为杨秀清的制约力量，毕竟从能力上，萧远不如杨；从辈分上，"天兄"终归是"天父"的儿子。

其次，即使萧真的取杨而代之，以他的胸襟、气度、胆识、能力，均远逊于杨，太平天国的局面恐怕会变得更糟,且相对于较为开明的杨秀清,萧朝贵具有更多的农民意识:蔑视文化、轻视妇女、不喜欢读书人。如果他当政,洪秀全的神权政治,恐怕会造成更严重的后果。

《善化县志》里有一段记载称,当地有一位黄秀才,打算去石马铺的清朝大营献策投效,结果到达时大营已被萧朝贵占领,他浑然不觉,求见后侃侃而谈,萧朝贵居然和颜悦色,听得频频点头。别人觉得奇怪,问来人是谁,他说"此黄先生条陈者"。后来黄秀才自己发觉弄错,趁乱溜之大吉。

如果这段记载属实,那么萧朝贵在进入文化发达地区后,其对文化、对读书人的认识,或许也有所变化——毕竟他的"勇敢刚强,冲锋第一",也并非天生的,而是在无法继续跳大神后,在残酷的战场上一刀一枪磨炼出来的。

胡以晄,天国第一大财主

太平天国首谋起事的共计 8 人,俗称"首义八王",其中最富的却是排名最末的胡以晄。

胡以晄故居

在《贼情汇纂》中,把韦昌辉、石达开都说成大富翁,说他们"捐资亿万入伙",韦昌辉的确是财主,但财力有限,前文已经说过;石达开只不过是"耕读之家",自己还经常干农活,按后来的"阶级成分"划分,也就是个富农。这二位是算不得富翁的。

那么其他5位呢？萧朝贵是烧炭的，"自耕而食，自蚕而衣"，秦日纲是贵县的矿工首领，这二位属于不折不扣的"无产阶级"；洪秀全家里有田有宅，但他们兄弟三人都要自己种田、放牛，家境充其量也就是个富裕中农；冯云山的家境据说比洪秀全还差些，要靠抄写蓝本和打短工贴补家用——想想也是，"家有五斗粮，不当孩子王"，要是有钱，这二位何至于塾师一当那么多年？要是有钱，洪秀全何至于因为索要工资，耽误了在美国教堂受洗的机会？

杨秀清的情况似乎有些特殊。清末黄小配的小说把他描绘成大富翁，甚至洪秀全自己家流传下的家谱也赫然写着"杨秀清大财主"，可太平天国官书却说他"生长深山之中""零丁孤苦，困厄难堪"。学者在金田、紫荆的调查也自相矛盾，有的说他一文不名，靠打短工过日子，有的却说他为人豪迈，经常热情接待江湖朋友。他是否穷光蛋看来说不准，但并非"大财主""大富翁"却是毫无疑问的。

胡以晄家却是真阔：他老爹叫胡琛，是广西屈指可数的巨富大贾，拥有横跨平南、藤县和金秀瑶山，每年能收租4800石的煊赫家产。这样一个大财主，怎么"从了贼了"？这个问题，当年的清朝官员，可是怎么也想不通的。

1.胡家二少做不成

胡以晄是1812年出生的，到了他10多岁的时候，父亲去世，家产传给了三个儿子。

胡以晄在三兄弟中行二，哥哥叫胡以昭，弟弟叫胡以旸。兄弟三人似乎并不很默契，闹得不可开交，结果胡以晄落了下风，于1839年独自离开故居平南县罗文村，迁居到大同里山人村。这是个隐藏在深山险坳中的荒僻村落，胡以晄住在这里，跟他"胡家二少"的身份，可是大大地不相称。

当地记载非常简略，只说兄弟三人"不睦"。也有山民说，三位"富二代"彼此斗富，导致家道中落。但根据时人的记载，直到胡以晄造反进了永安州，胡以昭、胡以旸都仍是平南巨富，"家道中落"似乎不像。

从情理上分析，胡以昭是长子，分家产占大头顺理成章；据清朝官员的记载，胡以晄是个出入公门、结交官府的活跃人物，想来也不会吃亏。

胡以晄在公私记载中,都是个忠厚木讷的人,在三兄弟的家产争夺战中,显然成为无可奈何的输家;当然,瘦死的骆驼比马大,胡以晄仍然是个大财主。

不甘沉沦的他决定发愤图强,个人奋斗。读书的天分他似乎不高,但他身躯强健,练武却是不错的苗子,很快以优异成绩考上武秀才,并兴冲冲跑到当时的省城桂林,去参加武举科考。

武举虽然不如文举人值钱,但在当时也算是高级功名,一旦考取,进取之门可谓就此打开。清代的武举考试三年一次,每次考三场,第一场是骑射,要求纵马三次射9箭,中三箭为及格;第二场是综合考试,首先考步射,要求对50步外箭靶射9箭,中三箭为及格,其次是检查弓、刀、石和技勇,其中弓是硬弓,要求拉满三次,刀为200斤以上大刀,要求前后舞动各"一旋",石则是指石锁,要求双手提起,离地一尺以上,技勇则是特殊武艺技巧,属于选考,有则试,没有也无妨;第三场是内场,考文化。

由于是武科,选拔的是军官人才,因此骑射、步射被认为最重要,弓、刀、石只是考察考生体质,事实上用于考场的硬弓、大刀并非上阵所用,因此一般不受考官重视。如果前面两项考得不错,这三样过得去就不至于落榜。至于文化考试就更不受重视,最初要求考策(问答)两篇,论(论文)一篇,后来改成一样一篇,1807年干脆改为默写《武经七书》100字;即使如此,许多武科出身的军官,连自己名字都写不对,可见纯属走过场。

胡以晄在骑射、步射这两项关键考试中成绩斐然,名列前茅,本以为功名唾手可得,没想到考拉硬弓时兴奋过度,居然把弓拉断,自己也受了臂伤,最终落榜。

清朝武举是子、午、卯、酉年开考,胡以晄应该是参加了道光二十九年(1849)己酉科的考试,这时拜上帝会已经在密谋举事,杨秀清、萧朝贵扮演天父天兄下凡的好戏,也早已开锣。

由于受伤,胡以晄不得不躲在山人村的深山坳里生闷气,又被附近八峒公福社的大户卓家暗算,剃掉半边头发,锁进牛栏痛打了一番。

卓家是"土人"(本地人,而胡家祖籍江西临江,是客家),和胡以晄父亲胡琛有仇,此时趁胡以晄受伤报复,因为和官府关系密切,此事不了了之。胡以晄愤愤难平,急欲报复。

也就在这时,一直渴望更多当地实力派加盟的拜上帝会,看到了拉胡入伙的机会。这年秋、冬季,他加入了拜上帝会,很快被拉入核心,不但见到了神秘的"洪先生",还得知"打江山"的最高机密,被天兄下凡赐给一副盔甲(考虑到萧朝贵的财力和习惯,这也许只是一副"虚拟盔甲")。

正所谓士为知己者死,饱受冷落、痛感失落的胡以晄对此大为感动,决心以死相报。他不仅积极联络当地豪杰参加举事,还开始变卖自己家产赞助拜上帝会。在拜上帝会中,胡以晄是第一个卖房子、卖田地支援起义的,以至于萧朝贵不得不善意提醒他,要保密,要量力而行。

由于胡以晄的表现让洪秀全等感到可靠,加上他所住的山人村既隐蔽又险要,非常适合潜藏,道光三十年七月二十四日,在胡以晄的亲自迎接下,洪秀全被接到胡以晄家,在这里一直住了两个月。

这年九月,由于广西天地会到处举事,清廷派出多路人马深入堵截,其中一支李殿元部恰好堵住了山人村的出口。

十月初一日起,胡以晄连续多次率部出击,都不能突围,不得不派人翻山,去金田村求援。使者到达金田村韦昌辉家时,在此养病的杨秀清忽然病愈,"耳聪目明",派蒙得恩率部赴援。十一月二十四日,胡以晄、蒙得恩内外夹击,大破李殿元,杀死清巡检张镛,取得了第一次大战的胜利,史称"迎主之战"。

这是太平天国军事史上第一次战役,也是第一次大胜,历史意义不同凡响。史学界曾认为,清方知道洪秀全藏在胡以晄家,所以派兵封锁,这个结论至今写在《太平天国史》中。

但是,根据当时清方记载可知,直到1852年,清方都不知道洪秀全是太平军的领袖,甚至不清楚洪秀全是不是中国人,当然也不可能在1850年就知道洪秀全藏在哪儿,而派兵把守隘口,只是正常的、针对天地会的防堵,却歪打正着地堵住了洪秀全,逼迫太平军打了一场"迎主之战"。

这一战奠定了胡以晄在太平天国的地位。1851年11月,太平军在广西永安州封立东、西、南、北、翼五王,其他各级职官也纷纷设立,胡以晄被封为春官正丞相。

当时太平天国的爵位只有王一级，而官职在丞相之上的只有军师、主将，也就是杨、萧、冯、韦、石五人，丞相按编制有 24 人（天地春夏秋冬，各设正、副、又正、又副，一说此时还没有正副，编制丞相仅 6 人），但实际上只有天官正丞相秦日纲、春官正丞相胡以晄两人。

也就是说，此时胡以晄是太平天国天王以下的第八号人物。

2.劝降与炸药

前面提到，清方对太平天国的情报工作一团糟，大头目是韦昌辉、冯云山还是洪秀全，洪秀全是姓洪还是姓郑、姓朱，是中国人还是外国人，统统一头雾水，唯独对胡以晄这个"从逆"，他们实在太熟悉了，而且越琢磨越觉得古怪：你胡以晄胡二少，跟那帮"乱臣贼子"折腾什么呢？

这些官员中，有大才子、在鸦片战争中声名显赫的姚莹，广西难得出一个的状元郎龙启瑞，因为善于自我炒作、至今还小有名气的佛山籍官员张敬修。

他们琢磨来琢磨去，一致认为胡以晄准是给那帮乱党绑票了。他们再一打听，敢情胡以晄的三弟胡以旸正领着团练跟太平军死磕呢，赶紧派人把胡以旸找来问个究竟。

胡以旸照理那就是"逆属"，心里正打鼓呢，一听怎么着，各位大人觉得我二哥是给绑票，不是要造反？那没错啊，就是绑票呢（是造反也不能说啊）！什么？让我去说服他反戈一击？小人这就去办！（敢说兄弟不和，这事办不来吗？要不要脑袋了？）

这会儿胡以晄已经是堂堂胡丞相，步入个人事业的上升轨迹，加上和三弟原本不对付，一见来信，气不打一处来，一面急忙向杨秀清报告（他也不敢不报，杨秀清的间谍能力可比清朝强太多了），一面回了封信，把三弟狠狠臭骂了一番。

这下几个清朝大员傻眼了：这胡以晄大约是沉迷了吧？

他们琢磨来琢磨去，觉得争取胡以晄火线起义是没多大指望了，干脆，给来个"斩首"行动吧。他们让胡家的老佃户姓莫的，给送了个信匣子去，匣子是空心的，里面装了进口的烈性炸药，一开就爆炸。

图文珍藏版

在他们看来,这样的重要信函,胡以晄这个沉迷分子多半会拿给"首逆"们看,届时只消一开盖,就是一次完美的"斩首"行动。

可惜胡以晄倒是上当了,冯云山脑筋却快,劈手夺过匣子,一把扔在远远的地上。饶是如此,一声巨响后,冯云山的胳膊也被炸了个血肉模糊。这一声让胡以晄从此断了回头之路。

清朝官员们的特种作战虎头蛇尾,为了给上级一个交代,他们居然报告称,胡以晄"火线起义"未遂,被逼自杀了。

3.唯一正牌练武者,战功却不显赫

胡以晄不仅是太平军第一次战役的两个指挥官之一,也是首义8人中唯一的正牌练武者。

他是货真价实的武秀才,还差点中了武举,不论武艺还是兵书,至少也是进阶级别的。虽说考试时拉弓受了扭伤,时隔这么久,想必也该缓过劲来,不妨碍上阵杀敌。

但说来也怪,自那之后,这位"科班出身"的武秀才却很少独当一面:在金田、武宣转战时,出风头的是韦昌辉、石达开;从金田到永安,再从永安到桂林,连立战功的是石达开、萧朝贵、罗大纲;等到了两湖、三江,则是石达开、李开芳、林凤祥、吉文元、曾水源、曾天养、罗大纲、吴如孝他们大显身手;胡以晄几乎找不到位置,仅有的记载,是从武汉顺流而下、进取南京时,他是石达开的助手之一,率领一支陆军,但也仅此而已。田家镇、老鼠峡、安庆、南京诸战,他似乎都是配角,甚至连配角都不是,属于苦劳不少、功劳却不多的角色。

究其原因,一来他虽是武秀才出身,却并没有打家劫舍的造反经历,和早有"革命造反历史"的一些头领,如天地会宿将罗大纲、刘官芳,富有江湖经验的林凤祥、吴如孝,本地豪侠黄文金等相比,缺乏了一些战场阅历和嗅觉;二来他是和家庭闹翻后投身起义的,随行亲属寥寥无几,也无法像韦昌辉、石达开那样,依靠强大的子弟兵,打出自己的一方天地。

癸好三年(1853)二月,太平天国定都天京,胡以晄在天京闲居到八月,才终于捞到出头的机会。

当时林凤祥、李开芳、吉文元已出兵扫北,攻打北京,株守天京、镇江、扬州三城的太平军粮食紧张,供应困难,遂让夏官副丞相赖汉英等西征。

赖汉英花了五六个月时间,三次攻打南昌功亏一篑,杨秀清大为不满,就将赖撤职调回,派出多位名将替代赖汉英,并以石达开为总帅,胡以晄受命进取安徽省临时省城庐州(合肥)。

胡以晄八月从安庆出兵,九月先袭取皖中枢纽集贤关,十月连破桐城、舒城,包围庐州。

当时庐州城中清军主帅,是以"楚勇"起家、被称为湘军真正创始人的江忠源。江忠源曾在蓑衣渡阻击太平军,迫使后者改变整个战役计划;又曾坚守南昌93天,让赖汉英无功而返,是太平军前期的著名劲敌。但是,此时他兵力寡弱(仅有嫡系2700人,外加当地雇勇数千,练勇600,总兵力不足8000),兵饷不足,有些兵勇已20多天没发口粮。

胡以晄采用大迂回、大包围的办法,以4万左右兵力包围了庐州,清廷虽派出陕甘总督舒兴阿、江南提督和春两路来援,援兵总数多达近两万,却错误地让官职较低的和春任总帅,导致舒兴阿不服,消极怠战,不但不能解围,反被胡以晄屡屡击败。

胡以晄在江忠源抵达庐州后第二天就神速围城,历时36天。最终水西门、大东门守军哗变,太平军于十二月初十日攻克庐州,江忠源投水自杀。

庐州大捷是胡以晄人生的顶峰,他随后被封为护国侯、护天侯。甲寅四年(1854)四月,封为豫王,后来又授予"霜师"的头衔,称为"高天直人"。他封王和秦日纲封燕王同时。成为天京事变前仅有的7位封王者之一。

然而他的好运似也到此为止。

清朝迅速让和春、福济率领三万人马反扑。他们采取了与当初胡以晄相似的战法,先剪枝叶,然后对庐州长围久困。由于大量太平军兵力被抽调到其他战场,胡以晄力不从心,含山、舒城、六安等地先后失守。

这年八月,恼怒的杨秀清剥夺了胡以晄的王爵,把他调去湖北,配合石达开。不久,改封他为"护天豫",爵位排在侯爵之前,事实上仍然是"第八号人物"。

此后一段时间,胡以晄转战于皖江两岸,虽然打了一些胜仗,但大多无足轻重。乙荣五年(1855)正月,胡以晄参加了由石达开指挥的与曾国藩湘军在湖口的决战。这一仗以太平军大胜、曾国藩几乎自杀而告终,但胡以晄再一次做了配角,风头全被主帅石达开,九江、湖口守将林启荣、黄文金,和夺走曾国藩坐船的罗大纲抢去。

这年冬天,石达开部署进取江西,兵分三路,胡以晄和石达开岳父、参天侯黄玉昆为南路,从临江经上高,向袁州、分宜、临江进军,但清军主力都集中于石达开的中路,南路几乎没有打什么大仗。

丙寅六年(1856)二月,湘军刘长佑进援南昌,占领萍乡,胡以晄从临江率军反攻,半路遇伏小挫,丢掉了护天豫的大黄旗。

此后他忽然"人间蒸发"。天京事变在1856年9月2日爆发后,一些西方记者、传教士凭一名绰号"肯能"的爱尔兰冒险家以及秦日纲部下七零八落的回忆甚至杜撰,称"第八位"太平天国朝臣向洪秀全告密,导致杨秀清被杀。

胡以晄长期背负着这个"奸细"的污名,在多部小说、戏剧中被描绘为在天京事变中两头不讨好、最终被杀的牺牲者。

直到民国时,人们才发现"第八位"是原先的"第九位"佐天侯陈承镕,而胡以晄本人,其实已在萍乡遭遇战后不久、天京事变前夕,在临江病逝了。

4.忽高忽低的排名和不错的结局

胡以晄的政治排名是忽高忽低的。

李秀成在回忆中排列"首义者",只列到秦日纲为止,而把胡以晄排除在外。考虑到他是胡以晄举荐提拔的,两人感情深厚,相反对秦日纲他一直比较瞧不上,认为没本事,因此这个排名应该符合事实,即最初胡以晄并非起义核心。

洪秀全隐藏胡家,胡以晄率先变卖家产,加上指挥首战的功劳,让他地位急遽上升,到永安时期已坐稳了第八位。但后来由于战功匮乏,又挤不进政治核心,到了武昌,丞相由二变六,他的位置从第八退到第九(地官正丞相李开芳排到他前面);癸好三年(1853)九月,秦日纲封顶天侯,不久扫北归德大捷消息传来，天王一口气封了五个侯爵（林凤祥靖胡侯、李开芳定胡侯、吉文元平胡侯、朱锡锟灭胡侯，追封黄益芸剿胡侯），仍是春官正丞相的胡以晄退到第十三或第十四位（前面13位是天王、五王、秦日纲、李开芳、林凤祥、吉文元、黄益芸、朱锡锟和接替秦日纲天官正丞相职务的陈承镕，如果不算追认的黄益芸为第十三，但如果算上可能接替李开芳地官正丞相、但不知姓名的某人，则仍为第十四）。

庐州大捷让胡以晄扬眉吐气，先是通过封侯再次超越了陈承镕，接着通过封王，重新回到了久违的"老八"位置。虽然这个豫王他只当了三四个月，但即使降职，他的"护天豫"也仍稳稳站在五王和秦日纲的顶天燕之下，其他侯爵、丞相之上，"第八位"就此巩固，甚至因为秦日纲一度被削职"为奴"，他还排了一段时间老七。

不过，自始至终，胡以晄都是一个特殊的角色：在核心集团中，他是最边缘的一个；而在次核心骨干中，他又是离核心最近的一人。

胡以晄的指挥能力似乎平庸，最大的胜仗庐州之战，上有名将石达开统筹，下有号称"飞将军"的老将曾天养帮衬；等石达开、曾天养分别内调天京和进军两湖，他就立即手忙脚乱。

时人记载他一直体弱多病，经常闭门不出，也许这也妨碍了他在军事上的作为。

但是，在政治上他却显得很有头脑。不论主政安徽还是坐镇江西，他的辖区总是治安良好，赋税平和，显得繁荣安定，也许这和他曾经是大财主不无关系。

尽管有记载称，他攻克庐州后曾经放纵士兵报复三天才"封刀"，导致许多人自杀，但庐州破城是在1854年1月15日四更，而胡以晄直到17日才进城，从其前后一贯表现看，这三天的"大索"似乎并不符合胡以晄的风格，可能是曾天养等前线将领所为。胡以晄进城后秋毫无犯，下令"愿意拜降就拜降，否则不强"，为政宽厚，这是当时反对太平天国的文人也不讳言的。

胡以晄虽然政治上没有攀上更高峰，但他病死在天京内讧前夕，也就是死在太平天国的巅峰时刻，不可不谓是一大幸事。和冯云山一样，他的墓葬始终未被发现，在重视"入土为安"的中国，显然令人羡慕。

更幸运的是,他病逝、安葬的临江,竟然是他的祖籍所在,可谓叶落归根。这份福气,连冯云山都望尘莫及。

随胡以晄起义的,只有岳父一家、妻子朱氏和个别本家亲戚。他的妻子和女儿都在东王府当女官,并不与胡以晄同居(以至于某些清方文人臆测胡"不能人事"),她们很可能在天京事变中与东王府玉石俱焚。胡以晄封王后,洪秀全曾赐给他若干"王娘",但他仅接受了一名安徽女子。

他死后,独子胡万胜袭爵护天豫。己未九年(1859)后胡以晄恢复豫王封号,胡万胜成为幼豫王,在太平天国保留下的诏旨中,"万侄"或"万弟"(视发诏书的名义是天王还是幼天王而定)总是排在诸王的最后一位和其他所有官职之前,一如胡以晄生前的位置。

胡以晄死时44岁,他的年纪原本是首义8人中最大的,照理他的儿子岁数也不应太小,但胡万胜在整个太平天国历史上,似乎只是个在诏书上列名的人物。

太平天国失败后,胡万胜下落不明。1937年抗战爆发,广西军进驻南京市郊,其中有一支部队的主官,是平南罗文村、胡以晄长兄胡以昭的后代。驻军期间,当地有胡姓自称胡以晄后裔,抱家谱认亲,惜战事很快逆转,天各一方,此事再无下文。

从情理看,这个自称"太平军豫王后裔"的人很可能的确是胡以晄的后人,因为胡的事迹在当时晦涩不明,若非其人,如何知道平南罗文村胡家,是自己本家的嫡派近亲?

洪仁玕的阴阳两面

洪秀全的族弟、太平天国的干王洪仁玕,在很长一段时间里一直给人们以"先进中国人"的印象。

这是因为他写了一本《资政新篇》,成为中国第一个公开主张建设西方式近代国家的人物,更因为他一直忠于太平天国,早期辗转多年,终于赶赴天京,末期鞠躬尽瘁,最终慷慨赴死,算是个有始有终的人物。

洪仁玕故居

然而和晚清许多人物一样，洪仁玕也是个具有强烈两面性的政治角色。或者说，整个太平天国历史上，恐怕还没有第二个人如他一般，先进性和落后性如此戏剧性地集于一身。

1.洪秀全造反他看家

洪仁玕虽然说是洪秀全族弟，但两人血缘关系其实比较疏远。

他们都是南宋洪适第三十三世孙，是仁字辈，往上数五辈（镜、国、儒、英、淞），才有共同的祖先洪淞三。也就是说，二人恰好出了"五服"。

虽然如此，两人同宗、同村，而且从事同一份职业（教书先生兼屡次科举落榜者），感情是不错的。洪仁玕生于1822年，比洪秀全小9岁，在许多问题上惟洪秀全马首是瞻。

道光二十三年（1843），洪秀全第四次科考落第后自称受上帝启示，要清除邪教，拯救世人，传播天主教，洪仁玕成为最初三个教徒之一（另两个是李敬芳和冯云山）。要说资格，他是老得很。

问题是他只是跟着洪秀全拜上帝最早的同志，却既不是"拜上帝会"，也不是太平天国的元老。

事实上洪秀全最初并不想造反，而只是一心传教，因此最早的教徒大多也是货真价实的"教徒"。太平天国出版物《太平天日》以及其他一些记载中最初的洪秀全信众，如广东五马岭彭家、广西八排瑶寨的江姓塾师等，后来几乎都没参加起义；更早的教徒李敬芳，据说在读到《圣经》后怀疑洪秀全把教义弄错了,后来他的孙子重新在基督教巴色会受洗,成为一名传教士。

这时的洪仁玕自然也没有任何造反的意思——因为连洪秀全还没有呢,他的"革命行动"仅限于不拜财神、灶神,以及抛弃私塾中的孔子牌位(基督教反对偶像崇拜),此外,就是陪着族兄写几首赞颂上帝的诗。饶是如此,也弄得学生人数大减,还被自家哥哥拿棍子揍了一顿。

第二年,洪秀全跟冯云山去广西传教,洪仁玕并未随行,理由是母亲年迈;但1847年洪秀全回乡,拉洪仁玕一起去香港,跟美国人罗孝全学习基督教,他却不顾母亲又老了三岁,兴冲冲地跟了去,还差点当上传教士,因为洪秀全上当、索要工资,被认为"动机不纯"才黯然回乡。

此后,洪秀全又两次往返两广间;道光三十年(1850)起义前夕,还特意派人来搬家属,包括他的母亲、哥哥、儿子,以及一些洪姓成员都去了广西,但洪仁玕并没有去。

一些人曾认为,这是革命分工不同,洪仁玕留在广东做理论、宣传工作,而洪秀全在广西进行"革命实践",但从迹象上看并不像:洪仁玕不乐意去贫瘠的广西,却很愿意去发展中的香港;不仅如此,就在起义爆发的当年(道光三十年),他居然跑去参加了清朝的科举考试,落榜后情绪低落,就躲到清远县教书去了。

从他在起义爆发后迅速脱险以及能对外国人侃侃而谈"拜上帝会"早期事迹可知,洪秀全后来变成一个谋反者,他是知情、甚至帮着出谋划策的,但他并没下定决心亲身参与,而是决定暂且观望。这也是他既帮着"谋反",又跑去参加清朝科举的奥妙所在。

2.成为"编外喉舌"

1850年冬天,上帝会起义的消息传到花县,洪、冯家族都非常紧张。他们深知,作为"逆属",等待他们的将是怎样的命运。一些洪、冯族人自发踏上了奔赴广西、投奔洪秀全的路程,洪仁玕也在其间,但当他们抵达广西浔州府境,却得知太平军已经走了,他们只得匆匆返回。

1852年初,洪秀全已经在广西永安州驻扎,派部下江隆昌来搬洪、冯家族,没想到这位使者对"天父主张、天兄担当"痴迷过度,居然认为凭着洪、冯两族几百人,外加上帝、耶稣,就能在广东打出一片天地来。

在他的鼓动下,洪、冯族人在谷岭举事,参加的有 200 多人,结果几乎立即被团练杀得干干净净,本人似乎并未参加起事的洪仁玕不得不仓皇逃跑,在基督徒的掩护下跑到香港,投奔了瑞典传教士韩山文。

他在香港口述了一篇《洪秀全来历》,后来又提供素材,让韩山文写出一本《太平天国起义记》,其中对洪秀全的来历、太平军的宗旨和早期历史,有不少翔实的记载。

要知道,那时候世人连洪秀全是不是真有其人、是不是真的姓洪都莫衷一是(有的说他本来姓朱,有的说姓郑)。洪仁玕的这些努力,为太平天国保存了不少珍贵的早期资料,也依靠"同教之谊",一度赢得西方广泛的同情。

然而,洪仁玕的叙述并非没有问题。

首先,为了赢得西方同情,他曲解了上帝教,将之描绘成正统基督教。当有去过天京的外国传教士回来声称,上帝教是"异端邪说"时,他便竭力为洪秀全辩解;

其次,为了神化洪秀全,他竭力将洪秀全父子描绘成通天人物(只是还不敢说成是"耶稣亲弟"),并一手炮制了一系列洪秀全的"革命诗篇"。

这些"革命诗篇",洪秀全本人一直记不住,洪仁玕却记得,而等他到了天京,洪秀全一下就又记得了。这些诗是什么时候写的,内容是什么,一直被洪仁玕反复修改,时间越改越早,内容也越改越邪乎,到了最后,这些有大量基督教内容的诗,居然会在洪秀全知道基督教前写出,甚至洪还只是个大清朝老百姓时,就敢在光天化日下,在庙里写题壁诗并落款"太平天王题",有关士绅、官员居然当没看见——当然,这都是洪仁玕说的,信不信由您。

咸丰四年(1854),太平军已定都天京,国力蒸蒸日上,洪仁玕决定前往投奔。

这年阴历三月,他拿着韩山文给他的钱(《太平天国起义记》稿费的一半),搭上了去上海的轮船,打算取道小刀会控制下的上海去天京。谁知道小刀会的人根本不相信他跟洪秀全的关系,把他晾了几个月。

花光银子的他只好跑回香港,在英国教会"伦敦会"当了传教士,并跟着英国人理雅各、詹马士学习西方历法——几年后当上天国"总理大臣"的他,将这段史实稍做修改,改为他是老师,两位洋人是学生,直到被俘时的供词也是这样写的。

从上海归来后,他为太平天国宣传的声音反倒小了,这可能因为当时列强早已和太平军接触频繁,知道洪秀全的上帝跟他们的并非一码事,对洪仁玕云山雾罩的说辞,也失去了曾经有过的兴趣。

3.离奇的旅程

事实上,这时的洪仁玕一心想去天京,但是他没有钱。

他希望两位英国老师赞助,但担任教会负责人的理雅各反对。后来这位传教士回忆称,洪仁玕声称,自己去天京,可以"改正洪秀全教义的错误",使之回归"正统",而他则认为洪仁玕到了天京,不但不能改造洪秀全,自己还会被洪秀全改造。因此在他任职伦敦会负责人期间,一直不许洪仁玕出走,去伦敦"出差"前还反复叮嘱詹马士要"看牢洪仁玕"。

不过,詹马士对洪仁玕的说辞似乎比较动心,他不但借给洪仁玕一笔不菲的盘缠,还答应照料其妻子、儿子(1860年他托人将这些家属送到天京)。就这样,1858年,洪仁玕踏上了再赴天京的旅程。

这一次他走的是陆路,但这一路走来也颇多蹊跷。

他大约是这年阴历六七月动身的,从南雄过梅岭进入江西,经过赣州、吉安到达饶州境内,却投进了清朝副将蔡康业的营盘。那年八月,太平军大将杨辅清进攻蔡康业,洪仁玕居然跟着蔡一路败退,连行李都丢了不少。

曾有人认为,他不去投奔杨辅清的"革命队伍",却留在清军,是"政治投机",这种说法有失偏颇——作为洪姓,他一旦败露根本就是死路一条,"投机"无异于刀口舔血。

近年在台湾发现的洪仁玕补充供词提到,他和蔡康业部一个清朝军官合伙往湖北采购,再去天京走私。显然,这是他设法混进太平天国控制区的计策。有人考据称,蔡康业是广西客家人,当时旅途艰难,出门在外投靠同乡是常事,只要洪仁玕不说出真实身份,靠一口客家话依傍同乡军官,的确有很多方便。

他和那个军官动身去湖北龙平采购,半路上在黄梅医治了县令覃汉元侄子的头风病症(洪秀全和洪仁玕都通医术),并得到许多方便,顺利完成采购,畅通无阻地东下安徽。

令人哭笑不得的是,这个帮助过洪仁玕、还差点推荐他作师爷的知县,却曾是曾国藩授权主编的太平军情报汇总《贼情汇纂》的主要采访对象,更是从广西一路追杀太平军到湖北的团练首领。

《贼情汇纂》中记载称,覃汉元曾是广西浔州秀才。很显然,隐姓埋名的洪仁玕再次祭起了"老乡见老乡,两眼泪汪汪"的大旗。

到了安徽辰塘河地界,他发现当地有一支太平军驻扎,就甩开同伴,跑去自报家门。守将黄玉成不敢怠慢,赶紧派兵把这位"天王的弟弟"护送到天京。

到达的那一天,是己未九年(1859)三月十三日。

4.是文曲星,还是火箭炮

按照洪仁玕的说法,他很有才能,因此洪秀全"内举不避亲",把他提拔到总理朝政的位置上,而且因为有才,被"文官们"尊为"文曲星"。他尽力调和天王和各大将的关系,并"处事公平",因此遭到大将们的猜忌,屡屡被打压。

"文曲星"的称呼是有的。当年有个文人叫吴家桢,就曾亲耳听到这样的称呼,还写了一首诗讽刺,头两句是"何物狂且负盛名,出言能使一军惊"。可见在这点上,洪仁玕并没撒谎。问题就在于太平天国重武轻文,"文官特别尊重",其实就意味着"武官特别不尊重",可见洪仁玕的威信,其实也不过如此。

他三月十三日到天京,被封为干天福(王以下六等爵的第三等),几天后升干天义(六等爵第一等)、护京主将(已经和石达开、陈玉成、李秀成同级了),四月初一就封为开朝精忠军师、钦命文衡正总裁、干王福千岁。除了已经出走的石达开,他是当时太平天国唯一的王爵、唯一的军师,地位被明确为"同南(冯云山)"。也就是说,石达开如果回来,都只能是他的下级。

这样的火箭提拔,武将不服是不奇怪的,责任则应该由洪秀全来负。洪仁玕在被俘后自称,他曾多次恳辞未果,但当年他留下一部诗集《军次实录》,里面有一首诗正好是写自己被提拔的,诗中以张良、姜太公自比,甚至为自己比姜太公年轻30多岁就当上首相而自豪,似乎并无半点推辞、谦让的意思。

洪仁玕似乎是很反对乱封官爵的,曾经写过一篇《立法制喧谕》,说"夫国家机要,惟在铨选",对"动以升迁为荣,几若一岁九迁而犹缓,一月三迁而犹未足"的乱象痛心疾首,还促使天王以幼主名义发布诏旨,暂时停止保荐、提升官员。

然而,他的言行并不一致。

《立法制喧谕》正式颁布后,官爵之滥封不但没有收敛,反倒愈演愈烈,主将员额由数员变成数十员,六爵的数量也显著增加了,如庚申十年九月廿日至十二月卅日短短三个多月时间,天京就封授了义爵13人,安爵36人,福爵148人,燕爵一人,以及一大批各类职官,其中有的人,如黄文英等,不到一个月就从福爵升为安爵。

在这些封爵诏书中,注明为干王奏保的就有5封,由干王、赞王、章王会衔奏保的有一封,每封奏升动辄数十人,而同期由吏部这个理应司职铨选事务的衙门奏保的诏书不过三封,其奏升人数的总和,尚不及干王九月廿七日一封所保的人数。

更荒唐的是,庚申十年(1860)十二月廿九日,"暂免保封文武属员"的幼主诏旨下达后仅仅两天,洪仁玕就一口气保举了37名官员升官,且其中很多人仅仅参加了一场规模很小、似乎根本就不是胜仗的"南陵之役"。

5.自相矛盾的政见

洪仁玕的《资政新篇》得到很高评价,甚至曾国藩的幕僚赵烈文都惊呼"此文颇有见识,于夷情为谙熟,以此量之,似贼中不为无人也"。

这部书分法法类、用人察失类、风风类、刑刑类四编,强调"事有常变,理有穷通",应因时制宜,审势而行,"法西洋之善法",不仅学习引进西方先进武器、设备,还应系统学习其法规、制度,"变风气法度",与"西人并雄",平等发展外交;主张兴办新型教育,培养人才;主张废除避讳等不合时宜的旧体制;主张"慎杀"、善待轻罪,依靠法制治国等。

这些构想不仅超越了魏源的《海国图志》,甚至连只主张学习西方技术、不主张借鉴西方制度的洋务派也自叹不如,如能实现,的确是一桩幸事,太平天国也许能就此改造成一个近代化国家。

然而,这本书虽然被洪秀全拿去亲笔批注,允许推广,但除了增加几个新潮官衔,几乎没有任何推进的迹象。一些人认为是太平军战事倥偬,没有推行条件;另一些人则认为洪秀全对此兴趣不大,推动不力;还有一些人则认为,是大臣、大将们不服所致。

这些固然有道理,但洪仁玕自己负有不可推卸的责任。

他的朋友、对他并无恶意的英国翻译富礼赐曾批评他"立志甚高而赋性竦懒",且死要面子,能提出各种精辟的见解,却缺乏坚持和推动的勇气。

比如,他曾认为洪秀全的上帝教有很多不合理之处,还写了一本《天妈天嫂辩正》,试图纠正洪秀全的"错误观点",结果在后者的斥责下立即180°转弯,转而成为上帝教的鼓吹者。

许多传教士记载,他在香港期间坚决反对一夫多妻,但等这些人在天京看到他时,他已经妻妾成群,而且振振有词地引用洪秀全梦中所得到的"上帝新旨意"为自己辩护。

他曾经坚决反对避讳,认为这种做法不合时宜;但两年后那本集中太平天国所有避讳字,其中连"火""师""主""光""明"等常用字都不许用(财主要改叫"财柱",师长要改为"司长")的《钦定敬避字样》,却正是由他领衔颁布的。

他主张依法治国,主张精兵简政,主张严格控制官员提升,可他却动辄保举几十人一次性升官,在他到太平天国前的九年,封王的总计才9人,而他封王后的5年,光王爵就有2700多个,至于六爵、丞相,已经多到数都数不清的地步。

如此之多的自相矛盾,其实根源只有一个:他的意志始终服从洪秀全的意志。

凡是他原先主张、洪秀全也不反对的,就可以坚持到底;凡是他原先主张,而洪秀全不以为然的,最终一定会照着洪秀全的意思办,而洪仁玕则只能吃力地去适应"新思维",并将之转化为自己的思维。

6.权术与诈术

洪仁玕在朝中似乎没有什么盟友,却有一大堆的政敌。

最初,他和陈玉成关系不错,《立法制喧谕》的蓝本就是陈玉成的一份意见书。他还极力主张把远征军的权力交给陈玉成。但在安庆失守后,他却和陈玉成互相倾轧。最终导致暴怒的洪秀全把两人双双撤职。

失和的原因,陈玉成只留下5个字"办事不公平",而洪仁玕的供词恰好散佚了这段记载,只能隐约看出,两人在互相推诿安庆失守的责任。

洪仁玕曾亲自领兵救援安庆,但毫无战果,曾国藩在书信中认为他的部队战斗力最弱。不过平心而论,让他这样毫无军事经验的人亲自带兵打如此重要的战役(还是总指挥),责任不该由他一个人来负。

他和李秀成的关系一直就不睦,以至于叛将李昭受写信给李秀成,挑拨他投降清朝。在后来的供词里,他说李秀成打破江南大营的"围魏救赵"是他的计策,而第二次西征攻武汉而救安庆失败,则是李秀成没听他的。不过从1859~1860年间李秀成的活动轨迹看,"围魏救赵"计策制订之初,洪仁玕应该并不知情,而"二次西征"是在行动中逐渐演变成"攻武汉救安庆"的。

最初洪仁玕的主张是让李秀成"扫北"(攻打北京,当时正逢英法联军在北京与清廷开战),而李秀成执意去江西接应当地起义军。今天还保存着天历辛酉十一年(1861)七月初六日洪仁玕的檄文,为英法联军攻破北京欢呼,并宣称要"伐丧",而仅过19天,安庆便陷落了。

事实上,一开始太平天国各王都没把安庆之围当回事。洪仁玕在回忆中称李秀成不懂得"救兵如救火",可他本人1860年底出兵,第二年阴历二月回天京,其间在皖南、赣南优哉游哉,一路吟诗作文,毫无紧迫之态。

他对于诸王割据是反感的,抵制的,可他抵制的办法,一是把兵权、财权收归洪姓子侄、驸马(许多都是小孩子),二是"众建诸侯而少其力",把诸王手下部将调离、封王,结果造成整个太平天国军政体系紊乱,人心涣散,以至于湘军兵临城下,李秀成亲自调集各王赴援,竟然吃力异常。

他对于政敌的仇视毫不掩饰。章王林绍璋是他最厌恶的人,林的几次起起落落,都和二人的纠葛有关。在他的记载里,林绍璋一无是处,1863年被派去江浙筹集粮食支援天京,"一无所获",然而曾国荃的奏报里有多份提到拦截林绍璋粮队,而驻守湖州的黄文英因为负责照顾各出征将领家属,粮食缺乏,曾向林绍璋借粮成功,足见洪仁玕的说法颇为夸大。

他为了批驳李秀成,说自己在1860年曾从上海请来"洋官"讲和,已经谈妥,结果李秀成不肯,执意去打,最后"中空城计败回"。这种说法影响很大,以至于坚持到1868年的赖文光在供词里都批评李秀成"不知君命而妄攻上海""失外国合约"。赖文光是天王亲戚,当时任朝中文臣,他的这种想法只能来自洪仁玕。

这件事情的真相到底如何?

的确有5名洋人从上海动身去苏州,但他们不是"洋官",而只是传教士:英国的杨笃信牧师、艾约瑟牧师、伊诺森牧师、包尔腾牧师和法国的劳牧师,他们并没有担负官方职责,恰恰相反,明确拒绝接受并携带任何写给官方的文件,而只是来试探在太平军辖区传教的可能性。

作为在香港生活多年、自己也当过传教士的洪仁玕,不应该将之误会为"洋官",更严重的是,这5位传教士中,杨笃信、艾约瑟都是洪仁开的熟人,杨甚至是他的朋友;如果说在见面前他不知情,两次会晤这5个人之后还坚持说他们是"讲和的洋官",就简直是颠倒黑白了。

从现存资料看,李秀成一开始是真的相信"洋人来降",特意让部队等干王来苏州和"洋官"谈判,后来匆匆进兵,当是发现那些"洋官"的真实身份不过是传教士。

他为了贬低李秀成等人,将洪仁发、洪仁达等洪氏诸王、驸马称为"忠直人",认为洪秀全只是出于血亲关系封他们虚职,李秀成等纯粹是红眼病。但洪氏诸王贪鄙无能,并非李秀成一人如此说,太平军、清方乃至民间许多记载都可以为佐证。至于"虚职",连幼天王洪天贵福都说"一切朝政"系洪仁发、洪仁达、幼西王萧有和与来路不明的"沈真人"沈桂在管,洪仁达"并管银库及封官钱粮等事",又哪有半点"虚职"的意味?

当然,有些针对他个人的指责,似乎是失之偏颇的。

比如曾是洪秀全老师、后来闹翻的美国人罗孝全,说洪仁玕对他咆哮,打他耳光,甚至杀死他仆人,当时居住在天京的其他外国人都说"并无此事",认为是罗孝全为自己不告而别所找的遁词。

再比如,李秀成被俘后告诉清方官员,洪仁玕写的书"皆不屑看",长达7万字的供词里,提到洪仁玕名字的竟只有一处。事实上,在洪仁玕当政期间,他们也曾有过一些较好的合作。

7.归宿与评价

癸开十三年(1863)十一月十六日,洪仁玕带着长达52个字的官衔离开天京,去各地催救兵,但各地将领以"无粮"为借口按兵不动,他只能留在湖州观望。

1864年7月24日,幼天王从失陷的天京逃到广德,他从湖州去迎接,送去"米几万石"(这肯定是夸张,有这么多粮何至于"无粮"而按兵不动)。

8月28日,他和堵王黄文金、佑王李远继等保护幼天王离开湖州、广德去江西。10月9日在江西石城被清军夜袭,全军覆没。他本人被俘,写下许多表示"取法文丞相(文天祥)"、忠于太平天国和继续神化洪秀全父子的文字后,11月23日被凌迟处死于南昌。

洪仁玕有三个儿子:洪葵元、洪兰元、洪芝元。兰元、芝元天京失陷时分别为9岁、两岁,后来下落不明。葵元随幼天王同到湖州,军覆后独自逃回广东,在西人办的"李朗书院"躲避,后来因搜捕频繁,自卖猪仔去了南美苏里南,据说后来又移居牙买加。

据民国初年花县父老相传,洪葵元曾放羊度日,羊群不听话时总会大发雷霆,说"老子当年带领百万大军,就不信收拾不了你们这几只羊"。倘真如此,则葵元似乎遗传了乃父好说大话的毛病——他从没带过兵,天京陷落时虚岁才14岁。

在太平天国的人物中,洪仁玕的见识、学识都有过人之处,《资政新篇》的历史意义再怎么评价,也是不过分的。但他是语言的巨人,行动的矮子,而且到了最后,甚至毫无愧色地推行起自己曾激烈反对的"恶政"来。

归根结底,洪仁玕身上所透出的两面性,其根源在于他的"家天下"思想。

他原本主张变法、主张改革,认为"事权不一",中央权威不受尊重,而实际上所谓的"中央",无非是洪氏而已,因此当大将们滥封官职时他严厉抨击,但洪秀全和他本人更疯狂地滥封,却被他熟视无睹。说到底,他反对的哪里是"滥封",仅仅是"非洪氏的滥封"而已。

他原本希望通过改革和思想建设,实现全国上下思想的统一,但这个统一说到底,是统一到"洪氏江山"上来,因此当洪秀全成功地令他信服,实行洪的一套神权戏法,较诸变法改革可以"多快好省"地达到目的时,他便毫不犹豫地自我否定,成为洪秀全最忠实的吹鼓手,至死不渝,而原本强烈的革新冲动,也畸变为把秀才改为"莠士"、把举人改为"约士"之类的文字游戏癖了。

多年的游历、漂泊,让他获得迥异于普通中国人的洞察力,但几年官海浮沉却让这一切重新丧失。1860年11月,他的老朋友、革新派人物容闳来到天京,向他提出改革建议。他虽然赞赏却不能采用,最终竟以一枚"义爵"的木头官印,试图将这位晚清著名的改革派人才留在太平天国——如果他还是香港、上海的那个洪仁玕,又怎会不知道,容闳要的不是一文不值的太平天国官爵,而是实现理想、一展才能的机会?

陈玉成的私心

陈玉成是太平天国名将,一度名义上的全军总司令,也是屈指可数的历经近当代历史风云变幻、始终未被"打倒"的太平天国重要领袖之一。

许多论者常将他与后期太平天国另一主要将领李秀成相比,认为李秀成私心太重,而陈玉成大公无私。甚至有人说,李秀成对陈玉成心怀妒忌,对救援陈玉成的安庆三心二意,而陈玉成则屡屡救过李秀成的急,两人境界有上下床之别。

究竟是不是这样? 陈玉成难道真的没有私心? 他究竟是怎样一个人?

1.流星般灿烂的十年青春

陈玉成是广西藤县大黎里西岸村人,客家,祖先据说是从福建上杭县迁到广东韶州翁源县枫树井村,康熙年间再迁广西平南县鹏化里,再一步步迁到藤县山区来的。他生于1837年,1850年随全族参加金田起义时,年仅14岁,被编为"牌尾",也就是编外的老幼,就这样踏上了万里征途。

据口碑相传,辛开元年(1851)八月,他在部队行至大黎里(也就是自己家乡)时徒步找到右二军帅罗大纲,自请为向导进攻永安州,打下太平天国第一座城池,从此平步青云。

这个说法怕未必属实:罗大纲是天地会元老,早在1847年他就在伙伴胡有福、胡有禄的配合下奇袭阳朔,奔袭永安州,对当地路径可谓驾轻就熟,又何须一个孩子来带路?太平天国早期信赏必罚,陈玉成如果立下这么大功劳,何至于直到南京还是个牌尾?

不论陈玉成是在哪个军、哪个衙当牌尾,总之他在艰难备至、许多人半途死亡或逃散的长途行军中安然无恙,于癸好三年(1853)二月初二平安到达天京。两个月后,他从牌尾平步青云,被任命为左四军正典圣粮,随国宗、号称"铁公鸡"的名将石祥祯西征。

说是平步青云半点不假。正典圣粮职同监军,比军帅还高一级,陈玉成从比圣兵还不如的牌尾直升职同监军,等于连升八级。当时太平军大扩编,从10个军扩编到25个军,再到50个军、95个军,各级军官奇缺,陈玉成虽然职务低、年纪小,但怎么说也是"老革命",当上这个主管军需后勤的职务,也不算特别出奇的事,何况很快他就用战绩证明,"火箭式提拔"完全是他应得的。

甲寅四年(1854)四月,他跟着韦昌辉的弟弟韦俊(当时号称国宗兄,和燕王秦日纲平级)进攻湖北省会武昌。他在韦俊的指挥下,从武昌县绕过梁子湖,摸到武昌城东面。五月二十一日,领着500少年"牌尾"攀上武昌城墙,杀散守军,放太平军大队进城,史称"太平军二克武昌城"。

此役陈玉成立下头功,不仅让太平军"童子军"(其实根本不存在这样的组织)威名大振,连外国人都有耳闻,而且让他被深宫里的洪秀全瞩目。这年八月,他又连跳三级,升为殿右十八指挥,镇守湖北蕲州。一个月后就升为殿右三十检点,指挥后十三军和水营前四军,负责蕲州、黄州两郡军务,成为独当一面的大将。此时他年仅18岁。

由于防守半壁山、田家镇的秦日纲部失败，陈玉成不得不放弃两城，退到黄梅，并作为外围牵制部队参加了著名的湖口战役和随后对湘军的反击，他先后收复黄梅、黄州、蕲州和武昌，打败湖广总督杨霈，不过都是在韦俊的指挥下，应该说，还只是个戏份较重的配角。

乙荣五年（1855）七月，他受命脱离韦俊节制，东援庐州（今安徽合肥），半途改援芜湖，不久升任冬官又正丞相，踏入"高干"行列。

丙辰六年（1856）初，他作为著名的"五丞相"（陈玉成、李秀成、涂振兴、陈仕章、周胜坤）之一，在刚刚复出的顶天燕秦日纲统一指挥下，踏上救援镇江的征途。当时镇江被清军牢牢围困，守将吴如孝婴城固守，弹尽粮绝，陈玉成只驾一条小船舍死突破清军江面封锁，闯入镇江，顺利完成了里应外合、共破围城清军的计划。

随后这支大军击毙江苏巡抚吉尔杭阿，攻破江北、江南大营，逼死钦差大臣向荣，创造了太平天国史上最巅峰的战绩。

但随后天京事变爆发，秦日纲卷入其中，死于非命，陈玉成因留在丹阳前线幸免于难，随即转战到皖江一带。这年十月，他被封为成天侯。

这年底，他和好友李秀成在枞阳会晤（史称第一次枞阳会晤），达成合作经营皖北的意向，随即两军在皖北发动攻势，连克无为、巢县、桐城、庐江等地，是天京事变后率先转入反攻的战略区，极大提振了事变后一蹶不振的天国士气。

丁巳七年（1857）夏初，石达开因受洪秀全猜忌、排挤，愤而出走远征，陈玉成、李秀成等被留在安庆。由于兵力不足，曾一度与由武汉撤下来的韦俊部合兵，前往河南光山、固始一带游击、招兵。

这年九月，因迭遭变故人才匮乏的洪秀全任命陈玉成为又正掌率，辅佐正掌率蒙得恩总理朝政，从此陈玉成成为太平天国除远征的石达开外、外将中排名第一的人物，其官爵也从成天侯、成天燕、成天福、成天安，直升到当时最高爵位成天义。

戊午八年（1858）四月，九江失守，天京也重新被包围。六月，李秀成在枞阳召集解围大会，陈玉成作为主力参加，史称第二次枞阳大会，制订了先庐州、后江北的解围计划，并在八月大破江北大营。大约此时洪秀全重建五军主将制度,陈玉成被封为前军主将。

这年九月,他在李秀成、吴如孝、吴定规和捻军白旗总目龚瞎子的配合下,在安徽三河镇全歼湘军最精锐的李续宾部5000余人,乘胜席卷皖北,达到个人军事生涯顶峰。

此后他气势不减,虽然在二郎河因轻敌败给多隆阿,但随即连破胜保,生擒钦差大臣李孟群,牢牢控制了安庆—庐州一线,成为太平天国最大的地方实力派。

己未九年四月,洪秀全将刚到天京40多天的洪仁玕封为干王,打破"永不封王"的诺言,引起众将不服。在洪仁玕建议下,洪秀全将当时地位最高、战功卓著的陈玉成封为英王,并下达了"外事不决问英王,内事不决问干王,二事不决问天王"的诏旨。

不久,本人识字不多的陈玉成被象征性地任命为钦命文衡又正总裁,佐理洪仁玕负责科举考试事务。一向尊重读书人的陈玉成对这一虚衔十分满意,此后直到被俘,都一直自称"本总裁"不改。

庚申十年(1860)二月,陈玉成奉洪仁玕之调东进,并在闰三月协助李秀成大破江南大营。此后转战苏南、苏北,一度包围扬州,进逼杭州。然而此时湘军趁他东下,偷袭枞阳,进围安庆,他不得不于八月带伤渡江,试图击退湘军,但屡战不利。

辛酉十一年(1861)春,在直接解围屡屡无功而返的情况下,他与洪仁玕商定了"围魏救赵"的计划,率兵突袭湖北。二月二十一日,洪秀全下诏旨"调拨旌旗交玉胞",将此次战役的全军指挥权交给陈玉成。

按照计划,此时李秀成部应该从江西同时进攻湖北,两军会攻武汉,迫使湘军解安庆之围回救。陈玉成在20多天里连克英山、蕲水、黄州,直逼汉口、汉阳,急得清湖北巡抚胡林翼自己骂自己"笨人下棋,死不顾家",急调曾国荃、多隆阿回援,却被持重的曾国藩拦住。

由于李秀成部行动迟缓,加上英国驻汉口领事巴夏礼故意扣住李秀成托他带给陈玉成的书信,隐瞒李部即将抵达的情报,劝说陈玉成撤军,以免破坏与列强的关系,陈玉成信以为真,回师安庆,并上书天京,催调各路援兵到来。

尽管陈玉成成功收复集贤关，并一度以优势兵力对曾国荃的安庆围军实施反包围，但缺乏水师，无法切断湘军补给，自己反倒陷入粮荒，不得不率大队后撤，留下刘昌林、李四福等最精锐的 4000 人马驻守集贤关内赤岗岭四垒，结果被湘军一口吃掉。

　　辛酉十一年七月廿六日，安庆失陷，陈玉成精锐丧失殆尽，退守庐州，不久被革职留任。倍感委屈的他不愿回天京仰人鼻息，明知皖北难以立足仍死守庐州，并派陈得才、赖文光、梁成富、蓝成春、马融和、范立川等部北上，试图联合捻军和地方实力派苗沛霖部经营皖北，但这几支人马围攻颖州不下后竟一路北上至陕南汉中，导致原本元气大伤的英王部更加虚弱。

　　壬戌十二年（1862）春，清军多隆阿部进逼庐州，合围东、西、南三门，"只有一炮之隔"，一北面也有定远的清军地方部队离城 10 多里牵制，陈玉成屡屡恳请各路太平军进援，但除了常州的陈坤书部兼程来救、半路败回，其余或有心无力，或置若罔闻，而陈玉成自己派出远征的人马也无法及时赶回。

　　这年四月，已秘密投降胜保的苗沛霖致书陈玉成，声称可以调集 4 旗、120 万大军，和陈合力进取中原。陈大喜过望，不顾部下一致反对，决议突围北投苗沛霖。

　　四月初一日，陈玉成率部突出重围，因军心离散，几万人马一路溃散，到达寿州城外的仅 4000 余人，苗沛霖避而不见，让侄子苗景开将陈玉成等 20 余人骗进城中扣押，收编城外残部，随即将陈玉成押送胜保兵营。

　　陈玉成在胜保营中词气不屈，声称"天朝恩重，不能投降"，"刀剑斧钺，一人承担"，被槛送北京。由于沿途不断有捻军及陈玉成旧部阻截援救，唯恐有失的清廷下令"就地凌迟处死"。四月二十三日，他在河南延津校场死难，年仅 26 岁。

　　陈玉成号称"三洗湖北，九下江南"，破省城三座，州县 150 余座，"活捉大钦差四位"，在太平军中战绩彪炳。他死前曾说，太平天国"去我一人，江山也算去了一半"，死后两年零两个月，天京陷落，太平天国随即覆灭，可谓不幸言中。

2.他大公无私么

陈玉成大公无私吗？不见得。

在皖北，他帮过李秀成不少忙，但李秀成也不是只收礼、不回礼的管仲，陈玉成最要紧的三河之战，李秀成在关键时刻赶到，让相持不下的陈玉成和李续宾胜负立判，算是帮了一个大忙。当然，那时陈玉成地盘大，人马多，只有三个县(滁州、来安、天长)地盘的李秀成相形见绌，陈玉成"出血"更多，是显而易见的。

击破江南大营一役，许多人认为是陈玉成帮李秀成最大的忙，可李秀成却一点也不领情，他在供词中声称，自己压根没想让陈玉成助战，等开战后陈"不约自来"还把他吓了一跳。

这一仗李秀成在芜湖和李世贤、杨辅清等人制订了虚攻杭州、围魏救赵的战法，并禀报了天京城里的洪仁玕，的确没有约远在皖北且须随时提防湘军偷袭安庆的陈玉成，陈应是身为军师的洪仁玕约来的，算不上"帮李秀成的忙"，江南大营已经中计，李秀成调集江南太平军10多万精锐对大营不到三万疲兵，本已无须再添援手。

陈玉成如此积极"帮忙"，还有趁机扩充地盘、增加后勤军需来源的目的。他让自己的头号勇将刘昌林跟着李秀成一路打到常州，黄文金抢占常熟，自己忙着打扬州、打杭州，都是为了地盘和物资。黄文金因为滋扰过甚被李秀成赶走，陈玉成不甘心，又派了侯裕田顶替，硬是要在苏南安下颗钉子。

据史料记载，尽管苏南的"苏福省"被称为李秀成的"分地"，但陈玉成却占据了丹阳、句容一带，直到最后陷落。为了争利益，他不惜和好朋友李秀成撕破脸，跑到苏州争吵，逼得洪仁玕不得不兼程赶赴苏州调停。

与此相反，李秀成留在皖北的三个县，他看着如芒刺在背。本来李秀成南下时，留下朱兴隆、黄金爱、吴定彩三人助守，陈玉成仗着威势，调吴定彩进安庆协防，让黄金爱跟随自己行动，结果三县全丢。

赤岗岭一役，他叫黄金爱殿后，不发兵接应，结果黄金爱被优势清军逼下马踏河泥塘水田中，险些全军覆没，而吴定彩则在安庆陷落时顽强战死。黄金爱是忠王李秀成的女婿和爱将，吴定彩在忠王麾下是排名前四的大将，可想而知，这样的做法对李秀成有多大震撼。

许多论者都认为，安庆是天京门户，皖北则是太平天国最重要的根据地，陈玉成始终积极援救安庆，而李秀成三心二意，公私高下，不言而喻。

这些论者忽略了一个事实，即安庆是英王陈玉成的"分地"和大本营，也是其后勤基地。失陷后曾国藩幕僚赵烈文曾说"金银衣服不可胜计"，陈玉成救安庆其实也是"顾私"，因此不仅前期可能解围时拼死救援，后期明显已无法援救，清方摆出围城打援口袋阵时，他也不顾死活，硬拖着太平军各路精锐，往安庆的火坑里跳。

他的"有私"还可以从对待韦俊的态度看出。

韦俊曾经是他的上司，天京事变后，韦俊为右军主将、定天义，地位只略低于他（级别一样）。1859年韦俊驻扎在皖南芜湖、池州一带，杨秀清的盟弟杨辅清、杨宜清等从江西北上，也驻扎到这一带。由于血海深仇，两军不断摩擦，韦俊忍气吞声，准备北上渡江，投奔李秀成。

不料以往多次配合作战的陈玉成却骤然翻脸，封锁江面，不让韦俊过江，甚至有传言说要"开炮阻拦"，硬是将韦俊逼得投降清朝。后来安庆失陷的第一"节点"，是枞阳失守，而攻下枞阳的，正是当了清朝芝麻绿豆官的昔日太平军国宗兄韦俊。

陈玉成之所以翻脸不认人，一方面可能受天京密旨，另一方面，也是害怕韦俊和李秀成会师，成为一股大势力，威胁自己在江北的"分地"。从这点上看，他并不比李秀成的境界高。

李秀成"西征"会攻武汉固然走得慢了点，但说他不执行"围魏救赵"就有些冤枉。从史料上看，最初并没有"围魏救赵"的计划，李秀成不愿意执行的是洪秀全让他"扫北"（趁英法联军和清军开战进攻北京）的计划，而擅自采取的是南下江西接应当地盟友的行动当时陈玉成本人也没有"围魏救赵"，而是直扑曾国荃、多隆阿，准备直接解围。

安庆失陷后，陈玉成如果"大公无私"，理应向天京靠拢，但他却负气死守庐州孤城，并不断向北发展，导致江北局势完全不可收拾，尽管责任主要不该由他负,但这种做法说成"顾全大局"怕是牵强附会——同样饱受委屈的李秀成,在屡劝洪秀全不听后,并没有听堂弟李世贤的话而一走了之,倒是陪在洪秀全身边同归于尽。

本人是庐州合肥县人、曾在皖北办了好几年团练的李鸿章曾说,"忠、侍(李世贤)、章(林绍璋)、干诸王,皆与狗逆(陈玉成外号四眼狗)不合,外畏之而中恨之",而和陈玉成并肩作战多年的盟友、捻军盟主张洛行在被俘后称陈玉成"待人不好"。

为了救自己的安庆"分地",陈玉成不顾各部利益,逼着他们反主为客、死打硬拼。太平军各部不说,捻军老家皖北被清廷烧杀淫掠,各旗首领请求陈玉成发兵援救,陈不但不发,反倒逼着捻军陪他远征湖北,死战安庆,结果执意要回家的捻军蓝旗首领刘饿狼被张洛行设计杀死,整个蓝旗反目成仇。白旗捻军的两名主帅龚瞎子、孙葵心也都死在太平天国的战场上,导致白旗元气大伤,整个捻军也因为这些变故四分五裂。这些,当然都只能成为陈玉成"大公无私说"的反证。

应该看到,作为一方统帅、全军司令,陈玉成的年纪实在太轻了,战场上冲锋陷阵没有问题,但恢弘的战略构想、复杂的人际关系,却不是他这样阅历的人所能完全负荷的,毕竟,他至死也不过26岁。

3.长处与短处

有一个叫赵雨村的文人,曾被裹挟与陈玉成部住过一阵,对陈颇有好感。他记述陈的部属称赞陈的三大长处:第一爱读书的人,第二爱百姓,第三不好色。

作为中立人士,赵雨村的记载当然有根有据。陈玉成并非如几十年前某些著作所言"焚书坑儒",他的书房里堆满典籍,他所俘获的许多清朝官员都被优待,甚至连安徽巡抚李孟群这样的高官被俘后也长期优待,直到天京下诏旨才处死。

李秀成同样优待清朝官员,但被优待者通常会"软磨",不会直接"骂贼",而"骂贼"的不会被留用,可陈玉成的"先生"群中,居然有一边服役、一边公开骂太平军"龟儿鳖孙"的前李孟群幕僚葛能达在内。

陈玉成本人并不甚识字,但他被俘后,胜保的幕僚裕朗西曾与他攀谈,他随口征引兵书典籍,侃侃而谈,令这个文人十分佩服。陈玉成曾经上书洪仁玕,提出旨在加强赏罚制度的《钦定功劳簿章程》,足见其对于文化学习,可是真下了一番苦功的。

不过,他"爱读书的人",也和李秀成一样,只限于尊重、供养,却并不敢大胆任用。目前记载中那些被他礼敬的读书人,担任的都是幕僚、书手、医生之类闲职;反观在他之前镇守安徽的石达开,就敢于放手重用读书人,麾下的李岚谷、潘合孚、陶金汤、何名标等均是书生出身,后来都成长为大将、要员。

陈玉成的爱百姓也是相对而言。在皖北,他秋毫无犯,轻徭薄赋,但在苏南,他的部下纪律废弛,横征暴敛,以至于苏州人听说来的长毛是忠王部就大胆做生意,听说是英王部就赶紧关门。很显然,陈玉成爱的是自己地盘上的百姓,而对于别人地盘上的百姓,就未必有多少感情了,哪怕那地盘是友军的。

陈玉成不好色,是指他不强抢民女。有个不甚靠谱的传说,说他在苏州留宿忠王府,忠王府的人找来"女乐八人"殷勤接待,结果陈玉成半夜开拔,留下话说"吴中女兵,势不可挡",传语给李秀成千万别陷进温柔乡不能自拔,要做成大事业,就必须赶紧离开苏州。

但不好色归不好色,他的老婆却不少。安庆、庐州、天京,都有英王府,也都有留守的"英王娘"。他的一个绝色王娘在被俘后被胜保霸占,胜保被清廷治罪。"强取贼属"是罪名之一,可这个王娘随后也被逮治胜保的清朝官员霸占了。

据说他的另一个王娘蒋氏留在天京,城破后被湘军将领鲍镒娶回原籍。陈玉成的遗腹子当时仅两岁多,也被鲍镒收养,长大后知道身世,愤而出家,民国后还出任过省议员。

史书记载,陈玉成"长不逾中人",但容貌秀美,眼眶下有因为当年治疗打摆子薰艾留下的两个疤痕(这也是他外号四眼狗的由来),经常骑一匹白马,十分威武,英雄年少,就算再不好色,周围也难免会围拢几位美女的,似也不便深责。

陈玉成最擅长的是野战。他的部下说他最善于用选锋,摆成前少后多的锥形阵,"层层推进,有进无退",更善于将选锋藏于队中,假装败退,等敌军追近后突然反身杀回。湖北、安徽一带民间把这种战法叫作"三十检点回马枪",三十检点正是陈玉成曾经担任的官职。

然而,陈玉成的战场大局观并不太好,经常在大胜后忘乎所以,或者因疏忽丢失重要据点。他最忌惮的清将是多隆阿、鲍超,这两人的共同特点是不跟他硬拼,而是避开他的中路,专门从两翼包抄。他的部下在安庆之战后将失败归于天数,称"英王走运时想怎样就怎样,倒运时想一着错一着",其实哪有什么天数,无非是"人谋未臧"而已。

陈玉成最大的短处,恐怕是用人。

陈玉成手下的大将,很少有"外人",不是自家亲戚朋友,就是广西的老资格。他手下有著名的五大队、五小队,主将有陈时永、卜占魁、唐正才、梁成富、刘昌林、马融和等。其中陈时永是他叔父,唐正才是早年太平军水营的负责人,刘昌林是他幼时的玩伴,卜占魁则是和他一起入营当牌尾的好友。他派到丹阳一带驻防的,是陈聚成、邹林保,前者是他弟弟,后者是他姑父。他手下的重要将领中,有陈仕荣、陈时安、陈得才、陈安成等"陈家人",有天王外戚赖文光、表弟张潮爵、杨秀清外甥陈得隆这样的"皇亲国戚",还有魏超成、侯裕宽、侯淑钱这样的元老。

这些人中固然也有能力出众的,但由于他们是因关系、资历、血统上位,必然有许多人不称职。陈聚成是陈玉成幼弟,被俘后胜保以其"年幼",竟将其释放。张潮爵因为身份高贵,在安庆位居叶芸来、吴定彩之上,城破后逃之夭夭,当时整个安庆断粮,将士煮刀鞘、皮箱充饥,可张潮爵家房梁上却藏了两石大米。

那些勋旧中,魏超成是杨秀清亲戚,以前是监斩官,侯裕宽是洪秀全的厨师,侯淑钱是管仓库的,唐正才倒是打仗出身,但带的本来是水军,这些人被重用来带陆军、守城池,岂能不误事?

如果没有关系、资历、血统,在陈玉成这里想出头就难了。1853年就加入陈玉成部的安徽桐城人程学启勇冠三军,可是打了七八年的仗,才混了个不入流的"先锋"职务,最终这位程大爷投奔了曾国荃,成了攻陷安庆的急先锋;后来又投奔李鸿章淮军,破苏州,破嘉兴,都是此人的作为。

反观和程学启前后脚入营且表现抢眼的安徽同伴,加入李秀成部的陈炳文在 1861 年官拜殿后军正总提、朗天安、领忠殿大前队,已是李秀成第一流的大将;加入石达开部的童容海,1861 年为殿左东破忾军主将、观天义,也早已独当一面。

太有资历、本事也不行。名将吴如孝、黄文金都曾隶属陈玉成麾下,前者曾是罗大纲助手,官职一度远在陈玉成之上,后者更是金田起义时广西平南上帝会的首领,而且两人一个善守,一个善攻,都是出名的宿将,但陈玉成和这两人关系始终若即若离,前者大多数时间游离于陈玉成本队之外,甚至和李秀成部一起行动,后者则被扔在苏南、皖南"吃苦受罪"。

不难看出,陈玉成还是有私心的,他表现出"大公"一面时,往往是因为公私可以兼顾;一旦公私利益相悖,他的思维模式,和李秀成、李世贤、杨辅清等其他太平天国后期外将,并无本质区别。

李世贤的盛气

所谓"隐形人",是指明明角色很重要、很关键,偏偏"人气"和身份极不相称的人。如果说,太平天国核心领导层里,前期最神秘的隐形人是胡以晄,那么,后期最神秘的隐形人,非李世贤莫属。

都说太平天国滥封官爵,高干不值钱,但有一个职务他们从来没滥封过:军师。1856 年天京事变以前,连死去带活着的,军师一共才 4 位,连石达开都当不上;1856 年后,能封上军师的也就石达开、洪仁玕、陈玉成、李秀成、李世贤、杨辅清 6 位,外加杨秀清、萧朝贵、冯云山的继承人挂名,同时活跃于政治、军事前台的,经常只有三四人,地位不可谓不重要。

这样重要的人物,知名度却不相称,信息量也不高,不能不说是一件怪事。熟悉太平天国史事的朋友也许会说,杨辅清也是军师啊,人气和知名度不是比李世贤还差? 这话是没错,可杨辅清中间脱离过一段时间,全盛时也不过号称

10万人马,连块稳当点儿的地盘都没有,而李世贤不但坐拥几十万大军,一度是浙南、苏南几十座大小城池的主人,更是天京失陷后太平军实际上的主心骨、全军统帅。他在金华的王府至今保存完好,恐怕是太平天国军师一级王府中保存得最好的(南京的瞻园号称"东王府",其实杨秀清只住了三天)。

就这么一位叱咤风云的人物,却始终有些"边缘化"。太平天国官方文书除了惯例的诏书列衔和天历献历奏,提到李世贤的并不多;清军方面,一直和他正面对敌的左宗棠,搜集关于他的情报也不如关于浙北李秀成部来得翔实,《李世贤密札》这样的山寨文书就更不用说了。

民国以降,太平军逐渐成了正面形象,可李世贤依旧不受待见,《洪秀全演义》什么的对他着墨甚少;阳翰笙的《天国春秋》,李世贤只在杨秀清下令破江南大营时被提了一下名字,连个脸都没露;《忠王李秀成》是写他堂哥的戏,可他连名字都没被提到过。

新中国成立后拍的几部和太平天国有关的影视剧,只有《太平天国》里能找到他的身影,可这位堂堂大将,却总是被安排跑些可有可无的龙套,几十万大军、半个省地盘,都仿佛不存在一般,实在腻味得不行。

其实李世贤可不是个腻味人物,恰相反,他是太平天国少有的爽快人。

1.地地道道的"外将"

和很早就成为中枢辅政人物的堂哥李秀成不一样,李世贤是地地道道的"外将"。

他也是在辛开元年(1851)八月,太平军萧朝贵部经过家乡、广西藤县大黎里新旺村时,和全家一同入伍的。李秀成入伍时已近30岁,李世贤是他堂弟,应是25岁左右的小伙子。

他跟着大军进永安、出广西、下武昌、破南京,并没有什么特别记录留下。太平天国定都天京,于他而言也没有特别意义,因为他在天王洪秀全进城前的一天(1853年3月28日)随殿左一指挥罗大纲、木一总制吴如孝去打镇江,而后一待就是差不多4年。

镇江是天京东大门,战略位置十分重要。一破江南、江北大营的大战,最初就是围绕镇江的争夺展开的。这座敌后孤城坚守如此之久,在军事角度上讲是一个奇迹。但对于把守镇江城的各级将领而言,就未必是什么好事:总在一个远离朝廷的地方呆着,既不容易被"上面"赏识,也难有立大功的机会,提拔起来就要慢得多。

原本地位不低、资历也很老的吴如孝,他做将军的时候李秀成还是圣兵,陈玉成还是连圣兵都不算的牌尾,可1856年夏天,秦日纲带领陈玉成、李秀成等来救镇江时,陈、李都当了正牌丞相,"官居极品",而镇江城主将吴如孝却只顶替了前任罗大纲的殿左五检点,变成了陈、李的下级,他手下的主要将领谢锦章、覃熙章等只是指挥、将军,名不见经传的李世贤官职未能流传,但肯定不会比将军更高,连高干都算不上。

天京事变不仅是太平天国、也是许多太平天国人物命运的转折,由于大量骨干死于这场浩劫,太平天国人才匮乏,不得不起用大批后起之秀。李世贤的堂哥李秀成因为在救镇江、反攻皖北的杰出表现,被先后提拔为地官正丞相、合天候,而一直在镇江当一颗默默无闻的螺丝钉的李世贤也得到了出头机会,被从镇江选拔出来,派去镇守芜湖,成为独当一面的将领。这应该是1856年底或1857年初的事。

这年九月,镇江再次告急。洪秀全派哥哥安王洪仁发领衔赴援,刚刚被提拔不久的李世贤受命担任洪仁发的先锋。这是被称为"无能""庸鄙"的洪仁发首次、也是唯一一次上阵,能当他的先锋,想必是被认为很能打的(因为洪仁发很不能打),可见此时李世贤已小有名气。

不过李世贤再能打,摊上一个庸碌的主帅和众寡悬殊的战场形势,也是没咒念。结果,他们不但没能救得了镇江,自己反倒被围了个水泄不通,好在李秀成这时也受命赶来救场。最后,虽没能给镇江解围,但好歹把洪仁发、李世贤,连同突围到高资的吴如孝镇江守军,一股脑救回了天京。

也不知是否跟天京无缘,注定做一辈子外将,回到天京后,安王洪仁发削去王爵,回家养老;李秀成被任命为副掌率,留在朝中辅政;李世贤却再度被赶回芜湖,继续为天京城把守西大门。

这时他的官爵,据李秀成后来回忆,是侍天福,却不记得是哪一年的职务,照理说这个职务应该是 1858 年后获得的,因为他不可能官做得比李秀成更大,而后者到 1858 年初才是个侯爵,比福爵低三级。

由于逼走了石达开,加上人才丧失,1857~1858 年的太平天国版图日蹙,天京城也重新被围上了,情况甚至比 1856 年还要糟:当年太平天国有镇江、瓜洲、句容、溧水等外围据点,有安徽、江西、湖北大片后勤基地,而如今却只剩下安徽沿江的一小片地盘,其余都已落入清军手中。

李秀成不得不恳请洪秀全,允许他出城设法解围,戊午八年(1858)二月,他从天京出发,第二天就来到芜湖,第一个和堂弟李世贤交换意见。

两人最初的计划,是李秀成打江北,李世贤打江南,两人成犄角之势,可二李的兵力都很单薄,结果江北的李秀成陷入苦战,江南的李世贤虽然屡屡在野战中打败清廷大将邓绍良、周天受,却很难开创出更好的局面。

改弦更张的李秀成在这年六月发起枞阳大会,与陈玉成、韦俊等各路太平军外将达成联合作战的协议,李世贤也暂时离开皖南,赴江北配合堂兄作战,取得了收复庐州、三破扬州和二破江北大营的胜利,他的职务也被提升为左军主将侍天义,成为太平天国的第一级统帅。

羽翼渐丰的李世贤似乎并不打算总充当堂兄的配角,这年九月,他渡过长江,取道溧水重返皖南。

此时翼王石达开正经营浙江,皖南清军饷道被切断,军心浮动,李世贤抓住时机,接连发动会战,先后击败清江南提督郑魁士部,全歼浙江提督邓绍良部,取得了湾沚大捷的胜利,杀死了清军悍将邓绍良和郑魁士部将、通永镇总兵戴文英。然而就在戊午八年底,韦俊叛降清廷,加上石达开部远征福建,皖南局面出现反复,李世贤又陷入苦战。

尽管如此,湾沚大捷还是太平天国中期屈指可数的漂亮歼灭战。更难得的是,和大多数歼灭战太平军倚多为胜、习惯召集几路联军对敌不同,此役李世贤孤军奋战,而清廷反倒集中了几路人马,胜利自然更为难得。然而和同期的担子一乌衣之战、官亭长城之战,以及著名的三河大捷相比,湾沚大捷很少为历史专业以外的人士所熟知。也许在大多数人看来,皖南是次要战场,无须投注太多关注吧。

不过就事论事,洪秀全这次的赏罚还是分明的:己未九年(1859)秋,继堂兄李秀成封为忠王后,李世贤也被封为忠正京卫军侍王雄千岁,成为1859年太平天国重新封王后的第四位王爵(洪仁玕、陈玉成、李秀成,石达开的王爵是原先就有的)。

这年十二月二十日,堂兄李秀成再次从天京兜了个大圈子,悄悄进了李世贤的芜湖城,两人一待就是10多天。

李秀成出京的目的,还是解天京之围。他最先想到的自然还是堂弟李世贤,想出的计策,是"围魏救赵",佯攻杭州,引诱江南大营分兵,然后迅速回师解围。

庚申十年(1860)正月,二李从南陵出发,从宁国、广德山路进入浙江,攻克苏浙皖三省交界的安吉、长兴,然后大造声势,扬言全取浙江。李秀成带领轻骑直扑杭州,而李世贤则大张旗鼓地围攻战略要地湖州城。

当两人发现清军果然上当,派出张玉良部回援,就迅速沿着早已探明的莫干山小路回兵,先在建平召开大会,分配任务,然后兵分5路猛扑江南大营。李世贤的任务是攻打句容,切断江南大营的退路。

公平地说,李世贤并没很好完成这一任务。他几次攻城不下,就干脆带了本部人马转往西进,直接去夹攻江南大营了。最终这场集中太平军几乎全部主力的大会战,打成了一个击溃战。几万清军连同他们的主将溃退到苏南,带来许多麻烦;李世贤的急躁和擅自改变计划,是一个重要原因。

江南大营解围后,陈玉成、李秀成、杨辅清等纷纷出征,而李世贤却动向不明。他的部将攻克溧阳,转战句容、溧水、丹阳、金坛,他本人则连行踪都很难被捕捉到。

这年八月,当李秀成不顾洪秀全的"扫北"指令,率部南下,准备赴江西接应当地起义军时,李世贤也再度进入皖南,攻克徽州,并在这年年底会合其他几路太平军两次逼近祁门。

祁门是湘军主将曾国藩的大本营,而且兵力单薄,可惜李世贤情报工作实在太差,居然压根就没发现这个"大妖头"竟在眼皮底下,只马马虎虎攻了两次便去抢其他地盘了。

年底，天京方面下达了再次"围魏救赵"——攻打武汉、为安庆解围的命令。李世贤在辛酉十一年（1861）二月从浙皖边界取道婺源入江西，尾随堂兄李秀成开始所谓二次西征。

许多人都知道，李秀成对二次西征兴趣索然，最终迟到，但他毕竟还是到达了武汉外围预定位置，而李世贤则不然，他出发没多久，就碰上湘军左宗棠部，在景德镇、乐平连打了两仗，一胜一负。据时人记载，双方都丧失了一半战斗力，但这时石达开部从广西返回的谭体元等部人马，原来徘徊于江西、福建、两广的花旗各部，纷纷赶来投奔，李世贤的实力得到相当补充，再接再厉，进入湖北应该不难，他却借乐平之败来了个大掉头：这年四月，他带着扩编后的军队掉头往东，杀奔浙江；四月十七日，攻下了金华府，并在这里设立王府，作为自己的大本营——这就是至今保存完好的金华侍王府。

这年八月，李秀成从湖北回师，兄弟二人合作进取浙江。浙江本有11府城、78个州县，到了年底，留在清廷手里的只有温州、衢州两个府城，永嘉、西安两个临时府城，以及龙泉、泰顺、庆元、瑞安、平阳、定海6座县城而已。

按照二李的协议，浙北杭州、绍兴、嘉兴、湖州4郡及其属县归李秀成，其余7郡都归李世贤。全盛时期，李世贤拥有浙南金华、严州、处州、宁波、台州5郡全部或大部，温州、衢州一部，以及苏南溧阳等地，是仅次于陈玉成、李秀成的第三大实力派。

但和陈、李不同，李世贤在朝中似乎始终没有什么发言权，保存下来的幼主封官诏书不少，而李世贤请封的只有一例。陈玉成曾经获得文衡总裁、全军统帅的职衔，并多次建言朝政，李秀成也几度在天京担任朝臣，甚至杨辅清也以修东王府的形式，在中枢露了个小脸，唯有李世贤似乎是天生的"外将"，不但本人总是和天京擦肩而过，彼此间似也保持着"安全距离"。

壬戌十二年（1862）夏天，考验李世贤的时刻到了：湘军曾国荃部突然楔入太平军腹地，把大营扎到了天京城外的雨花台，而与此同时，恢复元气的左宗棠部也开始从衢州进犯浙江，侵蚀李世贤的分地。同时接到分地告警和天京告急文书的李世贤最终选择了两头兼顾，他留下10万左右人马守浙南，自己带领5路人马，约7万精兵开往天京城外。很显然，他并不想回到天京，因此嘱咐留守将领:坚守50天,50天后我准回来。

但他再没能回来:由于人心不一,由李秀成领衔的天京解围战功亏一篑,而李世贤却迫于洪秀全的瞎指挥,不得不去攻打金柱关,试图打通天京粮道。

这年冬天,浙南领地因兵力空虚,被左宗棠逐渐攻占,无法脱身的李世贤百般无奈之下,只得下令浙南残部从昌化绕道,向皖南转移。

此时他把侍王府设在溧阳,手下还有不少人马,但地盘却只剩下溧阳周围一小块。甲子十四年(1864)正月,溧阳守将叛变,他连这块老窝都丢了,母亲、妻子都落到李鸿章手里。

在李秀成的授意下,他带领自己和李秀成的10多万残余人马从湖州出发,前往江西产粮区休整。李秀成的原意,是让他们等到秋天,天京周围粮食成熟,再回来解围。

没想到湘军在夏天就攻陷了天京,幼天王洪天贵福逃到湖州,派人写信给李世贤,表示将放弃湖州前来会合,让李世贤迎接。

接下来耐人寻味的一幕发生了:幼天王让李世贤去抚州、建昌,半路却听说后者去了瑞金;拼命追到瑞金,李世贤却去了福建,最终幼天王的主力在距离李世贤人马几十里外的石城被击溃,太平天国的世系就此断绝。

本年八月二十七日,幼天王全军覆没。仅过了两天,李世贤就在福建大破湘军,杀死名将张运兰。九月初二,攻克了名城漳州。十月更在万松关取得大捷,杀死了福建清军最高指挥官林文察。

此后半年间,他在漳州招兵买马,积极联络外国,打出了"复兴太平天国"的旗号。全盛时期,他控制了闽南三分之一的地盘,军队扩充到20多万。这番兴旺局面甚至引来外国人的关注,不但西洋报纸纷纷报道,逃到伦敦的李秀成旧部吟唎寄予厚望,而美国冒险家白聚文更不惜冒死偷渡,试图投奔他。

然而他的"中兴"只是昙花一现。由于闽南地方狭小,大军周旋不开,且物资补给困难,李世贤又始终未能建立起水师,名义上归他指挥的汪海洋等部和他战略思想发生分歧,最终被清军的反扑各个击破。

乙好十五年(1865)四月初一日,漳州陷落。十二日,他的军队在永定之塔下溃散,他本人潜藏两个多月后,于七月初六日逃到广东镇平,投奔汪海洋。4

天后被唯恐他追究擅杀责任、夺去军权的汪海洋害死。他的无端被害令太平军军心瓦解,最终在不到半年内全军覆没。

2.李世贤的盛气和"外心"

虽然和李秀成是堂兄弟,但两人性格差异很大。

李秀成很善于处理人际关系,大部分同事和他都相处得不错。他和陈玉成之间矛盾重重,但两人始终维持了基本的合作关系,并没有撕破脸。他和洪家子弟可谓水火不容,但大面子上仍然过得去;天京陷落前夕,洪姓诸王还能跑到忠王府,和他一起开军事会议。至于其他朝臣,跟他更是相处融洽。他和洪秀全之间屡屡发生争执,洪秀全骂过他,他也顶撞过洪,但最终两人都能言归于好,洪赐他龙袍,让他用自己的"秀"作名字(这可是除了杨秀清,再无第三人能享受的殊荣了)。他也陪着洪秀全死守天京到底,拼掉自己性命让洪秀全的儿子远走高飞。

李世贤则完全不一样。据当时清方记载,他和大多数太平天国重臣关系恶劣,洪秀全派到他麾下的驸马钟万信、侄子洪春元,都跟他合不来。1861年洪秀全突发奇想,先把国名改为"上帝天国",几天后又改名"天父天兄天王太平天国",以表明天下是姓洪的,此举遭到大多数将领反对。李秀成、陈玉成等都不服命令,但后来李秀成等顾全大局,仍然在形式上迁就了洪秀全,而李世贤宁可被撤职罢官也要抵制到底。当然,李世贤是拥有地盘和大军的外将,撤职不过是一种形式,并无实质意义。不久后洪秀全也改用拉拢手段,封李世贤开朝正忠军师、殿前户部又正地僚,可李世贤油盐不进。1865年初,天京已经陷落近半年,他在漳州打出的仍然是"太平天国侍王李"的旗号,宁可不当人人垂涎的军师,也不肯加上"天父天兄天王"六个大字。

李秀成南下苏南、浙北,在皖北仍留下三个县,苏南自己地盘里,则有陈玉成和半独立的陈坤书分地和自己犬牙交错,虽然也有摩擦,但彼此尚可保持一定合作、协同,而李世贤在皖南、苏南,却和除李秀成外其他"山头"关系恶劣,最终堂堂军师,只剩下溧阳一座城池,自己的大本营芜湖、由自己独立或参与攻克的金坛、丹阳、溧水等城市,都被其他将领瓜分殆尽。

尽管左宗棠和刘典等清方大员都说他对下属宽厚,但在某些方面,他却盛气凌人:他分配留守任务,只让守将李尚扬死守 50 天,说 50 天后守不住就没有责任,却既不交代作战计划,又不赋予机断大权,结果他前脚一走,后脚浙南几十座城市的守将就自行其是,乱作一团;他曾捉住不少清廷大将,如张运兰、林文察,几乎都是立即处死,这和太平军大多数将领的习惯迥异——陈玉成、李秀成一般都会先劝降,再软禁,实在没办法才杀。

据说他是个很好面子的人,《思痛记》记载,太平军邓光明部有个新加入的"先生"也叫李世贤,和侍王李世贤同名同姓,就因为不肯改名,被邓光明杀死。

邓光明并非李世贤而是李秀成的部将,桐乡也不在李世贤分地范围内,太平天国后期的"规矩套子"、繁琐到让人不知所措的"钦定敬避字样"规定了一大堆必须避讳的字,却并没有后期诸王姓名须避讳一说,邓光明之所以"高标准严要求",去迁就一个并非自己顶头上司的领导,自然是熟知李世贤禀性,惹不起躲得起了。

他是"外将",累计呆在天京城的时间,往多了算也不会超过 4 个月,因此"外心"也是很明显的:西征"围魏救赵",连不情愿前去的李秀成都设法赶到预定地点,他却只做了不到一个月的尝试便浅尝辄止,回头扩充浙江地盘;苏南战事失利,天京无法守住已成共识,李秀成的反应是回城苦劝洪秀全转移,如果洪不肯就"逼气以陪其亡",宁可送死也要愚忠到底,而李世贤的反应则是你不仁我不义,你洪秀全愿意死就在天京城守着,我可是要远走高飞的——不但自己走,还打算把李秀成也捎上,最终李秀成是从小道逃去天京的;天京失陷后他和幼天王的"捉迷藏",虽然没有证据表明他故意见死不救,但对幼天王缺乏感情,对"勤王"毫无积极性,是明摆着的事。

后期洪秀全大搞"家天下"和神权政治,许多将领对此不以为然,对洪秀全父子丧失信心,李世贤也不例外。但和石达开、陈玉成、李秀成等不同,他没有做过朝臣,更没有中枢行政经验,对大局、战略等问题缺乏概念,所想到的除了自己的面子、地位、气性,就是地盘、人马、实力,因此他只看到洪秀全和天京是个死局,看不到天王、天京在广大太平军将士心目中仍然具有崇高地位和深远影响力;他只看到幼天王是个连自理能力都没有的可笑孩子,看不到对于几十万流亡太平军将士而言,一个太平天国法定继承人所能起到的凝聚作用。

在漳州,他打出了"复国"的旗号,声称自己是奉命开疆拓土,却连个假冒的"幼天王"傀儡都不知道端出来,也不懂得拉拢仍然在自己军中的几位洪姓宗族、驸马,更连天京亲封、完全合法的军师头衔都不肯用,结果等到敌人大军压境,他才骤然发现自己既没有可以"令诸侯"的"天子"可挟,也没有名正言顺的"总统三军"头衔可利用,几个月苦心孤诣打下的江山,不过几天功夫就化作一江血水。

有人根据当时的传闻,认为他可能有投降清廷的心思,这恐怕只能姑妄言之了:他的地位实在太高,而当时太平军已经穷途末路,其覆灭在清廷和中立者看来,都不过是时间问题;以他的判断力和已经传遍全军的李秀成死讯,又怎会天真到相信投降可以"坦白从宽"?

3.盛气是把双刃剑

在战场上,他的盛气是一柄双刃剑,既是敌人的、也是自己的噩梦。

一方面,他是太平天国史上最擅打歼灭战的将领之一,而且往往是以并不占优势的兵力独立取胜。

入漳州的几仗前,由于幼天王在附近全军覆没,许多溃散将士逃入他军中,谣言四起,人心惶惶,军心之不稳,士气之低落,都是可以想见的;他却能在这样的局面下迅速收拢军心,在几天内连破4城,杀死一个总兵、一个按察使,甚至他的大军兵临城下,清方居然毫无察觉。这种泼辣的用兵,在喜欢打阵地战、城市攻防战的太平军中是罕见的。

但另一方面,这种盛气也让他的用兵破绽百出,经常在屡胜之后,被清军抓住破绽翻本。

两次皖南之战,他都是在几次野战大捷后,被人偷袭大营或后方基地,从而反胜为平;景德镇大破左宗棠后麻痹大意,结果对方几天后反扑乐平,被打了个措手不及。他的大军在祁门一带活动几个月,当地又是他曾长期转战、十分熟悉的地方,居然不知道曾国藩的大本营就在眼皮底下,犯的也是同样错误。

虽然他在太平军大将中并非是最年轻的(肯定年长于陈玉成,也许年长于杨辅清），但带兵资历比较浅，独当一面的时间较短，既没有杨辅清"高贵的出身"，也缺乏陈玉成、李秀成长期转战培养出的嫡系将领和部队。

陈玉成的部将中，许多都是前期就名声在外的元老，而李秀成麾下则有许多从"童子"开始跟随部队、一路成长起来的大将，这些都是李世贤所不具备的，他的部将中有名的，只有范汝增、黄呈忠、练业坤、李尚扬等屈指可数的几位。

值得一提的是，由于盛气和所表现出的强烈独立性，洪秀全对他的信任恐怕也是最有限的。

他的部下中，并非嫡系，而是天京方面"掺沙子"成分的比例最大，秦日纲的兄弟辈贺王秦日来、洪秀全的侄子对王洪春元、驸马金王钟万信等都在他军中，而且不时和他发生分歧，这使得他经常无法真正自行其是，而不得不迁就自己本不愿迁就的天京命令。

同样，他的部众也经常被天京方面"征用"：他手下嫡系将领中，在1862年封王的只有黄呈忠、范汝增、练业坤三人，但当他被迫赴天京城外解围未遂、又被迫去金柱关折腾时，麾下原本从天京派来掺沙子的秦日来、洪春元固然被调走（前者派去湖州南浔一带，后者先被安排去江北，后派守雨花台要塞），千里迢迢从浙江转战而来的范、黄、练也被拆散，跟随李世贤的只剩下戴王黄呈忠。梯王练业坤被调入天京守城，后来在印子山战死，首王范汝增则陪着幼天王从湖州转移，半路被打散，独自北上投奔了捻军。

幼天王死后，李世贤在闽南功亏一篑，和他手下嫡系太少、许多人马都是临时配属，无法做到臂指如使、协调统一，有很大的关系。

他和李秀成感情深厚，给人的感觉，是他只需负责打仗，其他更深层次的思考都由堂兄包办。也正因如此，他才一心拦阻李秀成去天京送死，因为没有这块主心骨，他的确很难拿出清晰、有说服力的战略决策：反对汪海洋的北上计划，自己又拿不出替代方案，甚至给各国公使写信，约他们会攻清朝，平分疆土——他的堂兄李秀成对洋人始终警惕，临终还嘱咐曾国藩"防鬼反为先"。

他瞧不起的洪秀全面对外国冒险家"共灭清廷，平分天下"的诱惑一口拒绝，说出"我争中国，欲想全图，此事若成，失笑天下，事如不成，引鬼入邦"这样于他而言少见清醒、明晰的话,与之相比,李世贤的政治头脑,着实不敢令人恭维。

如果他真能拦住李秀成,抑或李秀成突围后真能投入他的大军,太平天国的结束曲,或许是另一种旋律。然而历史是没有"或许"的:李秀成未能逃脱罗网,甚至李世贤本人也死在自己人手里,太平军的最高统帅变成了更善于打野战、更"盛气",却也更缺乏资历和战略头脑的康王汪海洋,清廷弹冠相庆,认为大事已定,也就不足为奇了。

无论如何,作为太平天国最重要的外将,作为唯一留下完整王府的太平天国最高级将领,李世贤和他的盛气,理应为更多人知晓,而不应仅靠跑点不着边际的龙套留名后世。

"欺骗者"赖文光

太平天国遵王赖文光是个头顶许多光环的人:太平天国事业的继承人、后期捻军的最高领袖、与叛徒作英勇斗争的革命战士……

赖文光

南京太平天国博物馆里保存着一把简陋的马刀,便是赖文光的佩刀。据说这把刀可是有说道的,一首被称作"捻军民歌"的歌谣说:"遵王大刀三尺高,官兵一见魂飞跑。"虽然与这首威风凛凛的歌相比,这把土得掉渣的山寨版西洋马刀,实在有些货不对板,但这毕竟是尚有争议的李秀成宝剑外唯一保存至今的太平天国领袖人物所用兵器。

然而赖文光的事迹中,不尽不实之处比比皆是,而且这些不尽不实之处,又几乎都来自赖文光本人的刻意所为。难道赖文光是个"欺骗者"吗?他为何要这么做?

1.先得弄清赖文光是谁

赖文光是"广西老贼",他自己和清方都没有说是哪一县人,但有记载称他是"外戚",也就是洪秀全发妻赖莲英的亲戚。赖莲英是广东花县人,在广西似乎并无亲眷,但庚戌年(1850),洪秀全在广西贵县认了赖培英为亲,赖培英和赖莲英连宗,叫洪秀全"妹夫",如果赖文光真是赖培英一族,则他应该也是贵县人,也就是今天广西贵港市人。

金田起义爆发,他就参加了团营,但并未担任什么职务,直到壬子二年(1852),他才被挑选出来担任文官。

赖文光在供词中只说年份,未说月份,他是在永安州、长沙城外,或是武昌当上文官的,今天已经考据不清。

曾在天京工作过的文人张晓秋,在《粤匪纪略》中记下了赖文光的大名,同列一处的还有赖文英、赖永玢、赖桂英,其中赖桂英是洪秀全的小舅子。如此看来,赖文英或许真是洪秀全的妻弟或妻侄——当然也许是名义上的。不过任何正史、野史都未能记录下赖文光到底当了什么"文职",这大约是因为重武轻文的太平天国,对一个从事"次要工作"的次要干部,究竟是什么头衔,实在缺乏记录的兴趣吧。

1856年天京事变,让大批有经验的将领死于内讧,太平军中人才凋零,急需补充新血,洪秀全首先想到的自然是自家亲戚和身边亲信,他的姐夫钟芳理、哥哥洪仁发和近臣蒙得恩父子、李春发等,都被提拔到重要位置。赖文光也在这次突如其来的大换血中成功实现角色转换,变成一名军事干部,被派到"江右"(大约是句容、溧水、瓜洲、镇江一带)招兵。

1857年秋天,句、溧、瓜、镇相继失守,清军江南大营重新逼近天京,赖文光也受命回到天京。

经过一段时间的战火洗礼,许多基层将士崛起,成为太平天国的新栋梁,而洪秀全原先任用的亲戚、近臣,大多被证明难当大任,不得不重新回归"本职",过起了当大官而不管大事的贵族生活。赖文光却是个例外,1858年,他被派去湖北麻城,成为当时太平军后起之秀中名声最大、实力最强的成天安陈玉成的部将。

最初的两年,他不显山不露水。1860年太平军集中几乎全部主力攻破江南大营,陈玉成部主力渡江南下,参与围攻大营,赖文光却没有过江,而是和从江南北上的洪秀全堂兄洪仁政汇合,围攻失陷一年多的江浦县——太平天国天浦省的省会。

当年天历三月江南大营被击溃,四月赖文光就收复浦口,虽然因为江南大营惨败,浦口清军已成惊弓之鸟,此役难度不大,但胜利完成任务,毕竟标志着他从文官到武将转型的成功。

五月,他被召到江南,派往苏州,随着李秀成的大军进军松江、上海。六月,他攻下嘉定县城,这也是英王部在上海附近攻下的唯一一座城池。对于守卫孤悬于忠王分地内英王"飞地"的差事,赖文光似乎很不情愿,多年之后仍旧牢骚满腹。好在不久后他就接到英王命令,让他跟随自己回安徽,去救援被湘军包围的安庆。

陈玉成在安庆外围屡战不下,就又动起了围魏救赵的念头。1861年初,他请求洪仁玕调李秀成、李世贤等部从江南、自己从江北两路夹攻武汉,企图吸引安庆清军回救。此役赖文光担负要职,和英王叔父格天义陈时永等随陈玉成连破霍山、英山、蕲水、黄州等郡县,令武汉一日三警。

由于曾国藩识破太平天国"围魏救赵"的意图,加上英国参赞巴夏礼的欺骗,陈玉成误以为李秀成不会前来会合,就留下赖文光等防守黄安、德安,自己率主力回救安庆。

赖文光在江北终于盼来迟到的李秀成部,但两军被长江分隔,联系不畅,李秀成不久后就打道回府,帮堂弟李世贤攻打浙江去了。赖文光放弃德安,死守黄安到七月,听到安庆陷落的噩耗,军心开始涣散。八月,他中了清方调虎离山计,丢掉黄安,退守随州。一个月后随州也陷落,他只得带领人马撤回庐州(今合肥),与同样退到那里的陈玉成会师。

原本赖文光并非陈玉成部主力。陈玉成核心部队分为五大队、五小队,赖文光并非这些核心部队中某一支的主官。但安庆之役,陈玉成几乎赔光老本,嫡系主力损失殆尽,赖文光部却相对完整,自然就成为倚重对象。

此前赖文光爵位不低,是六等爵中第一等——杰天义,但洪秀全早已下令,将"平在山勋旧"(金田起义前就参与密谋的功臣元老)都封为义爵,赖文光的高位是凭资历、而非功劳获得的。如今他地位上升,意气风发,就向陈玉成提议,联合张乐行部捻军和苗沛霖部团练,依托皖北,分兵去鄂豫皖边区招兵,稳扎稳打,以图收复安庆。结果碰了一鼻子灰,陈玉成压根不听。这也让赖文光抱怨了好多年。

平心而论,陈玉成不听有不听的道理。赖文光的招数半点也不新鲜,韦俊、李秀成用过,陈玉成自己也用过,就在安庆失陷后,他还打算带兵北上六安州,执行一个与赖文光建议相近的计划,结果军心浮动,根本不愿去,退守庐州是不得已为之。不仅如此,皖北连年征战,早已赤地千里,陈玉成余部几十万人吃饭问题都难以保证,再扩军就更没法过日子了。

同治元年(1862)正月,陈玉成得罪朝中权贵被革职留任,与此同时赖文光却被封为遵王,和同样火线提拔的扶王陈得才、祐王蓝成春、启王梁成富一起,被洪秀全派去远征西北,目的是扩军。

陈玉成本就想经营中原,此前已经派出马融和部北上,对这一命令并不抵触,赖文光虽然不情愿也只好上路。这支太平军北上后汇合马融和部和捻军,猛攻颍州不克,却得到陈玉成的死讯,不得已和接替指挥的李秀成约定,去关中招兵,限24个月回救天京。

癸开十三年(1863)八月二十日,这支太平军攻下陕南重镇汉中府,并汇合了从四川北上的石达开余部中旗、前队和云南起义军蓝大顺部,声威大震。当年底,他们接到告急文书,放弃汉中,高举"急救天京"的木牌子,浩浩荡荡奔赴东南,这时候他们已经有 20 多万人马了。

然而他们要经过的鄂豫皖边区粮荒比一年前更加严重,清廷在大别山方圆几百里内,部署了僧格林沁、官文、曾国藩三路钦差和湖北、安徽、河南、陕西四省地方部队,合力围堵这支生力军。赖文光等在大别山打转打到甲子十四年(1864)六月,仍然出不了山口,变得人困马乏。

不久,天京陷落,天王"服毒自杀"和幼天王被杀害的消息接连传来,这让这支徘徊荒山、衣食无着又疲惫不堪的太平军士气一落千丈,屡被清军击败。

九月,扶王陈得才自杀,枯王蓝成春被俘死难,马融和等 20 万人在英山、霍山的墨石渡或投降、或逃散,殿后的启王梁成富见势不妙,掉头向西,一直退到甘肃阶州(今武都),只有赖文光带领几千太平军残部,汇合捻军张宗禹、任柱等部,跳出包围圈,转移到河南、山东交界处。

此时江北太平军、捻军已残破不堪,追击他们的,则是消灭过太平军扫北军、捕杀过捻军盟主张乐行,又刚刚让赖文光等人吃了大亏的蒙古亲王僧格林沁,许多人都以为结束战事只是时间问题。没想到大半年之后,却传来山东菏泽高楼寨战役,僧格林沁全军覆没、捻军膨胀到 10 多万人的惊人消息。

此后的一年多,捻军时分时合,凭借强大骑兵在中原流动作战,让负责剿捻的李鸿章疲于奔命。同治五年(1866)九月,捻军在山东曹州最终分为东捻、西捻。赖文光和捻首任柱、牛洛红、李允,以及从南方流亡而来的太平军旧将领首王范汝增、奏王赖世就等为东捻,自河南信阳入湖北,一度连破湘、淮军,杀死淮军名将张树珊、湘军名将彭毓橘,生擒湘军名将郭松林,一时间大有席卷江汉之势。但十二月二十七日,东捻军在京山尹隆河先胜后败,损失惨重,加上听说山东粮食丰收,就离开湖北,先后突破运河、胶莱河防线,一直冲到烟台附近。

接任围剿主帅的李鸿章听从刘铭传建议,在黄河—运河—六塘河设下河防工事,使东捻军的骑兵优势无法发挥,又凭借洋枪洋炮屡屡击败捻军。同治六年(1867)十月,东捻军和清军在赣榆东光决战,捻军最骁勇、被李鸿章比拟为西楚霸王项羽的任柱被内奸从后枪杀。

任柱死后,东捻军军心涣散,赖文光苦苦劝说大家齐心为任柱复仇,但效果渺茫。一个月后，士气低迷的东捻军在山东寿光溃败，首王范汝增、列王徐昌先等战死，其余战死一万多，被俘两万多，赖文光只带了几百人穿上清军号衣，冲过六塘河防线。阴历十二月，在扬州东湾头、瓦窑铺一带打算用布结成"弱桥"渡过运河，被淮军发现，短暂激战后赖文光被淮军将领吴毓兰俘获，留下不卑不亢的供词后被就地处死。

2.对清廷的欺骗

就是这篇供词，让后世研究者头疼不已，因为里面有很多内容是"水汪汪的"。

供词里赖文光把自己形容为捻军的首领，声称墨石渡战役后，数万捻军请求他"领带"，于是他带领着这支太平军、捻军混编的新军转战南北，以恢复太平天国为己任。

供词里把曹州分兵说成是自己高瞻远瞩的战略构想，目的是自己在中原坚持，让西捻军张宗禹部去陕西联络当时十分兴旺的西北回民部队。

这些说法一度被近现代史学家深信不疑。

不少人相信，赖文光用太平军的军制整编了捻军，让一支原本以解决肚皮问题为首要目标的"准军事部队"，成为一支以骑兵为主的劲旅。有些史学权威，如太平天国学界泰斗罗尔纲先生，甚至一度主张取消后期捻军的"番号"，称之为"太平天国新军"。

对于曹州分兵是有意识的战略行动，人们也曾经完全相信，并进而相信1868年初，西捻军突然从陕北踏冰渡过黄河，横穿山西直扑北京，一度兵临卢沟桥边，是为了"围魏救赵"，挽救东捻军的失败命运。

至于赖文光是捻军最高领袖的说法更是一度成为"铁论"，从《宋景诗》到《星星草》，几乎所有和后期捻军有关的文艺作品，赖文光都是高高在上的全军统帅，甚至征集来的民谣、民间故事也几乎无一例外。

然而在捻军故乡涡阳，有位张宗禹的本家张大球先生根据父老相传的口碑，写了一组材料，材料中明明白白地指出，赖文光的太平军"只有几千人"，而且都是南方人，和捻军始终格格不入。当地人传说，赣榆东光大战后，东捻军伤亡并不大,但捻军将士觉得任柱死后"没什么奔头",就纷纷回家务农去了,导致赖文光很快变成光杆司令,最终迅速覆灭。

当然,捻军子弟的口碑和赖文光的供词一样,都是一面之词,我们不妨看看实情究竟如何。

赖文光说他"领带"了捻军,甚至有人称他把捻军改编成"太平天国新军"了,可从目前搜集的资料看,后期捻军仍然是以家族、乡亲为纽带,以小旗、大旗、总旗等捻军的老一套来编组的,太平军只是像客人般另立营盘,跟随活动而已。

张宗禹是捻军黄旗,他的各级头目几乎都是涡阳县张老家村的本家子弟;李允、任柱是蓝旗,牛洛红是红旗,他们的部将也都是亲戚、同乡,任、牛二人死后,分别由兄弟、儿子继承部众,这仍是老捻军的家族传承,哪里有一点"太平天国新军"的影子?

东捻和西捻分分合合多次,每次都是任柱、赖文光等人为一拨,张宗禹的黄旗捻军为另一拨,原因是张宗禹的堂弟、继承老捻军盟主张乐行爵位的幼沃王张五孩和任柱不和,两股捻军在山东、安徽并肩作战时尚且时常无法配合,最后一次分兵后一个去陕北,一个下湖广,越走越远,怎么能进行战略配合?

赖文光说西捻军是被他派去联络回民的,可事实上西捻军到了陕西,和回民武装杂居时,两路人马火拼的次数远比合作的次数多,偶尔的合作也不过是派个向导,卖点军火;后来张宗禹主力东渡黄河,回民武装非但未跟去,反迫不及待地抢占了部分西捻军留下的地盘。西捻军留在陕北的小部队(袁大魁部,可能是太平军余部)陷入苦战一年多,最终全部战死,但近在咫尺的回民武装始终未伸出援手。

显然,世上不可能有这样的"统帅"。赖文光说自己是捻军统帅,是欺骗了清廷,他不仅不是捻军统帅,甚至在任柱死前,都还算不上东捻军的统帅。

他何以要欺骗清廷,说自己是"首逆",怕自己脑袋太多不够砍吗?赖文光毕竟是读书人,崇尚忠义、气节,落入敌手后知道横竖是一死,而且是不得好死,让自己死得更风光、更有分量的想法便顺理成章出现。太平天国的后继者,捻军的最高统帅,坚持18年的金田老战士,还有什么比这样去死更悲壮,更能博取后人同情？

赖文光自视甚高，在短短几百字的供词里，自己的顶头上司陈玉成、地位高于自己的李秀成，都给贬低了一番。如此高傲的一个人，要他承认是在捻军中避难的政治流亡者，那真是比杀了他还难。更何况，捻军虽然没有被他改编，但几个捻首毕竟在形式上接受了他代替洪秀全给予的王号（张宗禹梁王、任柱鲁王、牛洛红荆王、李允魏王、张五孩幼沃王），在读过书、知道什么是"春秋笔法"的赖文光解读下，说成"领带"，也不能说一点影子也没有。

耐人寻味的是，尽管赖文光言之凿凿，但清廷并没上当。不论是曾国藩、李鸿章、左宗棠，还是像安徽署布政使史念祖这样的地方官，在历年奏折、文告中，都把捻军领袖写成张（宗禹）、任（柱），把东捻军领袖写成任柱或任、赖；曾国荃在1867年的奏折里更是写得明白：捻军分为东、西捻，东捻军又分为南、北队，"南队弱而北队强"，赖文光不过是东捻军中较弱的南队"最高统帅"而已。

赖文光未能欺骗得了清廷，却在此后100多年里，欺骗了不少历史研究者和文艺工作者。

3.欺骗自己人和被自己人欺骗

赖文光欺骗敌人手法不佳，立马穿帮，但欺骗自己人却大获成功。

在东捻军南队里，有一支特殊的部队：翼殿前队。

翼殿前队原本是翼王石达开的骨干部队，担任先锋进军四川，但途中得知石达开主力在大渡河覆灭，不得不全力北上，汇集另一支翼殿残部——原赖裕新的中旗，一起投入扶王陈得才的太平天国远征军。

由于这支劲旅骁勇善战，又转战万里，受到天京方面极大欢迎，首领固天豫唐日荣被一下提拔为德王，与赖文光等平起平坐。西北太平军东下救援天京，在墨石渡溃败后，中旗黄中庸投降清安徽地方军，前队唐日荣却誓死不降，突围投入赖文光、张宗禹等部。

就是这样一支历经坎坷，不屈不挠的部队，其首领却在东捻军进入湖北、屡战屡胜，兵力由数万发展到近20万之际，被赖文光以"通款官兵"的罪名杀害。

固然，人是会变的，当年不肯投降的，未必日后也不肯投降，在墨石渡拒绝投降的太平军将领邱远才、捻首李允,后来都投降了。但这些人投降,都是被逼到穷途末路后无奈的选择;很难想象,在四川孤军奋战时不投降、在墨石渡山穷水尽时不投降的唐日荣,却会在连打了几个胜仗、形势一片大好时"通款官兵"。

更有趣的是,被"通款"的"官兵"居然没人知道有这么个"起义投诚人员",他们只是莫名其妙地记录下这件怪事,然后"合理想象"——那个唐日荣大约是琢磨过投诚,还没来得及就给灭了吧?

要说琢磨,赖文光也琢磨过。据史念祖《铠园随笔》记载,原本在墨石渡,太平军全军都向清安徽巡抚英翰递交了投降书,第一队是天将马融和,第二队是朝将倪隆怀(倪矮子),第三队为陈得才,第四队为蓝成春,赖文光为第五队。他们之所以联络英翰而非僧格林沁,是因为英翰是地方官,意在息事宁人,主张尽快招抚赦免,早早结束战事,而僧格林沁是"中央军",地方糜烂与他无关,脑袋砍得越多功劳越大,所以一向有杀降的恶名。英翰接到由第一队马融和带来的投降书原本打算接受,不料僧格林沁手下的翼长(清军出兵时大帅手下分左右翼,各有一个翼长)恩泽知道此事,贪功心切的他怂恿僧格林沁抢先受降,并杀死了蓝成春等全部广西投降者,结果听到受降者变成僧格林沁的陈得才服毒自杀,走在最后的赖文光立即掉头,拉上跟在太平军后面的几路捻军溜之大吉。

当时太平天国已经灭亡,西北太平军的奋斗目标丧失,投降也无足深责,但实实在在递交了投降书的赖文光(史念祖是英翰助手,当时就在英翰大营里),却以莫须有的罪名污蔑、杀害战友唐日荣,实在是无法自圆其说。

他诬害唐日荣的动机,正如他的几个敌人所推测的,是夺取这支骁勇善战、却始终打着翼殿旗号友军的指挥权,壮大自己原本在几个捻首面前相形见绌的实力。

尽管他的"欺骗"一时得手,但这种"火拼"却令人寒心。唐日荣死后的京山尹隆河大战,捻军和湘淮军都分三路开战,在捻军占上风的"上半场",左路牛洛红击败对方右路,包抄了刘铭传部侧后,右路任柱更独立打败了淮军左、中两路,赖文光的南队加上助战的捻军李允部,却始终不能击败当面敌人;"下半场"湘军鲍超突然杀到,左、右两路仍在苦战,赖文光的中路却一触即溃,最终导致会战的失败。

史学界普遍认为，这场先胜后败、功亏一篑的大战，是捻军由盛而衰的转折点，失败的关键，则是赖文光部战斗力的孱弱。以火拼吞并友邻，最终导致战斗力下降，赖文光对自己人的"欺骗"，最终搬起石头砸了自己的脚。

有趣的是，他也曾被人"欺骗过"：在供词里，他对1860年李秀成"不顾君命而妄攻上海"和破坏与洋人的邦交十分愤慨，大骂不已。

这番说辞跟洪仁玕的说法一模一样，显然，这个朝臣出身、和洪仁玕同为基层知识分子的"外戚"，是接受了洪仁玕的说法。他当然不知道自己"被欺骗"了——攻打上海的计划原本是他洪仁玕自己提出来的，准备打下后"买火轮船20只上攻武汉"，而所谓去苏州"讲和"的"西洋外交官"，其实不过是4个英国、一个法国传教士，且其中至少有两人是洪仁玕的熟人、朋友。亲自去苏州接见了5位"外交官"的洪仁玕，回京后继续宣称"洋官讲和"，其心理是颇有些阴暗的。

从赖文光的反应看，洪仁玕这番话，至少蒙骗了许多类似赖文光这样的洪秀全"娘家人"。

作为战斗到天京陷落三年多后、1868年1月才兵败被俘的人物，尊敬、纪念赖文光是无可厚非的——前提是还原历史，不要总被前人有意或无意、善意或恶意的"欺骗"所误导、所蒙蔽。

罗孝全的"天国之恋"

从1853年到1864年，洪秀全在天京城的天朝宫殿里足不出户，当了12年太平天子。这个被清方咒骂为"从番"、也就是和洋人勾结的"伪天王洪逆"，在这12年间真正见过的洋人其实只有一个：一位美国传教士，他"发迹"前的基督教老师罗孝全。

罗孝全恐怕是太平天国外事交流史上最大的谜团和尴尬了：还在金田起义之前，起义高层人物就津津乐道于这位"洋兄弟"的"真心"；洪秀全还没进南京城就迫不及待给罗孝全写信，而罗孝全也热情洋溢，不但给各西方报纸撰稿，替太平军说好话,还不惜一切代价地几次三番要进入天京。然而两人的甜蜜期几乎是"见光死"——好不容易进入天京、并在太平天国任职 15 个月的罗孝全,最终却在洪秀全生日当天不告而别,并立即成为太平天国最凶狠的批评者。

1.罗孝全的来头

罗孝全,1802 年 2 月 17 日出生于美国田纳西州森纳县,1827 年在南卡州入神学院进修,第二年被任命为牧师。

这时基督教在中国内地仍然被禁止传播,但普鲁士人郭士立却采用了一种用中国人担任牧师,用中国人看得懂的传统典故编写传教小册子的办法,成功渗透进中国南方许多府县。罗孝全属于美国"南部浸会",属于基督教新教,和郭士立算是广义上的"同门"。在他看来,郭士立所做的工作意义重大,既然郭士立可以做到,他罗孝全也可以做到。

1837 年,他带着妻子漂洋过海到达澳门,但在澳门,他的传教事业受到挫折,而且挫折意外来自西方——信奉罗马天主教的葡萄牙殖民者毫不客气地压制新教传教士,迫使他在 5 年后离开澳门去香港。

这时鸦片战争业已结束,在广州、厦门、福州、宁波和上海这"通商五口"传教虽然仍是非法,但根据 1844 年《中美望厦条约》,美国人可以在这五地自行建立教堂,罗孝全以此为凭借,在 1844 年 5 月 15 日来到广州,7 月 26 日,在广州南关天字码头东石角建立教堂,开始传教事务。

这个教堂名叫"粤东施蘸圣会",一开始就带有鲜明的本地化色彩:在章程上签名的 6 人中,只有罗孝全一个洋人,且 5 个中国教徒中的 4 个,仿效中国规矩,都起了带有"道"字、表明辈分的新教名(蓝道英、周道行、曾道新、黄道谦,还有一位是温德祥)。教堂有 4 位长老,分别来自 3 个国家:美国人罗孝全、裨治文,英国人吉勒司匹和中国人梁发。

似乎是纯属巧合,这四位长老中除了吉勒斯匹,另三位都和太平天国有渊源。

裨治文是美国第一位、新教第二位进入中国内地传教的牧师(第一位是英国人马礼逊)。早在 1830 年他就抵达广州,观摩过虎门销烟并告诫林则徐"中国打不过英国",参与过《中美望厦条约》的谈判拟定。1854年,他随美国驻华公使麦莲访问过天京,这比罗孝全早了6年。他写过太平天国辖区的《考察报告》,还根据一个爱尔兰逃兵肯能的叙述,和别人合写过一本《太平天国东王北王内讧记》。他是西方新教传教士中较早否定太平天国,认为太平天国是"伪基督教"的人物。

梁发倒是从来没去过太平天国辖区,似乎也未必认识洪秀全,但他对太平天国的意义就更加关键,甚至比罗孝全要关键得多:洪秀全之所以从一个科举考试的铁杆落榜复读生,转变成一个宗教领袖,继而又变成"太平天王",关键在于他1837年的一场大病;他病中所做的一出怪梦,以及这出怪梦被6年后一本无意中在广州贡院外获得的传教书《劝世良言》所印证,洪秀全、冯云山等四处传教,冯云山建立拜上帝会,所有的理论依据,最初都来自这本薄薄的小册子,甚至洪秀全早年著作中经常引用中国古代传说,以及完全不谈耶稣,都跟这本书有关(《劝世良言》通篇用中国民间传说打比方,且不知为何一个字也没提到耶稣);而这本书的作者,就是这位印刷工人出身、中国最早的基督教牧师梁发。

这时的广州城,对基督教并不欢迎。虽然自1845年起,基督教传教就已经合法化,但广州城却掀起了反对洋人进城的群众运动,华洋对立情绪激烈,罗孝全的教堂就被放火烧了两次。尽管他没日没夜地传教,还免费替当地人看病,但受洗的中国人并不多,许多受洗者还恳求教堂替他们保密。这些受洗者中大多数是苦力,或者是与梁发类似的、替教堂工作的人(梁发替马礼逊刻印中文版《圣经》),"上等人"或知识分子,几乎没有。

就在这样的氛围里,居然有两个读书人主动跑到他的教堂,说自己崇拜上帝,而且已经在广东、广西发展了好些信徒,这怎么可能不让罗孝全兴奋不已?

2.与洪秀全的"蜜月"

这两个人当然就是洪秀全跟洪仁玕。

1844年,洪秀全和冯云山在广西分手后回到家乡广东花县,和洪仁玕在家里一面继续复习准备科举考试。一面潜心编写传教小册子。他们在1846年下半年听说有个叫罗先生的洋人也在传教,而且据说知识渊博得多,就写了封信给"罗先生"的执事周道行,希望能前来学习。

正缺人手的罗孝全当然求之不得,他让周道行写了封信,邀请两位年轻人来自己教堂"帮助宣教"。1847年3月,洪秀全、洪仁玕来到了广州,进入罗孝全的教堂学习。

据罗孝全自己在1856年的回忆,他和洪秀全做了长谈,倾听了那个古怪的梦,并做出了很积极的评价,认为这表明上帝感化了洪秀全,指导他来寻找"真理",而且这些怪梦"都是来自《圣经》的",尽管做梦者自己也不是全都弄懂了。很显然,这时的洪秀全怪梦还处在原生态状况,既没有造反的因素,更不会有什么"上帝次子""耶稣胞弟""天妈天嫂"之类奇谈怪论,否则笃信正统基督教的罗孝全绝对会把这个中国陌生人当作疯子或魔鬼。

于是洪秀全在罗孝全教堂里一住就是三个半月,其间他认真学习,热心传教,让罗孝全感到"他简直是上帝送来的厚礼"。不久洪秀全要求受洗并留在教堂工作,这更让罗孝全感动:要知道当时在广州当"二毛子",是要天天挨臭鸡蛋的。

罗孝全是个谨慎的人,特意派了周道行、曾道新两人去洪秀全老家调查,得到满意答案,于是准备给洪秀全受洗。

这时意外发生了:就在受洗典礼上,洪秀全突然提出,由于经济原因,希望罗孝全能给他发工资,以便他全心全意地为上帝和教堂服务。

新教的牧师的确是有工资的,当时罗孝全教堂的薪酬标准,是每个月8块大洋。可罗孝全这人有个脾气,就是他觉得对方需要,会主动提出给工资,但最讨厌别人讨要工资,认为如果为了钱才来干传教,那绝对是大大的心灵不美。要换了别人在受洗时来这手,罗孝全八成能把洗脸盆扣他脑门子上,再一顿咆哮轰出教堂。不过洪秀全是他很看重的人,印象分一直不错,他只是暂缓了受洗,让洪秀全先回去想清楚,究竟是为了什么来受洗、传教,等想明白了再回来。

就这样洪秀全离开了罗孝全的教堂,此后似乎也再没回来,但他和周道行仍然保持着联系。1848年,洪秀全曾回过一趟广州,找周道行帮忙搭救冯云山,不过似乎没见过罗孝全,也没有记载表明,罗孝全是否出过力。

据瑞典传教士韩山文引述洪仁玕的述说,洪秀全突然提工资,是受了黄爱、黄乾两个职位竞争者的欺骗。这二位在罗孝全教堂混得久,知道这美国人的秉性,他们建议洪秀全讨工资,在洪秀全看来肯定以为是好心,而罗孝全是一定会跳起来的。

不管怎样,洪秀全从罗孝全这里得到的实在太多了。

首先,他终于知道有耶稣了。如果不是在罗孝全这里学习,拜上帝会就只能"拜上帝",而不会有"天兄",萧朝贵自然也没办法扮天兄下凡。

其次,太平天国最早的一部"宪法大纲",是《天条书》。目前发现成篇最早的一本太平天国书籍,就是这册手写本的《天条书》,是太平军还在广西山区打转时,被追击的清军小卒在路上捡到的。甚至早在 1848 年 5 月 30 日,即金田起义爆发前两年半,正在桂平县打官司的冯云山,就在辩护书中引述了"天条"。这个"天条"又叫"十天条",其实就是《旧约》中的摩西十诫,这十诫《劝世良言》中没有,洪秀全是从罗孝全编的小册子里学来的。太平天国后来的许多规章制度,都可追溯到这本《天条书》。

本来洪秀全对儒家经典的态度还算是温和的,虽然不拜偶像,但也只是丢掉孔子牌位、不给灶王爷之类野神仙写祭文而已。自从结束了罗孝全速成班的学习,他变得热衷于砸庙毁神;文章中的儒家典故也越来越少,这同样受了罗孝全的影响——这位固执的美国传教士一直主张,对于"异教偶像和传统"那是不破不立、非砸不可,不砸掉就没法传教。

罗孝全没有砸庙烧书的权力,只能喊几声解闷,可洪秀全就不一样了,但凡他经过的地方,大小庙宇几乎无一幸免。武昌的几百座庙宇,各路神仙被砸大半,只有孔庙被杨秀清以亲自拜谒的方式强行保住。镇江城里的庙宇,只有焦山定慧寺,因住持了禅祭起"金陵龙脉攸关"的大旗,在原本就不是拜上帝会出身的罗大纲保护下幸存下来,其他一概捣毁砸烂。天京城里更是连天主教法国教堂都给烧了,因为这帮法国鬼子拜的上帝,似乎跟"皇上帝"不太一样。

罗孝全和洪秀全的第一段蜜月期似乎就这样结束了。在罗孝全而言,洪秀全这个奇怪的有为青年,只不过是自己丰富的异国传教经验中一段插曲,几个碎片,他偶尔会想起,却连洪秀全的名字,以及他究竟是 1846 还是 1847 年来教堂的,都记不大清楚了。

然而罗孝全遇见洪秀全,对前者而言,至少当时还以为是一件小事,对后者而言可是绝对的大事。1849年2月13日,正在准备金田起义、东躲西藏的洪秀全,还特意问"天兄"扮演者萧朝贵,罗孝全是不是自己人;为筹备起义忙得两条小腿生疮的萧朝贵也郑重其事地肯定了罗"是真心也,有牵连也"。这段记载被印在《天兄圣旨》这本太平天国权威性著作里,可见罗孝全在洪秀全心目中的地位。

金田起义之初,洪秀全曾多次跟部下说,如果在广西打不开局面,就突围去广东花县;再不行,就去"投英吉利国"。洪秀全在很长一段时间里分不清英国和美国,也弄不清罗孝全究竟是英国人还是美国人,他的这种说法表明,对于罗孝全他寄托了殷切期望,因为他并不认识别的什么外国人。

有趣的是,对于这些殷切希望,罗孝全本人在太平军打到南京前一无所知。

3.长相思,毋相忘

时间、距离仿佛都难以割舍洪秀全对罗孝全的牵挂。在他看来,罗孝全简直就是老爹上帝派来的天使,没有他,自己就不认得大哥耶稣,也不会有这样惊天动地的成就,甚至不会有《圣经》——太平天国早期印刷的《旧遗诏圣书》《新遗诏圣书》,都是洪秀全从罗孝全那里带来的版本,尽管他不知道,那是英国人马礼逊所编,而不是罗孝全的手笔。

在戎马倥偬、从广西到南京的万里转战中,他不厌其烦地向将士们宣扬罗孝全的功绩,说他对上帝是如何虔诚,对太平天国事业是如何有贡献,还说他人品纯良,经常不屈不挠地和"邪神"做斗争,给穷人看病从来不要钱等等(后面两条倒是事实,为了传教方便,罗孝全吸收了几名中医做传教士)。

对于太平天国,西方人是突然发现的。当他们听说这支突如其来的强大武装力量居然尊奉上帝,好奇、赞叹不已,认为是天降奇迹,觉得从此可以让中国门户大开,自由传播"福音"、洋货乃至鸦片的,在在有之。除了个别人,大多数人也清楚,上帝信仰不会从天而降,必然有其源泉。最初,大多数人以为是郭士立的功劳,因为郭士立的"汉会"在广西浔州、桂平一带存在分支,甚至有人认为,洪秀全、冯云山都是郭士立的信徒。

1853 年太平军到了南京,和洋人聚集的上海比邻而居。各国洋人上至公使、提督,下至商人、传教士,都迫切希望跟这个新生势力接触一下,了解这个自称和自己同拜一个上帝的政权。究竟是怎样的一回事。

因此自 1853 至 1854 年,各路洋神仙纷至沓来,他们中许多人都从各种渠道听到了关于"罗先生"的种种传说,北王韦昌辉对英国公使翻译密迪乐说过,英国船长费熙邦曾听陪同他的人说过,美国传教士戴勒则在镇江听罗大纲、吴如孝等说过。

1854 年 7 月,英国公使和太平天国进行了历史上最严肃的一次"准官方"文字交往。英方提出 31 个包涵太平天国政治、军事、外交、法律、宗教、政策等方面的问题;太平天国高层闭门三日,以东王杨秀清的名义给予书面回答,并同时提出 50 条质问,包括上帝胡子是什么颜色、天有多少层、耶稣有几个儿女等诸多在洪秀全认为十分严肃、在英国外交官看来十分不严肃的问题。在这篇极其重要的官方文件中,杨秀清就赫然堂皇问道:"今该罗先生曾否来乎?"

由于洪秀全分不清英美,而"罗孝全"是个在中国传教用的教名,他的本名是 Issachar Jacox Roberts,按照当时的习惯,理应翻译作"罗拔士"才贴切,因此密迪乐一度以为他说的是英国医生传教士合信(Benjamin Hobson)。

然而此时罗孝全已知道了一切,这不但因为 1852 年瑞典人韩山文引用洪仁玕的话,证实那个"罗先生"就是罗孝全,更因为罗孝全居然收到了洪秀全千里迢迢从南京送来的亲笔信。

原来就在 1853 年 6 月 13 日,一个叫"叶师帅"的陌生人折腾了三次,才终于把一封洪秀全的亲笔信递交给罗孝全。这位叶师帅第一次送信时罗孝全教堂正好没人,错送到邻居、一位英国大夫家里;几天后他再返回时,那位英国医生指出信封不对,不肯收;第三次这位信使换了个新信封,并写了份详细的事由说明,才终于把信送到罗孝全手里。根据这名信使的书面证词,在他之前已经有多名信使动身来找罗孝全,但都没能把信送到,这在战争期间不足为奇。

这位叶师帅能背诵洪秀全那些十分拗口的怪诗,自然不会是假的。他出身天地会,送信未果后投宿到天地会兄弟家中,信封被好奇的兄弟们撕烂,因此只得拿着内层小信封上门;被当水货拒绝后,不得不做了个真正水货的"太平天德王"信封,被后来做到美国驻华公使参赞、当时还是个医生的罗孝全另一个邻居伯驾认为确是"官方盖印文书",才算完成了使命。

这封信的发出日期是癸好三年二月十六日,也就是1853年3月22日。3月19日,太平天国刚刚攻破南京,几天后的29日,洪秀全才进驻南京城。也就是说,他人还没进城,就已经迫不及待地送出这封信。不仅如此,信中称呼罗孝全"尊兄",自称"愚弟",实在客气到家,要知道他这会儿已经是半人半神的"太平天王大道君王全",不是当年那个在教堂求职的小弟了。

罗孝全接到信十分激动,倒不是因为突然有了个国家领导人级别的学生,而是觉得为上帝效劳的机会到了——那个虔诚的模范青年洪秀全当了国家领导,那么大的国家肯定需要很多传教士,我不帮他,谁帮他?

他郑重其事给美国驻华代表马沙利写信,要求去天京,可马沙利认为此举违反1848年的美国中立法,是"死罪",不许他去。

此时罗孝全刚刚被美国教会排挤出去,穷困潦倒,连吃饭都成问题,但他认为,为了上帝的事业,怎样牺牲都是值得的。他从几个民间团体处筹集到一小笔钱,带着逃到香港的冯云山儿子冯癸华(也有人说是冯癸茂)和弟弟冯亚树乘船到上海。

没想到在上海他遇到麻烦:马沙利威胁要遣送他回国,占据县城的小刀会不相信他是天王的"洋老师",冯云山的儿子失踪,弟弟则突然发了疯,差点被清军杀死,他好不容易才给保释出来,而他的妻子也不断从广州写信索要生活费……

罗孝全毫不动摇,他鼓励自己说,既然许多美国商人不怕危险,为了钱冒死偷渡到镇江、南京,自己为了上帝就更该这样做。1853年8月3日,他偶遇从镇江返回的同事戴勒,当即说服对方,在两天后跟自己一起乘船前往南京,不料刚进长江就被清军截获。

他的宏伟计划就此泡汤,但并不气馁,为留下来寻找进入太平天国的机会,他甚至谢绝美国教会邀请他回归、并任命为重要教职的好意。然而财力的匮乏最终让他债台高筑,当他负债高达200大洋,几次试图出租教堂不果后,不得不在最后一次尝试（希望新任驻华公使麦莲带同他去天京访问,但被拒绝）后,于1854年秋举家回国。

这时去过天京的外国人已经很多,他们大多认为上帝教是假基督教,对太平军从同情转为反感,甚至连身处香港的洪仁玕也消停了,不再积极为洪秀全的上帝教辩护,因为他知道再怎么辩护也没人相信了。可远在美国的罗孝全却仍执着地替太平天国和洪秀全辩解——你们谁见过洪秀全? 可我跟他相处了几个月啊,那可是个对上帝十分虔诚的大好青年呢!

4.相见不如怀念

1856 年春天,罗孝全再次回到广州,继续执着寻找进入太平天国的机会,而太平天国也没有忘记他:1860 年,围困天京的江南大营被击溃,太平军李秀成部占领苏州,和洋人聚居的上海之间道路畅通,许多外国人,尤其是商人和传教士纷纷进入太平天国辖区,并受到热情接待。

一如当年的韦昌辉、罗大纲,李秀成同样津津乐道于打听"罗先生"。对基督教似乎没有特别兴趣的他,显然是受洪秀全委托或影响在做这件事。事实上两年前,洪秀全就特意在给来访的英国特使额尔金诏书里打听过罗孝全了(还是分不清英美)。这时外国传教士都知道,"罗先生"就是罗孝全,他们渴望罗孝全赶紧去天京,协助已经在天京的"纯正基督徒"洪仁玕,把莫名其妙的洪氏上帝教,尽快"拉回正轨"。

得到消息的罗孝全大喜过望,旋即离开广州。在 9 月抵达上海,24 日,他到达太平天国苏福省会苏州,见到了忠王李秀成。

这时李秀成正为上海各国公使不接他书信,反倒帮助清军守城而愤怒。他对罗孝全表示,无法理解英法联军一面和清廷在北方开战,一面帮着清廷在南方守城,究竟是什么逻辑——我们不是都信仰上帝吗? 说实在的,李秀成也没弄清罗孝全是哪国人。不论在北方跟清军开战的,或在上海向李秀成开火的,都是英国、法国正规军,而不是美国正规军(洋枪队的首领华尔、白聚文是美国人,但都是私人身份,华尔还入了中国籍)。不过,"一个上帝"的说法还是让罗孝全很惭愧,他写了许多为太平天国辩护、谴责英法的文章(反正骂的不是他的美国),派人送到上海报馆,产生了极大反响。

送了这个见面礼后,罗孝全在李秀成部下的护送下,风光十足地在 1860 年 10 月 23 日抵达天京,准备会晤他昔日的学生,那个印象中的虔诚青年洪秀全。

然而第一盆冷水也就在此时泼面浇来:太平天国官员告诉他,见洪秀全可以,但是得下跪。

要知道罗孝全是洪秀全老师,又是传教士,除了上帝、耶稣,照理是不该给任何人下跪的,洪秀全的要求似乎很过分。但是,照洪秀全的逻辑,全宇宙的人都是他(以及他的天父天兄)的臣民,他是半神半人的角色,任何人都该给他下跪。再说,他最讨厌见人,许多大臣几年见不到他一面,甚至陈玉成、李秀成解了天京之围,立下汗马功劳,他都没接见一下,外国人更是连一个见过天王洪秀全(不是当初那个科考复读生洪秀全)的也没有,破例见你罗孝全,已是天大面子了。

最终的结果是戏剧性的:太平天国宣称罗孝全下跪了,并得意扬扬地告诉当时在天京的其他外国人,结果罗孝全得到了"浦东大主教"的戏称,一度成为外国人交际圈的笑柄;而罗孝全后来声称他没有跪洪秀全——在那唯一的一次师生见面中,洪秀全起初答应不用跪,然后突然在一阵惊天动地、中西合璧的音乐声中拉住罗孝全说"让咱们一起来跪拜上帝吧",因此罗孝全跪拜的是"天父天兄",反正不是洪秀全。

不管他怎么辩解,从那天起,他被封为"通事官领袖"和接天义的爵位。此时封王的大臣只有 10 来位,义爵是王爵以下的头等爵位,许多独当一面的大将都还没份,罗孝全的官当得可够大的。

于是这位传教士就穿起古怪的黄色绸缎官袍,挂着十字架到处乱跑。他被安排在洪仁玕的干王府居住,没事就在城里各处逛游,因为洪秀全答应,给他准备 18 座大宅,供他和他找来的外国传教士开教堂用,他得先好好挑选一番。

然而罗孝全很快就感到不耐烦起来。

首先他发觉自己的教堂梦破灭了:一方面,洪秀全似乎压根就没真打算放外国人进来传教,所谓"18 座大宅",大约只能理解为"下次来玩"之类中国式客套;另一方面,那些原本划给他的教堂用宅,很快就变成了一座座官宅,因为洪秀全封的官越来越多,越来越大,总得给官大人们一座府邸吧?

紧接着,他发现洪秀全的上帝教跟基督教实在不是一回事。的确,两者都有上帝和耶稣,可洪秀全的上帝有许多老婆和儿女,耶稣也是儿女成堆妻妾成群,洪秀全不仅是地上的王,而且是天上的上帝亲子、耶稣亲弟,受天妈天嫂的照顾;洪秀全的上帝允许官员娶很多妻子,不承认基督教圣父、圣子、圣灵的"三位一体",认为圣灵不过是天上的风,在地上归死去的杨秀清管,而杨秀清是耶稣和洪秀全的亲弟弟;洪秀全的上帝还有个了不起的孙子——洪天贵福,他不仅是洪秀全的儿子,还被过继给耶稣,因此成了耶稣和洪秀全的双料继承人。

他觉得这简直是荒谬绝伦,就上书请求洪秀全多读《圣经》,结果令他更加惊讶:洪秀全居然把《圣经》改了个乱七八糟,里面所有有利于证明洪秀全的话都给大字加黑加粗,甚至把所有提到太阳的地方都标明"太阳就是天王",说《旧约》里的犹太王麦基洗德就是洪秀全的化身。碰上无法自圆其说的,就干脆注明"《圣经》有错记"——既然只有我洪秀全活着见过上帝,那么你们就照我记录的上帝最新指示去做也就是了。

他想再见见洪秀全,可洪秀全躲着不见他,只是拼命给他发指示,让他认真领会那些天父天兄、天妈天嫂之类古怪学说,这让他觉得十分苦闷。

正当他十分烦闷之际,一件更烦闷的事又找上门:1861 年 3 月 13 日,洪秀全突然下诏,让所有在天京的外国人只要打官司,就都去罗孝全那儿打。原来这时各国官方、军方都在天京派有代表,外国传教士、商人来天京的也络绎不绝,其中有些人本来就不是什么良善之辈,有时不免寻衅滋事,洪秀全既头疼也不知从何管起,就把这差事都推给了罗孝全。

罗孝全是传教士,从来没当过官,自然是一肚子莫名其妙,结果事没管起来,反倒得了个"外务丞相"的外号,又被西洋人损了一通。

就这样不尴不尬地消沉了许久,熬到了 1862 年 1 月 21 日。这天是天历辛酉十一年十二月初十,洪秀全的生日,天京城里一片节日气氛,没有人关注罗孝全的动静。他趁机溜出干王府,一口气跑出城,跑到下关江边,登上停泊在那里的英国军舰"深淘"号,结束了他在太平天国为期 15 个月的"官员生涯"。

逃出洪秀全"魔爪"的罗孝全仿佛换了一个人,用非常恶毒的语言咒骂洪秀全,说他妄自尊大,亵渎上帝,说太平天国政务紊乱,不成体统,说上帝教根本就是异端邪说。由于谁都知道他曾是洪秀全的老师,是太平天国最坚决的辩护者,他的反戈一击震撼力极强,从此几乎整个基督教体系,都将太平天国打入另册,列强对中国内战的所谓"中立",也很快便被撕毁。

然而不论如何,当初自己送上门,如今却不告而别逃回来,身为传教士却接受太平天国官爵(也是唯一一个被证明接受太平天国爵位的外国人),当了太平天国大官又不好好干,这实在是有些说不过去。因为这些,罗孝全被上海洋人圈好一阵奚落,他的一系列借口也被人认为不可信。

郁闷的罗孝全于1866年回到美国,此后在落魄中度过余生。1871年因麻风病去世。他与洪秀全这段虎头蛇尾的因缘,正应了"相见不如怀念"这句话。

5.罗洪"情变"缘由

王庆成先生评论说,罗孝全和洪秀全当初的相互仰慕,是因为相互不了解:洪秀全只记得罗孝全学识渊博,对自己十分赏识,认为如今自己当了天王,"洋先生"自然更加赏识,殊不知罗孝全赏识的,是当初那个热心传教的洪秀全,而不是自称上帝亲儿子、耶稣亲弟弟,没事修改《圣经》解闷的洪天王;罗孝全只记得洪秀全热心传教,信仰坚定,殊不知如今的洪天王,已不是当初那个为一个月8块钱斤斤计较的候补传教士洪秀全,而是以神人自居的"专制的天王"。两个刻舟求剑的人一旦相逢,见光死几乎是必然的宿命。

罗孝全一心想的,是借助洪秀全这个手握大权的能干徒弟,为外国人在中国内地传教打开方便之门;洪秀全所期望的,则是这位曾给自己很大帮助的"洋先生",为自己上帝次子、耶稣亲弟、天父天兄人间继承人的神圣身份背书,替自己和自己儿子的"家天下"增添合法依据。两人所想完全不合拍,加上列强和太平天国所签订的《宾汉—蒙时雍中立条约》即将到期,罗孝全自然只能一走了之。

这里还要谈到另一个人——洪仁玕。

罗孝全即使在咒骂洪秀全时,仍然表示就私交而言,洪秀全始终对他热情友好,但对另一个学生洪仁玕就是另一种评价。他说洪仁玕曾虐待自己,让自己住在一个很不成样子的房屋二楼,而且不许他留宿外国朋友;还说狂怒的洪仁玕曾杀死他的仆人,并亲手打过他耳光。对于这些说辞,即使反对太平天国的许多外国人也觉得不可信,认为是罗孝全为找台阶编出的童话故事。

这些事有的恐怕未必是真的(如洪仁玕打耳光、杀人),有些则是理解问题,如洪仁玕给他安排的住处,是干殿六部的二楼,论级别不算差,房屋"很不成样子"是因为好房子都被洪仁玕自己占了,六部的办公条件本身就很糟糕;不让留宿外国人,则是因为洪仁玕已经变成多妻主义者,府邸里有很多女眷、女官,洋人,尤其陌生洋人夜间到处乱窜,也的确容易出乱子。

不过洪仁玕对罗孝全,似乎的确缺乏好感。

本来洪仁玕是跟洪秀全一起去罗孝全教堂学习的,但据罗孝全的回忆,洪仁玕只待了几天就走了。金田起义爆发后,洪仁玕并没有去广州投奔罗孝全,而是跑到香港,加入了英国的教会"伦敦会",而不是罗孝全的南部浸信会。两人都想去天京,并且前后脚到了小刀会控制的上海,而且跟随罗孝全的两位冯云山家属,又都是洪仁玕的"族人"。当时的上海可没今天这么大,也就是今天中华路—人民路范围内、曾经叫南市区的那一小块,洪仁玕要想找罗孝全可谓轻而易举,但两人似乎压根没见面。等两个人先后返回华南,尽管洪仁玕认识罗孝全,也知道洪秀全在找他,但近在咫尺的二人仍然是老死不相往来。等洪仁玕做了干王,以"太平天国总理"的身份和各国传教士频繁接触,但他却从不主动打听、甚至很少提到"罗先生"。这对于一个当过传教士的人而言实在不同寻常,要知道就连跟罗孝全毫无瓜葛的李秀成,都在认真地找寻这位"罗先生"。

在新教中,伦敦会以改革著称,而南部浸信会则有加尔文清教徒的原教旨色彩。从后来的表现看,洪仁玕崇尚变通,而罗孝全主张回到正统基督教思想,在宗教信仰和个人志趣上,两人恐怕都没有太多共同语言。

洪仁玕喜欢喝酒,甚至洪秀全都管不了他,而罗孝全对酒深恶痛绝,两人同处一个王府,磕磕碰碰在所难免;洪仁玕分管外务,罗孝全却被封为外务领袖,受洪秀全委托主管外国侨民词讼,这显然不合喜欢揽权的洪仁玕胃口,偶尔借

图文珍藏版

着酒疯制造些小磕绊,怕也不无可能,而后来一心逃走的罗孝全正好利用这些小磕绊大做文章,为自己的出尔反尔寻找借口。

在当时的外国知情者眼中,罗孝全的脾气是很坏的:他的助手——就是抢洪秀全饭碗的黄爱、黄乾,一个据说被他累到过劳死,另一个吓得躲起来,说什么不肯回他的教堂;他的妻子也受不了其苛刻,后来拒绝再陪他来中国。他在广州时住房被流氓烧毁,他没完没了地跟广州地方官死缠烂打磨赔偿,最后不胜其扰的地方官扔给他 2500 美元了事,被许多外国传教士讥讽为"不成体统的小商贩行为"。

有趣的是,他在很多方面的性格、习惯都酷似洪秀全:两个人都是暴躁脾气,都喜欢砸庙砸佛像,都自以为是且自我感觉良好,还有,都对喝酒深恶痛绝。

总之,罗孝全的天国之恋,最终被证明是个美丽而苦涩的误会。作为虎头蛇尾的亲密之情的结束,他在国际舆论上恶毒地咒骂太平天国、上帝教和洪秀全,在早已千疮百孔的、西方对上帝教的"同教之谊"纸糊灯笼上,戳下最后重重的一刀;作为洪秀全的私人朋友,他始终公开强调后者对他个人的"盛情",并把洪秀全亲笔写给他的、通篇天父天兄荒诞神话的黄缎诏书,当作最珍贵的纪念品,一直珍藏在自己家中,成为存世三篇洪秀全亲笔之一。

韩宝英痴恋石达开

韩宝英是石达开收养的孤女,石达开本可以娶她为填房夫人,可出于种种原因,他们以父女相称,而两人之间生死相依的深情,既超越了情侣夫妇,也远非一般的亲父女所能及。

韩宝英出生于清道光二十四年,世居湖南桂阳,父亲韩葆忠是一个教书为生的老先生,韩宝英是家中的独生女儿,被父母视为掌上明珠。还在牙牙学语的时候,父亲就把她抱在膝上,一字一句地教她背诵唐诗,小宝英竟能模仿得有板有眼。到了三四岁,便能流利地背出上百首唐诗,而且能做简单的解析,当地人都称她是"女神童"。

咸丰九年,太平军与清军交锋的战火燃到韩宝英的家乡,韩葆忠带着全家到山中避难。他们进山不久，就遇到一伙当地的土匪搜山抢劫。争夺中，韩葆忠夫妇被匪寇杀死，韩宝英幸亏藏在茂密的草丛中，才算躲过了这一劫。目睹父母遇难的惨状，韩宝英痛苦得晕死过去。待她悠悠醒转时，薄暮已笼罩了山野，四处寂静无声，只有刺鼻的血腥气荡漾在空气中。韩宝英脑海里一片空白，跌坐在草丛中，茫然地举目四顾。突然，她发现不远的山间小路上正走过来一支整齐浩大的军队，心中一下子认定那是进山剿匪的清朝大军，于是连爬带滚地扑到路旁，跪在地上大声喊冤。

这支队伍并不是清朝官兵，而是太平天国翼王石达开率领的一支人马。这时，曾辉煌一时的太平天国已因内部斗争而大为颓废，石达开带着他的人马愤然出走。就在进入湖南桂阳的途中，石达开遇到了跪在山路旁高声喊冤的韩宝英。于是，他命令左右将路旁女子带来马前，石达开定睛一看，以为是他那已遭杀害的次女，不由地在马上晃了一晃。好容易镇定下来，细问女子有何冤情。韩宝英见马上的将军言语温和可亲，心中一热，声泪俱下地把父母的遭遇倾诉一遍，并趴在地上恳请将军为自己报仇。

石达开的队伍原本只是路过此地，根本没有与此地土匪动手的打算，但眼前这自称韩宝英女子总让他想起自己可怜的女儿，不由得软下心来，答应替韩宝英收拾那些匪徒。以石达开骁勇善战的队伍，搜寻捕杀百十个土匪，丝毫不费力气，不到一个时辰，那帮土匪便被收拾得干干净净。为安慰韩宝英，石达开还命人去附近的镇上买来棺木，厚礼盛葬了韩宝英父母的尸首，韩宝英感激得直朝他磕头。

埋葬了父母，韩宝英成了孤女，她无路可走，只好求石达开收留她，并表示愿意跟随他做牛做马，石达开无法拒绝她，便带上她一同行军。石达开将军的大恩大德，韩宝英始终不知如何报答，可自己一无所有，最大的报恩方式就只能是献出自己的身体。石达开的家眷尽在南京被杀，事隔三年，仍是孑然一身，生活少人照顾。韩宝英拿定主意后，找了个机会向石达开表明了心愿，不料石达开却摇着头说："不成，不成，我已年过而立，而你年方及笄，怎可图你之报，占你青春年华！你我有缘，不如给我做女儿吧！"韩宝英跪在地上，行过了叩拜义父之礼。石达开原有三个女儿，现在收下义女韩玉英，按顺序该是排在第四了，所

图文珍藏版

以大家都称她"四姑娘"。

随着时间的推移，韩宝英与石达开之间的感情越来越深，彼此都把对方看成了自己生命的一部分。每日早晚，韩宝英都依父女之礼，到石达开房里给义父请安，哪次若是有事耽搁了一点，石达开便会在房里坐卧不安，忍不住派人来探视韩宝英是否有什么不舒适，有时甚至亲自前往询问。

一天夜里，石达开正苦苦计划着挥军入川的路线，四姑娘悄悄推门进来，站在义父身边，几次欲言又止，嗫嚅之际，红晕飞上了脸颊。石达开见她似有事难以启口，便鼓励道："你有话尽管直说，我不会责怪你的。"好半天，四姑娘才鼓起勇气说出："父王以为马德良这个人怎么样？"

马德良是石达开军中的一个年轻文书，为人憨厚拘谨，字还写得工整，才气倒是平平。石达开照实评说道："人品敦厚，人才中下等。"四姑娘似乎也同意义父的评价，但却小声说道："儿愿嫁给他，父王同意吗？""嫁给他？"石达开大吃一惊，问道："军中文武之才济济，你为何独看重这个平庸之人？"四姑娘含羞解释道："我看中的不是他的才气，女儿自有女儿的想法，父亲他日也许会明白的！"

既然四姑娘主意已定，石达开也不想强加干涉，几天后，便高高兴兴为他们操办了婚事，石达开忙前管后，俨然是个疼爱女儿的好父亲。喜宴后，石达开回房休息。不禁自言自语道："我过去亲生儿女众多，从不管他们的家庭琐事，现在只有这么一个异姓女儿。却像婆婆妈妈一样为她料理起家务来了，真是可笑啊！这人间情意，说也说不清。"

四姑娘结婚后，仍然负责军中文读之事，每次发文，都是四姑娘口授，丈夫马德良笔录，夫妻俩倒也配合得默契。

同治元年初春，石达开率领部队浩浩荡荡地沿长江进入四川境内，由于四川总督骆秉章治军严厉，防守有方，石达开的队伍始终被限制在四川的东南角上折腾，无法进入四川的腹地。眼看入川无望，石达开只好决定从贵州遵义退到云南，在那里略做准备，再谋大计。

数日后，石达开求胜心切，决定冒险使出出奇制胜的一招，率领仅剩的四万人马，穿越西康的崇山峻岭，抢渡大渡河，直入四川腹地。四姑娘韩宝英却认为这个计划太危险，弄不好就会全军覆没，她苦苦哀劝义父放弃这一计划，无奈石达开心意已决，根本听不进她的话。部队穿过青海越隽，准备从万工渡江。这一路山道崎岖，地势险峻，孤军深入，补给十分困难。部队数次抢渡不成，退入一片大峡谷中，当地土司竟突然反目成仇，把石达开的部队堵在出口狭窄的峡谷中，进退两难。形势万分危急，石达开指挥着部队奋力突围，土司的兵将从山顶推下巨石粗木，山下峡谷内的义军无处藏身，逃到老鸦漩时，石达开手下只剩四千多人，辎重尽失，无力应战，这时，他们又遭渡河前来的清军团团包围，清军竖起招降牌，上书"投诚免死"。

看着自己手下的残兵败将，石达开心如死灰，他仰天长叹一声："此天亡我也！"又转头对紧随身旁的四姑娘说："真后悔没听你的劝告。"话刚说完，猛地拔起腰间的佩剑，朝自己的颈间抹去。石达开倒下了，但并没有死，幸亏四姑娘眼明手快，伸手握了一下利剑，剑锋落到了石达开的肩头和四姑娘的手臂上，石达开因血流过多而昏倒了，四姑娘却咬紧牙关挺立着。随从卫兵赶紧为石达开进行包扎抢救，四姑娘忍着剧痛，强撑着对丈夫马德良说："父王平日待我们甚厚，今日面临危急，你怎么办？"马胜良是个没有主见的老实人，面对战局的惨状，他早已吓得头脑发麻，见妻子发问，他不知如何是好，只是呆呆地望着自己怀里刚满周岁的儿子。许久，又抬头看看脸色惨白的妻子，脸上露出痛苦而恐惧的神色。

"懦夫！"韩宝英忽然大声怒骂道，"事已至此，还只知贪恋妻儿吗？"骂完，她一把抢过丈夫怀里的儿子。双手猛力一掷。把娇嫩的儿子摔死在山岩上。没等马德良喘过气来，韩宝英又厉声命令道："还不换上父王的衣冠去受降！"马德良终于明白了妻子的用意，此情此景，已容不得他思索和拒绝，在妻子的指令下，他哆哆嗦嗦地换上了石达开的衣冠，带着残军，高呼道："翼王以众降清啦！"于是，战争结束了，"石达开"及残部被清军解押到成都，经审讯后，由四川总督骆秉章上书奏明朝廷，不久，朝廷下旨，将"石达开"就地处死。当然，在成都处死的实际上是马德良，因为他的容貌、身体都酷似石达开，对石达开和军中情况也非常熟悉，所以审讯时没有露出破绽，韩宝英当初选择马德良为夫的一片苦心，从此便显而易见了。

不管石达开是否真的获救,侥幸逃过一劫,韩宝英对他的感情之深,是毋庸置疑的。有此红颜知己,石达开当也死而无怨了吧!

李淑贞誓夫报仇

太平天国运动迅速发展之际,各地豪绅纷纷仿照曾国藩在湖南办理团练的模式,招募壮丁,加紧操练,维护自己的势力。在这些纷扰活动中,出现了许多与太平天国对抗的女性,她们巾帼不让须眉,亲自操刀上阵,与太平军顽强奋战,其中李淑贞就是一位。

当时清廷将长江以北的军事任务交由湖广总督杨需负责,荆襄一带的防务由将军官文负责,而长江南岸的攻剿任务,则完全落在胡林翼的肩上。胡林翼虽然当上了湖北巡抚,然而武昌省城和汉阳重镇却仍在太平军的控制之中,太平军势力弥漫在长江两岸,巡抚的号令不出三十里,因此胡林翼一心一意要有所开展,曾多次责成部下将士猛攻武昌城,可几度进攻,都因后勤物资供应不上、士气低落而功败垂成,甚至胡林翼的军中还出现过饥荒,几乎酿成重大溃败。胡林翼也因此被人奏告朝廷,后来幸亏慈禧太后下了一道恩旨才免罪,情况之艰难困苦,可见一斑。

不久,杨需因指挥不力而罢官,由官文继任湖广总督。官文与胡林翼仔细合计,都认为武汉在太平天国都城天京的上游,荆襄一带是南北的关键,且两湖巴蜀的鱼米多在这里汇集,只有收复武汉,才能保证粮饷充足,鼓动军队士气。于是两人商定,由官文负责攻取汉阳,胡林翼全力进攻武昌。

除了向曾国藩要求派兵支援以外,一切可以利用的军事力量都在争取之列,河南光州的团练办得有色有声,办团练的是陈庆璋和他的妻子李淑贞。胡林翼的手下大将李孟群刚好是李淑贞的表兄,于是在李孟群的一再催促下,光州团练五百多人在陈庆璋、李淑贞夫妇带领下,意气风发地向武汉地区而来。

由于远离了自己的家乡,再加上缺乏实战的经验,夫妇二人带着光州团练来到黄陂时,不料中了太平军的埋伏,连陈庆璋也不幸战死在乱军之中,李淑贞仅和心腹十余骑突围而出。侥幸活命的李淑贞立刻来到表兄李孟群的帐幕中,声泪俱下请他派兵增援,替夫报仇。然而李孟群犹豫不决,他认为太平军正处在势头上,不可轻易采取行动。李淑贞愤怒地问道:"我丈夫的尸体现在还留在敌阵中,怎么还能久等呢?"于是撕下一块白布裹首束身,佩了挂剑,绰枪上马,带着原来的十余骑心腹,准备杀回黄肢。李孟群阻止不及,深恐有失,只得派遣将领带五百余士兵尾随而去,作为接应。

当时太平军正在庆祝胜利,想不到李淑贞去而复来,猝不及防,被她率领的十余骑一阵冲杀,搞得手忙脚乱,李淑贞乘机把丈夫的尸体抢回。等到太平军醒过神来,李淑贞已被李孟群派来接应的五百军士护送离去,而此时她全身裹着的白布被鲜血染成一片鲜红。李淑贞随后收拾起溃散的部属,又吸纳江汉一带无家可归的壮年饥民,加以整编,日夜操练,投入战场。战场上的训练最为扎实,她的队伍经过炮火的洗礼,日益成为一支劲旅。咸丰五年八月,太平军又陷金口,李孟群陷入重围,虽奋力拼杀,已渐渐精疲力竭,自知没有幸免的可能。当他正准备拔剑自刎的时候,突然见到左面敌人不战自溃,李孟群立即带军向左边突围,迎面出现一支铁骑,当先一员女将,矫捷如游龙,剑砍枪挑,一路杀来。此人正是李淑贞,李孟群大喜,合兵一处,奋力冲杀,居然反败为胜。李淑贞因痛夫阵亡,复仇的观念深深植根于心中,抱定了必死的决心,在战阵中反而常有意外的收获。胡林翼干脆调拨劲旅三千人归李淑贞指挥,发挥她那飘忽不一的游击战法,断绝太平军援助,烧毁其辎重,给太平军以十分沉重的打击。李淑贞用五彩绮罗做旗帜,服饰铠甲十分鲜明,她配一张龙纹宝弓,可连发一百五十矢,白金剑囊中装着吹毛立断的宝剑,当时太平军都彼此相戒,不愿与她的队伍交锋。李淑贞这个地主夫人,给太平军的事业造成了不小的损失。同时,这也渐渐地助长了李淑贞轻敌的思想,太平军终于找到了机会,将她一鼓擒获。

就在胡林翼猛攻武昌的时候,太平军设下一个圈套让李淑贞去钻。这天,但见一队太平军的大车由马拉着,急速地往武昌城赶去。看去,每辆大车都装有沉重的东西。大车的货物上都用稻草覆盖了,押车的太平军将士也就五百人左右。李淑贞当即点齐二百五十人杀将去,押车的太平军看到李淑贞的彩色旌旗,发一声喊,当即四散逃走。李淑贞轻而易举就夺得了那些大车,就在她正为自己的威名赫赫感到十分自豪时,手下人来报,稻草覆盖的东西都是砖头沙石,李淑贞知道中计,下令撤离,可已经来不及了,几千太平军把她围在核心,一场激战,当场把她擒下。太平军对李淑贞恨之入骨,把她带回武昌城用高杆把她吊起来,先肢解她的身体,再砍下她的头颅,使得在城下的李孟群悲痛不已,胡林翼也为之惋惜,这对攻城清军的士气打击十分沉重。

当然后来胡林翼最终攻占了武昌,但没等他来得及扑灭太平天国运动就亡故了。据说是他看到外国的轮船枪炮在长江中横行,觉得即使平定了太平天国,清政府也最终无法抵御外国的船坚炮利,回到帐篷就呕血不止,一病不起,但胡林翼生前对李孟群青睐有加,李孟群官升至湖北按察使,封爵武愍公,据说与胡林翼对李淑贞的偏爱有关。

太平天国失败后,清廷对李淑贞夫妇都加封赠,在他们原籍河南建了衣冠,建祠祭祀。且不论李淑贞镇压太平天国的功过,站在一个女人的立场,她为了替夫报仇,披挂上阵,这份勇气就是难能可贵的。一代女子的风采,在她身上尽显无遗。

林普晴血书求救

林普晴是林则徐的女儿、沈葆桢的夫人。父亲、丈夫皆为清朝名臣,所以在她死后,有一幅凭吊她的挽联写道:

"为名臣女,为名臣妻,江右佐元戎,锦撒夫人分伟绩;以中秋生,以中秋逝,天边图皓魄,云裳仙子证前身。"

挽联中突出了林普晴生命中最为辉煌的一件事,就是她歃血作书求援解围。所谓的"江右佐元戎"这豪壮的一举,堪与当年张鲁生藉沈夫人张锦缴,骑马执剑、驰骋疆场相媲美。前后辉映,伟绩分标史册。林普晴生在名门,嫁与名臣,所作所为不愧为名门之女。说起林普晴嫁给沈葆桢,还有一段饶有趣味的故事。那时沈葆帧还是个毫不起眼的小幕僚,幸亏林普晴的父亲林则徐慧识俊才,选中了这个"卧龙"婿。

道光二十七年,沈葆桢考取进士,授编修之职,后迁为御史,曾数度上书论兵事,颇受咸丰皇帝注目。这时正值太平天国起义爆发,福建、江西一带战火纷飞，鉴于沈葆桢通晓兵道，于是派为江西广信知府。广信府位于江西省的东北部，辖有上饶、玉山、弋阳、贵溪、铅山、广丰、兴安七县，府治在上饶。当时太平军已攻下金陵，正乘势向四方出击，广信府是他们的攻击目标之一。当地兵力有限，为了防止太平军的大举进攻，沈葆桢一到任，就着手扩大兵力。

沈葆桢带着夫人前往战火连天的广信地区上任，正当他到各属县募兵筹饷，只留下夫人林普晴坐镇上饶时，大批的太平军蜂拥而至，试图拿下上饶城。城中无主帅，大军里头无人敢于出面指挥军队护城，许多官员竟收拾了细软，携家眷仓皇出逃。有人劝沈夫人林普晴也赶快出城避难，然后再设法与丈夫会合，林普晴却不为所动。既然丈夫托她守城，她自当誓死完成使命。左右的人好心地劝道："夫人毕竟是女流之辈，如何指挥得了部队，何况城中兵力有限，太平军很快就会破城而入的。"林普晴坚定地摇摇头，沉静地说："你们可以逃命，我不能去，我决意与上饶城同在！"为了表示心意之坚，她指着院中的水井道："倘若城破，这里就是我的安身之处。"

幸亏平时里受父亲和丈夫的熏陶。林普晴对用兵之道也略知一二，她的性格也受父亲的影响，颇能临危不惧、从容行事。她找到城中守军的头领，商议好守城之策，又毫不犹豫地打开府库，拿出所有的存粮犒军。守军在城墙上浴血奋战，林普晴则亲自率领城中妇女做饭送上城墙，军中将士深为沈夫人的义举所感动，都誓死拼守城池。

然而毕竟寡不敌众，城中的形势日渐危急。林普晴想到距上饶不远的玉山镇总兵饶廷选，他原是林则徐的旧部，现在只有请他出兵相援，才可能解上饶之急。可是玉山镇那边同样是战事紧张，饶总兵肯冒险相救吗？为了能感动饶廷选，林普晴啮破中指，以鲜血书下一封求援信："贼众已陷贵溪，上饶危在旦夕，贼首纠众七万，百道进攻，氏夫葆桢，出城募兵，更赴河口筹饷，全城男妇数十万生命，存亡呼吸系于一线之间。将军营以三千众而解嘉兴之围，奇勇奇功，朝野倾服，今闻驻军玉山，近在咫尺氏噬血求援，长跽待命，生死人而肉白骨，是所望子将军者。"

林普晴将求援的血书派人送出，可援军即使闻讯赶来，前后也需两天时间，对危兵来说，士气是最重要的。于是，林普晴走上城墙，大声地鼓励守城的将士："诸位勇士，我们的援军很快就要到了，只要我们再坚持一两天，敌军一定会被我们打垮的！"

考虑到太平军惯用滚地龙（即挖掘地道）的战术攻城，常会令人防不胜防，林曾晴冥思苦想，决心找出一个对付的办法。古人针对这种战术多用埋瓮听声的办法预测情况，可一时之间，上饶城中很难找出这么多可用的大瓮，如何是好？灵机一动，林普晴终于想出一条妙策，立即下令守城将士沿城墙内侧抢挖一道壕沟，深须八尺，宽五尺，这样敌军一旦从地下攻城，势必进入壕沟，行迹暴露无遗。

再说玉山镇总兵饶廷选收到林普晴的求援血书，大为她的一片贤心所感动，当即抽出数千兵马，连夜驰向上饶增援。与此同时，在外募兵筹饷的沈葆桢也得到了上饶城受困的消息，率兵马日夜不停地赶往上饶。如此一来，三支人马里应外合，血战了七天七夜，终于解救了上饶之围。事后朝廷论功行赏，沈葆桢被提升为江西巡抚。虽说夫人林普晴并没得到朝廷的嘉奖，可当地军民都深深地记住了她的功劳，直到她死后，人们都称她是个智勇双全的女英雄，真不愧为名门之女。

林则徐选婿

林则徐是近代抗击侵略、禁毁鸦片的一个著名人物。他出身于一个封建士大夫家庭，一生为官清廉，注重任劳任怨、苦干实事，他在选婿时就充分体现了这一点。而林则徐选婿的办法，还是从他的老岳父那里学来的呢！

林则徐的岳父是福建巡抚张师诚，平生爱才若渴。一次，他在阅读公文时偶然发现，长乐县呈上的书牍，字迹端严工整，从头到尾，一丝不苟，不禁大为赞赏。经过询问，才知长乐县衙内有个叫林则徐的书生担任文书工作，这些书牍都出自他的笔下。

不久之后，长乐县衙收到一封从巡抚府传下的紧急公文，内容是速押林则徐前往巡抚府。长乐县令见公文后好生纳闷，他十分了解手下林则徐的为人，不至于牵涉到违法之事，何以招至解押呢？县令是个厚道人，顾念上下之情，便悄悄找来林则徐,告诉了他公文的内容,并拿出二十两纹银,劝他连夜远走高飞。林则徐却拒绝了县令的好意,他毫无畏惧地说:"是福不是祸,是祸躲不过!我坐得正,行得端,有罪甘愿服刑,无罪一定会弄清,不能含糊了事!"于是任凭衙役押解到省里。

"猝然临之而不惊,无故加之而不怒。"见林则徐十分坦然的神态,巡抚张师诚心中暗暗称赞。等问明长乐县的文牍果然出自其他手时,张师诚哈哈大笑道:"老夫早闻林先生之贤,特设虚文,一试你的胆识,果然是个有胆有识之人!"于是林则徐被留在巡抚府委以重用,不久还成了张师诚的东床快婿。在岳父的提挈下,林则徐连番科场告捷,成为大有作为的一代名臣。

后来,林则徐的女儿到了待嫁的年龄,他不禁回想起岳父择婿之事,大受启发,也就依样画葫芦,用了个离奇的方法,为女儿林普晴择婿。

那是道光年间,林则徐正担任江苏巡抚,手下有一大批各怀奇才大志的幕僚。一年除夕之夜,街头锣鼓齐鸣,爆竹连天,幕僚都回家与家人团聚去了,而唯有年轻的秀才沈葆桢留在署内奋笔疾书。林则徐恰巧走过沈葆桢书室门口,见他一人独在室中,便上前问道:"今天除夕夜,大家都回去团聚了,你为何还留在这里呢?"见是巡抚大人幸临,沈葆桢站起身,毕恭毕敬地回答:"公务未毕,待写完再回家。"

林则徐点了点头,沉默片刻,忽然说:"我有一份奏章,今天必须誊发,你留在这里正好,帮我誊完再走吧。"沈葆桢义不容辞地答应下来,林则徐回书房后不一会儿,就差人送来一份长达数千言的奏章草稿。沈葆桢刚好做完了手头的工作,又打起精神,用黄绫折本认认真真地誊写奏章。一直到三更时分,奏章才誊完,他仔仔细细地检查了两遍。认为没有讹漏,就恭恭敬敬地送到林则徐的书房,并告辞归家。

不料林则徐接过誊好的奏章大致看了一遍,脸上露出了不满的神情,十分严肃地说道:"字迹草率,必须重写!"把奏章丢在案几上,不再说话。沈葆桢不敢有违,只好一声不吭地带着奏折退回去,重新磨墨,又将奏章一字一句地重誊一遍,写得比上次更加认真。等他仔细誊完,外面天已经亮了,沈葆桢将重新誊写的奏章呈上,林则徐笑着说:"这次可以了。"

正说时,巡抚府的属吏纷纷前来贺岁,林则徐兴致冲冲地对各位属下说:"今日除贺岁外,诸位还应当贺我喜得佳婿!"

"喜得佳婿?"众人从没听说过林大人已择下女婿,况且这本是家事,林大人为何如此兴奋地当众宣布呢,大家不由得面面相觑。

见众人莫名其妙,林则徐拍着身旁沈葆桢的肩膀,颇为得意地告诉众人:"这就是我的东床快婿!"这消息不但让众人吃惊,连沈葆桢自己也惊得手足无措。原来昨夜林则徐急催着沈葆桢誊写奏章,非为公务,目的在于考察这个年轻人。沈葆桢稳重认真,令他大为满意,所以自作主张地为爱女定下了终身大事,风格源于他的岳父大人。

林则徐看重沈葆桢的,主要就是勤劳和遇事不急不躁、任劳任怨的品格。林则徐自己性子较急,且易动怒。据记载,他曾特意书写"制怒"两字,制成匾挂于室中,以时时提醒自己,不要犯急躁易怒的毛病。也许正是出于这个原因,故特别赞赏沈葆桢不急不躁、任劳任怨的品德。

不久后,沈葆桢与林普晴拜堂成亲。林普晴自幼受到了纯正的家庭教育,是个贤淑端庄,知书达礼,颇有见识的女子。婚后,她用心辅佐丈夫读书理事,夫妻俩相敬如宾。

曾纪芬秉承父亲曾国藩的教诲

曾纪芬是曾国藩的么女、聂仲方的妻子、聂云台的母亲,一生由侯门千金小姐,而成为巡抚夫人,最后荣升为太夫人,儿孙满堂,身体健康,不仅富贵,还很长寿,是一个十分有福气的女人。曾纪芬的一生能够做到福寿同享,可以说与父亲传给她的一套治家修身办法分不开。

咸丰十一年八月,曾国藩的湘军与太平军对峙的局面已经开始改观。同治皇帝刚刚即位,为了笼络曾国藩,对其加官晋爵,命曾国藩节管辖苏、皖、赣、浙四省,东南富庶地区几乎都在曾国藩的号令之下。这时,曾国藩的妻子欧阳夫人带着曾纪芬由湘乡老家赶到安庆,与曾国藩聚会,曾国藩的助手彭玉麟特地准备了一艘十分考究的巨船,用素绢装饰船舱四壁,还亲自绘上梅花,前往迎接，时人号称："长江第一船"。后来，这件事情被曾国藩知道了，不仅对彭玉麟大加责备，还下令毁掉那只船。

太平军失败后，曾国藩任两江总督，督署设在南京，他的家人纷纷东下来看望他。按理说，曾国藩作为两江总督治理着江南富庶的地方，家人们尽情享乐吃喝一番，原本算不了什么。他却始终膺服十六字箴言：家俭则兴，人勤则健，能勤能俭，永不贫贱！

同治三年六月十六日，曾国藩的弟弟曾国荃带领湘军主力轰开南京太平门，以八百里快传向曾国藩报捷。太平天国失败后，清政府不仅没有给曾国藩升官，反而只让他担任两江总督，实则降职。为此，许多老百姓、特别是湖南人都以为曾国藩不值，曾国藩却反以他的九弟曾国荃打开南京纵兵抢掠为由，请求清廷罢去曾国荃的巡抚之职，让曾国荃称病回乡。

曾国藩担心自家功名过甚，遭到清廷的猜忌，导致富贵不保，晚节有亏，于是处处表示谦退。还是在戎马倥偬的岁月，他的大女儿出嫁，曾国藩百忙中抽出时间给女儿写信，千叮咛，万嘱咐，叫女儿嫁到丈夫家后，千万不能摆出大小姐的威风来，还教导女儿夫妻间要恩爱，家庭要和睦。

曾纪芬是曾国藩的么女，按照湖南话，大家都叫她"满小姐"。生于清咸丰二年春天，这时曾国藩是礼部侍郎，地位虽然显赫，生活却过得十分清苦。有限的俸银，除了养活一大家子人外（曾国藩的原配欧阳夫人，育有三男六女），还得不时寄些银钱回乡，或捎些东西回家孝敬父母。住在北京贾家胡同的曾纪芬穿的都是姐姐们留下来的衣服，曾国藩对她从未给予特别的宠爱，从小就培养她艰苦朴素的品性。

曾纪芬的婚事，由于曾国藩的染病和相继去世，一直拖到光绪元年九月才举行，这年曾纪芬已经二十四岁，丈夫是湖南衡山的聂家。论门第，聂家老太爷不过是个知县，与曾国藩一等侯爵、总督、门生部属故旧半天下相比，自然有天壤之别。聂家对这门第显赫的媳妇，自然是小心侍候，不敢怠慢。曾纪芬秉承父亲的勤俭美德，丝毫不敢表现出千金小姐的娇纵习惯，相夫教子，侍奉翁姑，和睦亲邻，做得中规中矩。

曾纪芬的丈夫聂仲方是一个很有才能的人，再加上曾国藩的影响，追随过曾国荃、左宗棠和李翰章（李鸿章的弟弟），一直埋头苦干，勇于任事，经过多方保荐，先从江苏省苏松太道的小官做起，一步一个脚印，后升为浙江按察使，再迁江苏布政使、护理江苏巡抚、安徽巡抚、浙江巡抚。由于江浙一带比较富裕，便有人上奏朝廷，说聂仲方贪污受贿。曾纪芬立即劝说丈夫，让他辞官回乡，这都是受了平常父亲为官谨慎的教导。

曾纪芬一直记着父亲曾国藩对她讲的话："予自三十岁以来，即以做官发财为可耻，以官囊积金遗子孙为可羞。盖子孙若贤，则不靠父辈，亦能自觅衣食；子孙若不贤，则多积一钱，必将多造一孽，后来淫佚作恶，大玷家声。故立定此志，决不肯以做官发财，决不肯以银钱予后人。""吾辈欲为先人留遗泽，为后人惜余福，除勤俭二字，别无他法。"曾纪芬自奉俭约，即使后来年纪大了，每次庆贺寿辰，子女想送些珍贵的礼物来，必定会遭到她的阻止。曾纪芬从不放松对子女的教育，即使是已经成年的子女，仍随时耳提面命，管束甚严。从不疏忽。她说："教导儿女要在不求小就而求大成，当从大处着想，不可娇爱过甚。尤在父母志趣高明，切实提携，使子女力争上进，才能使子他日成为社会上大有作为的人。"她的儿子聂云台就是一个很有作为的青年，当他长大成人后，没有像祖辈一样步入政界，而是经营工商业，开办银行，经营航运，开发矿产，从事纺织，凭着那经营之才，成为上海炙手可热的大财团。

进入民国以后，聂家移居上海，在威赛路筑园建屋，此时，聂仲方已经去世，曾纪芬也已经六十岁，自号"崇德老人"。她把曾国藩的那套修身养性的功夫发挥得淋漓尽致，起居定时，三餐饮食，以素食为主，从不奢侈浪费。饭后坚持走一千步，每天睡前用温水洗脚，即使是数九寒冬，也把双脚露出被外，不大喜大悲，一直到九十一岁死时还耳聪目明，神志清楚。

曾纪芬一直到临死时，每年必恭书曾国藩的"伎求诗"数遍，从一笔一画中，仔细涵濡父亲的德行恩泽。曾纪芬的书法得自父亲的真传，颇见功底，当年北京、上海一带，像样的家庭都挂有她的墨宝。她的书法笔正谨严，骨肉停匀，反映出她居心仁厚，是世上少见的有福之人。

张謇与"绣圣"沈雪君精神恋爱

中国最后一个状元,著名实业家张謇被"绣圣"沈雪君的丈夫余兆熊大事丑诋,骂得狗血淋头。余兆熊说张謇对他的妻子沈雪君是"生前软禁,死后霸葬"。张謇也抛开士大夫的庄严身段,把许多不堪的文字及话语,一齐加到余兆熊这位举人出身的读书人身上。双方如火如荼地对骂不已,大报小报也一齐上阵,成为清末民初东南一带最大的笑语。

沈雪君闺名云芝,世居苏州宏坊。她家三世习儒游幕,算是小知识分子或者小官吏家庭。她母亲宋氏生有三男二女,三男夭折,只剩两女。她父亲沈椿长年在浙江盐运使署游幕,她母亲就带着她姐妹两人相依为命地过活。母亲会刺绣,便将刺绣的绝活一点一滴地传给女儿。沈雪君冰雪聪明,学绣读书,两皆热衷,十三岁的时候绣品便已十分精绝,慢慢地成了当地人抢购的商品。

光绪十五年的时候,沈雪君已出落得明眸皓齿,蜂腰纤足,娇小玲珑的个子韵味无穷。住在距沈家不远的百花巷里的余兆熊对沈雪君倾慕不已,央托与沈家颇有葭莩之谊的画苑名家刘临川到沈家说媒。结果沈雪君的母亲却嫌弃余兆熊,说他一个小小的秀才,休想把沈雪君娶走,她家的女儿至少也要嫁个举人。余兆熊本是浙江绍兴人,七八岁时父母双亡,由一位世伯将他收养,带到苏州。他听了沈雪君母亲的话后,埋头苦读,两年后考中举人。刘临川重到沈家说媒,沈母无话可说,光绪十九年腊月二十三日祭灶日,余兆熊与沈雪君成了亲,在沈家隔壁租屋住下。

余兆熊每天半日读书,半日陪着爱妻研究刺绣。当时沈雪君的绣艺虽然高超。细腻精致,但构图立意仍未脱"金玉满堂""福禄长贵"的庸俗模式。余兆熊和沈雪君夫妻合作,早晚研究,从构图、色调、意境、成法各方面加以改进。当时在上海有一家刺绣世家"露香园",主人姓顾,创始于明朝,子孙多半擅长丹青,与刺绣相得益彰。入清后,"露香园"中所绣的花鸟条幅,几乎被王公贵胄们视为拱璧,殊难求得,"顾绣"名声大噪。现在余兆熊的知识加上沈雪君的技艺,完成的绣品真是璀璨夺目,出神入化。看过的人都说:"针端夺化,指下生春,已经凌驾露香园之上了。"

沈雪君刺绣不仅声盖国内,也声闻国外。宣统二年,意大利王后诞辰,沈雪君刺了一幅与真人一般尺寸的意大利王后绣像,使得有世界四大美女之一称号的意大利王后,活生生地凸现在绢帛上,呼之欲出,叹为观止。绣品如期运到意大利,意大利王后一见,大为惊奇,认为是世界第一流的美术作品。意大利国王亲笔致函满清皇朝,盛赞中国艺术的精湛伟大。同时以王室徽章、意大利王后平日所戴的金刚钻手表送给沈雪君,又以意币二十万为酬,这事国内外报纸竞相登载,许多国家的人都知道中国出了女性大艺术家。

沈雪君夫妇在事业上获得空前的成功,生活上却不尽如人意。沈雪君身体娇弱,从小又好洁成性。尽管闺中夫妇谈画论绣,两人都兴致勃勃,笑语声喧。可一到了燕婉之求,男方虽怜爱有加,女方却总是兴趣不足,甚至昏昏欲绝,余兆熊大为扫兴。婚后十年,沈雪君未生下一儿半女。后来好不容易怀了孕,却在那次为赶制给慈禧祝寿的礼品时,疲劳过度而流产,并落下了终身不能生育的毛病。到了北京后,余兆熊一口气纳了两个如夫人。沈雪君看在眼里,默不作声,她本来就有洁癖,逐渐疏远了丈夫。宣统二年,在南京举办的"南洋劝业会"上,沈雪君担任绣品审查委员,第一次见到了末代状元张謇。这时,沈雪君三十七岁,张謇五十八岁。

后来,沈雪君夫妇由于清王朝垮台,绣工科取消,移居天津。张謇绕道天津,殷勤邀请沈雪君到南通主持刺绣学校。至于余兆熊则任贫民工场场长,兼营上海福寿绣织公司业务。沈雪君夫妇,还有沈丘,以及沈雪君的堂兄沈幼衡先后到了南通,成了张謇的职员。

沈雪君的职称是南通刺绣传习所所长,以"有斐馆"作为下榻的地方。张謇在生活上对她照顾得十分豪奢周到,沈雪君也就全心全意地投入工作,以羸弱的体质承担繁重的工作,数月后便病倒了。张謇爱沈雪君的才华,更关心她的身体,除了遍请中西名医为她治病外,将自己"瀍阳小筑"前院的"谦亭"让给沈雪君居住。这里屋舍宽敞,又有园林之胜,距离刺绣传习所又近,既可养病,又免除了到工作地点的跋涉之苦。张謇对手下这位并非顶极重要的女性关怀备至,内心深处充满了爱怜之意。

沈雪君就像水仙花一般,幽香雅洁。只适合案头清供,不作兴沾染繁华。张謇名成利就,艳如桃李的女性见得多了,对于林黛玉型的女性反而特别欣赏。把余兆熊支开,对沈雪君大献殷勤,可毕竟是衣冠中人,当然不能采取市井人物的做法。因而为了更多地与沈雪君接近,以状元公、大老板之尊,甘愿为沈雪君撰写"绣谱"。由沈雪君口述,张謇殷勤笔记、整理。这种类似秘书性的工作,张謇做得十分兴头,还美其名曰:"重其艺而虑其不传也"。状元公在沈雪君面前显得特别温柔而有耐心,尽量降低姿态叩请沈雪君自述学绣始末,不惮繁琐、反复咨询、详加记录,一定要弄个清楚明白。前后耗时半载,撰成《沈雪君绣谱》。

　　沈雪君患的是肝郁症,时好时坏。所幸有名医陈星槎为她悉心诊治,并无大碍。《绣谱》完成之后,张謇又要教沈雪君学诗,为了这个女弟子,特别选出七十三首古诗。亲笔抄缮,亲加注释,连平仄都在一旁做好记号。张謇的闲情逸致实非浅显,要在一般女性,怕不是早有收获。然而沈雪君却心如止水,始终是"一片冰心在玉壶",使张謇"梦疑神女难为雨。"

　　张謇摆出了一往情深,不惜牺牲一切的架势,然而沈雪君却出奇地冷静,这使得张謇这位多情的老人却愈发殷勤小心地侍候沈雪君。随时关怀备至,即使忙中无暇,也会有情致绵绵的笺条传到谦亭。沈雪君也觉得十分过意不去,就请张春书写"谦亭"两字。把自己的秀发剪下来,按张謇的笔意,抱病绣成"谦亭"二字,作为二人关系永久的纪念。

　　外面风风雨雨,都说张謇与沈雪君有着不同寻常的暧昧关系。爱护张謇的人都说这是他的盛德之累。余兆熊更是怒不可遏,在自己的家门口张贴对联:

　　佛说:不可说。不可说!

　　子曰:如之何,如之何?

　　意思是沈雪君与张謇的事他难于开口,他毫无办法。后来干脆把张謇写给沈雪君的《谦亭杨柳》一类诗中的诸如"杨柳枝缙来缙去,一池烟水上鸳鸯双宿"的意思排出来对张謇大加诋毁。本来这些诗句就是张謇当时被情欲冲昏了头脑时写的,那管怕给人留下把柄。对余兆熊的攻击,张謇难以自圆其说,硬是不计毁誉,一意孤行。

民国十年，即公元一九二一年六月八日，一代绣圣沈雪君终因膨胀病逝世，得年才四十八岁。六十九岁的张謇老泪纵横，为她在南通治丧，并在黄泥山构筑庐墓。索性离群索居，杜门谢客，早晚与沈雪君的遗像相对晤，一口气写了《忆惜诗》四十八首，缠绵悱恻。如他设想沈雪君感念他的深情厚谊，剪下自己的秀发，绣成"谦亭"二字，也是对他的一片挚情浓意，与他对沈雪君的感情同样是无与伦比的。

情之为物，不可理喻。如果用理智来分析张謇与沈雪君的关系，那是说不清楚的，如果硬要说的话，是一种精神恋爱。宋金时期，元好问在《迈陂塘》中写道："问世间，情为何物？直教以生死相许，天南地北双飞客，老翅几回寒暑。欢乐趣，离别苦，个中更有痴儿女。涉万里层云，千山暮景，只影为谁去！"

郑板桥乐于吃亏化干戈

不知道大家听说没听说过这样一首打油诗："千里告状为一墙，让他一墙又何妨；万里长城今犹在，何处去找秦始皇？"这首朗朗上口、流传已久的诗，里面描写的事情大家应该都知道，可是作者应该鲜有人知道，其实，这首诗是清朝乾隆年间郑板桥为劝其弟与邻居争墙一事而写。这首诗的原作是明代的大学士张英所写，原文是"千里告状只为墙。让他三尺又何妨；万里长城今犹在，不见当年秦始皇。"晚清时的曾国藩为解决老家邻里纠纷也用过这首诗。郑板桥用时将这首诗个性了下，这里单说说郑板桥是如何帮老家人解决的这件事。

相传那时郑板桥正在外地做官，忽然有一天，收到在老家务农的弟弟郑墨一封非同寻常的来信：求哥哥出面，到当地县令那里说情。原来，郑家与邻居的房屋共用一墙，郑家的人想翻修老屋，邻居出来干预，说那堵墙是他们祖上传下来的，不是郑家的，郑家无权拆掉。为此两家争执了好久，甚至到了衙门，上了官司。

其实，契约上写得很明白，那堵墙是郑家的，邻居只是借光盖了房子。这官司打到县里，尚无结果，双方都难免求人说情。郑墨粗识文墨，并非惹是生非之徒，只是这次明显受人欺侮，心里的怨恨实在咽不下去，自然就想到了做官的哥哥。郑墨想：我有契约在，我哥哥又是当官的，由哥哥出面说情，官官相护，这官司肯定能打赢的。

于是郑墨就给哥哥郑板桥去了一封信，郑板桥收到信以后，思索了好久，他认为在这件小事上，哥哥不妨大度些，不应该和邻居发生矛盾，更不该闹到打官司的程度，于是他思虑再三，给弟弟回信寄了开头的那首打油诗，同时还寄去了一个条幅，上写"吃亏是福"四个大字。郑墨接到信，羞愧难当，当即撤了诉状，向邻居表示不再相争。那邻居也被郑氏兄弟的宽容大度所感动，表示也不愿意继续闹下去。于是两家重归于好，仍然共用一墙。

郑板桥借雨作怪诗贺寿

清朝时的郑板桥在诗词和做人上都以"怪"著称，为当时的"扬州八怪"之一。但其所谓的"怪"，乃不从常规，敢于突破、创新，行文常出人意料之外，不落窠臼等。

有一次他应好友李某之请，赴宴祝寿，但见高朋满堂，觥筹交错，可惜天不作美，大雨滂沱，甚煞风景。酒后主人捧出文房四宝，众客相继献词贺寿，最后轮到郑板桥。

郑板桥舒纸提笔，不假思索地写下了"奈何"两字。满座客人见了都十分惊讶，因为凡即席贺寿多属应景、应酬之作，离不开恭维之词，少不了吉庆之言，而今板桥以"奈何"起句，纵有回天之力，也难以"狗尾续貂"吧。

众客正纳闷，郑板桥又写下了第二个"奈何"，接着又添了"可奈何"。众客面面相觑，暗暗称怪。郑板桥微微一笑，挥毫写下了第四个"奈何"。顿时众客骚动，顾不得礼仪而忖测纷纭，甚至有人都开始指责起郑板桥来。

不料郑板桥龙飞凤舞，一挥而就，大家俯首一看，留在纸上的原来是一首绝妙的贺寿诗：

奈何奈何可奈何，奈何今日雨滂沱；

滂沱雨祝李公寿，寿比滂沱雨更多。

郑板桥诗才过人，他巧接回环诗祝寿献礼，使众人为之折服。此时室外大雨仍然如注,仿佛热烈为李公祝寿,也为郑公叫好。

江春卖盐交天子

今日的扬州市有一条不起眼的小街,叫康山街。300 多年前,曾名噪天下的"康山草堂"就坐落在这条街上,当时它的主人就是号称"以布衣上交天子"的扬州盐商——江春。

江春字颖长,一字鹤亭,生于清圣祖康熙五十九年(1720),卒于清高宗乾隆五十四年(1789),原籍徽州歙县江村。他生于盐商世家,祖父江演、父亲江承瑜都是扬州盐商。家底甚为富足,少时好学,家人欲栽培其将来为官光耀门楣,他也勤于读书,22 岁时参加乡试考举人,虽名落孙山,但于诗文上颇有心得。曾与当时名诗人齐次风、马秋玉齐名。有史书又称他长得体貌丰济,美鬓髯,为人含养圭角,风格高迈,遇事识大体,故有不少文人墨客如袁枚等与之交往甚密。

乾隆早期时,当地官员曾举荐他做官,但因名额已满,终未被录用。遂弃仕途而继承家业,其行盐的旗号曰"广达",因其勤于经营,又"练达明敏,熟悉盐法,"颇得当地监管盐业的官员器重,也得盐商们爱戴,遂被推为总商。一朝有权在手,他便大加施展经商才略,一时间成为扬州商界举足轻重的人物,《歙县志》中称其:"才略雄骏,举重若轻,四十余年,规划深远。"

江春极会经商,数年间便富甲一方,于是建名园,购豪宅,为扬州一时之盛。其早期居所"水南花墅",其中亭台楼榭、绿池花径,颇有雅性;又在东乡建别墅,谓之"深庄";后移家观音堂,便又购明代状元、翰林院编修康海的故居"康山草堂",并在其中增建许多建筑。其规模和工艺丝毫不下于当时的晋商之"大院"。另外他还在南河下街建"随月读书楼",选时文付梓于世,名《随月读书楼诗文》;因爱好玩乐,又专门建"秋声馆",还在徐宁门外购隙地修射箭之所,人称"江家箭道"。他为名留后世,表现得很急公好义,建宗祠,盖书院,养老济贫,为时人所称颂。其财力之雄,可见一斑。

乾隆皇帝在位时曾 6 次南巡扬州,就经常居住在江春的康山草堂之中,还游其园林,留有诗作和题字。江春也乘机鞍前马后,扫除宿戒,为皇帝和朝廷服务,深得乾隆好感。如清高宗乾隆四十九年(1784)正月,乾隆帝又一次南巡,当时的两淮盐政司伊龄阿奏称:"据淮南北商人江广达(指江春)等呈称,恭逢翠华南幸六举时巡,商等情愿公捐银一百万两以备赏赍之用。"其个人就捐银30万两。此疏上呈后,乾隆批道:"不必复经伊龄阿,于山东泰安行在面奏。"这就是说,皇帝要亲自会见一个做盐业生意的商人了,这在当时是一种难得的殊荣!由此亦可见江春之财资和影响力。

乾隆帝好大喜功,在江南游玩之时耗费甚巨,江春为此出力不少,家财花费甚多,但乾隆高傲之主,自然也不会让江春吃亏。除给江家园林赐名题诗外。还赐金玉器玩,御书"怡性堂"额,加授布政使、奉震苑卿等衔,荐官至一品,后并赏借白银55万两,老年时,乾隆还准其进京赴皇家"千叟宴",待遇和官职可谓居扬州盐商之冠,其以"布衣上交天子"之事也被传为佳话。

李莲英不为人知的善缘

晚清时期的太监李莲英,曾连任了同治、光绪两朝内务大总管,可说是中国历史上最有名的太监之一。他出生在清代的直隶省,墓志铭记载他9岁入宫,入宫后的名字叫李进喜,在同治十年时由慈禧太后起名莲英。在慈禧太后与李莲英之间,几十年所形成的主仆关系与感情非同一般。慈禧太后有时还把李莲英召到她的寝宫,谈些长生之术,两人常常谈到深夜。

众所周知,慈禧太后与光绪皇帝政见不和。慈禧太后已经年迈,光绪皇帝虽然有病,但毕竟年轻,照常理讲慈禧太后死在光绪皇帝之前是必然的。那么李莲英在慈禧与光绪之间采取什么态度呢?

李莲英在慈禧与光绪的斗争中,始终是慈禧的忠实打手,但在表面上他对光绪深表同情。光绪被囚瀛台,慈禧故意派人给光绪送馊臭的食物,让光绪苦不堪言。李莲英看在眼里,就以请安之机偷偷地在衣袖中藏些许糕点带给光绪,使光绪感激不尽。八国联军攻入北京城,慈禧带王公贵族逃往西安。一路上,李莲英见光绪衣着单薄,当着众人的面脱下自己的外罩给光绪披上。一路

图文珍藏版

上问寒问暖,照顾得尽心尽力,连下人都为李莲英的善意所感动。

　　参与过维新变法的晚清文人王照曾经写过这样一首诗:"炎凉世态不堪论,蔑主唯知太后尊。丙夜垂裳恭待旦,膝前呜咽老黄门。"诗中讲述了这样一个故事:慈禧率光绪和文武百官出逃后,第二年准备回京。他们走到保定住下。慈禧太后睡觉的地方被褥铺陈都很华美,很珍贵,与在宫里差不了多少。李莲英住得稍差一点,但也很不错。而光绪皇帝睡觉的地方却很凄惨。李莲英侍候慈禧太后睡下后前来探望,见光绪在灯前枯坐,小太监无一人在殿内值班,一问才知道他竟然连铺的盖的都没有。时值隆冬季节,根本无法睡觉。李莲英看到这个情况,跪下抱着光绪的腿,痛哭说:"奴才们罪该万死!"便把自己的被褥抱过来让光绪使用。光绪回到北京以后,回忆西逃时的苦楚,就曾经说:"若无李谙达(师傅的意思),我活不到今天。"

　　李莲英不仅在处理慈禧与光绪关系的时候懂得赢得人心,而且也因为他善于笼络人心,所以有时尽管一分钱都没有掏,却得了一个"体恤"下属的好名声。慈禧借六十大寿重建颐和园,但是由于工程紧张,园中有些建筑的装修还没竣工,六十大寿就到了。当李莲英带慈禧在园中游玩时,故意绕着走,躲过还没修好的建筑。如果有些地面的方砖没有铺好,李莲英就紧走几步,站在缺砖的地方,用长袍遮住,挡住慈禧的视线。这一招掩饰,也使负责修建颐和园的官员对其感恩不尽。

胡雪岩暗中打击并购竞争对手

　　胡雪岩是清末著名的大商人,有一次他在福州开了家钱庄,名叫阜康钱庄,开张不久,当地的"会首"元昌盛钱庄的老板卢俊辉就开始找他的麻烦。卢俊辉凭借自己钱庄长期积累的信用,想挤垮新来的阜康钱庄。这个时候,胡雪岩就不得不想个对付的办法。

　　多年经营钱庄的胡雪岩深知,既然对方是抱着想置自己于死地的态度来了,那么自己也不能心软,反击必须沉重有力,务求击中要害,将对方打得趴下,再无翻身之日。可是眼前的这个对手毕竟是非常强大的,那么它的软肋会是在

胡雪岩

哪里呢？

　　胡雪岩巧妙利用元昌盛伙计赵德贵打听出对手的内情。原来卢俊辉为了获厚利，大量开出银票，元昌盛现有存银 50 万两，却开出几近百万两银票，这样空头银票就多出 40 万两，这是十分危险的经营方式。倘若发生挤兑现象，存户们把全部银票拿到柜上兑现，元昌盛立刻就要倒闭破产。

　　于是胡雪岩立即行动，调集资金，收购元昌盛的银票，一切都在暗中有条不紊地进行。而卢俊辉尚蒙在鼓中，全然无知觉。没过两天，元昌盛柜上忽然来了一批主顾，手持银票，要求提现银，结果一天之中就被顾客提走 20 万两库银。卢俊辉听伙计报告后还以为偶然现象，并不在意。谁知第二天却有更多的顾客蜂拥而至，纷纷挥舞手中银票提现。没等卢俊辉反应过来，库银已提取一空。但是还有好多顾客的银票都没有兑现。

　　这个时候，元昌盛门前闹哄哄一片，不能兑现的顾客骂声不绝，义愤填膺。卢俊辉赶紧叫伙计关了店门，自己根本就不敢出来露面。眼看事情将要闹大，官府已派人来钱庄弹压，声言庄主若不拿出银子平息民愤，将按律治罪，抄家拍卖。这意味着老板将会被治罪流放，妻儿也将被拍卖为奴，家破人亡。

　　卢俊辉思前想后，唯有把店门抵押给他人，钱庄易主，才可免祸。但同行钱庄老板谁也不愿多事，大家只隔岸观火，作壁上观。这时候，胡雪岩来到了，卢俊辉就像抓住了救星一样赶紧求他救救自己，于是他便同卢俊辉以较低的价格谈妥,以接收元昌盛银票为条件接管钱庄铺面。契约签订后,胡雪岩当场向顾客宣布:凡元昌盛银票,均可到阜康分号兑现,决不拖欠分毫。而持银票的顾客大多系胡雪岩有意安排而来,听他此说,一哄而散。一场风波,顿时云开雾散。

接着便清盘,"元昌盛"大到房屋家具,小到一根铁钉,俱一一作价。胡雪岩则名正言顺地将阜康分号搬进元昌盛旧址。成了这里的主人。

吞并当地最有实力的第一大钱庄后,初来乍到的胡雪岩阜康分号,也算是得到了实实在在的扩张,开始越做越大了。

胡雪岩看准了对方的软肋,下手之快、手段之猛,是好多人都想不到的,虽然他的做法很不地道,但有些人我们不击败他们,他们就会将我们击败,所以我们在为人处世的过程中,如果遇到恶意的对手,就要用击其软肋的方法把他的气焰灭下去,为自己留出一条道路来。

胡雪岩借人之力赚大钱

清末的胡雪岩很知道利用外界的力量来助推自己的事业。胡雪岩出身贫困,后经商致富,并与洋务派官僚左宗棠相交,得以为官。由于屡建功勋,他被皇帝赏给头品顶戴,穿黄马褂。但他并未放弃经商,始终保持亦官亦商的身份,人称"红顶商人"。

胡雪岩小时家中贫穷,他父亲无力送他去私塾读书,他便在家自学,慢慢地粗通文墨。后经亲戚推荐,到杭州的一家钱庄当学徒。三年满师后,被升为钱庄跑街。所谓跑街,即为钱庄招揽生意和讨要债款者。当时的杭州,有很多候补、捐班的官吏。他们花钱捐了官,就等着有空缺时外放做知县、知府一类的实职官员。由于花了很多钱捐官,在候补期间,他们中许多人两手空空,只能向钱庄借贷度日;即使补了缺,上行时打点也需要钱,还得向钱庄借。胡雪岩充当钱庄跑街,主要就是招揽这批人的生意以及督催他们到期还钱。这是一个不好干的苦差事,想做得圆满,还需处处小心,笑脸相陪,软的不行时还得来点硬的,软硬兼施。

虽然工作不好干,但胡雪岩以他坚强的毅力挺了下来,并逐渐锻炼得机敏、泼辣,善于投机,留给他人的印象则是慷慨好义,能济人急难,所以赢得了人们的信任。这一切都为他后来的发迹打下了基础。

关于胡雪岩的发迹致富,有种种传说,比较流行的是说他曾借钱助人,受助者后来为报恩又支持他开钱庄,以至发迹。至于他所助之人,一说为王有龄,一说为湘军的一个营官。王有龄是当时的浙江巡抚,年轻时因父亲去世,曾贫困潦倒,流落杭州。一天他遇到正跑街的胡雪岩,胡见他气度不凡,不像没出息的人,便询问他为何这般落魄。王将自己的处境对胡讲了,胡表示愿助其一臂之力,可送他进京谋官,遂将刚为钱庄收上来的一笔 500 两银子借给他,他不愿接受,怕胡回去后会受老板责罚。胡表示没关系,有什么风险自己一人承当。王千恩万谢地拿了钱北上,终于找到有权有势的故交,当上了浙江粮台总办。王得官职后便去找胡雪岩,将以前所借的银子加上利息奉还,一再致谢,又让他辞了跑街工作,支持他自办钱庄。几年后,王有龄升任浙江巡抚,又保荐胡雪岩接任粮台,使胡成了掌管浙江粮食的最高官员。胡本有经商才能,自己开办的阜康钱庄已经营得很红火,加之掌管粮食,其事业就更兴旺了,相继开设了不少店铺,并与外商做生意,手头周转之钱常以千万两计,终成为富甲杭州的大商人。

还有一种说法是说湘军的一个军官到胡雪岩所在的钱庄借贷银 2000 两。当时老板不在,胡雪岩自作主张借给了他。老板回来后知此事大怒,将其赶出店门。不久军官来还钱,在路上遇到已失业的胡雪岩,见他似乎很穷困,问明原因,知是为自己借钱事所致,深觉过意不去,便请他去军营,供以鲜衣美食,并把自己暴得的 10 万两白银交给他去开钱庄,后又辗转把他引荐给浙江巡抚王有龄。由于王的扶持,胡雪岩从而渐渐致富。

不管哪种说法,都能看出胡雪岩之发迹与王有龄密切相关。正是受知于王有龄,他才有了官府做经商的靠山,故能事事顺遂。自然,王有龄对胡倾心倚重,也在于他自有让人信赖的品质和能力,而且是一般商人所难以企及的。

俗话说:孤掌难鸣,独木不成桥。就算我们浑身都是钢,也打不了几个毛钉。一个涉入社会生活的人,必须寻求他人的帮助,借他人之力,方便自己。一个没有多少能耐的人必须这样。一个有能耐的人也必须这样。

奕譞谨慎做人一生平安

清朝末年的醇亲王奕譞，一生生活于极其可怕的政治环境中，但他靠着夹着尾巴做人，愣是得享一生平安。

奕譞是清咸丰帝的弟弟，他的夫人是慈禧太后的亲妹妹，因此，他不仅是慈禧太后的小叔子，又是其妹夫，在当时是赫赫有名的七爷。

奕譞年轻时曾锐意于清廷内部权力的争斗，他在热河时就与慈禧太后联合在一起，秘密准备发动政变、惩处肃顺等顾命八大臣的谕旨，回到北京随慈禧太后、六哥恭亲王奕䜣发动"辛酉政变"后，又带领军队夜抵密云捕捉肃顺，为慈禧太后上台垂帘听政立下了汗马功劳，被授以都统、御前大臣、领侍卫内大臣。

但是，不久以后他就看到清廷内部权力斗争的残酷无情，特别是比他功劳更大、地位更高的奕䜣，曾因小过险遭罢斥之祸之后，奕譞的处世态度顿为大变，时时事事谦恭谨慎。他特意命人仿制了一个周代的欹器，这个欹器若只放一半水，就可以保持平衡，若是放满了水，则会倾倒，使全部的水都流失掉。奕譞便在欹器上亲自刻了"谦受益，满招损"的铭词。

清穆宗同治十三年（1874），同治帝驾崩，无子嗣，慈禧太后召集王公大臣等宣布说，欲立奕譞的儿子载湉为皇帝。听到自己的儿子被选立为皇帝，奕譞不但没有丝毫的兴奋，反而被吓得昏倒在地，碰头痛哭，被人搀扶而出。

奕譞及其夫妇都深知慈禧太后气量偏狭，待人凶狠无情，就是她的亲生儿子同治帝也时常遭慈禧的责骂虐待，自己儿子一旦为帝，如入虎穴，不但儿子时刻有忤旨杀身之祸，就连他奕譞本人也难免为慈禧太后所疑忌。因为他的儿子做了皇帝，他本人就成了"皇帝本生父"了，本生父虽然与太上皇不同，但如果将来他的儿子大权在握，就有可能把他尊为太上皇，这就会损害慈禧太后的权力，而慈禧太后恰恰欲旺炽盛，是万万不能容忍的。

为了远避嫌疑，表明自己的心迹，奕譞一面言辞悲悯地恳请罢免一切职务，表示要"丧尽余生，与权无争"；一面秘密地向慈禧太后呈递奏折说，将来很可能有人利用他是清光绪帝本生父的特殊地位，援引明朝皇帝"父以子贵，道遭所尊亲"的例子,要求给他加些什么尊号,如果是这样的话,就应该将提倡建议的人视之为"奸邪小人,立加摒斥。"

巧合的是,光绪帝继位的第15年,果然有一个官员上疏清廷,请求尊奕𫍯为"皇帝本生父"。慈禧太后见疏大怒,拿出奕𫍯以前的奏折为武器下谕痛斥此人以邪说竞进,风波很快平静了下去。

在我国的封建专制制度之下,伴君如伴虎,尤其是像奕𫍯这样具有皇帝生父特殊身份的人,更容易遭到慈禧太后的猜忌,稍有不慎,就会大祸临头。奕𫍯谦虚谨慎,不因自己有功而大肆宣扬,不但保全了自家的性命,而且还赢得了慈禧太后的欢心。

曾国藩让人三尺得美名

生活中每个人都难免会有得有失,人们也常会因得而喜,因失而忧,而随着时间的转变,结果又常不是这样。所以,在得失之间,何谓得,何谓失,有时候实在是难以说清。通常,心胸大度者更能明辨得失,而且还往往能变"失"为"得",纵观古往今来成大业者之中就有很多这样的例子。

清末名臣曾国藩有过这样一件趣事,那是他在京城做官时,有一天,湖南湘乡老家来信,称府上为盖新宅,与邻居为一墙之隔的地界发生争执,几乎闹到要打官司的地步,甚是不快,欲求助曾国藩的权势压制对方。

曾国藩收到此信后权衡得失,不禁联想起康熙年间大学士张英写的一首诗。于是便写了一封长信给弟弟曾国潢,并附上张英的诗:"千里修书只为墙,让他三尺有何妨,长城万里今犹在,不见当年秦始皇。"曾家父子兄弟读了曾国藩的信和此诗后,胸襟豁然开朗。"让他三尺有何妨"!毅然将地退缩了三尺。

曾家的这一举动,深深地感动了邻居,使邻居不仅不再与曾家争执,见自家的地方很方便,也秉着"让他三尺有何妨"的爱心与宽慰,也退后三尺以方便曾家扩建新宅。而曾家见邻家这方大方,怎好接受这样的馈赠?便建议两家各出这三尺地界建条小巷,于是就有了历史上著名的"六尺胡同",这条胡同方便了两家乃至很多路人的行走,时人及后人都对此举赞颂不已。

倘若曾国藩当初见信后大怒,下令强占邻居土地,即便得手也不过得了一小片土地,却失去了天下人心。所以,在得失之间权衡时,我们不能执着于表象,而要从一个"大"的角度来看事情,这样才能明辨得失。

民间轶事

苏三娘确有其人吗

在太平天国革命的发源地广西,至今流传着许多有关苏三娘的传说和故事。在民间传说中,苏三娘不仅是一位年轻貌美的女性,还是一个勇敢豪爽的领袖。太平天国起义以后,她率领一支大脚女性队伍,翻山越岭,南征北战,冲锋陷阵,所向披靡。但是,这样一位传奇式人物,人们对他的出身、籍贯、经历和最后归宿却说法不一。究竟历史上有没有苏三娘这个人呢?

有人说苏三娘是湖南人,以武艺为家传。有人说苏三娘是广西郁林州人,自幼习武,刀枪棍棒,无一不精。等到她长成年后,有如山间的野花,清秀美丽而又豪放不羁。她长年跟随父亲浪迹江湖,以卖艺为生,交友甚广,后来成为天地会一方的首领。有人说苏三娘是广西灵山县人,先辈习武,自幼得其真传,双手使刀,练就一身绝艺,几个人都不能靠近他的身体,颇有男子气概。龙启瑞在《经德堂集》中撰《苏三娘行》,称她为"灵山女儿"。但遍查《灵山县志》,却不见苏三娘是"灵山女儿"的踪影。当地流传,说苏三娘并非灵山县人,她来自高州。

广西《横县方志》记载,苏三娘在高州与其夫开了个饭店谋生,她本姓冯。至于祖籍何处,语焉不详。冯姑娘与其夫喜爱结交各地山堂豪杰,小小的饭店,经常高朋满座。后来,冯姑娘的丈夫被人谋财害命。冯姑娘只好与父亲弃家而走,重新闯荡江湖,卖艺糊口。一天,父女二人行至横州博合圩卖艺,当地的地痞流氓因垂涎冯姑娘美色,故作刁难,欲加凌辱。危急之中,只见一人冲出人群,拔拳相助,解了冯姑娘父女之为。冯姑娘的父亲深感相救之恩,于是询问起那人的姓名和籍贯,那人说自己姓苏名三,系灵山县苏村人。冯姑娘的父亲看这人为人正直,遂将冯姑娘许配给他。冯姑娘与苏三结为秦晋之好,人们常将冯姑娘称为苏三娘。

苏三在灵山县苏林早已有一妻一妾,因为在家乡受辱而离家出走,流落横州。苏三在横州加入了天地会,成立了"广义堂"。与冯姑娘成婚后,即在横州博合圩以开押店为掩护,进行反清活动。不料"广义堂"祸起萧墙,苏三为当地土豪士绅算计,竟死于非命。苏三娘当时年方 20 余岁,经过两次丧夫之痛,她决议造反,竖"为夫报仇"大旗,拥兵竟有三四千众。苏三娘素衣白甲,身骑战马,腰横秋水雁翎刀,手持丈二铁三叉,专与土豪绅士为敌,一时声名大振。

当时广西地主猖獗,纷纷组织团练。苏三娘哀帅孤旅,难抵众敌。正当危难之际,风闻洪秀全起兵于金田。苏三娘喜出望外,于道光三十年十月率部在武宣东乡加入太平军,太平天国从此多了一员智勇双全的女将。

据记载,苏三娘曾率 800 大脚女兵出广西,走湖南,攻武昌,破安庆,克金陵,陷扬州,战功赫赫,名扬四方,清军闻苏丧胆,谈苏色变。令人不解得是,正当巾帼英豪苏三娘建功立业之时,苏三娘却突然从史料记载中销声匿迹了。苏三娘到哪里去了呢?

据记载:苏三娘到江南后与罗大纲结为夫妇。罗大纲当时镇守镇江,果如记载所言,苏三娘当亦在镇江军营,其后为何不见记载?难道这位戎马半生,年方 30 多岁的苏三娘在两军对垒之时竟抛刀弃武去做贤妻良母了?这位两广山堂的女中豪杰呼啸而来,悄然而去,实在令人费解。面对着这样一个历史疑团,不少学者认为,苏三娘根本就不存在。太平天国有名有姓的将军,大多可从史料中寻觅到他们的踪迹和归宿。太平天国女将领凤毛麟角,果有其人,文人士子将不惜笔墨,大书一笔,太平天国文献也不会遗漏。太平天国定都天京,方取得半壁江山,苏三娘竟功成身退了?种种迹象,只能说明苏三娘原是一个民间传说中的人物。

其实,对苏三娘的疑问,早在太平天国时代就有了。时人留下的笔记,均认为苏三娘或讹传之萧三娘并无其人,只是戏旦装扮的人物罢了。民间以讹传讹,竟然衍生出许多神奇的故事,记载中还错将"苏三娘"传为"萧三娘"。光绪三十年,有一个号为"嘴雪主人"的人又在误传的"萧三娘"上多加一竖,演绎为"萧王娘",并指"萧王娘"即天王洪秀全姐洪宣娇,愈传愈神奇。苏三娘—萧三娘—萧王娘—洪宣娇,如此奇妙的演绎,只有民间传说才具有这样的功能。

苏三娘究竟是一个实实在在的人物,还是一个民间传说中的人物,直到现在,还不能下最后定论。

《林则徐家书》是伪造的吗

《林则徐家书》作为《清朝十大名人家书》之一,不仅十分有名,而且其真假一直为世人所瞩目。实际上,《林则徐家书》中的许多内容和林则徐奏稿相似,可以想见,作伪者是以奏稿为底本,做些删减改篡后,改头换面作为《林则徐家书》出炉的。而且,作伪者连起码的史实也没搞清楚,有时连简单的历史常识都会弄错。可见,所谓的《林则徐家书》完全是伪造的,而且作伪的手段也不高明。

《林则徐家书》分为两大类,第一类是林则徐在禁烟期间和鸦片战争期间所写的,第二类是林则徐被遣戍伊犁至充任云贵总督期间所写。

第一类中破绽如下:

第一函至第三函是林则徐致夫人和长子汝舟的信,告诉他们自己奉旨查禁鸦片的事。这三封信出现了几个错误:第一函谈到道光帝派他去广东禁烟时,令他"毋用来京请训"。实际上,林则徐在去广东之前,曾去北京向道光帝辞行,道光还特别允许他在紫禁城内骑马;第二函提到林则徐南下广东是"沿海道致省",可实际上他是经陆路前往广东的。

第四函致夫人的信中说道"于初到公署,办事每至更深,幕府中有劝余吸食鸦片稍提精神者,余大不谓然,并严禁衙中不得陈列烟榻,今已革除尽绝矣。"这里谈到自己的幕僚曾劝他吸食鸦片的事是很难让人相信的,因为林则徐禁烟之心的坚决,早为举世所公认,他的幕僚怎么敢犯颜触怒,自讨没趣呢?

第七、九函是林则徐分别写给长子汝舟、次子聪彝的,可是却把两个孩子的年龄搞错了。汝舟时年 26 岁,信中却说"年方三十";聪彝才 16 岁,信中却说"年虽将立"。作为一个父亲,将两个儿子的年龄都弄错了,实在有些令人可笑。

第十五函是林则徐在湖广总督的任上马给他的弟弟林元抡的。林元抡此时是两江总督陶澍的幕府。信的内容大体上是林则徐表示坚决支持黄爵滋的禁烟意见,并要求其弟说服陶澍赞成禁烟。因为该信写得慷慨激昂,忧国忧民之情从头到尾满怀,所以常被人引用,作为林则徐高尚品格的见证。但该信是有破绽的,因为它根本不像一封家书,而且文理欠通,许多史实出现错误。如说"兄与陶公,素无深交"一句就不合史实。因为实际上林则徐在担任江苏巡抚期间,与两江总督陶澍共事多年,二人"志同道合,相得无间",同为一时名臣。有人把徐陶二人并提,还把二人的作风概括成"细"与"大":"翁以大,林少翁以细,皆能人所不能。""林少翁一代人物,于江南情形洞若观火,心细力坚,大不如陶文毅,而精密过之。"陶澍临死前特别推荐林则徐,说"林则徐才长心细,识力胜臣十倍"。陶澍死后,林则徐还写挽联痛悼他。而且,陶澍原本就是禁烟派,林则徐根本就没有必要通过弟弟来说服他。

第三十函信中还出现了"夫余生逢盛世得蒙宣庙特达之恩,以进士选吉士补御史,外任观察廉访以至封圻。圣恩隆重……"这样的句子。"宣庙"是道光皇帝死后才追尊的庙号,而林则徐写这封信的时候,道光皇帝还健在,他怎么能知道皇帝死后的尊号呢? 可见作伪者无知到何种地步! 再说,林则徐给自己的妻子写信也用不着把自己什么"进士"啊、"御史"啊、"观察"啊等一大堆名头罗列出来。

第三十一函是给儿子汝舟的信,内有"尔既奉母弟居京华,务宜体我寸心,常持勤敬与和睦。"实际上汝舟从来没有将母亲接到北京居住。第三十二函提到郑夫人所在的地方时仍误作北京,同样是伪品。

第三十四函家书是写给弟弟林元抡的,里面主要谈了三个方面的问题,一是说虽然英军占领了定海,但并不可怕;二是分析严厉禁烟的必要性;第三谈到了如何加强海防船炮的问题。把这封家书和林则徐《密陈夷务不能歇手片》的奏折两相对照,将会发现二者的字句大部分都是一样的。偶尔有不同的地方还出现了错误。比如说,信中林则徐希望弟弟能够说服两江总督陶澍支持自己的立场,而陶澍此时已经死了达一年之久。

另外有几封信的字句几乎和林则徐的奏稿一样,而且信中提到的人名也是"查无此人"的。如第十八函致族弟芝汀的信,疑是抄自《筹防襄河堤工折》,且无"芝汀"其人;第二十九函致从弟啸泉之信,疑抄自《追夺张石氏诰封折》,林家也没有叫"啸泉"的人;第二十三函致郑夫人信,疑抄自《会奏销化烟土已将及半情形折》。

《林则徐家书》的另一类是林则徐奉命遣戍伊犁后到遇赦充任云贵总督期间的家信,同样也有许多破绽。如第三十五封致夫人的信中称,他在遣戍伊犁之前,先是"入京待罪",然后才"出京赴伊犁"。实际上,林则徐从广东出发后,先到镇江,在那里帮助刘韵珂办了一个多月的海防。后来黄河发生大水,他又被临时调到开封协助王鼎治河。工程完竣后,仍然被遣往伊犁,其间并没有去过北京。可见家信中所谓的入京、出京之事都是虚构的。

第三十九函是写给弟弟元抡的,告知自己蒙恩"赐还"、结束遣戍生涯回京的事情。实际上林则徐此时并没有回到北京,当他走到甘肃的时候,就得到署理陕甘总督的谕旨,就地驻扎,办理"番务"。不久,他又接任陕西巡抚,到西安与夫人团聚。

林则徐获赦结束遣戍生活后,林夫人才得以与林则徐团聚。不久后,林则徐奉旨调任云贵总督,携夫人从西安启程,经四川到达云南,在昆明就任。不幸的是,到昆明没几个月,林夫人就病逝了。可是,《林则徐家书》的最后几封信竟然是林夫人病逝后,林则徐写给她的。由此可见,《林则徐家书》不仅是地地道道的赝品,而且是质量很低劣的赝品。

义和团中的"黄莲圣母"是何许人

在震惊中外的义和团运动中,一些地方出现了"圣母""娘娘"的一类人物,如北京有"金刀圣母""龙天圣母",山西有"杨娘娘",河北宁晋有"王母娘娘九仙女"等等。他们承袭了清代中叶以来民间秘密结社的神秘主义宗教色彩,自称神仙下凡，保佑众生，刀枪不入云云，在缺乏科学文化知识，长期受到封建宗教神权禁锢的群众中具有很大的号召力和鼓动作用。在这些人中天津的"黄莲圣母"最为引人注目。

1900年义和团运动进入高潮的时刻，"黄莲圣母"借神人附体的方式，把自己船上数百斤大盐包投入河中，自称黄莲圣母下凡。她戴着珠冠，身穿绣服，衣饰仪从就像皇帝的后妃一般。黄莲圣母一行人将船停泊在天津侯家后运河边上，船的桅杆上高悬红旗一面，上书"黄莲圣母"四个大字。无数的崇拜者并不知道黄莲圣母的真实姓名，却把她当成神仙，每天在运河两岸焚香跪拜，当时"千里投拜者，不绝于道"。直隶总督荣禄为了利用义和团红灯照，曾经派人用八抬大轿把她接到督属朝服跪拜，并向她询问天津的前途。黄莲圣母则在督属与荣禄"分庭抗议，互相尔汝，军械粮米，随意指索"。据说黄莲圣母还能治疗刀枪创伤，手到即愈，义和团中受到枪伤的多被抬往黄莲圣母处救治，一时名噪天津。

义和团运动失败后不久，在封建文人的记载中披露了黄莲圣母的芳名——林黑儿，经新中国成立后天津一些史学工作者在民间的调查属实，进一步提供了她是船户李有儿媳的有关材料。但她的出身及结局至今均是个谜。

有人说她是个"顶神看香头之巫婆"，此说不无根据。因为李有的家庭向来好"请个邪法，弄点邪门歪道"，林黑儿作为李家的媳妇，耳濡目染，偶尔装神弄鬼是可能的，但据此把她说成是职业女巫似乎不妥。

有人说她是"土娼"，称他"略有姿色，而悍泼多智巧，乃群奉为女匪头目"，甚至具体点出她是"天津侯家后之妓女"。此说纯系空穴来风，因为黄莲圣母上岸后设坛的侯家后老军堂一带虽然是妓院丛集的花柳巷，但据1900年6月才从天津逃往北京的做过妓女的赛金花声称，红灯罩"圣母"其实是那运粮船上的一个船婆。据此，强加在"黄莲圣母"头上的不实之词当可推翻。

又有人说她是"船家女"，说"黑儿生长水滨，本船家女也"。但黄莲圣母究竟是船家女出身还是后来成为船家儿媳才成为船家女呢？因为有记载说她年幼时曾练习拳棒，十分擅长武艺，稍长一点，即跟随父亲以卖艺为生，行走江湖。林黑儿与父亲在上海街头卖艺时，父亲不小心得罪了洋人，被抓进了巡捕房。

为此,小小的林黑儿心中十分憎恨洋人。更有甚者,说林黑儿武艺高强,擅长绳技,就像明朝红娘子一类的人物,平时行走江湖,凡各种拳棒以及一切戏术皆为精通。联系到她在义和团高潮中"故意装模作样,耸人听闻……又复时演各种奇异戏术"等戏剧性的表演,可以断定黄莲圣母非船家女出身,幼时当有一番流浪的艺人生活。

1900 年 7 月 14 日八国联军攻陷天津后,大肆搜捕义和团红灯照成员,黄莲圣母和她的战友不幸在西河一带被捕,后被幽禁在都统衙门,其结局不得而知。后来有知情人在其小说中写道,洋兵审讯完了,遂将圣母、仙姑绑出,在十字街前示众。但这只是文艺小说的描写,并无确切的史料佐证。

于是关于黄莲圣母的下落产生了种种猜测。有的说黄莲圣母后被运往欧美各州,当成玩物,但欧美各州发行的有关义和团的图片、洋片中至今没有发现黄莲圣母的身影。

还有的说,帝国主义强盗认为,黄莲圣母只是一个弱质女流,能够有如此之大的本领迷惑众人,必有其与众不同之处,外国的民众也都想亲眼目睹其真面目。于是他们将黄莲圣母处死,然后用药水浸泡尸体,再运回本国,放在博物馆中任人观赏。但是这种说法含糊其词,对具体的国名避而不谈。而且既然陈尸博物馆任人观览,无论何国都应该有有关的照片和报道,但同样未曾发现。

因此黄莲圣母的下落及其最后之死,至今仍然是个未解之谜。但是像黄莲圣母这样的中国妇女,她们勇敢地站出来抵御帝国主义侵略,是很值得我们赞扬的。至于她们提出刀枪不入、神人一体等迷信说法,只是为了在当时那种特定的环境下,最大限度地吸引和聚集民众力量,可以说,在民智未开的中国,这种手段是相当有效的。随着我们对义和团运动研究的深入,相信一定能弄清黄莲圣母的身世和下落。

杨翠喜为何掀起轩然大波

清末皇族大臣奕劻,是乾隆帝的曾孙。道光年间袭封辅国将军,后又晋封贝子、贝勒。1884 年,恭亲王奕䜣被慈禧罢斥,奕劻接任总理各国事务衙门大臣,进封庆郡王,主持外交事宜和督办海军事务。后来,他又被封为庆亲王,地位和权势逐渐显赫,八国联军入侵北京时,奕劻奉命留京议和。1903年,荣禄病死,奕劻入军机处任军机大臣,不久又接管财政处、练兵处事务,一时权倾朝野。奕劻为人愚钝,庸庸碌碌,无所作为,但却十分贪财,与他儿子载振、大臣那桐卖官鬻爵,被时人讥讽为"庆那公司"。御史蒋式理奏劾他"细大不捐,门庭若市","异常挥霍尚能积蓄巨款"。因奕劻惯会巴结,慈禧并未将他治罪,反而继续重用。

有其父就有其子,奕劻的儿子载振以奢侈挥霍、放荡无耻而著称。载振依仗其父的关系,居然混上了商部尚书之职,他没有一点官吏的修养举止,宴饮时常常找来妓女陪酒。席间男女衣衫不整,追逐谑笑,淫行毕露,大失官场体统。御史张元奇据实弹劾,慈禧太后手下留情,责令载振闭门思过;给庆亲王奕劻留个面子。岂知载振本性不改,仍旧行为放荡。

1906年,载振以振国将军的身份调查奉天事宜,途经天津。来到灯红酒绿的津门,载振遍召群妓欢淫助兴。哈尔滨名妓杨翠喜正在天津大观园出卖色艺,也在载振邀请之列。杨翠喜是晚清有名的妓女,此人柔美放荡,色相迷人。她十六岁便穿梭于哈尔滨风月场中,"眉眼闪秋波,娇躯浸欲海",曾与沙俄军官昼夜淫乐,令贪恋美色的俄国人流连忘返。杨翠喜还会演戏,唱、念、做、打无不精通,扮相美艳,嗓音娇媚,尤擅饰演淫荡戏,念诵黄段子,艳名远播,令纨绔子弟闻香逐臭,迷恋徘徊。风月老手色目相对,心有灵犀,载振只叹息相见恨晚,很快便与杨翠喜如胶似漆地缠在一起。

直隶候补道北洋陆军统制段芝贵看到载振如此色欲熏心,不禁灵机一动,琢磨出一条升官之路。他不惜花费重金,用一万多两白银买来名妓杨翠喜,欲将她献给载振以示好,为自己进身官阶铺平道路。1907年春,庆亲王奕劻七十大寿。善于投机钻营的段芝贵借祝寿名义,跟载振搭上话,把名妓杨翠喜送到庆王府。杨翠喜施展千娇百媚、能歌善舞的手段,令庆亲王父子淫心大悦。段贵芝由于进献美人有功,1907年4月被清廷诏令以布政使衔署理黑龙江巡抚。

载振被杨翠喜迷得神魂颠倒,整日与其厮守一起,令自己的妻妾妒意大发,吵闹不休。庆王府因杨翠喜而家宅失和,段芝贵献媚求官的丑闻被透露出去,

·清朝逸史·

图文珍藏版

闹得满城风雨。1907 年,清廷御史赵启霖奏章弹劾段芝贵和奕劻父子,中心人物竟是杨翠喜。此案震动朝野,以御史革职,巡抚、尚书被劾免而告终。一个小小的风尘女子为何会掀起如此轩然大波呢? 奕劻当时独揽大权,深受慈禧宠信,尽管赵启霖弹劾奕劻父子二人,慈禧却有心偏袒,只是表面上派遣醇亲王载沣、大学士孙家鼐查办此案。奕劻父子早得了载沣暗示,做好伪证,推说杨翠喜是庆王府新买的使女,与段贵芝无关。载沣、孙家鼐走走过场,将伪证上奏清廷。慈禧大笔一挥,将御史赵启霖革职处分。众人无不惊异万分感到诏书上堂而皇之居然写道:"该御史于亲贵重臣名节攸关,并不祥加访查,辄以毫无根据之词擅自入奏,任意诬蔑,实属咎由自取。赵启霖立即革职,以示惩戒。"赵启霖被反咬一口,含冤革职。督御史陆宝忠、御史赵炳麟为赵启霖鸣冤,均被驳回。

御史赵启霖虽被革职处分,但他的奏章却令朝廷上下议论纷纷,满朝文武指指点点,令奕劻父子坐立不安。在舆论的谴责下,载振上书朝廷自行辞职。清廷顺水推舟,暂时免去载振御前大臣、领侍卫大臣、农工商部尚书等职,段芝贵的巡抚之职也被免掉。一个杨翠喜闹得罢免了一个御史赵启霖,免掉尚书载振、巡抚段芝贵之职,实在荒唐可笑,举国上下讥笑怒骂,清廷大失颜面,无比尴尬。

后来,又有一种说法,认为清廷处置杨翠喜案固然荒谬,但御史赵启霖被罢免却也并不冤枉。奕劻父子胡作非为,臭名远扬,弹劾他卖官鬻爵,受贿索贿是证据确凿的;但是说段芝贵进献杨翠喜却是很难找到证据的,所以被载振反咬一口,罢官丢职,也只能怪赵启霖自己不太高明。

也有人说段芝贵并没给载振献美人,而是把杨翠喜献给了手握兵权的袁世凯,深得袁世凯的欢心,段芝贵还拜袁世凯为义父。袁世凯称帝后,段芝贵被称作"干殿下"。但有人纠正说,献给袁世凯的叫翠凤,和翠喜是姊妹关系。

还有人说,杨翠喜是袁世凯买来贿赂载振的。当时,袁世凯在天津小站练兵,拥兵自重,清廷深恐其反,于是派载振出使奉天,暗中打探袁世凯的底细。袁世凯密探遍布京城,深知载振出行目的。袁世凯得知载振喜爱美色,投其所好,就花重金买来杨翠喜,送给载振,载振得到名妓杨翠喜,自然心花怒放,回到慈禧面前不断为袁世凯美言,使袁世凯深受重用。

杨翠喜一案的真相究竟如何？若是赵启霖诬告，载振、段芝贵为何被免职？若是赵启霖据实弹劾，他本人怎么又遭罢免？杨翠喜跟袁世凯又是什么关系？此案众说纷纭，审理得也是荒谬至极，令人疑惑不解，历史的真相恐怕只有当事人才知道吧。

赛金花与瓦德西真的有染吗

20世纪初的北京正处于多事之秋，义和团运动、八国联军侵华、《辛丑条约》的签订，给中华民族带来了深重的灾难。在这些事件的背后均流传着许多小故事，其中之一就是"议和大臣赛二爷"。这位大名鼎鼎的"赛二爷"就是晚清名妓赛金花。提起她的名字，几乎无人不知，无人不晓，但谈及她的生平行事，却又众说纷纭。"状元娘子""公使夫人""四大金刚之首"等一连串的名号，

赛金花

以及与联军统帅瓦德西的风流韵事，使赛金花成为近代史上一位传奇式的人物。

图文珍藏版

赛金花初名傅钰莲,乳名彩云,江苏盐城人,大约出生于1872年。幼年时被卖到苏州的所谓"花船"上为妓。光绪十三年(1887年),适逢前科状元洪钧回乡守孝,对彩云一见倾心,于是将其纳为小妾,当时洪钧48岁,傅彩云年仅15岁。不久,洪钧奉旨担任驻俄、德、奥、荷四国公使,其原配夫人由于害怕不适应外国的生活习俗,于是将清廷赐予的诰命服饰借给彩云,命她陪同洪钧一起出洋。19世纪90年代,洪钧回国后不久即病死。1894年,傅彩云在送洪钧棺柩南返苏州的途中,潜逃到上海为妓,改名曹梦兰。在上海,傅彩云挂牌接客,果然效果颇佳,名声大噪。据她自己回忆说,最初约了两个要好的姐妹同住,遇到知交才露露面,后来知道的人多了,都劝她挂牌,她出于不得已,才改名曹梦兰,重堕风尘的。不管怎么说,"状元夫人"的确是一个很大的资本,一时间门前车水马龙,结交的多是官、商、文各界的名人,如"戊戌六君子"之一的林旭。假如傅彩云在洪钧死后心甘情愿地为他守节,而不是下堂去重操旧业,"状元夫人"的名声就不可能作为一种成名的资本。实际上,赛金花生活的时代,像明末名妓董小宛那样从良后心甘情愿做一名贤妻良母的妓女,可谓寥寥无几。清末的妓女,许多因为挥霍太过、债务缠身,经常靠嫁人来摆脱困境,然后不出三五月或一年,即想方设法地脱离夫家,重张艳帜。赛金花虽然不能免俗,但她到底是在洪钧死后才明明白白地下堂,倒也不失为光明磊落。

1898年前后,傅彩云从上海北上到天津、北京为妓,改名赛金花。因为当时北方胭脂的质量普遍不佳,所以"状元夫人"一出,立即使京津两地的达官显贵趋之若鹜。在此时期,赛金花结识了当时的户部尚书、后来在庚子年间被杀的立山,并认识了立山的一个朋友卢玉舫。由于立山极力促成,赛金花和卢玉舫换贴成了结拜兄弟,赛金花比卢玉舫小两岁,从此就被称为"赛二爷"了。

据赛金花本人回忆说,1900年八国联军侵占北京时,德兵闯入她的住处,由于她懂点德语,又向他们打听过去在德国结识的几个名人,包括瓦德西的情况,士兵很惊奇,不敢胡来,赶紧回去报告联军统帅瓦德西。后来,瓦德西就把赛金花请去吃饭,还不断送给她钱和衣服。以后几乎每天都派人来接她到营里,很少有间断的时候。不过,关于所谓的风流韵事,赛金花却是矢口否认的。她说自己"同瓦德西的交情固然很好,但彼此之间却是清清白白,就是平时在一起谈话,也非常的守规矩,从无一语涉及过邪淫。"赛金花自己还提到瓦德西曾托她代办德军军粮,以及帮助洋兵找女人。其中多数是良家妇女,每人一宵的代价是银子三十。照此说来,当时良家妇女为了衣食着落尚且如此,倚门之娼"结与国之欢心"更是不可避免的了。而且在北京众多的倚门之娼当中,赛金花凭着精通欧语的本事的确是脱颖而出,这为她接触联军官兵提供了方便。

由于瓦德西十分信任赛金花,所以她曾经劝说瓦德西尽量减少对北京百姓的骚扰。后来,德国公使克林德被义和团杀死,其夫人态度强硬之至,提出许多苛刻条件,如要西太后偿命,皇上赔罪等,使议和陷入僵局,把全权代表大臣李鸿章弄得简直没有办法。赛金花看到这种情形,心里实在着急、难过,于是私下向瓦德西苦苦劝说了很多次,又经瓦德西去劝克林德的夫人,建议为克林德公使建立一座大牌坊,用皇上之名义刻上碑文,树立在公使遇害的地方,以纪念公使。经过赛金花多方努力,克林德的夫人终于同意。

但是,赛金花在接受记者采访时信口胡说、前后矛盾的地方是很多的,例如她先说庚子以前并不认识瓦德西,后来又说两人在德国时就认识,而在对另一个记者说话时又表示:"他们都是胡说呀,我哪里会和瓦德西认识呢?"另外,对于赛金花的德语水平,许多人也表示过怀疑。赛金花自己表示,她是会说不会写,当时社会名流齐如山先生则说:"赛的德国话稀松的很,有些事情往往求我帮忙,实因她还不及我。但我的德语,也就仅能对付着而已。"

如果赛金花并没有与瓦德西结识,那么她"议和大臣"的功劳也是子虚乌有的。她一个弱女子是不是有这么大的能力制止八国联军的滥杀,确实很值得怀疑。德国军进入北京城的确杀人很少,但这里边其实是另有原因。德军于1900年10月17日抵达北京,而八国联军则是在8月14日至16日就将北京攻陷。中间相差两个月,足以证明赛金花所说都是虚假的,这时侵略者在北京奸掳焚杀的高潮已过,哪里还轮得到当时在北京当妓女的赛金花来献丑表功呢?

八国联军烧杀抢掠,无恶不作,赛金花由于本身的悲惨职业,被迫和若干德国军官往来是不可避免的。而她利用这种便利,保全并救护了许多同胞,也应该是事实。只是她是否认识瓦德西并通过劝说瓦德西来保护无辜百姓,则很难说。其实很多事情,历史的真相或许并不尽然,但是民间零散而特异的传闻,却更具有活力。也许不仅仅是因为人们喜欢听故事而有了传闻,也可以说,传闻在某种程度上反映了一个特定环境里人们共同的愿望。当时京城被难、两宫西幸,诸位大臣束手无策,偏偏一个身份低下的风尘女子,能够挺身而出解救国难,这与其说是一个传奇故事,不如说更像一段含义深刻的寓言。

中国最早的铁路是哪一条

火车和铁路作为人类征服自然的伟大成果之一,最先出现在工业革命的故乡英国。1814 年,史蒂芬逊发明了蒸汽机车,又于 1825 年建成了世界上第一条铁路。鸦片战争以后,中国也开始出现修建铁路的建议与探讨,一些外国商人向清政府提出了修筑中国铁路的大规模综合计划。1865 年,一个名叫杜兰德的英国资本家,在北京宣武门外修筑了一条长仅一里的铁路,试行小火车,意在劝说清政府同意外国人修筑铁略的要求和计划。有人认为,虽然这只是一条展览路,不具备什么实用价值,且很快被清政府派兵拆毁,但这毕竟是铁路和火车这种新鲜事物中国的首次出现。

对于这种观点,许多人提出了不同的看法。有人认为中国土地上的第一条铁路,应该是 1876 年英商怡和洋行在上海修建的淞沪铁路。此路全长 30 里,搭客载货,运行正常,一时营业兴盛,但不久因为出现重大伤人事故,引起舆论哗然。清政府即以 28 万两白银高价购回,全数拆毁,用船运至海上,抛弃海底。

还有的人认为,上述北京宣武门外的铁路和上海的淞沪铁路,都是外国人修的,还不能说是中国自己的铁路。而且,这两条铁路后来都被拆毁,也不能说是成功的铁路。他们主张,中国人自己修筑、并真正成功保存下来加以实际应用的第一条铁路,是唐山——胥各庄铁路。当时,洋务派兴办的开平煤矿,采用马车运煤,速度慢、载量少、运费高。李鸿章为降低运费,增加利润,奏请政府修筑唐胥铁路,从 1880 年开始兴筑,到 1881 年 6 月建成,全长 11 公里。其后不断加修,到 1894 年已经延伸至山海关,全长近 200 公里。唐胥铁路修筑时,因为清政府考虑到机器之声太大,恐怕山川之灵不安,只准用驴马拖载,否则不准修筑铁路。因此铁路修成后,最初以驴马拖着车厢在轨道上爬行。次年才利用废旧锅炉零件改造制成火车头,代替畜力牵引。

问题并未到此结束,又有人提出,早在唐胥铁路兴建之前的1877年,台湾基隆煤矿的老寮坑矿地至濒海泊船处,就已经有了我国的第一条自修铁路,它比唐胥铁路的兴建早四年。这条铁路是洋务派大员丁日昌任福建巡抚期间筑成的,作为我国第一口新式机器采煤竖井的辅助工程,它和唐胥铁路一样,都是矿区内运煤的短程铁路,而且一开始都曾用畜力和人力牵引。台湾基隆矿区铁路也是由于清政府中顽固派的坚决反对,而被迫采用马拉车前行,在上下坡时,则辅以人力拖拽。此外,丁日昌修建基隆矿区铁路意在"求富",他认为"每年归还成本之后,源源挹住,于币项实大有裨益"。

唐胥铁路的修建,目的也是如此,洋务票员唐廷枢曾以基隆矿区铁路为例,指出:"若煤铁并运,即须自筑铁路,方可大见利益。是台北矿务,煤井未开,铁路先已筑成,正此之谓。"可见基隆矿区铁路的建成,对唐胥铁路的兴建产生了一定的影响,因此没有理由不把台湾基隆矿区铁路作为我国自行修建的第一条铁路。

1909年10月2日,北京城西的南口车站张灯结彩,锣鼓喧天,人潮涌动,我国自行设计兴建的第一条铁路干线——京张铁路的通车典礼在这里隆重举行,这是我国近代著名的爱国工程师詹天佑努力的结果。早就觊觎京张铁路路权的英、俄工程师曾挖苦说:"中国人想不依靠外国人自己修铁路,至少还得50年。""中国会修关钩段铁路的工程师还没有诞生呢!"国内一些人也说詹天佑是"不自量力,胆大妄为"。面对国内外的冷嘲热讽,詹天佑毫不动摇。他运用所学知识,遍访沿线居民,询问山势水情,最终选定一条最佳路线,比英国工程师金达的设计减少了2000多米的隧道工程。隧道完工后,詹天佑针对八达岭一带山高坡陡、列车容易发生危险的情况,别出心裁地运用"拆返线"原理,在青龙桥地带,设计出一段"人"字形线路,从而降低了坡度,使列车能够安全穿过八达岭。从此以后,中国人有了自己设计建造的铁路,并且技术也日渐成熟。发展到今天,已经形成遍布全国的铁路网,方便了旅客和货物的运输。

然而,当时基隆矿区铁路长久为人们所忽视,究其原因就在于修建这条铁路之时,正值上海淞沪铁路交涉之际,顽固派反对筑路的气焰甚为嚣张。在清

图文珍藏版

政府内部一片筹议海防的声浪中,丁日昌首先在基隆矿区建成我国第一条自办铁路,进而又奏准兴修台湾南北 600 里铁道。清政府为杜绝内地仿效,声称船路一事,只有台湾海岛可以特殊,允许与内地迥异,并强令别的省份不得援以为例,因此,基隆矿区铁路未能在大陆造成广泛的影响,为人们所熟知。此外,由于顽固派的多方禁阻和外国洋行的乘机敲诈,当时台湾南北铁路刚刚着手筹建,就因经费不足而中止。本来台湾道台打算利用淞沪铁路拆卸下来的器材,将基隆矿区铁路改阔,自泊船处沿江筑至鸡笼的计划也告失败,

基隆矿区铁路因之未能加宽延长,这种状况一直持续了很长一段时间,刘铭传担任台湾建省后的第一任巡抚时才得到改变。这正是基隆矿区铁路长期被埋没的主要原因。尽管如此,台湾基隆矿区铁路作为我国第一条自建铁路的地位仍是不容置疑的。

女真人为何以鸟为图腾

每个民族都有自己的原始图腾,世居白山黑水的女真人则虔诚地尊崇着鸟类。相传,在辽东地区,巍峨壮丽的长白山东北部有座布库里山,山下有一清澈透明的水池,名叫布尔瑚里。夏季的池水,蓝如天空,平若镜面,池边绿茸茸的野草和娇美吐艳的鲜花,不时吸引着翩翩起舞的蝴蝶和喳喳欢跃的鸟雀。

一天,三位仙女白天而降,来到布尔瑚里。她们是三姐妹,大姐名恩库伦,二姐名正库伦,三妹名佛库伦。她们被这美丽的景色深深吸引,于是在池中脱衣沐浴。许久,三姐妹相继上岸。这时,一只神鹊飞来,盘旋在三姐妹的头上,轻盈可爱,三姐妹频频抬头观望。突然,神鹊将口中一颗红色的果子丢在三妹佛库伦的衣服上,红果光滑鲜艳,佛库伦爱不释手,便将果子含在口里。不料,红果刚刚放到口中,竟顺势划到腹内。顿时,佛库伦感到腹部沉重,她无法飞回天上,只好与两位姐姐告别,暂时留在了人间。

不知过了多久,佛库伦生下一个男孩。孩子落地就会说话,身高体壮。十几个春秋过后,孩子长成一个相貌英俊、举止非凡的少年。佛库伦便向儿子讲述了这段离奇的身世,并命其以爱新觉罗为姓,以布库里雍顺为名。接着,佛库

伦郑重地嘱咐他说:"上天生你,以定乱国,你要前往治之。"说完,她给儿子一条船,指给他乘船前往的方向,然后凌空而去。

布库里雍顺谨遵母教,乘船由牡丹江上游顺流而下,驶过险流峡谷,来到牡丹江与松花江的汇流点——斡朵里(今黑龙江依兰)一带。斡朵里是个白胡人家的村寨,分为三姓,这些体态剽悍的女真人,生性好斗,争相雄长,原始仇杀的遗风,使茅舍相殷的村寨笼罩在一片杀气中。一天,有人在河边发现了布库里雍顺,见他长得与众不同,便交手为轿,抬着他来到寨中,奉为"贝勒"(首领)。斡朵里在布库里雍顺的治理下,百姓和睦相处,呈现出一片繁荣的景象。

然而,数世之后,布库里雍顺的后人却因荒淫无道,激起了众怒。勇敢的三姓人以残暴反对残暴,他们几乎杀死了爱新觉罗家族中所有的人。当他们发现有一个叫范察的小孩子逃掉后,仍然毫不犹豫地追了出去。范察奔跑在荒野里,漫无边际的荒野无处藏身,眼看追兵迫近,危在旦夕。正在这时,一只神鹊落到范察的头上。于是,越来越近的追兵竟然将栖落神鹊的范察当成一株枯木,罢兵而归。

神鹊的后裔,鸟的传人,在危难之中又得神鹊相助。这个动人的神话,记载了满族祖先在度过了原古的洪荒年代后,曾有过只知其母不知其父的母系大家庭时代。

公元1559年,努尔哈赤出生在赫图阿拉一个女真贵族的家庭。似乎他与生俱来就与鸟有着不解之缘。不知何时,有了这样的传说:他的母亲曾梦见天眼大开,飞出一只雪羽金爪的神鹰,直扑自己的怀中,遂身怀有孕。于是,努尔哈赤便有了天上小白鹰下凡投胎的"身世",甚至在史书上也有其母怀胎13月的记载。

后来,努尔哈赤归顺李成梁,凭着赫赫战功取得其信任。当时努尔哈赤仪表堂堂,英气十足,却有带着野味的个性和气质,这牵动了李成梁小夫人的心。与努尔哈赤年纪相仿的小大人对他十分钟情。一天晚上,正在足浴的李成梁抬起脚对小夫人逗趣说:"你看,我所以官至总兵,正因脚上长了七颗黑痣!"小夫人不以为然。她漫不经心却又略带夸耀地答道:"帐下侍从努尔哈赤的脚上也长了七颗痣,而且是七颗红痣!"不料,李成梁听后,竟然大惊失色。原来,他刚刚接到皇帝的圣旨,说是钦天监夜观天象,有紫微星下降,东北方向有天子象,命他严密缉捕。在那信天命、敬鬼神为时尚的年代,这是一件非同小可且有关社稷存亡的大事。七颗红痣,正是所谓的天子象。李成梁当即下令,造囚车以备,待翌日天明,即将努尔哈赤绑缚京师,开刀问斩。

李成梁的小夫人本欲为努尔哈赤争宠,却无意中闯下了大祸。她追悔莫及,情急之下,竟然顿生胆智。夜深以后,小夫人待李成梁已入酣梦,急忙唤醒努尔哈赤,向他说明了原委。努尔哈赤顿时一身冷汗。他万分感激地拜谢小夫人说:"夫人相救,实是再生父母,他年得志,先敬夫人,后敬父母。"说完,即盗得一匹大青马,连夜朝长白山方向逃去。跟随努尔哈赤的还有他平时喂养的那条黄狗。小夫人送走了努尔哈赤,便在柳枝上系白绫自缢。

第二天早上,找不到努尔哈赤的李成梁大为恼火。正当他为此疑惑不解之际,发现了吊在树上的小夫人。李成梁当即醒悟。小夫人的叛逆,不仅令他颜面无光,且断了他升官的良机。李成梁勃然大怒,他扒下小夫人的衣服,在裸露的尸体上重责40大板,然后派出了大量追兵,下令一定要把努尔哈赤捉拿归案。

这时,奔跑了一天的努尔哈赤已是人困马乏,他正要下马休息,忽然听到人喊马嘶的嘈杂声由远而近。他知道追兵赶来,便策马飞奔。也不知走了多远,疲劳已极的大青马突然倒下了。没有了坐骑,努尔哈赤必死无疑。但他不甘心命运的摆布,仍然拼命地奔跑着。眼看就要被追兵赶上。正在这时,他忽然发现前面有一颗空心的枯树,便急忙钻了进去。奇怪的是,不知何处飞来了许多乌鸦也落到了这颗树上。追兵赶到了,但乌鸦栖聚的枯树,使他们相信了这里无人。努尔哈赤终于脱险了。

追兵渐渐地走远了,努尔哈赤从枯树中爬出来,钻进了芦苇丛生的荒草地。他松了一口气,惊恐和奔波使他疲惫不堪,倒在地上便熟睡过去。不知过了多久,一无所获的追兵又原路返回,他们纵火烧荒,要将努尔哈赤"火葬"。眼看漫天大火越来越近,而努尔哈赤依然酣睡不醒。这时,一直跟随他身边的黄狗开始奔跑起来。它跑到附近的河边,浸湿了全身,再跑回来,在努尔哈赤睡下的四周打滚。一次,又一次,黄狗拼命地来回奔跑着,在地上翻滚着,终于把努尔哈赤身边的草地全部弄湿，而黄狗却倒在了努尔哈赤的身旁。当努尔哈赤醒来的时候，一望无垠的荒草地已经化为一片灰烬，唯有他身边环绕着一小块草丛，冒着缕缕青烟，而倒在地上的黄狗浑身湿漉。他立即明白了，是黄狗以死相救，用身上的水隔断了大火。努尔哈赤泪流满面，他对狗发誓说："今后子子孙孙永远不吃狗肉，不穿狗皮。"

这段离奇的传说，不仅证明了努尔哈赤与乌鸦的天缘，由此成为"神"的化身，而且派生出许多传说中的传说，还形成了各异的满族民俗的渊源：

——满族每年在黄米下来的时候，都要插柳枝，为的是感激和纪念那位为救努尔哈赤而在柳树上殒命的小夫人；

——满族，祭祖时有一段时间要灭灯，则是因为小夫人死后，曾遭李成梁裸身鞭责，祭奠时须熄灯以避；

——满族忌杀狗、忌吃狗肉、忌穿狗皮衣、忌戴狗皮帽，为的是不忘那条忠实救主的黄狗；

——满族人的院落里，都立有一根一丈多高的木杆，称"还愿杆子"。祭祀时，要在杆子上挂些食物（多用牲畜的内脏）以备乌鸦和神鹊来食，称为神享。这是因为，努尔哈赤脱险后，曾在长白山以挖野菜、掘人参为生，他想到在种种危急关头，均能化险为夷，俱是上天的保佑。于是，他立起手中的木杆祭天。同时想到乌鸦保驾，就将食物挂在了杆子上，这种做法后世相沿成习。

张小泉名称由来

"张小泉剪刀"从其诞生之日算起，至今已与中国人民相伴了近 350 年。上至皇家宫院，下至平常人家，皆与其有着剪不断的渊源和诉不尽的故事。那么它是如何诞生，又如何为世人熟知、认可和热爱的呢？下面单讲一下"张小泉剪刀"自身曾经的故事。

"张小泉"本为人名，是"张小泉剪刀"的创始人，他生活于明末清初时期，是安徽黟（yi）县会昌乡（古称徽州黟县）人。与很多徽商一样，其在开始创业时尝尽了艰辛。

张小泉的制剪手艺得自祖传,其父名张思家,自幼在以"三刀(菜刀、剪刀、剃刀)"闻名的芜湖漕港学艺,学成后在黟县城中开了个剪刀作坊,店名"张大隆",并带着家小以店为家。张思家做事认真,待客真诚,他制作的剪刀坚韧锋利,备受人们的称赞,名声也就渐渐传了开去。

张小泉出生时,明朝还没有灭亡,但此时国家动荡,民不聊生,张思家的剪刀店也经营不下去了,便挑副铁匠担走街串巷,替人家打造镰刀锄头、菜刀锅铲。据说张小泉就是在这样奔波的路途中出生的,他母亲怀他时,有一天在一座山脚下的泉眼里洗衣裳,突然要生产,不曾想将孩子扑通一声生进了泉水里,她便赶紧挣扎着捞起来,之后就给他取了个名字叫张小泉。

生长在铁匠世家,张小泉耳濡目染的自然是打铁的行当,因此从小便学起了打铁的技艺,三四岁时就蹲在炉边拉风箱,八九岁时就学着打小锤,等到长成一个年轻力壮的小伙子,他就基本学完了他父亲的技艺了。

此时明朝已经灭亡,清兵开始入关并南下,张小泉父子俩逃到杭州从事打铁业。杭州毕竟是当时的大城市,商业较为繁荣,加上张小泉技艺精湛,铁器十分好销,手头也富足了起来,便在杭州吴山脚下的大井巷内重新开设了"张大隆"剪刀作坊,悉心研究铸造技艺。

张小泉还很有悟性,凡事爱琢磨,根据"好钢要用在刀刃上"这句话,他还研究出了刃口"嵌钢(又称镶钢)"的制作方法,打铁的本领更比其父高明了。他铸的犁尖,耕起田来又深又快;他打的锄头,锄起地来又轻又巧;从他那儿买的菜刀,剁骨头也不会卷口;特别是在剪刀制作上,他一改用生铁锻打剪刀的常规,选用浙江龙泉、云和之精钢加之于剪刀之锋刃上,首创了"嵌钢"制作剪刀的方法,这样制成的剪刀镶钢均匀,刀口锋利。又因其做工精细,剪刀轻便好使,开闭自如,他还采用镇江特产质地极细的泥精心磨制,使剪刀光亮照人,于是别人制作的剪刀再也比不过他了。一传十,十传百,张小泉制作的剪刀很快便名噪一时,一些裁缝、锡匠、花匠等专业用剪的人等都慕名而来定制剪刀。加上地处当时杭州商业中心,其生意格外兴隆。

王致和将错就错成臭豆腐大王

清朝康熙年间,安徽仙源县人王致和从小爱好读书,自认学有所成后赴京赶考,不想却应试落第,之后他决定留在京城,一边继续攻读,一边做豆腐谋生供自己日常生活。

王致和毕竟是个年轻的读书人,没有经营生意的经验,还得把心思和精力用到读书上,加之做豆腐的人也多,所以他做好的豆腐往往不能在当天卖出去。这要在冬天还好,豆腐能放一两天,而在夏天,剩下的豆腐则很快就变味了,他只好用盐把每次剩下的豆腐腌起来。

一个夏季的一天,他所做的豆腐剩下不少,他只好用小缸把豆腐切成块,撒上盐腌好,随手放到了一个角落里。日子一长,他竟把这缸豆腐忘了等到秋凉时想起来了,但这缸腌豆腐已经变成了"臭豆腐",打开盖子还未等看,只觉一股臭味扑面而来,差点呛了他一个跟头。

此时的王致和因经营不善,家里穷得几乎没什么可以吃的了。这缸豆腐虽然臭了,但他却舍不得扔,想尝尝是不是还可以吃,于是,王致和就忍着臭味吃了起来。结果刚吃了一口,就觉得这豆腐味道竟是如此的独特鲜美,便就着个馒头大吃起来。

吃完后,王致和又想,臭豆腐竟然这样好吃,恐怕别人还不知道,我要用他卖钱,说不定能发大财呢,心里就很兴奋,便拿着剩下的臭豆腐去给自己的朋友吃。

朋友们一闻是臭豆腐,开始没有一个人愿意尝。王致和好说歹说,自己又亲自吃了示范,朋友们才同意尝一口,没想到朋友们在捂着鼻子尝了以后都纷纷赞不绝口,一致公认此豆腐的美味妙不可言。

于是,王致和索性"一错到底",也不读书应试了,改行专门做臭豆腐。在北京延寿街开办了一家臭豆腐铺,传说此铺门联为:"可与松花相媲美,敢同虾酱做竞争"。横批为:"臭名远扬"。他用心经营,生意也随着越做越大,而名声也越来越广。至晚清时,连贪婪的慈禧太后也闻风来尝一尝这"臭"名昭著的

"臭豆腐",吃后还对其大为赞赏。

从此,王致和与他的臭豆腐身价倍增,不仅成为一种常见食品,还被列为御膳菜谱,成为慈禧太后之日常小菜,慈禧还曾赐名"青方"。清朝末年状元孙家鼐还写了两幅藏头对盛赞王致和腐乳:

"致君美味传千里,

和我天机养寸心。

酱配龙蟠调芍药,

园开鸡跖钟芙蓉。"

如今,王致和腐乳厂坐落于北京海淀区阜石路边,王致和已成为中国知名的食品品牌。

清代独特的婚俗

自先秦以来,"六礼"成为婚姻仪式的统一规范,规定了结婚必须经过的六道手续:纳采——男家向女家送点小礼物表示求婚,问名——男家问清楚女子的姓氏以卜吉凶,纳吉——卜得吉兆后,带礼品往女家报喜,纳征——即订婚,男家要送贵重礼物,请日——男家择定完婚吉日请女家准允,亲迎——男家往女家迎娶新妇归。"六礼"流传两千余年至清朝,没有大的变动,规定中的这些事,上至皇帝下至庶民,都要一一奉行。只是清代的婚礼在这个基础上演变得更加复杂,各处花样翻新,不一而足。

汉族地区经过数千年的大一统,长江南北黄河上下,结婚程序大体相同,只有繁简的区别。

一、说媒,也叫保媒、保亲。由媒人(也叫冰人)为门户相当的两家介绍。媒人可以是戚友,也可以是专业的媒婆。

二、通草帖,也叫发草八字。媒人将女方年庚八字用粗纸写好送往男家,男家以此问卜,得吉,方回一草帖。南京讲究的人家,要拿女方草帖压在灶前香炉下,三日内家中平安,才持去问卜,若有碎碗破甑之事,即托言不合,退回草八字。

三、合婚,也叫合八字、拿八字,将男女双方的生辰八字交星命家推堪,得其认可方能下定。

四、过年庚帖,也叫过细帖、下定、定帖、放定。双方交换定帖。最郑重如杭州,帖中还要序三代职位名讳、注明妆奁财产等,因帖为泥金全红,所以也称传红。有些地方有先放小定或先相亲的习惯,以示郑重。杭州则换帖后相亲,相中了则赠以金钗,谓之放定;若不如意,送彩缎二匹,谓之压惊。

下定、放定就是订婚,此后双方都不能反悔了,否则就被看作赖婚而可以付诸诉讼。订婚礼品男方给首饰如意,女方答以靴帽文具。江南盛行南方送银一锭、金如意一枝,取"一定如意"之吉祥。富厚之家更以珠翠首饰绸缎衣裙加以双羊牵送,凑成八盒或十盒往女家报定。营口放大定又名押匣子,拿两只匣子送往女家,一装庚帖,一装银子——银子数为姑娘一岁银一两。

订婚之后,可能许多年都不结婚,两家全凭媒人来往传话,遇年节互赠礼盒酒果,名"追节"。

五、通信,也叫送好日子、报日期。男方择定吉日,将迎娶日期写在龙凤帖上送往女家,随帖送去龙凤喜饼、茶叶白糖及红枣、栗子、花生、桂圆等喜果,还有食盒盛装的山药、藕、猪羊腿等物,有四抬、六抬、八抬之分,女方答以糕饼,名"回盒礼"。通常第一次送日子女家必定不允,须往复三四次才能敲定。

六、送聘,又叫行礼、下财礼。男家此日将女家索要的聘金、衣饰、鹅酒筵席送往女家。富厚之家必备三金为礼:金钗、金镯、金帔坠;贫家则无定规,一般首饰衣帛也可支吾。

七、送嫁妆,又叫过嫁妆、铺嫁妆、铺房。多在娶前一天,女家将应有的奁具雇挑夫送往男家,由伴娘为之铺陈。富家嫁妆惊人,床桌器具箱笼被褥俱全,有所谓八只八口——八大箱、八中箱、八小箱、八柜八铺八盖;桌上锡铜瓷器若干抬,甚至打造金银台面,以示女家体面,布置新房也力求豪华。北方嫁妆以抬数计,京师中等人家大半为二十四抬、三十二抬。女家请男傧送妆,男家也要请人迎妆,女家除派人往男家铺陈新房外,还以至亲前来暖房、以从嫁使女看守房中,不许外人进门。

贫家备不起抬,仅将女子常用衣箱被褥等必须用品托人送到男家。下财礼、过嫁妆这两项常常成为大户人家摆阔夸富的大游行。

八、娶亲,这是结婚仪式的中心,实质性程序,最热闹最繁琐,讲究最多。京师大致是这么个过程:男家请一位负迎娶责任的全福女傧为娶亲太太,辅以男傧二或四或八人,备投门帖往女家迎新娘;女家也请一位送亲太太和相同数目的男傧,将新娘送到男家。喜轿或一乘或三乘,以伞扇旗镜为仪仗,鼓乐相随。

新郎须往女家拜新娘的父母,叫作谢亲或谢妆,谢毕即归。新娘抬到男家,下轿入堂,与新郎拜天地,礼毕,新娘坐于新房中,称为坐帐,于是有以米谷五子撒帐说吉利话的撒帐仪式,新夫妇行合欢礼饮交杯酒、吃长寿面。男家备帖请女家会亲,吃会亲酒。此日回门,新夫妇同回女家,当日即返。第三日也叫三朝,新夫妇行庙见礼,往宗庙拜祖先,承认女方为家族一员。登堂行家庭礼,俗称分大小。新娘回娘家方可住下,谓之对月。结婚仪式至此完成。

这些看来简单,实际上当时人新郎新娘,要经受无数刁难和折腾。如果新郎是生长在鄂皖一带,那么得经受如下考验:吉日的前一夜,新郎得身着礼服,在喧天的鼓乐震耳的爆竹声中先拜祖先,再拜父母,还要拜族里尊长、邻里尊长。随后坐上接新娘的花轿,另寻一压轿童坐上新郎回来时乘坐的呢轿,打着四对大灯笼、四对火把出发。一路上遇村过庄就得放鞭炮,来到女家门首,那门照例禁闭,就得更加起劲地大放鞭炮,名为催门炮。女家可能长时间拒新郎于门外,称为"捺性子",新郎得贿赂门上婢仆一小笔钱,名为"开门封",大门才会打开。

广东顺德,新娘拜见公婆必须膝行,庭中置一方桌,新娘要膝行于桌前方叩头数次,膝行至桌后方又叩头数次,周而复始跪叩数个时辰,称为跪茶跪酒,目的无非也是折磨新娘的性子使之听话顺从。新娘多不胜其苦而当堂痛哭。闹房更是野蛮,诸人多方调笑,令新娘做其不能做和不好意思做的事,稍不顺从,就烧爆竹炸新娘,新娘面目手足常因此受伤,恍如囚犯受刑。

清代丧葬的礼仪

极端重视丧葬,是满族人的特点之一。在清代,不论日子多艰难,只要不沦为乞丐，总要早早积下足够的钱准备寿材。将死的人，只有望着备好的棺材，才能安心瞑目。所以，传到如今便有了俗话："保住棺材本儿""刚赚够棺材本儿"，那"棺材本儿"就成了最低的、最起码水准的代名词，仿佛只要有口棺材躺着去死，才算万事大吉。

问题不在一口棺材，有棺材，便有与此相联系的一系列仪式典礼，其认真隆重复杂繁琐，其铺张奢华，远远超过三朝、满月、婚礼、寿诞，种种讲究、忌讳、更是多不胜数。

光绪末年，天津冯氏年过五十，守寡半生，抚养了一个过继儿子，却又吃喝嫖赌，无所作为。老太太深恐自己一旦去世，身后事不堪设想，便亲自将寿衣寿衾、棺椁葬地一一安排妥当，于立冬之月乘八人抬绿呢大轿，亲临墓穴，鼓乐前导，旗幡后拥，车轿亭马等仪仗和诵经僧人俱全，又遍请亲友为之执拂戴孝，上演了一出生前出殡的大场面之后，安心等死。

其实，完整的丧葬典礼不会这么简单，大致来说分以下几个步骤：

一、易衣。孔孟之乡的山东，丧礼最近古礼。亡者弥留之际即行易簀，穿上预先准备的内外衣裳，一断气，孝子就披发跑到院中，呼喊爹或娘，高叫三声"上西南"，而后擗踊大哭。哭毕用瓦罐盛米汤赴土神庙，边喊亲人边洒，谓之送汤。

江浙一带死者断气，立刻要烧纸扎轿马和草鞋，以使亡魂去阴司有轿子坐，而草鞋是烧给轿夫的；孝子要立刻将死者衣服打包写明姓氏跪而焚之，名为烧包。为死者更衣，富家需绸缎衣十二件，贫家也得布衣七件，有官职者用礼服。怕亡魂路过饿狗村被咬，更衣时要以龙眼或面球七枚悬于死者手腕，名为打狗饼；又怕亡魂路过孟婆亭喝迷魂汤，所以往死者手中放菱形甘露叶和茶叶，口中念道："手中自有甘露叶，口渴还有水红菱"；怕亡魂过剥衣亭被恶鬼剥衣，换衣时也须念道："尔件衣裳哪里来？我件衣裳家里来，文武织补太监裁，观世音娘娘开领做纽襟，弥陀穿去不回来"——显然是拉大旗做虎皮，借势吓鬼。换衣时须使亡者坐靠丁桴栳或巴斗之上，说是可使后代将来靠得稳、把得定。若年老寿终，恰逢八十一岁，则俗以为九九八十一，财数算尽，怕后代穷败，须拆散一只算盘，在死者气绝时隔窗撒出，称为破法。

二、批殃榜。请阴阳先生来批殃榜，又称开殃书，定下入殓、发引、破土下葬及出殡的日期、时辰,随后写报条,印讣闻哀启分送亲友家。

河南洛阳地区风俗,入殓前,主丧人要亲报三党亲族,到齐后,由最有关系之公亲问明病源死因,准允收敛,方可入棺。如父死,则须族长允;母死,须母党公亲允;妻死,须妻党公亲允。若擅自先殓,公亲来到,必以为有过犯而大闹不休,甚至经官诉讼。

三、入殓成服,开吊治丧。天热时当日将尸身入棺,但不钉棺盖,称为小殓;按阴阳先生所批时日入殓,称大殓。届时亲人环聚而哭,棺内除衣衾外还须放置黄土、石灰、雄黄、鸡鸣枕、脚炭、纸卷等物。盖棺成殓后,阖家换凶服举哀。孝服制度很严格,亲疏嫡庶均有区别,丝毫不得紊乱。之后开吊、治丧。有些地方开吊前一夜请客饮宴,名为请封宾。

四、接三和回煞。京师以死后第三日为接三,多数已入殓。普通人家于门外挑丧纸、设鼓乐,富家还增设幡和铭旌,亲友赴奠,僧道午后诵经,并送纸糊车马衣箱于附近旷地焚烧,谓之送三。送时鼓乐前导,僧道敲法器随后,亲友举香提灯分列左右,孝子及晚辈自灵前痛哭,沿街号叫,送三毕,归来复于灵前跪哭,以尽哀礼。至夜,僧徒入棚施放焰口,孝子按时跪灵举哀。根据丧家家境,自此日起请僧道尼诵经或三日或五日七日,或一棚或三棚五棚不等,每棚经必须送圣一次,类似送三,焚烧金银楼库衣服等物。

广东惠州某村一家父病死,回煞之夜,家人回避不出,一小偷乘机买纸衣冠扮作煞神潜入偷窃,不料另一小偷也是此心,装神弄鬼跳跃而入。这两个小偷相遇,都以为遇着真煞神,吓得魂飞魄散,一齐惊倒,昏厥不知人事。家人听得轰隆巨响,都以为煞神归来,也不敢出现。黎明后方相率走出,瞥见两个东西躺在地上,惊吓退缩,胆大的伏候门外,见久无动静,举着蜡烛一照,才知道是人非鬼,摸其心头均微热,灌水抢救使之苏醒,问清情由,执送二假鬼送官,遍游街市,沿途观众无不笑骂。

五、作七。南方各省尤重此俗,即死后每七日一祭,请僧道诵经礼忏,以求冥福。俗称头七为死者上望乡台之日,此夜丧家衣穿孝服通宵不眠守在灵堂,为使亡魂在望乡台上看到后辈孝顺而感到安慰。六七日俗定为出嫁女儿或亲戚设祭日,俗谚云:"六七不食自家饭。"

六、题主。亡者灵牌木主，必请当道显宦名流题写。俗因此日为亡者吉日，故而全家换吉服，放炮仗奏乐，灯彩摇红。盛行于江浙一带，俗称点主，又名在堂。

七、伴宿。又称坐夜，盛行于北方，在出殡前一日夜。此日戚友赴奠，僧道诵经。

八、出殡。又名发引。通常于死后七、九、十一日举行。富家则停灵在堂至三七、五七后方出殡。这是丧礼中最隆重浩大的仪式。

京师多在清晨五鼓开灵。孝子用新箕帚扫棺上浮土倒在睡席下，称为扫材；再垫一钱于棺材一角，谓之掀棺。出殡前行辞灵礼，灵出堂，孝子手执纸幡引导在前，诸晚辈相随，亲友跟从在后，齐集门外，大声哭号。灵柩到门外上小杠，抬到大街上大杠，孝子跪摔丧盆之后，起杠，此时又一次大声哭号。亲友送殡者，男子步行，妇女乘轿或马车，都在灵柩之后，按与死者关系的亲疏厚薄排列。出殡仪仗，满汉不同。汉俗用丧鼓锣鼓，什幡或幡伞，满俗用八曲律影伞、小轿。富贵人家则加用全份执事及车轿亭马，还有松狮、松鹤、松亭、松鹿、纸糊的金山银山童男童女花盆尺头等，对对排列。

总而言之，凡出殡送葬，无不极力铺张，越浩大越风光，如当时人所形容的"浩浩荡荡地银山一般"。所以人们多以看赛会看热闹看稀罕的心理，来看那些惊天动地的大出殡，过节一般开心欢喜，和丧家的哭天号地形成有趣的对比。

清代人饮茶

古代中国，是以丝绸、瓷器、茶叶闻名于世界的。英文的中国 China，另一个意思是瓷器；俄文中茶 Hall，发音与中国话茶叶两字相同。我国茶的起源，可以上溯到魏晋南北朝。唐宋所说的龙团凤饼，是将茶叶碾成碎末压成小饼，士大夫用于互相馈赠。那时的饮茶法，大约和日下日本盛行的茶道相似——他们也称此道来自唐朝。

以水烹茶而饮，这种习惯从明初一直延续到清后期。茶叶也一直是一种珍品，流行在官场士大夫和文人间。清代官员不论公事私事，客来献茶，端茶送客,已成一种礼节和派头。直到晚清,落魄的旗人还拿饮茶装幌子夸示于人,可见一斑。文人则更追求饮茶带来的恬静和谐的诗的意境,如下面的描绘:

> 寒夜客来茶当酒,
>
> 竹炉汤沸火初红,
>
> 寻常一样窗前月,
>
> 搀有梅花便不同。

一般平民百姓,衣食尚难顾全,哪有闲钱购买茶叶这种高价奢侈品,也就没有心思去享受饮茶的清福了。

少数民族的饮茶习惯与中原有较大差异。蒙、满、哈萨克等族饮奶茶——羊奶、奶油、盐、茶熬制而成,藏族饮酥油茶——酥油、糌粑、盐和熬好的茶冲调而成。

清代承袭明制,通行相对于团茶而言的草茶,即将新采鲜茶叶焙炒碾罗而成。清初的名茶,有岭南端州鼎湖茶、江西匡庐茶、徽州松萝茶、安徽六安茶、三吴阳羡茶、杭州龙井茶、浙江会稽兰雪茶、福建武夷茶、云南蒙茶。

顺治、康熙年间,金陵有位闵姓徽州人,首创茶叶中加入兰花烘焙,名兰花方片,后易名为闵茶,其最上等者叶色碧绿而蒙茸多采,名为紫茸。这已开了后世花茶的先河,后继者纷纷以茉莉、珠兰、玳玳花、玫瑰、柚花等如法焙制,发展了茶叶中的一大族类——花茶。

那时的龙井茶已有明前(清明前采茶)、雨前(谷雨前采茶)、旗枪、雀舌等品种了;武夷茶的制作方法,也近似后来的青茶,也即乌龙茶——一种不同于绿茶的半发酵茶。

太湖洞庭东山碧萝峰产野茶,康熙某年春,当地人采摘时,因叶多竹筐盛不下而装进怀里。茶叶得热气,异香突发,采茶人争呼"吓杀人香!"精致加工后,叶片成螺状卷曲,茸毛显露,色泽青翠光润,茶汤清澈鲜绿、气味清香,就命名为"吓杀人香茶"。后来康熙南巡,本地人进贡此茶,大得康熙赞赏,但觉茶名不雅,御笔题为"碧萝春",也写作碧螺春。直到今日,它仍是市面上绿茶佳品之一。

到了嘉庆道光年间,出现武夷之茶不胫而走四方的现象,而且还通过广东,运往海外。武夷山天佑岩下有茶树名"不知春",仅此一株,每年广东巨商以金预定此树,自春前到四月,派专人看守。据说制成的不知春茶,与粟米相类似,色香俱绝。

由于武夷茶的兴盛,福建汀、漳、泉三府和广东潮州府兴起了流传至今的工夫茶饮茶法:"大茶盘上置一茶壶数茶杯,壶小如拳,杯小如核桃。茶必用武夷,用凉水漂去茶叶中尘滓后放置壶中,注满沸水加盖,将壶置于深寸许之瓷盘中,再以沸水缓缓淋于壶上,待水将满盘而止,取布巾蒙壶,良久揭巾,注茶水于杯中奉客。客必衔杯玩味,嗅香品茶。若饮稍急,主人必怒其不韵……"工夫茶的出现,改变了烹茶、煎茶的饮茶法,成为后来直接用开水冲茶法的过渡。

晚清,茶叶渐渐普及,京师和各地普遍出现了茶馆,喝茶成了一种显示高品位的风尚。在南方,江浙、两广、四川等地的茶馆,更与小食品、点心相结合,并招揽了说书、评弹等说唱艺人,发展成具有独特地方风味、带有平民气息的交易交际娱乐场所。

当小茶铺和卖大碗茶的渐渐出现、渐渐增多的时候,饮茶的高贵意味也就渐渐失色和消退了。至于茶叶真正走进千家万户,那是共和国成立以后的事情了。

至于用什么水来冲茶,号称茶圣的陆羽评天下饮水时,以扬子江南零水为第一、无锡惠山泉水为第二、苏州虎丘泉水为第三、丹阳观音寺水为第四、扬州大明寺水为第五。后来,乾隆皇帝写了一篇《玉泉山天下第一泉记》,说他令人制了一只银斗,较量天下各水。京师玉泉之水每斗重一两,济南珍珠泉水斗重一两二厘,镇江金山泉斗重一两三厘,虎跑泉、惠山泉则比玉泉每斗重四厘,平山泉重六厘,虎丘泉及碧云寺各泉,重玉泉一分。只有雪水斗轻于玉泉三厘。"但雪水不可恒得,则凡出山下而有冽者,诚无过京师之玉泉,故定为天下第一泉。"皇帝老爷亲自发话了,文人们顿时鸦雀无声,再也不敢评论泉水的优劣。

除了用名泉烹茶,文人逸士们又想出什么积攒竹叶、松针、梅花上的雪溶成水、积攒雨水和荷叶上的露珠等等刁钻古怪的法子,那和饮茶本身关系不大,更多的是在表现自己的清高脱俗。

清代的发型

清代男子发式,对今天的人们来说并不陌生。电影、戏剧中的艺术形象给人们留下了鲜明的印象。

清代发式又称剃发,也称辫发。所谓剃发是从清初剃发令而来。剃掉的头发很少,留下的头发编成辫子,所以辫子又粗又长,辫发是当时发式的主要特征。清末义和团运动的稗传中,就有一个神辫的传奇故事。又粗又长的大辫子,在气功的作用下,变得非常硬,像钢鞭一样,准确地抽打在侵略中国的洋人身上。

努尔哈赤起兵之初期,投入明军的女真人,在汉人眼里"剃发如僧",证明那时的发辫一绺小手指般的细辫,所以在辽东,努尔哈赤对征服地区的汉人下达的是剃发令而不是辫发令。

当清廷在北京皇宫刚刚落脚,有一伙日本上人被送到这里,为首者叫竹内藤,他们在日本海遇到大风,漂流到今称图们江以北的海边上,为当地瓦尔喀人误杀了43人,幸存15人被送到北京。竹内藤等在北京留居一年多,才遣返回国。竹内藤将这次奇遇和所见所闻记载下来,著成《鞑靼漂流记》一书。书中这样描写清人的发式:"他们的人都剃头,把头顶上的头发留下来,分成三绺编成辫子。他们男子把唇上的胡须留下来,把下面的剃掉。无论是大官、小官和老百姓都一样。"竹内藤等对异邦之风俗民情必有新鲜之感,观察细致,记载真切。而这些正是汉人不敢写,满人不屑一顾的记载,对今天更是十分宝贵的资料。从中我们可以看到清代入关之初的发式,同明代辽东女真相比,有明显不同。更重要的是蓄发结辫的部位改变了,从脑后移至头顶,即"把头顶上的头发留下来,分成三股编成辫子。"这是清代发式演变过程中的第一次改变,入关之初就已经改变了努尔哈赤时期女真人的发式。

这种改变不是一朝一夕完成的,它经历了漫长的演变过程。在皇太极执政的17年里,天聪六年(1632年)颁行服饰制度,崇德元年(1636年),皇太极召诸大臣于翔凤楼,定下"一代冠服自有一代之制"。崇德四年(1639年)又宣布

"有效他国衣冠、束发、裹足者,重治其罪。"在国家政治、社会生活中,多次发生涉及发式的重大事件,并且是在效明制与保传统的矛盾中。大概就在这个过程中改变了蓄发结辫的部位吧。因为在这个过程中由满族内部产生出效仿汉人束发衣冠的强烈倾向,证明满族人自己也认为传统发式不如汉人发式美,所以才提出改变现状的要求。虽然皇太极从保持满人特色的途径出发,以期永远居于统治汉人的地位,制定了发式冠服制度。但是传统发式常被误做僧人,也有伤统治者的尊严,所以改变蓄发部位,让观者从各个角度都能看见蓄留的辫发,一转汉人见之如僧的感觉和印象。这一次蓄发部位的改变,是满族人在悄悄中的自觉行动,没有汉人的直接参与,因为辽东地区的汉人虽然进行过激烈、殊死的反剃发斗争,但并没有提出改变蓄发部位的要求。

经过清初大屠杀以后,清人全部实现了剃发,而且清初的恐怖刻骨铭心地留在清代人中,尤其汉人谈发色变。谁也不敢不剃头,谁也不能不剃头。但是事实证明即使在这样的背景下,其发式也没有保持丝毫不变,连胡须也一起在变。有一位日本人详细记载了此时男女老幼的发式冠戴。在男发部分除文字外,绘一侧背站立的教书先生,旁边坐于书桌前是一个梳着抓髻的男童,示范出男性从童年到成年的两种发式。教书先生头顶蓄发,编一长辫垂于后背,其长度已达腰部,辫尾有发带系结。面部胡须全部保留,下巴上的胡须长到与腋下等齐的位置,如果推测实际长度大概有半尺左右。从这张实图上看,头顶蓄发,部位没有变,但面积已远不止于一个金钱大,而是足有四个金钱大,相当于一掌心的面积。按照图上的式样同清初金钱鼠尾的情况相比,又大有不同。差别就在蓄发数量的明显增加,从一个金钱变成四或五个金钱,胡须从只留上唇变成包括下巴在内的全部胡须,成为汉人传统的胡须式样。单就发式而言,蓄发数量比清初增多是明显的,但是如果将剃发与蓄发相比较,剃发还是主要的,也就是说剃发占大部分,蓄发仍然属于少部分。这是清代发式演变的第二阶段,大约在嘉庆初年开始。

清代发式演变的第三阶段是在嘉庆四年(1799 年)以后完成的,即清末辫发的形成。此时又剃又辫的发式是以辫发为主,辫发是主要特征。辫发的基础是将大部分头发保留下来。清末社会上再也没有哪一个人把辫发同僧人一发不存的光头顶混为一谈。所以女真人的发式叫作剃发,而清末人的发式叫作辫发。

清代发式从清太祖努尔哈赤时期算起,到清朝的灭亡之日,经历了近300年的岁月。然而辫发的终结是社会变革的结果。清朝末年觉悟了的知识青年和学生,早就认清了世界形势和中国的前途,在他们掀起的民族民主革命中,把剪辫子作为重要的内容。断发在清末就开始了,到清朝灭亡之时,剪辫子成为全国范围从下到上又从上到下的革命运动。

楼兰古国的消失和重现

在今天新疆维吾尔自治区若羌县境内罗布泊西岸,有座被风沙淹没了千余载的古城——楼兰。这座昔日繁华的都市,如今只剩下残垣断壁伫立风中,令人倍感凄凉。楼兰是个历史悠久的古国,在《史记》《汉书》《大唐西域记》及许多古代典籍中,都有记载。可是,这个西域古国后来到哪里去了,它又是怎样退出历史舞台的? 长期以来一直是个未解之谜。直到20世纪,人们才发现了楼兰古城的遗址,于是封存已久的历史,渐渐清晰地浮现在世人眼前。

1900年春天,瑞典著名探险家斯文赫定率领他的队员,沿着叶尔羌河与塔里木河向东前进,穿过塔克拉马干大沙漠后,沿着干枯的库鲁克河(即孔雀河的下游)南行。3月28日,他们在沙漠中发现了几间破屋,从废墟中发掘出一些古钱币、几块木刻和两把铁斧。第二天,探险队继续前进,走了约二十里路,出现了一块洼地。由于羊皮囊里的水快要用完了,斯文赫定打算在几颗怪柳旁掘井取水,这时,却发现仅有的一把铁斧不见了。探险队里的一个维吾尔族向导于德克认为可能忘记在废墟里了,遂连夜返回寻找。然而他在途中不幸地遭遇到沙漠暴风,并因此而迷了路。忽然,寂静的戈壁滩上,涌现出一座古代城堡,原来昨夜那场大风,吹走了城堡上面的淤沙,才露出了那尖尖的塔顶。于德克感到十分震惊,简直不敢相信自己的眼睛。他走进古城在那里拾到几枚古钱,又背走了两块十分精美的雕花木板。直到第二天,于德克才赶上探险队,将这个惊人的发现告诉了斯文赫定。这座神秘古城的突然显现,使斯文赫定激动得差点晕过去。由于考虑到有限的存水以及整个探险计划,他决定第二年再来探寻它的全部奥秘。

1901年2月,斯文赫定带领探险队终于找到了这座古城市,经过挖掘,他们发现了许多古代钱币、陶瓷器皿、粮食以及图案精美的丝绸碎片,还有三十六张写有文字的碎片、一百多片竹简和几支毛笔。更让人惊讶的是,废墟中还出土了产自叙利亚的精致玻璃器皿和来自波斯的狮型器皿等。显然,这里曾是一座繁华的边境重镇,既是东西方贸易的中心,又是中外文化交流的融会带,当地居民的生活习俗明显带有东西方文化特征。斯文赫定将这批文物交给德国学者卡尔·希姆莱研究,经过详细考证,认定了这座古城就是中国古代有名的楼兰城。

楼兰一名首先出现在《史记》中,其中记载汉孝文帝四年(公元前176年),匈奴单于冒顿给汉王朝的国书中称:"定楼兰、乌孙、呼揭及其旁二十六国,皆以为匈奴。"这时,中原人民才知道西域有个名叫楼兰的国家。关于楼兰的地理位置,当时人们认为濒临罗布泊。汉朝时候的楼兰十分昌盛,有一万四千多人口,近三千人的军队。因为国内多盐碱地,人们不得不依靠邻国的粮食供给。楼兰人民虽然过着游牧生活,但国内的手工业却很发达,冶铁水平也很高,制作的兵器相当精美。

正是这座美丽富饶的城市,成为匈奴与汉朝争相夺占的军事重镇。西汉初年,匈奴势力强大,一度控制楼兰,将其作为屯兵、储粮的重要据点。他们劫掠商人,攻杀汉朝使节,使汉朝断绝了与西域诸国的往来。汉武帝执政时期,国立鼎盛,再加上张骞对西域各国的精彩描述,使汉武帝下定了打通西域的决心。他派从骠侯赵破奴率军攻破楼兰,俘获其国王,迫使楼兰入朝进贡,彻底清除了通往西域的路碍,为中西方文化交流开辟了通道。

楼兰一直是丝绸之路上的边境重镇,和平时期,城内商旅云集,来自东西各国不同肤色的人们,驱赶着驼队,满载着货物,在集市上进行着各种交易,显现出一片繁荣景象。其实,楼兰最神秘之处,不在于它曾经有过多么辉煌的过去,而在于它是如何从这个世界上一步步逐渐衰退,并最终消失于漫漫黄沙之中的。

大约在公元4世纪末五世纪初,楼兰从历史上销声匿迹。造成这种情况的

中国古代逸史

·清朝逸史·

图文珍藏版

原因是：西晋末年，少数民族入主中原，北方形成五胡十六国群雄割据的分裂局面，偏安江东的东晋王朝失去了对西北各国的控制权，对于楼兰更是鞭长莫及。因此，自公元 4 世纪后，楼兰彻底从中国史籍上消失了。但是，书面上的消失并不等于现实中的立即消亡，它需要一个漫长的过程。三百年后，唐代高僧玄奘西天取经路过此地，楼兰已是"国久空旷，城皆荒芜"，"城郭巍然，人烟断绝"的荒凉景象。自唐代以后，即使是文人笔下，也寻不到楼兰的踪迹了。元朝初年，意大利旅行家马可·波罗路经此地，这里已经变成了一望无际的漫漫黄沙，楼兰早已从这个世界上悄悄消失了。

关于楼兰消失的原因，历来有很多种说法。有人认为是社会环境和人为因素造成了楼兰古城的消亡。学者们指出，楼兰居民兴修水利，迫使塔里木河与孔雀河南流灌溉，致使二河改变流向不再注入罗布泊，不仅减少了供给它的水量，更重要的是影响了周围的气候。再加上历史上频繁的战争，尤其是东晋十六国时期，统治阶级为了物质利益的纷争，造成水利设施及植被的大量破坏，使楼兰的周围环境逐渐恶化。另外，一些不合理的耕作方式和大面积垦荒，也加速了楼兰古城的沙漠化进程，最终导致其消亡。

还有人认为是由于水量丰富的罗布泊迁移，造成楼兰古国水源干涸，树木枯死，绿洲变成沙漠。面对这种不可抗拒的自然变化，居民们感到生活面临着巨大威胁，被迫弃城出走，另谋生路。失去了罗布泊水分的滋养，气候变得异常干燥，狂风肆虐，黄沙弥漫，楼兰古城日渐荒芜，最终被流沙给吞没了。

楼兰古城遗址的发现，为人们研究中国古代与西方各国的交往史及中亚古国的历史提供了丰富的资料，同时又为我们留下了很多谜团。

清代盛行狎游之风

狎游，包括狎像姑与狎妓，是清代官吏的病态生活之一，其中尤以狎像姑最能表现其腐败。清代诗人蒋士铨曾作诗"朝为俳优暮狎客，行酒镫筵逞颜色；士夫嗜好诚未知，风气妖邪此为极。古之嬖幸今主宾，风流相尚如情亲；人前狎昵千万状，一客自持众客嗔。酒阑客散壶签促，笑伴官人花底宿；谁家称贷买珠衫,几处迷留傀金屋。蜷转丸含异香,香莺蜂蝶争轻狂;金夫作俑愧形秽,儒雅效尤斩色荘。然相对生欢喜,江河日下将奚止?不道衣冠乐贵游,官妓居然是男子。"来描述官吏狎像姑的状态,并对其痛加讥讽和抨击。

像姑就是男妓,因其相貌清秀,酷似姑娘,故称像姑。像姑又称相公(谐音),俗称兔子。像姑多是优伶兼营,故狎像姑有时又称狎优、挟优。像姑多为年少者,出色者多在二十岁以下,称为娈童、优童、歌童等。像姑的卖淫处所称像姑堂子。其待客内容有侑酒、唱曲、谈诗论画、卖身等,蒋士铨的诗里就说到侑酒、卖身等情况。诗里还说到狎像姑的官吏与像姑的主客关系,即二者的关系已不同于古时的君王宠幸嬖臣,而是你来玩,我招待的商业性主客关系。因此,某一客独占了某像姑,就会受到众客的嗔怪。凡与某一像姑要好,且被其依为靠山的人,俗称"老斗"。

狎像姑之俗源于明代,清代沿用,但更为兴盛。清代法律规定,官吏不许狎妓,如有官吏暗中招妓侑酒被巡城御史查到,就要受到严厉处罚。但狎优可以通融,官吏可以招伶人侑酒唱曲等。一个厉禁,一个可通融,于是狎像姑之风在清代官吏中兴盛起来。此风以京师为最,京师著名的像姑堂子在韩家潭、樱桃斜街、陕西巷等处,这些地方都是京官士大夫经常出没的地方。

《二十年目睹之怪现状》中写到清代官吏可以狎像姑而不可狎妓的情况:"这京城里面,逛相公堂子是冠冕堂皇的,甚么王公、贝子、贝勒,都是明目张胆的,不算犯法;惟有妓禁极严,也极易闹事,都老爷查的也最紧。……犯了这件事,做官的照例革职。"

清代官吏中比较有名的狎像姑者,如乾隆朝大吏毕沅与京师昆曲旦角李桂官。在鸦片战争中丧权辱国的弈经,不但是个昏庸无能的官僚,还是个狎像姑的好手。晚清官员潘祖荫任侍郎前,与一个叫朱莲芬的善唱昆曲兼工绘画的像姑关系甚密,任侍郎以后虽与朱莲芬关系渐疏,但仍保持联系,朱莲芬每遇年节必往叩贺,潘祖荫必赠以银券,至老不衰。

《孽海花》写了个叫庄立人的官员,喜欢蓄养优童,随侍左右的都是些十五六岁的雏儿,打扮得花枝招展。乍一望,定要错认作成群的莺燕。高兴起来,简直不分主仆,打情骂俏的搅做一团。据说,庄立人的现实生活原型是光绪时期的户部主事张权。

　　清代官场曾发生过像姑冒籍捐官的事情。乾隆末年,有个叫胡公四的雏伶,色艺超群,自幼缠足如女子。有个翰林与胡公四关系密切,可谓其老斗。该翰林外放道员,胡公四辞班随往,其间发了大财,便改为何姓,冒籍顺天,捐了个管盐场的官,后来竟把持两淮盐务。

　　清代禁止官员狎妓的法令,咸丰以前贯彻尤为严厉,以至妓馆大量减少。咸丰以后,随着国势衰败,禁令渐弛,官员狎妓之事逐渐多起来,始而不敢公开,后来则堂而皇之,并形成风气,有些地方的官场甚至酒席间无妓不饮,无妓不欢。光绪中叶以后,禁令更加松弛,这使得官员狎妓之风空前鼎盛起来。此时的妓馆,高张艳旗,车马盈门,南娼北妓纷纷角逐于官场,一些官吏还公然纳妓做妾。与此同时,狎像姑之风则渐趋衰颓。有人作诗咏清末北京官僚士大夫习于声色,其中说到官员狎妓:"街头尽是郎员主,谈助无非白发中;除却早衙迟画到,闲来只是逛胡同。"郎员主就是京官中的院外郎、司员、主事;胡同则是指八大胡同等妓馆。逛妓馆,已经成为这些京官们主要的娱乐方式之一。

　　官员狎妓者,如丁汝昌身为北洋水师提督,一次路过上海,慕当地名妓胡宝玉之名,到其寓所张筵摆酒,由胡宝玉主觞,大肆玩乐一番。载振去东北办理公务路过天津,酒席上认识了天津名妓杨翠喜,道员段芝贵为了升官,花巨款将杨翠喜赎了身,献给了载振,载振欢喜若狂。直隶某县有个县令,素喜狎妓,县境内多数娼妓都被他玩弄过,他甚至暗遣心腹家丁招妓入衙,狂荡无度。

　　晚清有许多妓馆、妓女与官场的关系非常密切,官吏是她们经常接待的狎客之一。如名妓赛金花与京师官场交际频繁,不但在妓馆和家里接待客人,还经常出入官僚王公府第去应酬。她曾说道:"京里在从前是没有南班子(南妓)的,还算由我开的头。我在京里这么一住,……每天店门前的车轿,总是拥挤不堪,把走的路都快塞满了。有些官职大的老爷们,觉着这样来去太不方便,便邀我去他们府里。这一来,我越发忙了,夜间在家里陪客见客,一直闹到半夜,白天还要到各府里去应酬,像庄王府、庆王府,我都是常去的。"

　　由此可见,清代的狎妓之风多么的盛行。随着外国帝国主义的侵略,这种风气更加猖獗,这也许正是大清帝国迅速败亡的表现吧!

中国古代逸史

马昊宸 ⊙ 主编

民国逸史

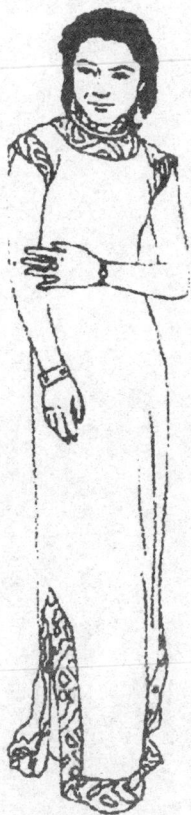

线装书局

民国怪才辜鸿铭逸事

辜鸿铭(1856~1928)，名汤生，号汉滨读易者，鸿铭是他的字，后人多称其字而很少用他的名。晚年自称"东西南北老人"。生于南方的槟榔屿，受教育于西方的英国，讲学于东京帝国大学，隐居于北京。祖籍福建厦门。先祖于明代移居马来西亚槟榔屿，英国人占领这一地区后，曾祖父辜礼欢曾出任"甲必丹"，即英国殖民政府属下的地方行政长官。祖父辜龙池，父亲辜紫云，都先后

辜鸿铭

在殖民政府任职。由于他的父亲为人忠厚，办事认真，深得长官布郎的器重，收他的第二子为养子，这就是辜鸿铭。

辜鸿铭 10 岁那年，在养父布郎的带领下，前往英国留学。临行前，父亲再三叮嘱他：一切可从西方习俗，唯有两事不可从，一不能信仰基督教，二不能剪掉辫子。在英国，辜鸿铭与布郎一家住在一起，从小学到中学，从中学到大学，按部就班，循序渐进。年少的辜鸿铭，天资聪颖，勤奋好学，进入大学后，在拉丁文、希腊文、数学、形而上学、道德哲学、自然哲学、修辞学等学位课程考试中，均以优异成绩通过，在 1877 年荣获苏格兰爱丁堡大学文学学士学位。不久，辜鸿铭又只身前往德国莱比锡大学，获得土木工程硕士学位。随后，他又先后赴法

国、奥地利、意大利等国旅游考察,对"彼邦国政民风,略识端倪",从此打下了深厚的西方文化功底。

1880年,辜鸿铭完成学业,重返槟榔屿,开始在英属新加坡殖民政府任职。这时,中国近代第一位留法博士马建忠学成回国,路过新加坡,下榻海滨旅馆,辜前去拜访,畅谈三日,大有相见恨晚之感。从此得闻华夏文明,顿生倾慕之情,开始萌发回国念头。1885年,辜鸿铭转道香港回国,经晚清名士赵凤昌推荐,进入两广总督张之洞幕府,作了张的幕僚。主办礼宾、翻译、秘书等对外事务,长达20年之久。纵横捭阖,应付自如,被视为外交奇才。1910年,辜鸿铭与严复、伍光建等人同时被清廷以"游学专门列入一等"授予文科进士,詹天佑、魏瀚等人被授予工科进士,时人称之为"洋进士"。同年,辜南下上海,出任南洋公学校长。张勋复辟时,辜被列名为李经羲内阁的外交部次长,但并未到任。五四运动时,极力反对文学革命和白话文运动,是当时守旧派的代表人物之一。蔡元培任北京大学校长,兼收并蓄,被聘为英国文学教授,主讲英国诗歌。1924年,辜鸿铭应日本大东文化协会邀请,前往日本讲学数年,曾产生很大轰动。1928年在北京病逝,终年72岁。

辜鸿铭著述颇多,除中文《读易草堂文集》《张文襄公幕府纪闻》以外,大都是用英文写成的,如《春秋大义》(即《中国民族之精神》),本书通过对孔子"仁"学和"君子"命题的分析,通过对中国语言、妇女地位的剖析,批评了西方传教士对中国文明的攻击,认为中国文化是世界未来文化发展的方向,也是西方的一条出路。这本书对后来的梁漱溟先生曾发生过一定的影响。此外,《尊王篇》主要是针对1900~1901年间西方舆论对义和团运动的指责和污蔑,运用西方当代社会理论进行辩解,认为中国反抗西方是出于道义,是一种民族自卫。书中还对慈禧太后多溢美赞颂之词。《中国的牛津运动史话》是辜鸿铭的又一代表作。此书以英国红衣主教纽曼为首的宗教改革运动做比较,比较系统地叙述了张之洞为代表的从清流派到洋务派转变并致力于中国"自强"运动的历史过程,语言简练优美,是研究中国近代史的一本重要参考书。《日俄战争的道德缘由》《辜鸿铭文集》(日本演讲集)、英译《论语》《中庸》等二十余本书,都在当时产生了很大影响,尤其是在西方世界。托尔斯泰、泰戈尔、毛姆等世界级学者都与辜鸿铭有过交往,并对他有很高的评价。

1.抨击晚清社会

辜鸿铭任张之洞幕僚20余年,对晚清官场颇为了解。晚清社会的新旧交替,权臣显贵的所作所为,官宦世家的心态变化,辜鸿铭都亲眼目睹。辜以他那深邃的洞察力和无所顾忌的社会批判精神,嬉笑怒骂,热嘲冷讽,对上自太后、下至七品小吏,都做了一番抨击和鞭打,构成了辜鸿铭奇才怪杰性格特征的重要一面。

晚清时期,西方文化汹涌而来,中西融合,新旧混杂,中国社会呈现出一个杂乱、迷离的无序状态。尤其是在学习西方的过程中,出现了许多"邯郸学步"的笑话。对此,辜鸿铭都给予嘲讽。下面,我们举一些事例。

当时许多人对于西方的东西机械照搬、照猫画虎,辜用一个很生动的故事予以讽刺。他说,乾隆、嘉庆年间,有一位西洋人,长期居住中国。时间久了,衣服也破了,但却无处制作新衣,十分苦恼。没有办法,只得找到一个中国裁缝,问他能不能做西服?裁缝回答:"只要有样式,就可以做。"于是西洋人就拿了一套西服,让他照着样子去做。

过了几天,新的西服做好了,西洋人拿来一看,果然不错,长短大小全都一样,丝毫不差。可是翻到后面一看,突然发现剪去了一块,又补缀了一块。西洋人感到奇怪,问他为什么这样做?裁缝回答说:"我是完全照着你的样式做的呀!"西洋人听了,恍然大悟,原来他的西服样式后面有一补丁。

讲完这个故事后,辜鸿铭说,当今的人学习西方,只知事事效法西方,而不知其所以然,一味模仿,不求创新,结果都像那位裁缝一样,只知依样画葫芦罢了。

从1905年开始,清政府为了缓和矛盾,摆脱危机,先后举行"新政",派大臣出国考察访问。辜鸿铭认为这是"出洋看洋画",他讲了这样一个故事:

新加坡有个土财主,家财万贯,年老无子,身边只有一个女儿,已经到了结婚的年龄,老头想招一上门女婿,来继承家业,但由于自己目不识丁,吃了不少苦头,所以选择乘龙快婿必须是才貌双全的人。

有一天,老财主因事去一商行,见商行中有一年少貌美的青年,干活之余,成天坐在那里看书,而且看得非常专心。一问商行老板,知道是福建人,因为家庭贫困,难以为生,才赴南洋求职。老财主听后大喜,就请商行老板做媒,招那美貌青年为乘龙快婿。

入赘几天后,老财主把这位上门女婿叫到堂前,告诉他说:"老朽因不识字,才请你来。从此以后,你就作我的账房吧,一切账目都归你管理,免得我再聘请帐心先生了。"这位乘龙快婿一听,大吃一惊,红着脸说:"我从未读过书,一个大字也不认识。怎么能够胜任呢?"

老财主听了,也大吃一惊,问道:"起先我不是经常看到你手里拿着书在看吗?怎么能说大字不识一个呢!"

上门女婿回答说:"您老弄错了,我那并不是在看书,只是在看书中的图画罢了,哪能看得懂书呢!"

老财主到此,才算最后明白,但为时已晚,只能呆若木鸡,自认倒霉,还能有什么办法呢?又还能说些什么呢?

辜最后说:"现在朝廷正派五大臣出洋考察宪政,我看也不过是出洋看洋画罢了。"

马路故事。某省巡抚为了标榜自己思想开放,就在所在城市修了一条马路,又从上海买来洋式马车。以后出门拜客,都是乘坐马车,不再坐轿。

有一天,道台的儿子在马路上跑马,突然撞倒一个老人,几乎把她压死。行人见了,都为老太婆抱打不平。岂知骑马的贵公子拉住马头,反而扬鞭指骂说:"你们眼睛瞎了,巡抚大人修这条路,本来就是给马走的,所以不叫人路,而叫马路。你们这些混账百姓,竟敢占了马路,我不送你到警察局惩办,已算你们的造化了,还敢同我理论?"

不料人群中有一人高声应道:"哎呀,大少爷,如此说来,如今中国只有官和马有路可走,我们老百姓难道都没路可走了吗?"辜以此来讽刺清末的洋务。

上海自开埠通商以来,便成为十里洋场,冒险家的乐园,赌场林立,妓院比肩相邻。辜鸿铭有一外国朋友目睹此景,颇为惊异,问辜鸿铭说:"上海的卖淫女子为什么如此之多呢?"辜鸿铭很沉痛地回答道:"那不是卖淫,是在卖穷啊!"真是一针见血!

近代开始,西学东渐,中国社会也逐渐向现代过渡。公司、经商、国会等现代经济和政治机构开始在中国产生。但由于固有的腐败和贪污,整个新的事物蒙上了一层旧的阴影。对这种现象,辜鸿铭以其锐利的眼光,做了抨击。

对于清末立宪派所发起的国会请愿运动,辜鸿铭认为这并不是什么真正的国会,而是"发财公司股东会",他说:"所谓真正的国会,目的就是保证政治的开明和公正,政治开明而公正,就可以全国上下一心,凝聚成一坚强的整体,这样国家才能强大,而股东会的宗旨,就是争权夺利,如果一个国家上下都争权利,不管权利在上还是权利在下,结果是国家已不成其国家,哪儿还谈得上什么权利呢?"

晚清大兴实业,辜鸿铭称之为"官官商商"。辜说:"发财致富是理所应当的,但是如今中国所谓的发财致富,并不是正常竞争,而是巧取豪夺,以权谋私。结果搞了20多年,发财的人只是洋行的买办和商场的阔绅。"辜指出,过去孔子说"君君、臣臣、父父、子子",我说现在的人要想得到发财之道,就必须在这后面再加上两句:"官官、商商"。辜总结说,如今中国的商界构成,大多半是劣官经商,劣商做官。这种官劣则商、商劣则官的恶性循环,是导致社会日渐腐败和贫困的重要原因。

当时许多达官贵人,为了显示自己的财富和地位,在衣食住行方面刻意讲求排场,追求名牌,一味时髦。辜用一个故事予以嘲讽,他说:有一位洋行主人,专在中国作军装生意。为了扩大生意,他常常宴请中国官员。每次宴会,他都以最高级的雪茄烟招待客人,但客人大多为了摆阔,常常是烟只抽了一半就扔掉了。商人都是很吝啬的,看到这种情形,觉得非常可惜,以后请客就做了点花样。

有一天,自称非常熟悉洋务的某地大员前来购买军装,洋行主人请他吃饭。饭后请他抽烟。这位大员一看烟盒,惊讶地说:"这种牌子是最上品,起码每盒十块大洋吧。"立刻点火抽了起来,喷出好大一口烟,洋洋自得,连连夸奖说:"好烟!好烟!十块大洋的货色果真名不虚传,味道好极了"!主人听了,不禁掩口而笑。

原来,洋行主人搞了个鬼,用最上品的烟盒,装上最劣等的烟来招待客人,

中国古代逸史

·民国逸史·

图文珍藏版

而这位自称熟悉洋货的人,却闹了个笑话。辜感慨道:"可见中国人买东西,只重招牌,货物的真假并不重要。"

2.嘲讽当朝权贵

辜鸿铭之所以有名,一个主要的原因是他敢骂名人,而且善骂。他性格孤僻诡异,愤世嫉俗,品评人物,大都尖酸刻薄,不留余地,而且一定要把所骂的人骂个狗血喷头方才解恨。当时名震朝野的名流人物曾国藩、李鸿章、张之洞以及权倾天下、炙手可热的袁世凯、盛宣怀等,他都统统地痛骂一遍。甚至连他认为还不错的慈禧太后,他也敢说她的不是。真是个胆大的老辜!

曾国藩、李鸿章、张之洞号称"晚清三杰",辜鸿铭对三人各有评论:曾国藩是大臣,李鸿章是功臣,张之洞是儒臣。曾国藩的功业和气节确实高人一等,但如果论起学术及治国大计,就未必是首屈一指的人物了。

有一个名叫李惟仁的人,看了曾国藩的日记中的一句话:"古人有得名望如予者,未有如予之陋也。"来向辜鸿铭求教曾国藩"陋"在哪儿?这句话本来是曾国藩谦虚的话,但辜鸿铭说:

"你看曾国藩所建造的南京总督衙门,规模虽大,何以如此笨拙?工料虽好,何以如此粗率?可谓大而无当,这不是他的'陋'是什么?"

张之洞

他又说:"当年西方人之所以强盛而能欺负我们,曾国藩之辈只知道是西方船坚炮利,至于西方各国的学术、制度和文化等等,从不过问,好像只要有兵舰枪炮就可以抵御外侮了。这就是曾文正公所定抵御外侮的方略,这还不算是'陋'吗?"

李鸿章在晚清可以说是权倾天下,一人之下,万人之上。但辜鸿铭对他却颇有微词,有时甚至大加痛骂。

有一次,德国海军大臣到天津拜访李鸿章,邀请李上舰参观,并以酒款待。酒宴结束后,主人将余下的酒送到李的手中说:"谨以此酒奉赠,祝中堂归途愉快!"

李鸿章不懂外语,又见是以残酒相赠,心中自觉闷闷不乐。殊不知这一瓶酒是酿于15世纪,价值200英镑的世界名酒!所以辜说他是"土老冒"。

有一次,外务部联欢,李鸿章、辜鸿铭均在其中。一个地方官向李恭敬行礼,而李下巴朝天,一手抚弄着胡子,视而不见,傲慢至极。老辜看不顺眼,当即上前戏弄李鸿章:

"我一直听说中堂身体欠安,可不知哪儿不舒服?"

"哪有这事?外边的人乱谣传的!"李回答说。

"不不不!鄙人看来,中堂确实有病,是眼疾。"

"这是哪里话?"李鸿章莫名其妙。

"鄙人刚才看见有人向中堂请安,中堂竟然看不见,恐怕这毛病已经很严重了,而中堂还没有觉察到吧?"

李这时才明白过来。

辜鸿铭指出,李鸿章的毛病在不知变更、固守陈规。他说:"李鸿章继曾国藩为相,一如汉高祖时代的曹参之代替萧何为相,所有举措都严格遵照萧何所制定的法规,所谓'萧规曹随'。如此一来,又何怪甲午一役对日之战,弄得大局糜烂,而不可收拾呢?"

张之洞是晚清政坛上的一位重臣,影响甚大。辜鸿铭本人在他的幕府做幕僚长达20年之久,对张的一言一行颇为了解。张之洞对辜鸿铭,可以说是有知遇之恩。欣赏他、使用他、优待他,但他对张之洞也多有批评,有的地方还不留余地。

有一次,他当面批评张之洞只知利害、不知是非。张之洞听了大怒,说:"谁说我只知利害、不知是非?如果说我只知道利害,试问我今日有偌大家产否?所谓利者安在?我所讲究的,乃公利而非私利。私利不可讲,而公利就不可不讲了。"但辜鸿铭还是坚持他的观点,毫不退让。

就是张之洞死后,辜鸿铭还批评他"为学不化"。说他只知为国图富强,但结果不但国家没有富强，而且天下百姓几成饿殍；他自己死后更是负债累累，一家80口人几乎难以为生。原因何在？辜鸿铭认为，他只知有国家而不知有人民，只知有国家而不知有自己。这不是"为学不化"又是什么呢？

有趣的是，辜鸿铭还把张之洞与朝廷权贵端方相提并论。他说："张文襄学问有余，聪明不足，故其病在傲；端午桥（即端方）聪明有余，学问不足，故其病在浮。文襄傲，故其门下幕僚多为伪君子；午桥浮，故其门下幕僚多为真小人。"这就是辜鸿铭的典型性格。

盛宣怀由一买办出身，经张之洞的推荐，官至邮传部尚书（即今邮电部部长）。他一生亦官亦商，积聚了大量财富，可以说是富甲一方。但辜鸿铭很看不起他，经常让他难堪。

有一次，辜和盛宣怀在一起聊天，谈兴所至，不知不觉，两人谈到经济问题。盛宣怀深知辜鸿铭嘴不饶人，因此格外小心，自己谦虚地说："说起管理经济，我实在不如张宫保（指张之洞）。"辜鸿铭听了，不以为然地说："不对，不对。张宫保比起你来，实在差得太远了。"盛宣怀一听，辜鸿铭竟然夸奖他，心里十分高兴，但仍故作惊讶状，问为什么？辜鸿铭从容回答说："张宫保的部下，现在一个个都还是穷酸不堪，一贫如洗；然而你的部下，一个个都大腹便便，即就是一个小小翻译，也都家财万贯，富雄一方了。所以我说张宫保的经济才能比你差远了。"盛宣怀听到这里，才知道辜鸿铭是在讽刺挖苦他，只好苦笑一下，而说不出话来。第一次领教了辜鸿铭的厉害。

又有一次，辜鸿铭与盛宣怀又在上海相遇。那时辜氏翻译的英文《中庸》刚刚出版，盛想借此拍一下辜的马屁，就对辜鸿铭说："《中庸》一书，乃是大块文章，经你大笔翻译，更能光耀全球，请赐我一本，好让儿孙们学习学习。"辜问盛说："《中庸》这本书的要旨，宫保知道吗？"盛宣怀反问道："你的意思呢？"辜鸿铭字正腔圆地回答："贱货贵德。"仅仅四个字，盛宣怀又被讽刺得体无完肤，只好装作不明白，顾左右而言他了，再一次尝到辜老夫子的厉害。

袁世凯系一近代枭雄，出卖康、梁，玩弄革命派，逼迫清官退位。是一个喜怒无常、变化莫测的小人。辜鸿铭特别看不起他，对其极尽讽刺挖苦之能事。

义和团运动后，袁世凯与张之洞一起奉旨回京，同入军机。一天，在一次中外宴会上，袁世凯对德国公使说："张中堂（指张之洞）是讲学问的，我是不讲学问的,我是办事的。"言下之意,说他处理公务有方,根本用不着什么学问。这时辜鸿铭刚好在座,听了这话很不是滋味,就当面讽刺袁世凯说:"当然,这要看办的是什么事,如果是老妈子倒马桶,自然用不着学问。除了倒马桶之外,我还不知道天下有什么事是用不着学问的。"这几句话,使本来自我夸耀的袁世凯,反倒受了奚落和嘲笑。

有一次,辜鸿铭和朋友们谈起袁世凯,辜用一位西方朋友给他讲的一个故事,讥笑和讽刺袁世凯。这位朋友告诉辜鸿铭,西方人有贵种贱种之分,你能不能分辨出来?辜说不能。这位朋友说,西方人一到中国,就能分辨出贵种贱种,体形变化很大的就是贱种;体形长久不变的就是贵种。因为中国吃的东西价廉物美,有些人一到中国,就贪便宜大吃特吃,吃得脑满肠肥,和没到中国以前判若两人,这就是贱种;一些人虽然在中国长期居住,但体质照样不变,这就是贵种。辜鸿铭利用这个故事,大骂袁世凯是"贱种"。他说:

"袁世凯在甲午以前,本来是军队中一无赖和兵痞,时间不长便成为政治暴发户,官至北洋大臣,于是建造洋楼,广置姬妾;及解职乡居,又大量购置土地,修别墅,造园林,穷奢极欲,享尽人生荣华富贵,这和西方到中国来大吃大喝的贱种又有什么不同呢?庄子曰:'其嗜欲深者,其天机必浅。'孟子曰:'养其大体为大夫,养其小体为小人。'人家说袁世凯是豪杰,我偏说袁世凯是贱种。"真是骂得入木三分,痛快淋漓。

1916 年,袁世凯因复辟帝制失败,在新华宫气绝身亡。北洋政府下令全国举哀,规定停止娱乐活动 3 天。

辜鸿铭才不理这些,他一向瞧不起袁的为人,所以决意捣乱,给袁难堪。于是请来一个戏班,在家中举行堂会,并邀请中外好友数十人前来观看,大家同乐。一时锣鼓喧天,热闹非凡,与"袁大总统"的举哀大典形成鲜明对比。邻居街坊们纷纷议论此事,都说老辜敢和北洋政府对着干,胆子可真不小。

京城维持秩序的警察,听说有人公然违抗命令,便怒气冲冲地赶来禁止。辜一看见警察就破口大骂,警察刚要发作,一看里面坐有不少外国人,反倒害怕三分,不敢动硬,只好回去报告警察头目吴炳湘。

吴炳湘听说辜老夫子在家中大宴外国宾客,又气又恼,但又不好发作,知道辜氏不好惹。因为外国人在中国都享受有治外法权的保护,如果硬性取缔,万一闹出国际纠纷来，如何了得？于是就装作不知道此事，由他去吧。

因此，在"袁大总统"三天三夜停止一切娱乐活动的国葬大礼期间，辜老夫子却公然开了三天三夜的堂会，竟然没有一个人敢动他的一根毫毛，让他过足了瘾，出尽了风头，吐尽了对袁氏的怨气。

笑傲江湖，蔑视权贵，嘲弄一切，这就是辜老夫子的风格。

在北京的一个宴会上，座中都是一些社会名流和政界大人物，有一位外国记者问辜鸿铭："中国国内政局如此纷乱，有什么法子可以补救？"辜回答说："有，法子很简单，把现在在座的政客和官僚拉出去统统枪毙，中国政局就会安定一些。"好一个大胆的辜鸿铭！

对于清末动荡的政局和民不聊生的社会现实，人们都忧心忡忡，争相献策。辜鸿铭一反众论，认为答案十分简单，那就是当官的别吹牛，说大话，这样问题就自然解决了。他说："人都说中国将亡于外交之失败，或者是亡于没有实业；我偏说中国之亡，不亡于没有实业，不亡于缺乏外交，而实亡于中国督抚之好吹牛也。"所以他说，如今挽救危亡，振兴中华，不要尽说大话空话，只要总督巡抚们从不吹牛皮作起，中国也就有救了。

1905 年，慈禧太后举行七十大寿盛大庆典，举国欢庆。京城各个衙门张灯结彩，鞭炮齐鸣，军乐民乐共奏，大宴中外宾客。辜鸿铭时在武昌，看到满街都在唱《爱国歌》，便对同席的学堂监督梁鼎芬说："大家都在唱《爱国歌》，没听有人唱《爱民歌》。"梁说："那就请你编一首吧。"辜鸿铭沉吟片刻，对大家说："我已想好了四句，不知大家想不想听。"众人齐声说道："愿听高见。"辜鸿铭站起身来，一字一句地念道："天子万年，百姓花钱；万寿无疆，百姓遭殃。"众人听了，举座哗然。

3.臭尽西洋佬

在近代中国，敢著书立说系统抨击西方列强，面对洋人敢于横眉冷对、嬉笑怒骂无所不及者，辜鸿铭可以说是第一人。不论是在异国留学，还是在中国生活，一生都始终保持着一种凛然不可侵犯的民族气节。

在英国，他虽然跟随义父布郎一家生活，尊重他们的民族风俗。但是，对于已有记忆的华夏民族的传统习俗，逢年过节，他都要买些牲礼酒菜，点上香火虔诚叩拜一番,遥祭祖先。这些奇特的举动,常常引起洋人的侧目,但年幼的辜鸿铭一点也不在意,仍是年年三拜九叩,依然故我。

有一次,一位英国老太太忍不住揶揄他说:

"你的祖先什么时候会来享用你这些大鱼大肉啊?"

辜鸿铭不假思索地回答:

"应该就在尊先祖闻到你们所孝敬的鲜花的花香那个时候吧!"

才二十出头的辜鸿铭,傲气与见解便已和他的才学等量齐观,锋芒四射了。

有一天,辜鸿铭乘坐巴士上街,中途上来几个英国小青年,对着辜一副土头土脑的模样品头论足,很是缺乏教养。辜鸿铭不动声色,从怀里掏出一份报纸看了起来,洋佬们伸头一看,一个个笑得前仰后合,差点没躺在车板上打滚。

"看看这个大老土,连英文都不懂,还要看报!大家快来看呀,他把报纸都拿反了,还看得蛮像那么一回事,好滑稽好荒唐哟!"

洋佬欺负辜鸿铭不懂英文,放声大肆讥笑。

辜等这帮洋佬放肆完后,用他娴熟而流利的英语还击道:

"英文这玩意儿实在太简单了,不倒过来看,还真是没有什么意思!"

那帮洋佬儿一听,大惊失色,趁着汽车靠站,赶紧溜之大吉,辜鸿铭的得意之情,自然不在话下。

1889 年(光绪十五年),俄国皇太子来湖北旅游,随同来华的,除太子的亲戚希腊王子外,还有一些王公大臣共十余人,气派很大。俄国皇太子乘坐俄国兵舰到达汉口,湖广总督张之洞前往迎接,文武官员随从。俄太子询问随从人员的职务和名字,辜鸿铭一一翻译。并告诉俄国太子,请其随员向张总督作自我介绍,以示尊重。

晚上,张之洞在晴川阁设宴款待俄国皇太子一行。宴会上,俄太子与希腊王子谈话,为了避人耳目,改为俄语,说今晚有别的约会,喝酒要有所节制。辜原来是用法语翻译的,听了他们用俄语的谈话,对他们说,今天这桌饭做得很好,请放心去吃,决不会影响下顿饭的。这两位王子昕了,颇为惊讶。

张之洞吸鼻烟,希腊王子觉得好奇,就用希腊语问俄国太子,老头吸的是什么东西。辜不动声色,就示意主人将鼻烟递给王子,让他看看。两位王子震惊万分!

临别前,俄太子紧紧握住辜的双手,认为辜的确是中国人的骄傲,并送给他一块金表。后到上海,逢人便讲,张督手下有一个杰出的语言天才,"各国无此异才",一开始的那种傲慢之气一扫而光。

《辛丑条约》签订以后,其中规定有开发黄浦江一款,西方各国展开争斗。结果是上海道具体负责,各国领事协同办理。上海道特意聘请辜鸿铭任工程总指挥。辜上任后不久,查出有两个洋人舞弊,冒领挖泥费白银 16 万两之多。领事极力袒护,辜力争惩罚。在有各国领事参加的会议上,领事们认为大家都不是工程专家,所查结果不一定准确,等专家审定后再说。辜当即出示在德国所获得的土木工程硕士文凭,各领事均无话可说。最后经过辜鸿铭的多方奔走,终于索回这笔巨款。

1900 年,义和团运动爆发,中外骚动。帝国主义及其舆论工具对此极尽攻击、污蔑、漫骂之能事,说义和团是团匪,是一种极端的仇外心理,盲目的排外主义等等,就是康有为之辈,也不例外。

在当时舆论一边倒的情况下,辜鸿铭挺身而出,以比较客观的态度,用英文撰写了一系列文章,公开驳斥西方舆论对义和团运动的污蔑。文章刊登在上海《字林西报》,后经伦敦《泰晤士报》等世界著名报纸转摘,影响遍及全球,成为中国近百年历史上第一个敢于写洋文骂洋人的中国人。

辜指出,所谓义和团,实际上是由一群"纯洁善良的人而结成的友好团体",从它的名字(义,正义;和,和谐;团,团结)就可以看得出来。最初,它是一个完全为了自卫的村社防御体系,练武强身,保卫家园,是其宗旨。后来,不堪忍受西方传教士的欺负,奋起反抗,"某种意义上是为文明而战"。辜说:"外国人讲中国人违背了国际法,在我看来,恰恰是外国人首先违背了国际法。"他甚至认为,慈禧太后向西方宣战是"出于维护帝国的自我尊严"。

辜鸿铭警告西方:"外国人歧视中国,狂妄傲慢,这种态度是导致 1900 年爆发义和团排外的主要原因。"因为"他们反对的是欧洲的真正敌人,世界及其真正文明的敌人,而不是所有的欧洲人"。那些侵略者"像小偷和无赖一样合伙进入中国,偷盗、诈骗、威胁、谋杀并抢劫这个世界,最终将毁灭所有的世界文明"。这自然要激起全中国民众的强烈反抗。辜还说,我们中华民族是酷爱和平的,很不愿意打仗,但是外国人要欺负我们,那中国人也不是好惹的,也是英勇不屈的。"中国人具有这样一种人类特性,当有人给予他们以可怕的面孔,要消灭他们并不允许他们生存的时候,他们也会动用暴力。"

辜鸿铭还正告西方的新闻媒介不要混淆是非,胡说八道。他说:"欧洲的新闻机关,特别是英国,扮演了一个纵容侵略的喉舌角色,联合起来纵容政府在中国实行炮舰政策,并明目张胆地来瓜分中国。"辜郑重指出,西方许多自称很高明的先生们提出的或瓜分或基督教化的解决中国问题的方案,都会在中国行不通的。中国问题的真正解决,一定要在公平、公正的原则下,尊重中国人民的自愿和信仰,才可能得到比较圆满地解决。

1903年,清朝刑部杖杀了革命党人沈荩,西方舆论纷纷谴责清朝,指责中国没有人权、是一野蛮国家。为此,辜鸿铭专门给西方著名记者莫里循写了一封长信,就西方舆论的指责做了反驳。他说:"鉴于不久前曾因北京处决一名单命领袖,而在外国人士当中引起了异常情绪和过激言辞,我认为有必要以中国人的观点就这个案件作一自我克制的阐述。"

西方舆论指责说,中国政府处决沈荩的司法程序不正当。辜鸿铭说,按照中国目前的法律,皇帝未经咨询皇家司法官员是不准下令把一个人处死的。但也有例外,况且,"必须记住,在中国,皇上可以以一国之主的身份或别的理由驳回皇家司法官员所做的最后判决,因为皇上的裁决是最高的法律"。

西方舆论的第二个指责是判刑过严。辜鸿铭说:"尽人皆知,香港和东京对鼠疫的预防措施之一是,把整个区域的建筑物,不管多么有价值,全部夷为平地,如有必要则全部用火焚烧。我想任何人对于采取这样严峻的预防鼠疫的措施也不会提出疑问的。现在按照中国人的看法,无政府主义是同鼠疫一样的坏,而中国这个国家把所有对正统权威的公然违抗看作是最危险的瘟疫,或者确切地说,是无政府主义病菌。因此,为了消灭一切可能的无政府主义病菌,采取最强的措施是必要的。中国的君主是最高正统权威的象征,而对于公然违抗最高正统权威者的惩治就是处死。"辜认为,对一个人残酷是为了对大多数人的慈善。他说:"事实上,对罪犯实行不适当的和欠考虑的宽大,实际上就是对于吃这些罪行后果之苦的人们的残忍。"

西方舆论的第三个指责是处决形式过分残酷。辜鸿铭认为,根据中国人的观点,用棍子打死的严峻和残酷程度比起砍头和枪杀要轻得多。因为"在中国人的心目中,欧洲式的军法处决是那样的野蛮而可怕,正如在欧洲人心目中把中国式的乱棍打死的处决看得非常野蛮而可怕一样。"辜鸿铭指出,如果纯粹用西方的标准来看,杖杀是野蛮而残酷的,"用现代欧美人民的道德观念来判断中国的法律,它无疑是残酷的和野蛮的",但是用中国文化的固有标准,对危害国家的罪犯实行严厉的制裁,一点也不能说是残酷和野蛮。

辜鸿铭最后警告西方,一定要尊重中国,尊重中国政府,不要干涉中国内政。他说:"我经常反复说过,指导外国人同中国政府打交道的一个原则是,如果外国人要求中华帝国政府尽到一个好政府的职责,那么,外国人的一个简单的责任就是,允许中华帝国政府有充分自由和权限,去采取它认为是治理好这个国家的最好的措施。"在这篇文章中,辜的观点立场是守旧的,但他敢于驳斥西方,利用他渊博的学识,大量而广泛地引用了许多西方哲人名士的言论,更使全文论据充分,铿锵有力,而且在西方世界引起轰动。

辜鸿铭晚年隐居北京,英国现代著名作家毛姆来华旅游,慕名专程拜访了他,遭到老辜的讽刺奚落,成为毛姆中国之行所遇到的第一个敢于当面挖苦他的人。下面是毛姆的一段回忆:

"你想来看我,我觉得非常荣幸。"辜回答说。"你们的国人只同苦力和买办往来,他们想所有的中国人不是苦力就是买办。"

我要抗辩。可是我不曾抓到他的意思。他斜躺在椅子上,以嘲弄的表情看我。

"他们以为他们只消招招手,我们就得来。"辜说。

那时候我才晓得我的朋友失礼的宿怨还未消尽。我不知道要怎样回答才好。我讲了一些客套话。

过了一会儿,他拿出他所写的书给我看。

"你知道,我是在柏林得到哲学博士学位的。"他说。"后来我在牛津念了一些时候。(此处有误,作者注)可是英国人,假使你容许我这样说,是不宜于研究哲学的。"

虽说他先下抱歉的注脚,可是很明显的,他并非不喜欢说一点令人不快的话。

我说:"我们也有过不少哲学家,他们对于思想界并非全无影响的。"

"休姆（Hume）和白格利（Berkeley）吗？我在牛津的时候，在那边教书的哲学家希望不要得罪他们神学院的同事。假使会危及他们在大学的地位，那么他们便不会把他们的思想推想到逻辑的结论了。"

我问他道："你可曾研究过美国现代哲学的发展？"

"你可是说实用主义？那是那些想要相信不可信的东西者的最后的逃避所。我用美国汽油比用美国哲学还要多。"

"可是你们，你们可晓得你们在做什么？"他喊道。"你们凭什么理由说你们比我们好呢？你们的艺术或文字比我们的优美吗？我们的思想家不及你们的深奥吗？我们的文化不及你们的精巧、不及你们的繁复、不及你们的细微吗？NO，当你们穴居野处茹毛饮血的时候，我们已经是进化的人类了。你可晓得我们试过一个在世界历史上是唯我独尊的实验？我们企图不以武力管理世界，而用智慧。许多世纪以来，我们都成功了。那么为什么白种人会轻视黄种人呢？可要我来告诉你？因为白种人发明了机关枪。那是你们的优点。我们是赤手空拳的群众，你们能够把我们完全毁灭。你们打破了我们的哲学家的梦，你们说世界可以用法律和命令的权力来统治。现在你们在以你们的秘密教导我们的青年了。你们用你们那可恶的发明来压迫我们了。你们不晓得我们有机械方面的天才吗？你们不晓得在这国度里有四万万世界上最务实际、最勤恳的百姓吗？你们以为我们要花了很长的时间才学得上吗？当黄种人会造和白种人所造的一样好的枪支，而且也会射得一样直的时候，你们的优点便要怎样了呢？你们喜欢机关枪，你们也将被机关枪判决。"

谈话中间，辜鸿铭最小的女儿进来了。辜给客人介绍说，她是皇帝退位那天出生的，"我想她是新时代起源的使者。"又说："她是这老大帝国覆亡的末了一朵花。"

"你看我留着发辫"，他说，把小辫子拿在手中，"那是一个标记。我是老大中华的末了一个代表。"

最妙的是，临别时，辜鸿铭送毛姆两首诗。毛姆说："你不同时给我一个译文吗？"辜鸿铭说："给它翻译就是给它伤残。"毛姆不懂中文，后来请人翻译出来一看，原来是两首赠妓女的诗，使他简直哭笑不得。

4.风流老头子

辜鸿铭曾经说过,他一生只有两个嗜好:一是忠君,二是风流。的确,综观辜的一生,不管是在言论方面,还是在行动方面,中国固有的名士风流和西方近代浪漫主义作家的生活方式,都在他身上有不同程度的影响,有时甚至是交相为用。

痴迷"三寸金莲"。辜鸿铭在张之洞幕府任职期间,经媒婆介绍,与湖南女子淑姑结婚。淑姑不但人长得漂亮,而且还有一双"三寸金莲"新婚之夜,辜抚摸着那一双金莲,着实神魂颠倒了一番。

辜鸿铭对女人的小脚,特别嗜好,尤其喜欢嗅小脚的臭味,每嗅一次,就文思泉涌,勃然以兴。所以他常说小脚是他的"兴奋剂",而且他还有一套奇特的"小脚理论"——即"七字妙语",在当时文人圈子里流传甚广。辜说:"小脚女士,神秘美妙,讲究的是瘦、小、尖、弯、香、软、正。妇人肉香,脚唯一也。前代缠足,实非虚政。"此外,奇臭更是他的偏爱,也是小脚美的最佳境界。他说:"女人之美,美在小足;小足之美,美在其臭。食品中有臭豆腐和臭蛋等,这种风味才可勉强和臭小脚比拟。"他这种巧辩实在是荒谬之极,由此可以看出他对小足是如何喜爱了。

不久,辜鸿铭又娶了一位日本女子蓉子为如夫人。蓉子又名吉田贞子,生得丰肌滑肤,柔若无骨,温柔体贴,妩媚动人。辜对这位如夫人爱若拱璧,视同"安眠药"。因为没有她,便寝不安席。一夜不在身边,便辗转不能入睡,通宵失眠。可是美中不足的是,这位蓉子不是小脚。为了弥补这一缺憾,辜常常在睡觉之前,先去把太太淑姑的脚玩弄一番,嗅吻一番,然后再到蓉子的床上。

有一次,辜鸿铭去看望一个姓高的学生,应声开门的是一个十六七岁的小丫头,生得小巧玲珑,清秀可爱,可是五六天没有洗脚了,他嗅到此种"异香",大为所动,便在姓高的学生面前,极力称赞这小丫头如何如何的美好,一连几天都是赞不绝口。

学生见老师如此喜欢小丫头,莫非他想讨去做姨太太不成? 就慨然答应将这小丫头送给他,辜氏欣然接受。并主动提出把小丫头的身价还给学生,不让他吃亏。

小丫头临行之前,高向小丫头说:"你到辜先生家,可以享福了,将来前途一定无量,你要好自为之。"并叮咛她头发要梳洗梳洗,衣服要换件新的,两只脚也一定要洗干净。"这样才可使辜先生更喜欢你哩。"

　　等到一切打扮整齐,然后陪她到辜先生家里去。辜一见小丫头到来,喜不自胜,一句话也没说,就先把小丫头拉到卧房,请她把脚伸给他,他双手拿起她的小脚,恭恭敬敬地捧到鼻子上一嗅,半天却没有反应。这下可糟了,那股往日之"香"竟然完全消失。辜老先生不禁大失所望,顿时兴趣索然,便叫学生把小丫头带回去。小丫头经此折腾,感到自己受到莫大的委屈,认为辜先生在羞辱她,大哭一场。学生也被弄得莫名其妙,到后来才知道错在洗了脚。

　　逛窑子,玩妓女,是中国传统士大夫的一种劣习,自古已然。清末民初,北京、上海、天津妓馆林立,窑子比比皆是。北京的八大胡同,上海的怡红院,都是辜鸿铭寻花问柳、流连忘返的好去处,辜视之为家常便饭,乐此不疲。而且不计妍媸,不择肥瘦,只要是三寸金莲,有奇臭异香就行。

　　辜鸿铭玩妓女,经常给妓女写些诗词相赠,其中有一首小诗是这样写的:
"你并不爱我,
但你的声音是动人的;
你是明眸含笑,玉手纤纤。
你爱我了,
但你的声音是悲惨的;
你是酸泪盈眶,魔手残酷。
那是一件极伤心的事,
'爱'使你不可爱了。
我所求的岁月像流水般地逝去。
你会失去——
明眸里的秋波,桃色似的冰肌,
以及你残酷的青春美貌。
那时候,唯有我会仍旧爱你,
你最后才能体会到我的真情。"
据说这首诗就是辜鸿铭晚年赠给英国作家毛姆的妓女诗。

1918 年,皖系军阀段祺瑞指使其亲信徐树铮、王揖唐等在北京安福胡同成立俱乐部,利用卖国借款收买政客、伪造选举,被称之为"安福系"。

安福系当政时,颁布了一个新的国会选举法。其中规定,有一部分参议员必须是由当时的学者名流选出的。凡是国立大学的教授,曾经在国外大学获得学位的人,都有选举权。于是许多留学生有学士、硕士、博士文凭的,都有人来兜卖。本人不必到场,自有人拿文凭去登记投票。据说当时的市价是每张文凭可卖二百元。兜卖的人拿了文凭去,还可以变化发财。比如一张文凭上的名字是 WuTing,第一次可报"武定",第二次可报"丁武",第三次可报"吴廷",第四次可说是江浙方言的"丁和"。按这种办法,原价二百元的文凭,就可以卖到八百元了。

辜鸿铭从小留学英国,名扬海内外,拉他出来捧场的人很多。一天,有个人来运动辜鸿铭投他一票。

辜鸿铭很不经意地说:"我的文凭早就丢了。"

来人说:"谁不知道你老人家?只要你亲自来投票,用不着什么文凭。"

辜鸿铭说:"人家卖二百块钱一票,我老辜至少要卖五百块。"

来人说:"别人两百,你老人家三百。"

辜鸿铭说:"四百块,少一毛钱不来,还得先付现款,不要支票。"

来客还要还价,辜就叫他滚出去。无奈,来人只好说:"四百块钱依你老人家。可是投票时务必请你到场。"

选举的前一天,那人果然把四百元钞票和选举入场证都送来了,还再三叮咛辜鸿铭明天务必到场。等来人一走,辜鸿铭立刻出门,赶下午的快车到了天津,把四百块钱全部花在了津门名妓"一枝花"身上。两天时间,钱花完了,辜鸿铭才回到北京。

那位政客听说辜鸿铭回来了,就气冲冲地赶到辜家,一见面就大骂辜没有信义。辜老先生顺手操起一根棍子,指着那个小留学生小政客骂道:"你瞎了眼睛,竟敢拿钱来买我!你也配讲信义!你给我滚出去!从今以后,不要再上我门来!"

那个政客看着辜鸿铭手上的棍子,就乖乖地逃出去了。

收集春宫画。在近代怪杰中,辜鸿铭和叶德辉可以说是一对活宝了。叶德辉喜欢收藏性书,辜鸿铭爱好春宫画,有异曲同工之妙。

5.幽默与诡辩

中国现代著名幽默大师林语堂曾经这样评价辜鸿铭,他说:"辜作洋文,讲儒道,耸动一时,辜亦一怪杰矣。其旷达自负,俾睨中外,诚近于狂。"短短数语,便勾画出了辜鸿铭典型的性格特征。

幽默、诙谐、戏谑是辜鸿铭的天性,在他的身上表现得颇为充分,用淋漓尽致、惟妙惟肖来形容,一点也不夸张。

有一次,辜鸿铭应外国友人邀请前去做客,因为来宾中只有他是中国人,于是大家便推请他坐上座。坐定之后,大家谈论起中西文化,席间有人问辜说:"孔子之教,究竟好在哪里?"辜氏从容回答说:"刚才诸君你推我让,不肯居上座,这就是孔子之教中的'礼让'也。假如今天行西洋'物竞天择'之教、以'优胜劣败'为主旨,那么今天这一席酒菜,势必要等到大家竞争一番,等决出胜负,然后定座,才能动筷子,恐怕不知要经过多少时间才能到口呢。或许最后谁也吃不上饭。"他就这样以现身说法,不假思索地提出这一无人能驳倒他的妙论,引得满座客人捧腹大笑,这是辜鸿铭的机智。

1905年,日本前首相伊藤博文来中国访问,在武昌见到辜鸿铭。这时辜刚好翻译完《论语》英文本,就送给伊藤一本。伊藤问辜鸿铭说:"听说你对西学颇有研究,不知道孔子之教能在数千年前实行,在现在的20世纪能行得通吗?"辜回答说:"孔子的思想,就好比数学家的加减乘除,数千年前是三三得九,到现在的20世纪,仍然还是三三得九,总不能改得九为得八也。"

有人听了这故事,告诉辜说:"你不知道20世纪的数学已经发生了很大变化吗?以前是三三得九没错,现在已不是那么回事了。如我借洋款三三得九,已经变成三三得七了;等我还洋人的借款,已经不是三三得九,而变成三三得十一了。"后来辜常以此来讽刺西方的对华贷款。

辜鸿铭生活在新旧交替、中西融合的大变革时代。人们已经普遍对旧传统、旧道德失望,学习西方,走西方之路,已成了大多数中国人的共识。而受过西方文明熏陶的辜鸿铭,却反其道而行之,极力反对学习西方,处处标新立异,表现出一典型的逆反心理。

有人向张之洞建议,在督府衙门门口设置一个"意见箱",凡百姓对于地方的意见和建议都可写好投进箱中,不必署名,将可收到"广纳民意"的良好政治效果。提建议者为自己的创意而沾沾自喜。

老辜在一旁听了,没有说一句话,于是那"意见箱"在衙门口挂出来了。

这"意见箱"挂了不到三天,就被悄悄撤走了,原因是有人写了几十张无名帖,几乎都是痛骂督抚大人张南皮的文章,张不能不看,忍着气看了也无从查究,"意见箱"就这样"寿终正寝"了。

那几十张匿名帖,幕府里的人一致认为八成是辜鸿铭的杰作,老辜既不承认,也不否认,只是当着出馊主意的人向众人演说:

"中国是君子之国,不需要假洋鬼子那一套偷偷摸摸有欠光明磊落的黑邮船(black mail)来玷辱斯文!中国所以不需要法律,因为中国人民有廉耻观念,有极高的道德标准!"

那位仁兄极不服气,反问说:

"难道君子就不会营私舞弊吗?如果是一家商人公司,请了君子当经理,就不必查账,不必写报告,就是他卷了公款潜逃也不必追究吗?这种公司能赚钱吗?有人敢投资吗?"简直气壮如牛。

"你会这样说,因为你根本不了解中国!中国政府是以道德为基础的政府,而不是以商业为基础的政府!你以为中国只是一家唯利是图、小人当权的商人公司吗?"

"但是中国也没有那么多君子来做巡抚、做县令、做侍郎、做师爷吧?"

"现在是没有了,因为他们都改行做了假洋鬼子或洋鬼子的走狗了。"

老辜一张利嘴,骂得那人七窍生烟,半天回不上嘴。

有一次,上海《时务报》刊出了一篇批评朝廷"君权太重"的文章,辜鸿铭看了拍桌大骂说:

"秦始皇焚书坑儒,所要焚的书,即今日之烂报纸;所要坑的儒,即今日出烂报纸的主编!势有不得不焚,不得不坑耳!"

清朝皇帝退位后,国人大多剪掉了辫子,而辜鸿铭却我行我素,脑后发辫依然长垂,不肯剪去;所穿的衣服更是宽袍大袖,不入时流,独立不群,自鸣得意。有人问他:"如今满清专制早已推翻,进入民国时代,怎么还在脑后挂着一条发辫?"他坦然答道:"这是我个人独有的审美观念,和政治思想无关。"辜还说,"中国的存亡,主要在于道德,而不在于辫子。辫子除与不除,原无多大出入。"辜还警告说,"去了辫子,如国家果能强盛,则去之也未尝不可。否则我决定不剪辫。此系我个人自由,不劳动问!"

民国九年(1920年),著名的辫子军首领张勋过生日,辜还给张赠送这样一副对联:"荷尽已无擎雨盖,菊残犹有傲霜枝。"

算是同病相怜,形影相吊了。

从1915年开始,陈独秀创办《青年杂志》,从而揭开了新文化运动的序幕。新文化运动的一个重点是鼓吹文学革命。对此,辜极力反对。他尤其反对有人把中国古文视为"死文学"。他认为,所谓的"死文学",应指笨拙、死板而缺乏生气的语文,而中国的古典文学,绝不符合这一定义,正如莎士比亚的作品是高贵的语文,比较现代流行的英语更为华丽一样,中国的古典文学也是比较市井的白话更为典雅华丽的。他说:"最通俗的语言并不一定是最好的。在这世界上,面包和果酱要比烤鸡消耗得多,但是,我们后不能只因为后者比较稀少,而说它没有前者那么美味可口富于营养价值吗? 就认为我们都该只吃面包和果酱吗?!"

善于拆字,也是辜的拿手好戏。

为了反对新文学,他故意将西方著名作家杜斯妥耶斯基的名字拆为(Dostowhiskey 杜斯妥耶斯基);为了反对民主政治,他故意将 Democracy 拆为(Democrazy 德谟疯狂)。

中文里的"妾"字,辜是这样解释的:

"'妾'就是'立女'嘛! 其妙用就在于男子疲倦之时,有女立其旁,可作扶手拐杖之用也。故男子不可无女人,尤不可无扶手之立女!"

"改良"一词,在当时用得很普遍,辜认为是用词不当。他说:"现在人做文章都不通,他们所用的名词都不通。比如说'改良'吧,你既然已经是'良'了,你还改什么,你要改'良'为'娼'吗?"

长于诡辩,更是辜鸿铭的绝活。

有一次,许多外国朋友在他面前,大肆抨击中国人纳妾的风俗太无人道,是野蛮人的行为,大家都把目光集中到辜鸿铭一人身上,心想这回你无话可说了吧。那知道辜不慌不忙地说:"这有什么稀奇?男人好比茶壶,女人好比茶杯,一把茶壶配上几只茶杯,不是中西同理,很自然的事吗?而且中国人纳妾是光明正大的,不像你们西方人偷着养情人。"在场的西方人听了,瞠目结舌,无言以对。

又有一次,辜参加在北京大饭店的中外聚会,有一英国的贵妇人,素知辜鸿铭重男轻女,男子可以纳妾,而女子不能多夫,心中很不服气,便问辜鸿铭说:"辜先生,听说你一向主张男人可以纳妾,依此说来,女人也可以多夫了,否则如何能平等呢?"

辜鸿铭听了,大摇其头,期期以为不可,慢条斯理地答道:"不行不行,论情不合,说理有亏,对事有悖,于法不容!"那位贵妇人正要提出质问,他又紧接着反问道:"夫人代步是用洋车,还是汽车?"妇人不假思索地回答:"汽车。"辜说:"那可不!汽车有四个轮胎,请问府上可备有四副打气筒?"此语一出,哄堂大笑,弄得那位贵妇人啼笑皆非。

不错,他的话大都是强词夺理,不合正道,属于纯粹的诡辩哲学,但他能如此妙解善辩,且可不假思索,脱口而出,这一份能耐,确实是无人能及的。

上面这些茶壶、轮胎、打气筒等著名笑话,后来引出陆小曼一句名言,她对丈夫徐志摩说:"志摩,你不能拿辜老的比喻来做风流的借口,你要知道,你不是我的茶壶或打气筒,你是我的牙刷。茶壶、打气筒可以公用,牙刷可不行啊!"

当时外国人都说中国人随地吐痰,不刷牙,是一个不讲卫生且道德水平低下的民族。辜鸿铭指出,不错,中国人的确卫生很差,表面脏不兮兮,邋里邋遢,但是,中国人的心灵是干净的,是纯洁的;外国人虽然表面干净,但他们的内心是肮脏的。所以辜鸿铭有一句名言,说中国人随处吐痰,不讲卫生,不常洗浴,就是中国人精神文明之证。这也是辜鸿铭的诡辩。其观点无疑是错误的。

略知辜鸿铭大名的人,无论男女老少,概念化的印象,便是他的纳妾、缠足之说,以及他的蓄辫等怪癖,因此他给了人们一个"泥古不化"的口舌。如果我们能够从深层次去探讨他的性格特征,那么我们便会对上面这种看法产生疑问了。

真正的辜鸿铭,实际上是一个择"爱"固执,信仰坚定,始终如一的人,只要他认定什么是好的和对的,就誓死拥护到底,毫不动摇。就拿他所炫耀的辫子这件事来说，这正显示出他刚愎自用，爱与人唱反调，对抗世俗的独有个性；再加上辜本人的诙谐、幽默和"善骂世"的长才，更使他的辫子具有嘲讽世人的意味存在；而辜鸿铭最突出之处，就是他留洋而不崇洋，甚至反而蔑洋的心理，令人震惊。这就是他由纯西式的人文环境，彻底地归化入极传统的中国精神境界的难能可贵之处。所以尽管辜鸿铭一身的古里古气，但却是他向世人发出无声的嘲讽的代表。因此，我们还以传统的看法评价他，就有点欠公平厚道了。

辜本人之所以能够真正体会到中国生活的迷人之处，是因为他小时候，父亲时常提醒他"别忘了自己是中国人"，以及成长过程中那种对祖国莫名的向往，引以为骄傲却又不明所以的深切情愫。当他回到祖国，亲身体验起来，果然是那般美妙，那般令人神往，于是就更加坚定了这种信念。

他觉得做一个中国人实在是太好了，而能够宣扬华夏文化，打掉洋人自命不凡的神气更是一件快事！因此，辜鸿铭毕生从事着一项前无古人的壮举，就是将《论语》《中庸》等儒学巨著翻译成英文，在国外发表或出版。而这种历史性的创举，非但在欧美掀起研究汉学的风潮，而且更引起国内学术界的震惊和注目，因为，这种积极主动向外国做"文化输出"的工作，是以前学者未有过的，所以无怪乎中国文人要瞠目结舌了。

至于辜鸿铭的自命不凡，自负自许，也并非夜郎自大，他确实是有其精辟见解和独到之处的。"我不知西人之学，亦无以知周孔之道大且极矣。故曰学，闻见也，非道也。然非学无以见道，其学愈广，其见道愈大。"他的睿智和见识，由上面这段话可以略窥一斑。一般满口之乎者也，实际上仅得皮毛之识的人，绝不可能领悟出如此柳暗花明、峰回路转的治学境界来。

正因为他对欧美文化有深切的研究和认识，又对中华文化投入了极多的心血，比较起中西文化来，无疑就比其他人更加精辟而深刻；又因为他对中华文化那一种血浓于水的感情，在大言不惭地替中国争面子的原始心态下，他坚认中国孔教文化是世界上独一无二的，世界上的任何文明都比不上儒学文化。

所以，当新文化运动与五四爱国运动蓬勃兴起时，提倡民主与科学，反对固有的思想和学术，提倡白话文，反对文言文，提倡男女平等，反对压迫妇女等等，无一不是向中国社会的传统家庭制度和思想做惊世骇俗的挑战。而站在另一端的辜鸿铭，对此自然不能容忍。他先后写了几篇文章予以反驳，而且发出"中国人不识货,把古董卖给了外国人"的慨叹。

辜鸿铭已经死去近70年了,几乎被人遗忘了。但是,他的传奇性却是不争的事实,这不仅在于他那诙谐的形象,而且在于他高超的智慧。虽然他给多数人的观感是愤世嫉俗、尖酸刻薄的,并喜欢与整个社会为敌,但是,他至死都以生为中国人而感到骄傲和自豪的精神,却是令人感动不已的。所以说,仅仅说他是一个性格古怪,爱出风头的"老怪物",是欠公道的。他在文化传播上的贡献,他为国家和社会所做的努力,尤其是他敢于批评西方列强的爱国精神,都是很值得我们敬佩和叹服的。

陆荣廷抢亲

从背面去看陆荣廷,其身材魁梧,肩阔腰圆,好一副英雄气概。而正面视之,其貌却不扬:他颧骨特别的窄而长,双眼深陷,鼻梁直削,好像是人工用刀斧砍削而成装上去的;他的下巴向前凸出约有一寸长,好像明太祖朱元璋一样。就是这样一个绿林强盗出身的丑大汉子,其内室却有着一个貌美如玉的妻子,究其来历,原来是陆荣廷抢亲抢来的。

陆荣廷,原名陆亚宋,又名陆阿宋,字干卿。原为广东肇庆人。1865年出生。自幼孤寒,五岁丧母,由其外祖父母收养。不喜读书,生性胆大妄为,少年即铤而走险,曾遭官府悬赏捉拿。他在肇庆安身不住,便纠合一些无赖少年,潜入广西武鸣山一带落草为生,打家劫舍,以"杀富济贫"相标榜,一举成为武鸣山寨里聚义厅上坐北朝南、发号施令的一名山大王。

陆荣廷落草的地方,靠近龙州(即今广西龙津县)。当时龙州河上有一霸,名叫谭亚雄,以贩卖私盐为生,是远近闻名的水路强人。

谭亚雄早年丧偶,身边仅有一子一女,其儿子名叫谭浩明,性情猛烈如火;女儿长得如花似玉,是谭浩明的姐姐,人称谭大姐,知道她的人都说她像评剧《庆顶珠》中的萧桂英。他身手矫健,精明强干,且有一身好武艺,母亲去世以后,一直跟随父亲在龙州河上漂泊。由于出身的特殊和所处的环境奇特,谭亚雄之女虽过了花信之年,依然是小姑独处。这父、子、女三人平日都生活在一条大船上,飘游无定。四处为家。这龙州河上到处都有谭氏的徒子徒孙,龙州河两岸是谭家的势力范围,谭亚雄的大船有特殊的标记,谁见了都主动避让。

有一天,陆阿宋带着自己的几个亲信随从微服乘船去龙州,傍晚才到达,将船停泊在码头边,旁边正好停着一条大船。陆荣廷很少在龙州河上出没,因此不知道旁边的大船便是水上大王谭亚雄的船。船停靠码头以后,命身边的弟兄上街去沽酒买菜,准备在船上好好吃喝一番。吩咐停当,闲着无事,走出船舱来到船头。站定以后,抬头一看,就在隔壁的大船上有一美貌女子正在忙碌着,打水洗菜,两条船相隔仅有一丈多远,那女子的面貌看得非常真切。这一看不要紧,可使陆荣廷看呆了,陆暗自吃惊,心里思量着:我平生见过的女子不在少数,但像这么漂亮的女子还是第一次见到。于是便动了心,目不转睛地注视良久。说来也真凑巧,这时的谭大姐正抬起头来,无意回眸一看,看见旁边的船头上站着的一个人在目不转睛地盯着自己,再细细一看该人的这副嘴脸模样,忍不住笑了起来。谭大姐的回眸一笑,使陆荣廷误以为自己受到了佳人的青睐,于是便神魂颠倒起来,也回报一笑,同时也越发注视着对方,一直到夜幕降临的时候才回到船舱。晚饭后百般无奈地躺在铺上,两眼直视舱顶,眼前浮现的是傍晚在对面船头见到的丽人倩影,头脑中也胡思乱想起来。辗转反侧,不能入眠。天刚亮,他便起身走出船舱,见那条大船已驶离码头而去。他茫然若有所失,即叫醒随从心腹,上岸去打听那条大船是谁家的,船上的姑娘又是何人。陆荣廷还把船和人的特征都对随从心腹描述了一番。没多久,随从便回船向陆荣廷报告说:"你见到的那位姑娘,是龙州河上盐霸、水上大王谭亚雄的千金,是一个谁都惹不起的人,有人说,谁要是多看一眼,被谭家父子发现都有可能惹出祸来。"

陆荣廷一听是谭家千金,为之一惊。他是早听说过谭亚雄的威名,自己一个草头王是不能和大盐霸相比的,料想遣人说媒提亲去把谭大姐娶过来是没门的事。可是谭大姐的美貌已使他神魂颠倒。当时他口中不说,心中却在不停地嘀咕:"我陆阿宋只要想得到的东西,一定能得到它!"最后决定:一定要娶这位大名赫赫的谭亚雄的千金做压寨夫人,办法只有一个——抢亲。当时广西一度有抢亲陋习,贫家子弟因拿不出彩礼聘礼,不能明媒正娶,便纠集几个身强力壮的男子,把姑娘从娘家抢来完婚(对方一般都是原来定亲的对象,或是男女双方私订终身的女子),造成既成事实。女方父母见生米已煮成熟饭,哭闹一场了事。当然也有乡间豪强,倚仗财势,只要是看中谁家闺女,不论对方及父母同意与否,便派人抢来逼其成婚,有时甚至大打出手,闹出人命案。

陆荣廷主意打定,也顾不得来到龙州,该办的事还没有办,一声招呼:"马上回山寨。"众随从丈二和尚摸不着头脑,又不敢细问,只好前呼后拥地跟着山大王离船上岸,循陆路奔山寨而去。陆荣廷回到山寨,把几个把弟兄全部招来,附耳相告其欲抢谭亚雄女儿做押寨夫人的打算,大家听毕大喜,一致赞同,立即各自分头进行准备。

谭亚雄的家船,每天天刚亮照例便起锚出行,每当夕阳西下,便帆归泊岸龙州。这时的谭大姐便提篮上岸,沽酒买菜,回到船上为辛苦了一天的父亲和弟弟做晚饭。天天如此,几乎没有例外。家船很少在外地停泊过夜,谭家父女也很少离船上岸。

1893年9月的一天,天气晴好,谭大姐照例提着篮子来到街东的盛和酒肆。酒肆掌柜立即迎上前来打招呼:"谭大姐,您来了!"她点头还礼,从篮子里取出酒壶往柜台上一放,右手伸入口袋准备掏钱。就在这时,突然从酒肆的门外闪进一个大汉,黑布蒙面,窜到谭大姐的身边,右手将她拦腰一抱,左手拿着一张事先准备好的大膏药,往她嘴上一贴。这样一来,谭大姐的右手还在口袋里抽不出,左手提的篮子掉到地上,浑身的武艺无法施展,嘴巴被膏药贴得牢牢的,想喊救命也张不开口。突如其来的袭击把酒肆掌柜给吓呆了。这蒙面大汉就是陆荣廷,他力大无比,将谭大姐往肩上一背,拔腿就跑,快步如飞。谭大姐在他背上拼命挣扎,手脚并动,乱打乱踢,陆荣廷全然不顾,只是一个劲地拼命往山上飞奔。酒肆门外的几个人各自从腰中取出事先准备好的鞭炮,跟随蒙面大汉,边跑边燃放起来,噼里啪啦,一路响个不停,沿途三三两两的人原来都是陆荣廷预先设伏的弟兄,一见陆荣廷背了人来,也前呼后拥地跟着跑个不停。通往山里的路上顿时热闹起来,街边路旁的人看到这种情形,以为是一般贫家子弟抢亲,没有人出来干预,只是拍拍巴掌、看看热闹而已。

谭大姐是盛和酒肆的老主顾,每天都要来沽酒一次,上上下下都是认识她的,更知道她是赫赫有名的谭亚雄的千金。掌柜的亲眼看着她被人抢走,先是呆若木鸡,惊魂稍定以后,立即奔出店门,快步跑到河边,到谭家船上去报信。船上此时只有谭浩明一个人在,掌柜的便一五一十地将谭大姐被抢的经过情形告诉了他。谭浩明生就一个火暴脾气,一听说姐姐被人抢走,顿时七窍生烟,咆哮如雷。问明了强人的去向,立即提上家伙,跳上岸来,顺着掌柜指引的方向飞奔而去。

陆荣廷背着谭大姐,跑了一阵,已是气喘吁吁。正准备放慢脚步,歇上一歇,忽听到后面有人喊叫,料是有人追上来了。他一面布置几个弟兄断后,一面加快脚步跑了起来。他料想:凭着自己体力过人和熟悉道路,又有十几个弟兄接应,来人是不可能追到他的。但他也知道不能麻痹轻敌,只有回到山寨,到生米煮成熟饭的时候才算大功告成。因此,他不顾自己满头大汗,背着谭大姐一个劲地奔跑着。背着的谭大姐一路挣扎不停,陆荣廷的双手像钳子一样紧钳不

陆荣廷

松,谭大姐也深知挣扎无用了,后来只能任其摆布。渐渐地,喊叫声越来越远,后来几乎听不到了,陆荣廷才稍稍地松了一口气。天渐渐地黑了下来,不一会,到了山寨。山寨的弟兄们早已做好了迎接的准备,打开寨门,从陆荣廷的背上接下谭大姐带到屋里。此时的陆荣廷,衣服全汗湿了。同去的弟兄全部回到山寨后立即命令关上寨门,关好所有房门,熄灭全部灯火,各处埋伏好哨兵,准备应付万一。

谭大姐定神以后,知道敢于冒险抢她的就是那天在船头见到的丑大汉,远近闻名的武鸣山山大王陆荣廷,她做梦也没有想到船头的回眸一笑会引出今天的结果,命运竟是如此无情地在捉弄人,今天既被抢来,纵然有天大的本事也是无济于事了,因此也就顺从了陆荣廷。

谭浩明一边追赶,一边叫骂,心急如焚。通往山寨的路曲折崎岖,对一个在船上长大的人来说简直无法行走,高一脚,低一脚,越走越难走,和前面的人距离越拉越大了。但他不灰心,还是拼命地追赶,终于找到了陆荣廷的山寨。来到寨前,只见一片漆黑,全无灯火,毫无声息,无法得知姐姐在哪个屋子里。他站在寨门外暴跳如雷,顿足捶胸,破口大骂。骂了好一阵子,没有人出来搭腔。谭浩明一人在寨外干着急,他急得要砸开寨门,冲进寨去,逐个房间去查找。这

时，只见一排房子中间的屋子房门吱呀一声开了，透出亮光，走出一个人来。谭浩明正要冲上前去，捉住那人帮他去找他姐姐，只听那人开口说了话："弟弟，我决定留在山里了。你不要再叫骂了，你好好地回去吧。明天我回家去看爹爹。"谭浩明一听话音，正是自己的姐姐，说的是劝他好好回家的话，一时被惊呆了。他怔了半晌，只好转身回去。

第二天，陆荣廷备了几份丰厚的礼物，和谭大姐双双对对，到谭家去回门认亲和谢罪，谭亚雄见木已成舟，女儿本人也顺从了陆荣廷，只好顺水推舟，认了这个事实上的女婿。谭浩明满腹怒气未消，屈于爹爹的压力，也勉强和陆荣廷见了面，总算两家成了一家人。

自此以后，谭大姐也就真正做起了压寨夫人来了，她掌管着山寨内的事务，与陆荣廷一起发号施令，有时也随队出动。日子过得倒也自在。龙州的水陆两路强人，成了一家，翁婿郎舅也就合了伙，声势更显赫了。陆谭合流，水陆并进，没本钱的买卖越做越发达，陆荣廷的队伍也越来越壮大。谭浩明后来也离船上岸，到陆荣廷营中任职。陆荣廷归附了清廷以后，先后出任清军分统、广西提督。辛亥革命时宣布广西独立，被举为广西副督、都督。1916 年护国军兴，陆荣廷自称为两广护国军总司令，接着又兼并了湖南，一举成为桂系军阀首领，统辖粤、桂、湘三省，所部由原来的 2 个师扩充到 7 个军，显赫一时。于 1917 年参加孙中山在广州成立的护法军政府，被选为元帅。但陆荣廷野心勃勃，后勾结政学系改组军政府，成立七总裁体制，陆荣廷为七总裁之一，这时的谭浩明被任命为粤桂湘联军总司令。

1921 年 5 月，孙中山先生就任非常大总统，6 月 18 日对广西下达了总攻击令。陆荣廷被击败，携妻谭大姐先走越南。后赴上海，在黄浦滩寓居六七年，于 1928 年抑郁而死，终年 63 岁。次年归葬于广西武鸣山区狮哮山上。当年的山大王从此便永远和武鸣山做伴。

顾维钧的"桃花运"与"官运"

民国时期国内政局几度沧桑，人事代谢，而顾维钧这位职业外交家却始终站得稳，兜得转，堪称官场"不倒翁"。这其中的缘由不是三言五语所能尽述。

不过据说跟他生就一副漂亮的面孔不无关系。

谈到他的漂亮，那是名不虚传。到了他已近花甲之年，还是生得面如傅粉，娇嫩有似孩儿面。时人有这样的评价：梅兰芳号称美男，但只是"妖形的美"；而顾维钧却独具柔和的男性美。加上他能言巧语，自然讨人喜欢。因此，一生在婚姻场合中，总是交桃花运，无往而不胜。又靠了桃花运，踏上政治舞台，赢得了飞黄腾达的官运。他的得意，与他一生三次婚姻有着极为密切的关系。

1.第一次婚姻使他成了留美博士

顾维钧的父亲叫顾晴川，于光绪末年，由家乡江苏嘉定来到上海，做了上海道尹袁观澜的师爷。顾晴川本是青衣一衿，家境清寒，为生活计，只得到上海来做小吏。

那年顾维钧只有 12 岁，长得眉清目秀，跟了父亲来上海读书。不久，便考入南市育才中学。

当时同在袁观澜幕府的，还有一人，叫张衡山。此人的文字修养不及顾晴川，但他有一种罕见的本领，就是能看相。道尹衙门中的大小官员，不少人他都看过，据说十分灵验。那时袁观澜之子袁履登和顾维钧同在育才读书，两人很要好，课后常一起在衙门里玩。张衡山说，这两个孩子都非等闲之辈，惟履登不正，将来恐难有善终（后沦为汉奸）；维钧将来则一帆风顺，富贵双全。张衡山就常常买些点心给他们吃，但内心真正喜爱的只有顾维钧，对手袁道尹的儿子，不过敷衍而已。

顾维钧

张衡山膝下有一娇女，与顾维钧年龄相当，张很想得东床快婿，就托人做媒。从当时二家的景况看，张较顾好得多，况且张衡山又是袁道尹的姨表兄，晴川觉得这门亲事有点高攀了，岂有不乐意之理？维钧那时年龄还小，自然没什么意见,就由双方家长订了婚。

维钧在育才毕业后无力升学,晴川打算让儿子学习商业,并且已经向一家钱庄讲妥了。张衡山知道此事后,大加反对。他认定维钧必可造就,乃资助维钧入上海圣约翰大学。这是一所贵族学校,耗资甚巨,张衡山仍不惜工本。维钧在圣约翰毕业后,张又卖掉一部分祖产,供给他赴美留学。顾为人聪明,在校成绩名列前茅。回国时适逢民国初建,留美生在国内甚为吃香。维钧一到上海即去拜见岳丈大人,衡山大喜,设宴招待。

席间,维钧竟向衡山提出要见见未婚妻。那时风气初开,大家闺秀不能抛头露面。虽然父亲已经应允,女儿却羞答答地躲在房内,死也不肯出来。顾维钧大为失望,他觉得他的未婚妻太不大方,将来不能在交际场中显身手,配不上他这位留美博士,顿时兴趣索然,闷闷地喝了两杯酒,就告辞了。据说,顾所以亟亟一见未婚妻的原因,是因为他听说未婚妻的裙下,是一对三寸金莲,有点不时髦了。

2.当了唐绍仪的快婿　荣任中国驻英大使

顾维钧回国不久,就由他的岳父张衡山介绍,北上去见唐绍仪。

唐绍仪时任外交总长,顾维钧以留美博士的资格,在唐手下当了一个外交部三等秘书。他少年翩翩,公余出入于达官贵人的娱乐场所北京饭店舞场。一个偶然的机会,他邂逅了唐绍仪的女公子玫瑰小姐。玫瑰小姐没有出过洋,对外洋向往已久,所以她平时非留学生不交。顾维钧的美貌,更打动了她的芳心。自此以后,二人形影不离。有了这层关系,顾维钧开始步步高升,简直像乘直升飞机一样。每提出一项要求,唐小姐就死缠着唐绍仪,不怕她老子不答应。顾在北京二年,官已至外交部情报司长了。

远在上海的张衡山高兴得很,以为得此乘龙快婿,证明他的看相功夫已到了家。于是函电顾维钧回上海举行婚礼。顾置之不复,后来张衡山终于得知他和唐小姐的一段情史,把老脸都气黄了,并写了一封信给唐绍仪痛责顾维钧,请唐将顾送回上海。唐绍仪阅信后,勃然大怒,当即把顾叫来训斥了一顿,令他立即返沪。顾虽然不愿离开北京,但受不住良心的责备和亲友的劝导,只得收拾行李,预备南下。

事情马上被玫瑰小姐知道了,哭哭啼啼地跑到父亲面前道:"孩儿若不能和维钧结合,一定削发为尼!"一定要父亲出面干预此事。其时,唐绍仪已晋升为国务总理,终觉得不该凭着自己的权势,去强夺人家的女婿,没有答应。唐小姐仍不罢休,为了示威与恐吓,跑到了北京郊外的白云庵,并叫人通知她父亲说:已择期落发,唐绍仪仍未理睬。女公子见此计又不成,再生一计,她又回到城里,使人通知她父亲,说再不答应她的要求,她只好到八大胡同(旧时北京娼妓集中区)去做生意,并且挂上现任国府总理玫瑰小姐的金字招牌。这一记闷棍,果然把唐绍仪打昏了。他立刻请回了自己的女儿,宣布"无条件投降"。

以总理的权势,干预这样一件区区小事,何须费力?他打了一个电报,给淞沪护军使(警备总司令)何丰林,叫他负责办理顾维钧退婚一事。何丰林原是一个老粗,奉到国务总理的命令如何敢怠慢?于是亲自带了百名士兵,跑进张公馆,找出了张衡山,逼他立刻写退婚书。衡山向来不畏强暴,愤然地对何丰林说:"顾维钧不是东西,我当然不要他做女婿,退婚可以,但我不能受你的威逼,你带了大兵包围我的住宅,太侮辱我了。"何丰林拍桌子大声地直嚷:"你不退婚,我公事上怎么交代?我官做不成,和你拼命!"此时,衡山的小姐,顾维钧的未婚妻,突然勇敢起来,跑出来对父亲说:"爸爸退了婚。我们认错了吧。"何丰林兴高采烈地把退婚书拿走了。衡山长叹一声:"我只会看相,不会看心。"不久便抑郁而死。张小姐万念俱灰,长斋念佛,在陆家观音堂落了发。1933年,顾维钧再度出任国民政府外交部长,在上海知悉张小姐生活清苦,特地写了一封忏悔信,附送一笔5万元的款子,派人送到陆家观音堂。张小姐把款子和信原封退还,她修行20多年,已到了不动凡心的地步。此是后话。

张小姐落了发,唐小姐自然可以不当尼姑了。在何丰林把退婚书专人送到北京后,不到一个月,顾、唐二人便在北京饭店举行规模宏大的婚礼。郎貌女势羡煞了多少青年男女!从此,顾维钧在北洋政府中的政治地位,又更稳了一层。不久便被派往伦敦,充任中国驻英公使去了。

3."一镑缘"赚来五百万镑嫁钱　顾维钧成了国民政府红人

顾维钧带着他的这位新婚夫人,在伦敦交际场中,出足了风头。可惜好景不长,这位玫瑰女士也许是因为交际过多,精力耗尽,不多久便香消玉殒了。

顾维钧在伦敦本是风流人物,悼亡不久,又和伦敦华侨糖商黄某的女儿恋爱上了,很快就到了形影不离的地步。黄某为英伦华侨第一巨富,死时积财500万镑。他只有一个女儿,长得并不漂亮,可是华美的衣着、贵重的首饰,把她打扮得使任何男人都要动心。她嫁过人,前夫是英国的一位爵士,结婚不久便死了。高贵的门第,关不住春色,她仍旧出入于豪华的交际场所。早在唐小姐未死之前,她对顾维钧已是种下了相思,据说日夜祈祷着唐小姐早日夭亡。乃知天从人愿,她便狂热地追起顾维钧来。那时顾还年轻,虽羡慕她的豪富,但不满于她的容貌,那黄小姐却不耐再等,生怕顾维钧为旁人夺去。有一天晚上,她老练而坦白地对顾说:"我的金钱力量,可以保证你事业的成功,我们来开始合作吧。"

顾维钧对这个女人,总觉得中吃不中看,仍旧有点犹豫,当时虽未拒绝,亦未慨然应允。翌日,他找了一位英伦有名的星卜家,出了一个英镑的酬劳,为他卦占这门婚姻的后果。卦占结果,认为佳偶天成,大吉大利。顾意始决,二人在伦敦结婚,时人称为"一镑缘"。

顾维钧付出一镑算命钱,却收进了500万镑随嫁钱。依赖金钱的力量,回国之后,很快地升任外交总长。北京政局此起彼落,而顾则各方面都有拉扯。一时失败者,顾予以接济,来个"烧冷灶",如失败者重新上台,顾当然可以更红起来了。不数年顾要组阁,事前有人问章士钊说:"顾少川(顾维钧字)要组阁,你看可能成为事实吗?"章士钊很痛快地答:"以顾夫人的多金,少川要当总统也不难,岂仅一个国务总理!"未几,顾少川果然组阁,金钱万能,章士钊算是看透了。

北洋政府垮台以后,顾维钧遭到国民政府的通缉。他逃到国外,寄居了好久,本可以从此过隐居生活了。但他官瘾未过足,就叫他夫人回国活动。起初,宋子文夫妇不睬她。据说,后来顾夫人乃以重礼敲门,功夫不负有心人,终于获得宋氏夫妇的欢心。不久,顾维钧回国,部长、大使又不落空了,又一次成为中国政界的红人。

状元与"绣圣"的一段恋情

1."谦亭"恋

清末民初,苏州出了个刺绣圣手,名叫沈雪君,她于清光绪元年出生于苏州海宏坊。沈家守着一间笺扇庄,家道小康。一双柔婉芳洁的姐妹花,承欢在父母膝下,不但能拈针刺绣,亦能执笔成文。15 岁时父亲去世,母女三人守着一间笺扇庄,倒也衣食无缺。

沈雪君 20 岁上嫁给了浙江山阴县籍举人余兆熊。夫妇郎读女绣,香闺静好,相对吟哦并研讨绣艺,使得沈雪君绣品日益精进,真可谓纤指生春,功夺造化,一时间大有凌驾"露香园"顾绣之上的态势。

10 年光阴过去了。光绪三十年(1904)慈禧太后 70 寿辰,沈雪君在夫婿的怂恿下,精工绣制了山水花卉佛像法画各四幅,送进宫中祝寿。慈禧看到这些光彩耀目的绣屏,心中大为高兴,于是召见、赐座,温语奖勉,备致爱怜之意,并颁赐"福、寿"字。为志恩荣,余兆熊改名"余福",沈雪君更名"沈寿"。清廷还设立了"刺绣传习所",夫妇双双作了总提调及总教习。

不久,适逢意大利皇后诞辰,沈雪君奉命绣了一幅肖像作为朝廷贺礼,丹翠飞动,色泽润朗,获得意大利皇后的极度赞赏,称誉沈雪君为"世界第一美术家"。至此她的大名举世皆晓,各国争相邀请,先后出访日本、意大利、法国、美国及巴拿马等国,均受到热烈欢迎。谁知好景不长,慈禧与光绪先后去世,"刺绣传习所"也无疾而终,丈夫又讨了姨太太,京城待不下去,沈遂迁居天津授徒课艺为生。

沈雪君困居津门的消息,传到了南通的实业大王张謇的耳朵里。先是张謇与沈雪君曾有一面之缘,复以实业家的眼光见到刺绣事业的远大前途,乃准备开办一所"刺绣学校",派人前往天津邀请沈雪君前来南通主持一切。于是,余兆熊夫妇带着小妾及一子欣然来到距故乡不远的南通。

此时,沈雪君已是 40 初度,由于皮肤白皙,身材窈窕,举止娴雅,加之未曾生育,望之犹似绰约少妇模样。63 岁的张謇,心仪已久这位中国传统式的才德丽人,如今近在咫尺,不免心旌摇曳,难以控驭。但毕竟是各具身份的人,唯有在不着痕迹中竭力照顾,甚至把豪华的"濠阳小筑"中的"谦亭",作为沈雪君的下榻之处。从此,开始了他们情意缥缈的一段"谦亭"之恋。

2.绣发情

沈雪君住在"谦亭",丈夫和姨太太另居它处。每当花晨月夕,自不免有孤寂之感,曾有《垂柳》诗云:

晓风开房送春色,垂柳千条万条直。

镜中发落长满梳,自怜长不上三尺。

垂柳生柔荑,高高复低低。

本心自有主,不随风东西。

沈雪君多愁善感,心细如发,张謇对她的关心与照顾,骨子里所包含的爱怜与倾慕之意,她岂有不知之理?好在慕名前来习艺的人甚多,她每天对学生们口授针法,夙夜从公,忙得不亦乐乎。此外还要照顾丈夫的饮食起居,以尽妻子之道。她的《垂柳》诗,透露了心中的孤寂,但也表明了她是名花有主之人,不可能做出越礼违规的事情来。

当时,摄影还是时髦的玩意儿,张謇说要是把"绣圣"的作品拍下来,印刷成册以广流传,于是征得沈雪君的同意,请来了摄影师,除了拍摄她的刺绣精品,同时摄取了沈雪君行卧起坐的许多镜头。张謇有诗记述"谦亭摄影"云:

记取谦亭摄影时,柳枝婉转绾杨枝。

不因着眼帘波影,东鹣西鹣哪得知。

杨枝丝断杨丝长,旋绾旋开亦可伤。

要洗一池烟水气,长长短短覆鸳鸯。

诗中的杨枝柳枝、鹣鲽鸳鸯,都是十分暧昧的字眼。沈雪君虽然早已明白感受到张謇的深情厚爱,偶尔也不免为之怦然心动,然而仔细琢磨,究竟已是有夫之妇,再说年事已近衰暮,哪里还有兴致去玩这些少年游戏。于是写了一首《奉和啬师谦亭摄影》云:

池水依依岛树深,病余扶槛恋清荫。

谁知六尺帘波影,留得谦亭万古心。

张謇与沈雪君的一唱一和,很快传到余兆熊的耳朵里。是可忍孰不可忍,硬逼着沈雪君辞职返回苏州故里。沈雪君没有答应,余兆熊一气之下便带着姨太太回到苏州。而沈雪君原本就十分虚弱,加上人事及感情上的折腾,终于病倒在床。张謇三天两头前往"谦亭"探病问安,并不惜花费巨资遍请中外名医来为沈雪君医治,怜爱之情,溢于言表。沈因感其情,乃请张謇在一方白缎上大书"谦亭"二字,强支病体,用自己的秀发作线,绣成凸凹分明、意象飞扬的一幅佳作致赠张謇,以作永念。张謇大为感动,曾有诗云:

枉道林塘适病身,累君仍费绣精神。

美意直应珠论价,余光犹压黛为尘。

感遇深情不可缄,自统青发手掺掺。

绣成一对谦亭字,留证雌雄宝剑看。

3.黄泉恨

沈雪君在南通的5年多时间里,差不多半数以上都在病中,后来到了自己都没有信心治愈的地步了,因而心绪萧索,消极至极,咏出这样的诗句:

中元风物是中秋,扶病看灯拜月休。

叹息明年人在否?两行烛泪替人流。

这一切,张謇看在眼里痛在心里,除了随时前往病榻探视慰问外,倘因实在事忙,也不忘派人致送短简与盆花。特别是为了"重其艺而虑其失传",乃以较多的时间及精神,亲自记录沈雪君口述的刺绣心法,反复咨询,不厌其烦。讲讲停停数月之久,居然编出了一部《沈寿绣谱》,使得这位针神绣圣的绝艺得以流传后世。其中有一段话,极精彩地阐发了沈氏绣法之神妙:

我之绣法,非有所受也,少而学焉,长而习焉,旧法而已。绣者,像

物也,既悟绣以像物,则物自有真,当仿其真。仿真之道,曰潜神,曰疑虑,时时以新意运旧法,以旧法发新意,于是渐有所得,久而久之,顿觉

天地之间,千形万态,但入我目,无不入我针,亦即无不入我绣矣!

沈雪君患的是慢性肝病,浮肿日甚一日,后来心脏病与肾脏病并发,中外名医会诊无效。终于在1921年5月3日晨辞世,终年48岁。余兆熊在苏州听到了消息,仍是怒气未消。年届古稀的张謇,老泪纵横,悲不自胜,在南通城南10

里的黄泥山东南脚营造墓穴,亲书墓碑曰:"中华美术家吴县沈雪君女士灵表"。旁缀:"通州张謇立"。南通各界均前来悼祭及送葬,极尽哀荣。

阎相文自寻绝路

1921 年 8 月 24 日,新任陕西督军不到两个月的阎相文突然吞服鸦片自杀,人们还在他的衣袋内找到一份遗书,上面写着:"我本愿救国救民,恐不能统一陕西,无颜对三秦父老。"堂堂督军,有权有势,难道真为"不能统一陕西"而自寻绝路吗? 其中恐怕另有原因。

1.奉命督陕,荆棘满途

1920 年直皖战争以皖系失败而告终,树倒猢狲散,属于皖系的地方官也纷纷下台。陕西督军陈树藩也属皖系,直系首领曹锟、吴佩孚自然将他视为眼中之钉,准备也让他下台。然而,陈树藩却是个不好对付的人。他拥有好几个师的兵力,而且陕西的形势特别复杂,北有以于右任为首的靖国军,南有郭坚的陕西民军,直系即使能派兵占据西安,也不免要陷入两面夹攻之中,再加上一个阴险狡诈的省长刘镇华,曹、吴要想控制陕西就不得不费一番大力气。

经过一年的准备,曹锟终于下达了撤掉陕西督军陈树藩的命令,同时任命自己手下的第二十师师长阎相文为陕西督军,并命他立即率自己的二十师,吴新田的第七师,张锡元的第四混成旅及冯玉祥的第十六混成旅入陕。

吴佩孚

由师长升为一省督军本应该是件大喜事,但阎相文受命之后却忧心忡忡,他知道,曹锟吴佩孚给他的不仅是副烂摊子,而且还要靠自己去抢过来,何况陕西还民情复杂,兵匪如毛呢! 他是个忠厚且胆小谨慎的人,在别人的指挥之下

带兵打仗还。行,但若要他去独当一面,治理一方就有点为难了。犯愁归犯愁,上司下了命令,他还是要硬着头皮去执行的。

令阎相文欣慰的是,第十六混成旅战斗力很强。旅长冯玉祥因处境困难,正在寻求发展而很愿为他承担攻打西安的任务。而且,陕西省长刘镇华已发表通电,对他入陕表示欢迎。

稍事布置之后,阎相文即命冯玉祥率第十六混成旅为先头部队,经渑池、陕州入潼关,吴新田率第七师由荆紫关入陕,而他的第二十师殿后。

冯玉祥以前曾随陆建章来过陕西,对陕西地理形势比较熟悉。他的进军十分顺利,在阳郭镇、灞桥等处打了几个胜仗之后,很快就陈兵西安城下。

陈树藩之所以敢抗拒免职命令,除拥有重兵之外,还因为他受到了刘镇华的怂恿。两面三刀的刘镇华一方面表示拥护阎相文入陕,另一方面却暗中要陈树藩拥兵自卫,并保证说,双方一交火,他就率部来援。然而,到冯玉祥兵临城下时,刘镇华却毫无动静。陈树藩自知顶不住冯玉祥的炮火,便放弃西安向咸阳退却。他刚出城门,刘镇华却带兵拦住了去路,将他的手枪队和重炮营全部缴械。冯玉祥趁机率部穷追,陈树藩只得逃入南山山中,西安和咸阳便控制在冯玉祥的手中了。

冯玉祥的第十六混成旅在这次驱逐陈树藩的战斗中功劳最大,阎相文便看中了这支训练有素、战斗力强,又到处受人排挤的队伍。而且阎、冯两人的妻子都是河北沧州刘家的女儿,说起来算是亲戚,于是,阎相文打电话给曹锟和吴佩孚,力请将十六混成旅扩编成师。吴佩孚素对冯玉祥有成见,本不愿准阎所请,然而拗不过阎的一再坚持,只得答应,但声明不给冯部加饷增械。不管怎样,冯玉祥的十六混成旅总算成了陆军第十一师。

阎相文明白自己的处境,因而处处推重和信赖冯玉祥,而冯玉祥受阎重用,也有知遇之感,两人相处不久,竟成了无话不说的忘年之交,他们常在一起讨论陕西的局势,一致认为目前的困难是暂时的,前途是大有希望的。然而,阎相文没有想到,困难比他估计的要严重得多。

2.粮饷无着,徒叹奈何

在军阀割据时代,军队的饷项和粮食往往靠自己就地解决,陕西的情况当然也不例外。"

当时陕西的驻军特别多,除了阎相文带去的三个师一个旅以外,还有地方部队井岳秀,田玉洁,田维勤,曹俊夫的四个旅和胡景翼的一个师,再加上郭坚的民军,刘镇华的镇嵩军及仇州的郭金榜部,总人数在十万以上。这还不要紧,而最麻烦的是,陕西驻军大多独霸一方,各自为政,而且还强迫人民大量种植鸦片,以致财政和粮食特别困难。

阎相文把解决粮饷问题的希望寄托在省长刘镇华的身上,他对刘镇华的印象不错:自己奉命入陕时,刘不仅通电欢迎,而且还将从陈树藩那里收缴的枪械奉献给自己。

阎相文找到刘镇华商量粮饷问题时,刘讨好他说:"阎将军,这个不用犯愁,我这儿现留有鸦片烟土数百万两,以此供应军队粮饷保证不成问题,而且,我们陕西最富庶的鄠县,郿县一带也控制在我的手下。"

阎相文见刘镇华如是说,确实踏实了许多,不免对刘夸奖了一番。

其实,阎相文初来乍到,刘镇华摸不清他的底细,怕他像收拾陈树藩那样来收拾自己,故百般奉承,多方讨好。时间一长,刘镇华看出了阎是一位忠厚可欺的人,便顿时改变了态度。当阎相文找他催问烟土时,他眼睛一翻,不紧不慢地说:"阎将军,上次我不过是说说而已,其实哪有那么多的烟土。"阎相文听了恨不得扑过来甩他几个耳光,可是,他没这个胆量。

冯玉祥、阎治堂(阎相文任督军后接任的第二十师师长)等听说后,都建议阎相文给刘镇华来硬的,而阎相文则长叹一声,说:"我也这样想过。可是,他拥有几万人马,而且,陈树藩部尚未肃清,郭坚等也有二心,我们又粮饷无着,怎能再起烽烟呢?"

刘镇华说的烟土成了泡影,而陕西的富庶之区也控制在他的手下。阎相文养不起他的兵马,整日唉声叹气,徒叹奈何。

3.食客如云、压力重重

除粮饷问题外,还有一事令阎相文大伤脑筋。

阎相文是奉曹锟,吴佩孚的命令人陕任督军的,因此,曹、吴对他来说有"栽培之恩"。曹、吴两人权倾朝野,找他们求一官半职的亲朋故友多如牛毛。以致他们无法全部安插。阎相文率部入陕，对曹、吴来说自然是一个好机会，因此，他们把两百多名退职军人，失意政客及亲戚朋友交给阎相文，要阎相文"好好照顾"，而这些人又带来了更多的亲戚故旧，浩浩荡荡地跟着阎相文到陕西来"走马上任"。

阎相文一则脱不开情面，二则不敢得罪上司，自然打算安排这些人。可是，阎相文当上督军后，陕西并没有成为他的天下，特别是在用人行政方面，省令所能到达的地方，只有北起渭河，南至秦岭之间宽阔不过六十里的狭长地区，在这样一块小小的辖区之内，却驻有他带来的三师一旅和刘镇华的镇嵩军各部，他们也各有自己的人，已经感到人浮于事了。这样，对曹、吴交给他的这一班人，阎相文就"心有余而力不足"了。

无法安插情有可原，若慢待他们就说不过去了，阎相文只得按资排辈，将他们或聘为顾问，或委以参议、咨议之类，作为督军署的食客，每天开几十桌酒席来款待他们。

可是，这班人远道来陕并不是混碗饭吃，他们的兴趣所在是升官发财，因此，不管阎相文是怎样款待他们，他们都不满足，三天两头便来找他要官要钱，闹得他睡不好觉，吃不成饭。这些人都是有点来头的，阎相文不敢得罪，只得耐心解释，并说只要陕西局面经过整顿，问题就可以得到解决。

阎相文有耐心，可食客们却没有耐心，继续纠缠不清，阎相文又气又怕，索性就不跟他们见面了。

食客们见达不到目的，就纷纷写信给曹锟和吴佩孚，说阎只知任用私人，对他们根本不予重视，甚至还说阎对于直系的人敷衍了事，而对皖系的人反而优礼重用。曹、吴见信之后，不分青红皂白，多次写信诘问责难，而阎相文不敢申辩，他知道对曹、吴进行解释是没用的，只好把痛苦闷在心里。

事情就这么奇怪，堂堂督军竟被一群食客搞得狼狈不堪，压力重重。阎相文曾对手下人说过："看来，我不死掉是没有清静日子的。"

4.斩杀匪首，反遭责骂

阎相文算是倒霉透顶了，他好心却办了件"坏事"，把一个吴佩孚正要启用的土匪头子杀掉，弄得吴佩孚大动肝火。事情的经过是这样的：

在陕西凤翔、岐山一带有一支数千人的武装"陕西民军",首领是郭坚。郭坚是一个自命不凡,行为放荡而又小有才华的豪强人物,他起初打着靖国军的招牌与各方联系,交游甚广,曾受到陕西地方一部分上层人士的赞许。后来,郭坚在陕西西部招收了几千名土匪,编为地方部队,这就是所谓"陕西民军"。

郭坚在凤翔、岐山一带进行封建割据,他不仅在辖区内横征暴敛,还纵容部下四出骚扰,奸淫掳掠,无所不为,尽管当地百姓纷纷到省告状,但陈树藩、刘镇华对他毫无办法。

阎相文督陕之后,便把整顿地方秩序列到了议程上来。一天,他跟冯玉祥、阎治堂、张纪(阎的参谋长)谈起了郭坚。冯玉祥对郭坚纵兵殃民十分恼火,极力主张为民除害,其他人也有同样的想法。阎相文一则考虑到郭坚民愤太大,不除不行,二则也要为将来进兵陕南剿陈扫清道路,便同意了冯玉祥的主张,并要兼任陕西西部剿匪总司令的冯玉祥具体执行。

冯玉祥命部下骑兵团团长张树声负责将郭坚"请"到西安来,但他没把"请"郭目的告诉张树声。

郭坚有一个叫张聚廷的好友,他和张树声曾同在一个帮会里共过事,算是"同门兄弟",张树声便通过这层关系请动了郭。郭坚在张聚廷和张树声的陪同下走到咸阳时,突然说自己做了个不吉利的梦,不肯前往西安了。张树声怕向冯玉祥交不了差,便百般解释,说阎督军请他绝无恶意,只是敬重他的为人,还说有作为的人不应相信迷信等。郭坚终于释然,来到西安住进了张聚廷家里。

张树声洋洋得意来向冯玉祥复命,他说:"郭坚这小子真不识抬举,督军和师长派专人请他,没想到他做了个梦,竟要半途折回,真是令人好笑。"

冯玉祥微微一笑:"好了,你能把他请来,就算不辱使命。"

8月13日,冯玉祥和阎治堂联名宴请郭坚,郭坚在张聚廷的陪同下满面春风地来到西关军官学校的宴厅。郭坚见参加宴会的只有七、八个人,心里觉得有点不对,他还没来得及细想,学校的围墙突然倒塌,隐藏在后面的伏兵全暴露出来了。郭坚的随从正在厢房吃饭,见状大惊,立即与冯部士兵冲突了起来。冯玉祥见事机已泄,立即指挥士兵一拥而上,将郭坚牢牢捆住。冯玉祥将阎相文的手令拿出给郭坚看了看,然后就下令将他枪毙了。请郭有功的张树声事先不知此事,竟吓得跳窗逃跑了。

枪决郭坚的消息传开后,陕西舆论大加称赞,不料此事不久就传到了吴佩孚那里,他此时正在汉口计划进攻宜昌,西取四川,他要利用郭坚从陕南进入川北,牵制川军,曾答应郭坚事成之后论功行赏。吴佩孚没想到阎相文一枪把他崩了,这不但打破了他的计划,而且也有失他的威信。盛怒之下,吴佩孚写信对阎相文大加辱骂,阎相文觉得跳进黄河也洗不清了。

5.欲哭无泪,自寻绝路

阎相文初到陕西时本想有所作为的,他没想到陕西地方情况这么复杂,困难这么严重,事情这么棘手。既然自己缺乏魄力,在陕西无法打开局面,阎相文顿生退意。但一想到自己这么一大把年纪,督陕还不到两个月便狼狈退出,肯定会遭别人耻笑,便又动摇了。再者,曹、吴将他派到陕西,是让他牢牢地控制陕西,为他们效命的,而今若两手空空回去,曹、吴也不会放过呀!思前想后,阎相文突然有了四大皆空的意念,他似乎看到了极乐世界里那种没有欺骗,没有压榨,人人平安相处的理想生活,在那里,谁也用不着害怕谁,谁也用不着讨好谁,要怎么样就怎么样,多么美妙啊!人是免不了一死的,我阎相文在人世间看够了,过够了,何不早点去极乐西天呢?阎相文萌生了轻生的念头。

8月23日晚,阎相文的鸦片瘾大发了,恰在此时,参谋长张纪来访,于是两人躺在烟榻上,一灯相对,边吸边谈,动情之处,张纪呵气连天,阎相文则泪水涟涟,直到午夜,张纪才恋恋不舍地离去。

张纪走后,阎相文还没有睡意,他又想起了刘镇华的烟土,想起了被杀的郭坚,想起了盛怒的吴佩孚……他强迫自己静下心来,排除杂念,但他做不到,眼前依然是刘镇华那奸笑着的嘴脸,是郭坚临死前那惊恐的目光,是吴佩孚那杀气腾腾的模样……。

阎相文再受不了折磨了,他长叹一声:"我,还是死了好!"

决心已定,阎相文提笔在纸上写好了遗书,折好放进口袋,穿戴整齐,然后抓起大烟,大把大把地往下吞……

第二天凌晨,督军署里人声嘈杂,医务人员,卫兵慌作一团,尽管办法用尽,阎督军还是坚而决之地到极乐西天去了。

陈其美与青帮的关系

陈其美,字英士,号无为,于 1878 年 1 月 17 日(光绪三年十二月十五日)出生在浙江省湖州府学前五昌里。祖父陈绚是个乡绅,父亲陈延佑在本地经商,母亲吴氏出身于书香门第,知书达理。陈其美 4 岁时,母亲吴氏就教他识字。年幼的他在教过几遍之后,就能用小手指指着字一个一个念出来。由于他天资聪明,勇敢机智,从 7 岁入私塾时起,就在小伙伴们中逐渐赢得了拥戴。

1891 年,他 15 岁时,其父为了使自己所经营的商业后继有人,要他弃学经商。因此,他只得中断学业,随杭州人吴小舫来到崇德县的石门镇,在善长典当铺当学徒,历时 12 年之久,直到 1902 年,其弟陈其采从日本士官学校毕业回国时,他才离开石门去上海。

当时,他阅读了弟弟从日本带回的记述文天祥、岳飞等民族英雄事迹的一些书籍。联想到当时帝国主义对中国的侵略以及清政府的腐败无能、卖国求和,陈其美心里很不平静,特别是听到其弟谈到日本通过维新变法、振兴实业而国富民强时,他深切地感觉到中国应做一番彻底的改造,才能摆脱亡国灭种之忧。为了增长见识,施展其政治上之抱负,他决定辞职去上海谋求发展。

1902 年,在上海同康丝栈任助理会计时,陈其美曾表达出了对现实的苦闷和不安、对自己职业的不满以及对国家危亡的关注,认为"商贾微逐末利、何补于国家的危亡!"

1904 年,他进入了理科传习所学习,随着知识见闻的广博,随着与朋友、志士交往的增多,他越来越不满于自己的现状。

1905 年,他决定向已在湖南长沙任新军统带的弟弟陈其采求资,以便东渡日本留学,其弟欣然许诺,以自己的积蓄助之。

1906 年夏,陈其美与谢持等一起乘坐海轮赴日留学。首先进入东京警监学校,学习警察法律,然后入东斌陆军学校,学习军事。同年冬天,陈其美加入了全国第一个资产阶级革命政党——同盟会。

1908 年春,陈其美受同盟会指派,在还未读完东斌学校课程的情况下,便肩负着反清革命的重任,踏上了回国的征途。冬天,光绪皇帝和慈禧太后相继去世,4 岁的小孩溥仪继位,朝政日益腐败。陈其美非常兴奋,认为是进行革命的有利时机,并在家乡浙江积极准备发动起义。

1909 年,陈其美在上海马霍路(现名黄陂路)得福里一号设立了革命秘密总机关天保客栈,江浙各地的革命党人来上海时,就在这里进行秘密活动,但不久,由于叛徒刘师培向警方告密,革命机关被抄,在浙江的革命计划只得停止,暂时中断。

据莫永明所著的《陈其美传》中所载,1909 年浙江起义受阻后,陈其美开始在上海的帮会组织里进行活动。"他亲自参加青帮,并成为帮会头目。上海的各酒楼、茶室、戏院、澡场等所都有他联络的帮会成员。陈其美加入青帮,是为了控制和利用帮会组织,扩大反清革命的力量。"

1912 年 6 月,陈其美支持应桂馨等发起组织了中华民国共进会,中华民国共进会是由上海青帮、洪门、公口(四川哥老会一支,袍哥的分支)组成。7 月 1 日举行成立大会,陈其美在谈到该会的取名时曾称:"因青洪诸帮,革命出力不少,以黑暗之境,导入光明,取名共进,亦此主义。"

后来,江苏都督程德全在 12 月发布训令:中华民国共进会实系青洪帮组织,如果查有共进会会所,即勒令解散。

又据胡训民、贺建合著的《上海帮会简史》中称陈其美是"中华革命党人,也是青帮首领,在帮中有着不小的势力"。

上海的青帮,在民国初年,主要可分为两大系统,一是以李徵五为首的,来自浙江湖州、嘉兴、扬州一带的湖州帮,另一系统是以徐宝山为首的,来自镇江、扬州和苏北运河沿线的江北帮。

湖州帮由于距上海近,交通方便,成了沪上青帮最大的一支。但自清末民初的一连串变故后,湖州帮大受打击。先是宋教仁案发,应桂馨被拘禁,其恶名远扬,辛辛苦苦聚拢的中华民国共进会寿终正寝;接着又是陈其美被刺。陈其美是中华革命党人,也是青帮首领,在帮中势力不小,他一死,其势力也随之瓦解。张宗昌也因涉及刺陈案,在国民党人穷追之下,无处藏身,逃到南京,托庇于冯国璋。湖州帮元老,青帮巨头李徵五虽颇有号召力,但他主要在山东曹州及江淮一带活动。湖州帮在上海市面不断缩小,势力大大衰退。

还有樊崧甫遗著《上海帮会内幕》中称:"1912 年至 1916 年间,上海帮会陈丽于陈其美门下……"以及"陈其美是青帮中的大字辈,拉拢了一些青帮中人参加革命,在辛亥革命上海光复时,夺取了上海政权,担任沪军都督,擅杀了苏军参谋长陶骏保。有人说蒋介石曾拜他为师,他派遣蒋刺死光复会首领陶成章。做过他的交际科长的应夔丞(又名应桂馨)和袁世凯勾结刺死宋教仁。后来他虽不当政,但仍运用青帮势力,控制上海市场,向商会要钱,商会不敢不应付,反对他的商会会长夏瑞芳被他暗杀,可见他在上海的潜势力很大。他虽然不开堂收徒,但却为青帮中人所拥护。"

从以上的史实材料来看,陈其美是一个青帮大头目,在帮中很有势力,至少可以肯定陈其美参加过青帮。

但是,对陈其美是否参加过青帮,也有人持不同看法,赵宗颇在《学术月刊》86 年第 4 期上撰文就"陈其美是青帮大头目"提出质疑,其主要观点有四:

第一,陈其美在武昌起义之前,是上海滩上一个名不见经传的新闻记者,连上海自治公所总署、商团公会会长李平书都不认识他,他俩的相识,是由上海信诚银行经理、同盟会会员沈缦云介绍的。

武昌起义后,陈其美为了争取上海自治公所领导人及其掌握的武装团体——上海商团站到革命派一边,于 1911 年 10 月 24 日与宋教仁、沈缦云等人开会,决定了联络商团,沟通士绅的方针,会后,通过沈缦云结识了上海自治公所和商团领导人李平书。

李平书较详细地记载了这件事:

武昌起义,沪上一日数电,闻者兴会飚举,而缦云窃忧之。一日语余田:"倾得私电,汉阳有难保之信,不守,武昌亦难保,若此次失败,我汉人尚有噍类耶?"言次唏嘘不置。余田:"某已知报纸捷电之不尽可凭,盖筹之熟矣! 此时非东南急起响应,无以救武汉之危。"言未已,缦云跃然起回:"先生有此意耶? 日来沪上党人正谋此举,特非先生赞同不可。令欲介同志于先生,其可一见乎?"余田:"可。"

10 月 29 日,陈其美同李平书在成都路贞吉里寓所相见,但由于李平书对陈不知底细,故一直不敢深信。后来李英石自江宁回沪,钮永建也从欧洲回沪,他俩均为陈其美早已结识的同志,而钮永建是李平书的同乡,李英石则是李平书的族侄,深为李平书所信赖,他俩向李平书详细介绍了同盟会的政治主张和陈的革命经历,李平书才完全消除疑团,对陈完全信任,终于站到了革命方面,他所掌握的上海商团就成了一支革命武装。后来在光复上海的战争中,商团立下了汗马功劳,为辛亥革命的胜利出了一份力。

因此,"如果陈其美是上海的青帮大头目,称霸一方的青皮头子,那么地方实力派李平书和号称维护地方利益的自治公所的议员们,怎么会对陈一无所知呢?"

第二,在陈其美死后11年,他的拜把子兄弟蒋介石在南京建立了国民政府。此后,每逢陈的忌辰,都要举行纪念会,由党政要员报告陈的生平事迹,名为缅怀先烈,实则是借死人名义宣传他们的反动政治主张。就是在这类报告中,也从未提及陈加入过青帮。

"须知青帮在四·一二反革命政变中,帮助蒋介石屠杀共产党人和革命群众,窃夺北伐胜利果实,立下了汗马功劳。陈其美若是青帮大头目,为什么在追述其生前业绩时,却避而不谈呢?而那时正是青邦最红的时期,也没有忌讳之必要。"

第三,陈其美为了响应武昌起义,积极组织力量,加紧联络各界,于11月3日亲自督率以青帮头目刘福彪为首的敢死队,攻打江南制造局。而刘福彪和陈其美的相见是通过张承槱引见的。

"假如陈其美是青帮大头目,刘福槱何必由张承槱来引见呢?"

第四,经查陈国屏著《清门考源》一书,该书分别收录大、通、无、学四代的在家人姓名,陈其美之名不在之内。书中附有的"近代著名大字辈之肖像"一页,共17人,并说明了他们"均系国内名人,尤为帮中贤能前人也,时在民国2年。"其中仍无陈其美。

"假若陈其美是大字辈,怎能把他遗漏呢?"

赵宗颇认为"陈其美是青帮大头目"是缺乏可靠依据的。但本人根据一些史料和当时革命的特殊历史背景,认为陈其美曾经加入青帮,取得了青帮身份,并从此以后就和青帮有着非常密切的联系。

1.对于赵宗颇的四点质疑,应该如何解释呢?

第一,陈其美在武昌起义之前,其公开身份是新闻记者。虽参加青帮进行活动,但影响不大,直到在光复上海担任沪军都督时,才在青帮中有了实际地位。

从1909年浙江起义受阻时起,陈其美就开始在上海帮会中活动,并联络了较多的帮会成员,为了在帮中活动方便,加入青帮取得青帮身份是很正常的事。

从1909年到1911年,陈其美所做的有影响的事不多:只是创立了《中国公报》,不久又停刊;创办了仅出版了两期就停刊的《民声丛报》半月刊;帮助于右任等办《民立报》;1911年8月才创办了英文日报《大陆报》。

由于这一段时期陈其美在革命斗争中有影响的活动不多,在社会上取得的地位不高。在帮中并没有取得较高的地位,和帮会中有影响的大头目的交往并不多,直到沪军都督府成立,陈担任都督时,他在帮中的实际地位

陈其美

才予以确认。当然,此时他已成了上海的大名人,其社会地位也得到了人们的承认,相对说来,他在帮中的地位又实在算不了什么,故少为人知。

因此,武昌起义之前,已在帮中活动了两年的革命党人陈其美在上海并不是很有名气,要通过沈缦云才得以和李平书联络上,这是合乎情理的。

第二,在1927年的"四·一二"政变中,青洪帮流氓武装1.5万人,身穿蓝色衣裤,臂缠白底黑"工"字袖章,冒充工人,向闸北、南市、沪西、吴淞、浦东等地的工人纠察队袭击,大批反动军队则尾随其后,借口"调解工人内讧",用武力和欺骗手段将工人纠察队的枪支全部缴去。

政变中,共产党人和革命群众共有三百余人被杀,五百余人被捕,五千余人失踪。反动当局对帮会流氓非常赞赏。

但是,在这次政变中,帮会流氓并不是正式以帮会身份出现的,而是假冒工人,采取了所谓的"以组织对组织,以武装对武装、以群众对群众"的方法。因此,如果要名正言顺、大张旗鼓地肯定帮会流氓的功绩恐怕是不可能的。何况

在此阶段,帮会并没有在广大人民群众中形成好的形象。

如果在追述陈其美生前的功绩时,说曾参加过青帮,非但无助于增添陈的光辉,反倒有损先烈的地位和形象。

第三,陈其美和刘福彪的相识,是由张承槱引见,一则是因为当时陈在青帮中活动,联络会员,并不是称霸一方的大头目;再则联系洪门的工作主要是由张承槱去作的。

张承槱是湖北枝江县人,同盟会员,中国公学学生。武昌起义后他潜回上海,与刘福彪、孙绍武等结为异姓兄弟,表示有福同享有难同当。他们歃血为誓,决心共生死逐清吏,兴汉业,以敢死之志抱必死之念,以报国家。

1911 年 10 月 25 日,张承槱参加洪门,被推为大哥,刘福彪自居二哥,准备组织敢死队开往武汉助战。当时,上海的革命党人陈其美得知后,于 10 月 26 日与洪门首领聚会于四马路一枝香餐馆。说陈与刘相识是通过张引见大概源于此吧。后来根据陈的要求,决定不去武汉,改在上海举义响应。

第四,陈国屏所著《清门考源》一书,出版于 1933 年,当时正值蒋介石的独裁统治时期,陈其美乃蒋介石加入同盟会的介绍人,两人相处如同兄弟,蒋的发迹与陈的提拔推荐有很大关系。

蒋介石建立了南京政府后,每年在陈的忌辰都要举行缅怀先烈的纪念会,可见陈死后的地位非同寻常。另外,蒋宋孔陈四大家族中的陈氏兄弟,就是陈其美的侄子,他俩之所以能成为四大家族之一,庇荫于其叔也不能说不是原因之一。

《清门考源》没有收录陈其美的名字一点也不奇怪,这正如该书没有收录蒋介石的名字一样。一个是所谓"革命先烈",一个是权倾一时的国民政府军事委员会委员长,怎能到小小的帮会中去排名呢?

蒋介石是由虞洽卿介绍给黄金荣当门生的,时在 1920 年,由保福生当传道师,黄金荣正式收纳蒋介石为"门生",这一史实记录在《上海帮会简史》中,但《清门考源》中没有记载,也不可能记载。

2,从当时革命的特殊历史背景看,陈其美加入青帮,以便控制和利用帮会力量进行革命,这是可以理解的。

19 世纪末 20 世纪初,无论是维新派还是革命派,都注目于洪门和青帮,视之为可利用的力量。当时,清政府视帮会分子为"会匪",而革命党人则称之为"会党"。联络会党成了当时革命党人的重要工作,特别是在早期,则更是重要工作之一。

伟大的民主革命先行者孙中山在 1903 年,由三合会首领郑弼臣、钟兆养等介绍,彭福大主盟,在檀香山加入了洪门致公堂,被封为"红棍",当时,洪门的总头目称之为元帅大哥、依次为香主二哥(白扇先生)、三哥、先锋、红棍、革鞋共分六等。孙中山在美国宣传革命期间,得到洪门致公堂的协助。1911 年 5 月,同盟会还同海外洪门共组"洪门筹饷局",为革命筹集经费。

中国共产党的一些早期活动家,也利用帮会势力,在帮会中开展工作,甚至还取得帮会身份。中国劳动组合部干事李启汉曾加入青帮,后来李启汉利用青帮系统的关系,到工人中去交朋友,搞串联,广泛联系工人群众,逐步开展工运,组织了小沙渡邮务工人罢工。

1924 年李立三到上海后,备受工人敬爱,青帮兴武之"通"字辈的常玉清,竟强行绑李到自己家中,要收之为徒,李将计就计答应下来。后来常玉清到处吹嘘大名鼎鼎的工人领袖李立三是他的徒弟。

又如在上海工人第三次武装起义前,上海工人纠察队总队共产党员顾顺章也具有青帮身份。

还有上海总工会委员长,中共领导人汪寿华,就曾多次对外声扬自己是杜月笙的徒弟。中共党组织在当时希望利用帮会力量,减少上海工人武装起义的阻力。

3,陈其美在担任沪军都督之前,利用帮会身份进行活动,有利于利用帮会成员去联络革命同志和打探消息等等,但在当上都督之后,就不必也不便再利用帮会身份去进行活动了。不过,他还是和青帮有着千丝万缕的联系,甚至有时仍旧利用所掌握的帮会势力。这从以下几点可以得到明证。

第一,陈其美视青洪帮应桂馨、刘福彪为心腹。

应桂馨是浙江宁波镇海人,是个富家子弟,从小豪赌狂嫖,无所不为。他曾纳妓女翁梅倩为妾,后又为雏伶小喜凤赎身。后来,应又染上阿芙蓉癖,每日在烟馆和戏馆厮混,并同范高头勾搭,成了其左右手。

应以出手大方,喜爱结交天下豪杰而闻名于帮会。应耗资 10 余万大洋,在洪门中得挤排五之位,在青帮中拜大湖帮巨头李徽五为师,为"大"字辈。

应桂馨曾在江苏督练公所总办袁树勋手下任职,后提拔为江苏官办印刷局坐办,并得到5000两官银开办费。但应却用之于买妓纳妾,顷刻便将5000两银子挥霍殆尽,只得一走了之。

应桂馨隐匿乡间之时,其父给5万银圆让他去办学堂,开始时他还努力。建成了校舍,招生200余名,在当时这种规模已相当可观了。但不久后,他以兴学为名,强夺族祠公产,引起族人公愤,3000多族人联名上告,将学校查封,应又一次逃之夭夭。学生由于不愿解散,结队请愿,酿成了难以收拾的风潮。

正僵持时,陈其美偶闻此事,有意为之调解。这是因为陈为了反清事业,一心结纳会党,并久闻应在会党中的名声以及应家殷富。

后经陈其美调解,平息了事态。应得知此事,赶去拜见陈,两人一见如故。

应家殷实富足,房产甚多,陈其美的革命机关大多借住应宅,一些革命党人也借应宅隐匿,应对革命还是有一定贡献的。到辛亥革命期间,应桂馨督责帮中党徒四处出动,打探消息和联络人马,使一些不便露面的革命党人如陈其美等虽因处密室,但仍旧耳目灵通。

1911年11月上海光复后,陈其美以沪军都督身份,委任应桂馨为谍报科长,加以重用。孙中山往南京就任临时大总统时,陈向孙中山极力推荐应任卫队司令,应后来又升任临时政府庶务长。应在此期间,贪污滥支事情败露,并对来探访孙中山的亲朋好友恶语中伤,但孙因其系陈推荐,并不深究,只将其调往下关兵站,不料应竟无理要挟,要将上海同来的40名卫士一并带走,并想枪杀不愿回沪的侍从队长。

应桂馨回到上海后,在陈其美的支持和帮助下,着手筹建中华民国共进会,并当上了该会会长。后来该会由于应等人的所为而声名狼藉。特别是应勾结袁世凯,犯下了一件震惊中外的血案——暗杀宋教仁。

陈其美重用青帮分子应桂馨,视之为心腹,还重用了青帮头目刘福彪,委任刘为沪军福字营营长。后来在"二次革命"的紧要关头,经程德全策反,率部谋变倒戈,背叛了讨袁军。

第二,在选举沪军都督时,陈其美带领其心腹刘福彪进会场,提名推选时,刘福彪曾以手榴弹相威胁。刘是个青帮头目,带领帮会徒弟临场起哄,这虽然是他们固有的不良习气的一个表现,但人们不得不联想到陈其美是否在利用他们。

会议在开始时,会场安静,井然有序。

但是,在推选都督人选时,发生了争执。商团代表推举商团司令李英石,认为李军事学识渊博,指挥上海光复任重功高;同盟会和会党等代表则推举了陈其美,说陈首先攻入制造局,立下了第一功。商团代表则说陈进入制造局后就被拘禁,后来是李指挥商团和其他起义军攻下制造局的。双方代表彼此争论不休。

这时,刘福彪突然高举手榴弹,大叫都督非陈先生不可,否则手榴弹一甩,大家同归于尽。

会场气氛变得十分紧张,大家经过再次讨论,终于推举陈其美为沪军都督。

第三,陈其美热衷于派系倾轧,刺杀了光复会首领陶成章。帮会组织中的派系斗争之恶习尚未根除。

陶成章是光复会副会长,对革命有重大贡献,孙中山称他抱革命宗旨奔走运动,不遗余力,并肯定了他在光复之际有巨功。

陶成章与陈其美素有不和。早在1911年的一次会上,就曾发生过陈欲拔枪击陶一事。还有一次,陶从南洋募款回沪后,陈向陶要款作为军用,陶不但予以拒绝,而且还说陈好嫖妓等等,陈听后十分愤怒。

南京临时政府成立后,浙江都督汤寿潜被调任临时政府交通总长,陈想继任浙江都督,但浙江各界拟请陶担任的呼声很高。

陈其美由于权欲恶性膨胀,加之对陶的宿恨,故采取了暗杀手段,对陶下了毒手。

第四,1913年3月20日,宋教仁被刺,陈其美等革命党人紧张地开展了侦查凶手的活动。陈利用熟悉上海秘密会社情形和广泛的社会联系,暗中布置他的旧部,配合租界捕房搜查凶手。

第五,陈其美与上海青帮中赫赫有名的人物李徵五关系微妙。

李徵五是湖州人,与陈是同乡,陈曾通过李去拉拢太湖草泽英雄参加浙江陶成章的起义,陈与李之间有过一定的交往。

李有两个较出名的徒弟:应桂馨和张宗昌。

袁世凯为了刺杀宋教仁，派青帮"大"字辈洪述祖到沪，首先找到李商量，李就将应介绍给洪，应又找自己的徒弟武士英担任杀手。

陈其美在破案时，将应桂馨捉拿归案，同时逮捕了武士英，截了他们"毁宋酬勋"的道路，并将追查到李徵五的头上，李气急败坏，派人对武士英下了毒手，使武士英在狱中得了暴病而亡，灭了活口（关于武士英的死因，史学界有几种说法，此为其中之一）。后来应也越狱逃去，在要袁履行诺言时，死于袁世凯之手。

陈其美本是湖州帮人，在宋案中对湖州帮毫不留情。李徵五对陈其美不念一点旧情非常忌恨，到1916年，李指使爱徒张宗昌设计刺杀了陈其美。

陈其美参加过青帮，利用帮会身份进行革命活动，无损于他在反清革命中形象。

对于青帮，也应具体分析。

青帮最早是运河漕运粮船水手建立的秘密团体，其成员大多是社会中受教育最少，生活境遇最坏的人。清朝末年，政府下令将粮米折合成银两解送北京，此举使得广大的在帮粮船水手失去了衣食之源，对清政府日益不满，加之民族危机日益加深，其中一部分人接受了革命影响，走上了反清道路。

陈其美利用这些力量，在光复上海，组织杭州、苏州、镇江等城市的武装起义以及进攻南京的战争中，起了不可否认的作用。

在后来的反袁斗争中，其中一些人受袁世凯收买，堕落成了革命的敌人。特别是到了蒋介石统治时期，青帮完全成了蒋介石的反革命工具，对人民危害极大。

因此，辛亥革命时期的青帮在性质上与后来的青帮是不可同日而语的。

熊凤凰六六娶娇妻

据1935年2月10日（星期日）上海《申报》及沪上各家大、小报纸报道：北京政府时期的第一任财政总长、袁世凯执政时期曾出任过国务总理的熊希龄，剃去了将近一尺长的冉冉长须，与复旦大学教授毛彦文女士于2月9日下午3时在上海西藏路慕尔教堂举行了婚礼。新郎66岁、新娘33岁，数百名亲朋好友前往祝贺。场面壮观，妙趣横生。熊、毛二氏，于当日下午6时在北四川路的新亚西楼大摆筵席,宴请贺客。

报界为此大发议论,云:以近古稀之龄,奏凤求凰之曲。九九丹成,恰好三三行满。登朱庭祺之庭,睹毛彦文之彦,双双如愿,谁云六六无能?

新婚之日,熊希龄得意至极,撰《定情曲》一阕:

世事嗟回首,觉年年饱经忧患,病容消瘦。我欲寻求新生命,唯有精神奋斗!渐运转,春回枯柳,楼外江山如此好,有神针细把鸳鸯绣。黄歇浦,共携手。求凰如谱新声奏,……天作合,得佳偶。

熊希龄于1870年出生在湖南凤凰县,故又别称熊凤凰。16岁时便中了举人,19岁时中进士,21岁点了翰林,和张謇为同榜。戊戌变法中因和江标等人合力推行新政,触犯了慈禧太后,慈禧下谕:"候补四品京堂江标、庶吉士熊希龄,庇护奸党,暗通消息,均著革职,永不叙用,并交地方官严加管束。"熊此后便留学日本,并赴欧美游历,后又步入政坛。清朝末年,曾任东三省财政监理官、奉天盐法道等职。民国建立后,被举为财政总长、热河都统、国务总理等。后退出政界,致力于社会福利事业,曾任世界红十字会中华总会会长之职。1937年12月25日因心脏病突发而去世,享年68岁,距与毛颜文女士结婚仅2年10个月。

熊希龄原配廖氏,成婚不久即暴病而死。

熊希龄的老师、湖南沅州知府朱其懿,对其特别器重。见其新婚丧妻,深为同情,即作主将同父异母妹朱其慧许与熊希龄,过去的师生关系成了郎舅关系。

朱其慧毕生提倡平民教育运动,且热心于慈幼恤贫事业。她创办的北京香山慈幼院规模较大,成绩显著。然而不幸于1931年3月25日患脑溢血身亡,终年仅55岁。

朱其慧去世时,熊希龄已58岁,一度无续弦再娶之意,独自鳏居了几年。孤独的生活使他深感内助无人之不便,特别是后来不断生病,更觉鳏居之苦。在朋友的劝说之下,始有续弦之意。多方牵线,总没有物色到理想、适合的人选。有一天,朱其慧的族亲朱庭祺到熊府向熊希龄谈起毛彦文女士,问他行不行。

毛女士当年32岁,系美国密西根大学教育学院毕业生,完成学业回家后历任复旦大学、大夏大学和暨南大学教授,因与熊希龄的内侄女是同学,以前常到熊家来玩,熊希龄很早就认识她了。朱庭祺一提起毛女士,熊便认为很适合,当即写信向毛彦文求爱,又托朱庭祺说合。不几天,熊希龄收到毛女士的回信,信中谢绝了"老伯父"的求爱。接到回信后熊希龄的求爱之心几乎吓退了一半。但他不灰心,再次写信给毛。毛女士第二次回信拒绝,不过信中称熊为"伯父"而没有了"老"字。熊希龄见有所突破,又鼓足勇气,紧追不放。情书封封,笔飞墨舞,翰林风味,跃然纸上。芳心终于在强大的攻势下为熊所攻占,毛彦文竟然接受了熊希龄的求爱,同意嫁给他。熊希龄得知这一消息之后高兴得跳了起来,很快与之商定择日结婚,毛女士只是提了一个条件,要求熊希龄把胡子剃光。熊氏欣然同意,当天就把长须剃去,顿时觉得年轻了很多岁。双方商定,婚礼定于 1935 年 2 月 9 日在教堂举行。为使婚礼进行顺利而不出差错,2 月 8 日下午 2 时半,他们便到教堂去进行彩排。熊希龄身穿蓝袍黑褂,精神焕发,毛女士略加打扮,越发显得庄重大方。让婚牧帅朱葆元亲临现场导演:入场、行礼、宣誓等礼仪一项不漏地反复训练多次,直到熟练为止。

66 岁的"老伯父"娶了 33 岁的"贤侄"为妻,无论何时何地,总是奇闻一桩。亲朋好友赠联、赠打油诗不在少数。郑洪送了一副对联高悬堂上:

儿孙环绕迎新母

乐趣婆婆看老夫。

崔通约送的对联云:

老夫六六新妻三三老夫新妻九九;

白发双双红颜对对,白发红颜眉眉。

沈尹默的对联颇为引人:

且舍鱼求熊,大小姐构通孟子。

莫吹毛求疵,老相公重做新郎。

在新婚喜宴上,老相公熊希龄应亲友的要求,谈了他的新婚感想。他说:"各位所说谓我已老,殊不知所谓老少,不能单以年龄为准。老年人精神好,环境好,意志并不衰老,也可以和少年人一样的结婚。假如一个青年人精神不好,意志颓唐,时想自杀,他虽然年轻,亦可谓之衰老,那就不必结婚。"在座的人对他的这种论调颇感可笑。

然而,自然的规律是任何人都无法抗拒的。熊希龄虽然认为自己精神不老,但肉体的老衰则是事实,熊毛二氏结婚 2 年 10 个月,熊心力衰弱而突然病逝于香港,时为 1937 年 12 月 25 日。毛彦文悲痛万分,曾撰写《沉痛的回忆》一文,叙述了自己才当新娘便为遗孀的哀痛心情,文中写道:"际此乱世日亟,烽火遍地,先生得长眠不视,未始非福。但我还要痛苦地活下去,缅怀前情,掩涕不已,来日大难,将何避免?"

马君武三走"桃花运"

马君武是民国早期政治舞台上的一位活跃人物。1881 年生于广西桂林,1905 年 7 月加入中国同盟会。曾先后赴日、德留学。中华民国建立,出任临时政府实业部次长,以后历任护法军政府交通部长,孙中山非常大总统府秘书长,广西省长,段祺瑞内阁司法总长、教育总长,广西大学校长等职。其文采风流冠于一时,后人传为佳话。

1.穷书生仰息美人芳泽

马君武九岁丧父,家道中落。其母一心望子成龙,为人做些针线活供其读书。马君武矢志苦读,心无旁骛,一心求个功名。1898 年,清廷废除科举,不得已进了原台湾巡抚唐景崧办的体用学堂,专读英文、算学。1900 年他从桂林千里迢迢赴广州求学,攻读法文。因生活拮据,晚上常在街灯底下自修。饿了就以野果莲实充饥。就在马君武束紧裤带苦读时,他陷入了初恋。

广州多宝大街有一所由美国长老会开设的柔济医院。一次,马君武听说医院福音堂里有一位新派女性常在那里阐扬新学,批评时政。怀着强烈的求知欲和好奇,马君武专程去听了一讲。听后便被深深吸引。演

马君武

讲者的新鲜论点令他折服,演讲者的口才及风姿更令他叹服,顿生倾慕之心。此后,他几乎天天都去福音堂。这演讲者不是等闲之辈,她是素有"女中梁启超"之誉的辛亥女杰张竹君。张竹君毕业于夏葛医学堂,毕业后靠家庭资助开诊所,悬壶(典出《后汉书·费长房传》,后人常称行医为"悬壶")济世。由于她在医院福音堂议论时政,提倡新学,吸引了广州一批热血青年。她亭亭玉立,风姿嫣然,加上天赋聪明,口齿伶俐,性格外向,又擅长交际,早成为一些男子追求的目标。就连已有妻室的胡汉民也为之动情。张竹君看透了夫权至上的封建纲常,抱定了独身主义。但后来禁不住她的好友卢少岐拼命追求,私下放弃独身主义,答应了卢的求婚。当马君武主动接近张竹君时,张与卢已在讨论两人的嫁娶了。张竹君与马君武结识以后,她并不因马君武是一个穷学生而有丝毫轻视,这使马君武颇为感动。随着交往的加深,张竹君对这位既通外文、又美于辞章、好学不倦的穷学生十分钦佩,言谈中流露好感。马君武受宠若惊,迫不及待地向张竹君表露自己的由衷爱慕。可惜落花有意,流水无情,张竹君已与卢少岐有婚约在先,她待马君武只有纯正的友谊,从无男女两情之相悦。马君武空有一厢情意,仍痴情追求。不料这一来,卢少岐醋意大发,公然视马君武为情敌,不时相斗。张竹君夹在中间左右为难。不久,卢少岐东渡日本留学深造。马君武一看情敌远走异国,大好时机来了。一天,他独自登门拜访张竹君,两人交谈许久,彼此心照不宣,张竹君终未表态。谈话中,马君武见张竹君使用的一把诗扇放在茶几上,美人芳泽,依稀犹存。马君武趁张竹君不注意,悄悄藏在身上,带回住所。当晚取出赏玩,爱不释手。马君武告辞张竹君后,张竹君遍找那把诗扇找不到,觉得很奇怪,根本没想到会是马君武拿去。谁知第二天,张竹君就收到了马君武的一封法文求婚信。信中言词真挚地叙述了见其扇而想望其人之苦,倾诉了他的爱慕与热恋。张竹君读后感动得直流眼泪。无奈,她与卢少岐已订有婚约,不可能接受马君武的追求。于是她回了一封信给马君武,详细诉说了自己奉行独身主义,无法接受马君武求爱的苦衷。她在信中没有直接说她与卢少岐已有婚约一事,因为她知道那样说的话,马君武心里会更难受。

收到张竹君婉言拒绝求婚的回信后,初涉情海、感情脆弱的马君武受到深深的刺激。他再也无法静下心来读书,广州市的一切在他的眼里都能引起他伤心疾首。他决定离开广州投身革命。他先去新加坡见了康有为和徐勤等,密谋

图文珍藏版

在广西举事。广西起义失败后,他去了上海。1901年从上海赴日本见到了梁启超和孙中山先生。在他为革命奔走时,仍对张竹君念念不忘,一往情深。当梁启超主办《新民丛报》第一次向马君武索稿时,马君武立即写了一篇《张竹君传》。文章末尾附诗一首,对张竹君颂扬备至,诗中有二句云:"莫怪初逢便倾倒,英雄巾帼古来难。""女权波浪兼天涌,独立神州树一军。"当时的《新民丛报》发行遍及海内外,新派人物莫不人手一份,由于马君武这一篇情文并茂的《张竹君传》,使得张竹君的大名不胫而走。但马君武、张竹君两人终于没有再联系。张竹君因资助卢少岐出国而得罪了卢家人,卢家人迁怒于张竹君。从此后,张竹君与卢少岐不通书信,日见疏远,婚约也自然解除。张竹君最终还是走上了独身主义的旧路。

对于马君武与张竹君、卢少岐这一段三角恋,胡汉民知之甚详,他曾酸溜溜地对别人说:"马君武、卢少岐争相追逐张竹君的那一幕可以谓之为'马驴争獐'。"而冯自由则指责说:"胡汉民的此一说法'谑而且虐'"。

2.丧魂魄误中"美人计"

马君武赴日后,日夜苦读。对于一般留日学生要花三年时间才能考取的日本官立学校,马君武只用了不到两年的时间。他考进了日本京都帝国大学工艺化学系,并获得公费。由于国内还有老母亲要赡养,费用就嫌不够,学习之余,他大量为《新民丛报》译书撰文,以图挣些稿费来奉养老母。谁知当时主持报纸的康梁师徒因经费问题得罪了捐款人,报纸经费很紧张,稿酬不仅少而且经常拖欠,马君武一气之下丢笔不写。这一来,梁启超着急起来,因马君武是《新民丛报》的一位重要撰稿人,他翻译的文章如《自由原理》《社会学原理》《女权篇》《物竞篇》等都是倍受读者欢迎的。马君武一罢笔,稿源便显不足,主编梁启超一筹莫展。为了骗取马君武的稿子,梁启超精心导演了一出"美人计"。

梁启超有位同学叫罗孝高,广东顺德人,日本早稻田大学第一名中国毕业生,是个保皇党人。他是梁启超的"双簧"搭档。马君武罢笔不久,《新民丛报》上陆续发表了一位署名"羽衣女士"的文学作品,有艳体诗,有小说,还有译著,文字流畅,才华斐然。梁启超还以编者的身份,煞有介事地介绍道:"羽衣女士,吾粤之顺德人也。才貌双全,中英文造诣俱佳,现于香港某塾执教。本报得其惠稿,至为荣幸。顷已蒙女士俞允担任本报特约撰述,将其大作,全部交由本报发表。"羽衣女士的诗文及编者活灵活现的介绍,很快引起了马君武的注意。一天,他碰到罗孝高问道:"这位羽衣女士是否其人真的有如其诗文?"罗孝高大肆夸张答道:"羽衣女士漂亮得很,她长得活像生观音一样。"马君武一听,顿时来了情绪,他忙不迭地问:"你见过她吗?果然如此漂亮?"罗孝高哈哈大笑道:"她是我表妹,怎会没见过她。告诉你吧,我表妹不久要到东京来留学,漂亮不漂亮到时你见了就知道了。"马君武不知是计,信以为真,他颇为急切地对罗孝高说:"羽衣女士到时,请你为我介绍。"罗孝高满口答应。接着便装出一副热心肠的样子戏弄马君武道:"我表妹要在今年暑假以后才动身呢,距今还有好几个月。不过,我可以告诉你,羽衣女士读过你的文章,叹为天才。她还曾问过你的身世,如果你有意的话,我可以先介绍她和你通讯。你不妨像赠张竹君那样,也赠她几首诗,登在《新民丛报》上,她见了必定欢喜。从此你就能和他鱼雁相通,互诉款曲了。"马君武早已悠然神往,当下就一口答应下来。

第二天,马君武写了一封热情洋溢的信交给罗孝高,由罗孝高转寄给羽衣女士。以后数日,他在激动和不安中等待着远方美人的回音。不久,羽衣女士果然复信一封,复信中对马君武赞扬备至,而且一再表示极愿在《新民丛报》上多多拜读马君武的诗文。马君武欣喜万分,庆幸自己结识一位难得的红粉知己。初恋失败后,本已心灰意冷的心,又被激发得异常炽烈。他诗兴大发,立即写诗大捧羽衣女士,并且夜以继日,拼命撰写诗文译作在《新民丛报》上发表。羽衣女士也毫不甘心示弱,频频发表文章。某日,羽衣女士发表了一篇《东欧女豪杰》文章,马其武拜读后大加揄扬,逢人便夸,而且连写几首诗把羽衣女士捧得不亦乐乎。一时间,马君武与羽衣女士借《新民丛报》互相调情、大献殷勤,且有愈演愈烈之势。这一切,使得梁启超、罗孝高乐不可支。他们又暗中窃笑马君武空做美人梦,傻得可爱。

马君武通过罗孝高与羽衣女士通了几个月的信,又给《新民丛报》白白写了那么多诗文,左等右等终不见丽人情影,不免有些着急。待暑假已过完,桂子飘香,日本各学校都开学了,仍无消息。他终于忍不住了,找到罗孝高问道:"令表妹何以姗姗来迟?"罗孝高见马君武一副认真样,心中暗暗发笑,他灵机一动说道:"快了,快了。表妹来信说也就要动身了,某月某日,她从香港乘'东京丸'号船到横滨。到时候你同我一起去接她怎么样?"马君武闻言大喜过望,他绞尽脑汁,写了几首欢迎羽衣女士旅日诗,代作欢迎词。好不容易到了罗孝高所说的羽衣女士抵日本之日,他拖了罗孝高从东京专程赶到横滨,迎接魂牵梦萦多日的羽衣女士。罗孝高自知不妙,西洋景眼看要被戳穿,他先不动声色与马君武周旋了一番。到了横滨后,瞅准一个空,抽身躲进一个饭店,然后悄悄溜回东京,睡他的大头觉去了。马君武到处找不到罗孝高,便一人在码头傻等,香港来的"东京丸"号旅客全部下完了,根本没见什么羽衣女士。当晚,他气呼呼地赶回东京,深更半夜跑到罗孝高家,一阵猛敲,敲开了罗孝高住处的大门。一见到睡眼惺忪的罗孝高,马君武便高声质问:"你为什么瞒着我把令妹接走,不让她和我见面。"罗孝高见马君武动了气,心知祸闯大了,这出闹剧难以收场。他装死不开口,任凭马君武大发雷霆。等马君武把满腔怒火全部倾吐完了,这才赔着笑脸说:"实在对不起,我老实向你坦白,'羽衣女士'根本没有这个人,'羽衣女士'是我的笔名,那些寄给你的诗文信件全都是由我委托的,目的是想请你多给《新民丛报》写点稿子。"马君武听罢,气得脸色发青,愤怒已极,把罗孝高痛骂一顿。

梁启超与罗孝高为了骗取马君武的稿子,施展"美人计",玩弄了马君武的感情,实属极不道德。但梁启超毫不以为过,逢人便说如何利用"羽衣女士"骗了马君武的许多篇诗文,弄得留学生界尽人皆知。梁启超还作诗两首,对马君武极尽调谑戏弄。原诗题为《题东欧女豪杰代羽衣女士》:"磊磊奇情一万丝,为谁吞恨到蛾眉?天心岂厌玄黄血,人事难平黑白棋;秋老寒云盘健鸟,春深丛莽殪神蜦;可怜博浪过来客,不到沙丘不自知。""天女天花悟后身,去来说果后谈因;多情锦瑟应怜我,无量金针式度人;但有马蹄惩往辙,应元龙血洒前尘;劳劳歌哭谁能见,空对西风泪满巾。"

多情公子马君武一肚子苦心,只能自己默默咽下肚。

3.多情郎魂断波茨坦湖

1905年7月,孙中山先生在日本东京召开中国同盟会筹备会,马君武出席了会议并被大会推定为章程起草人之一。8月20日,中国同盟会举行成立大会,马君武被选为书记部部长。不久,同盟会机关报《民报》在东京创刊,马君武又奉孙中山之命担任主笔。这一段时期,他以诗文宣传革命,具有极强的煽动性,引起了清朝官吏的注意,两江总督端方指名要逮捕他。得此信息,马君武匆匆离日本赴德国柏林大学专攻冶金。1907年,马君武到了德国柏林,借住在一位德国机械工程师菲列德律家里。菲列德律是一位中国通,他曾应清朝政府的聘请,在山东生活过三年,对中国的情形相当熟悉。他认为中国的留学生都是中国的栋梁之材,能够外出留学的人少之又少,尤其是留德学生犹如凤毛麟角,他们学成回国后一定前程无量。所以对马君武很关心,生活上照顾得十分周到。

有房东一家的关心,马君武的留学生活开始得很顺利,渐渐地他忘却了国内所受的种种烦恼及心灵的创伤。心情显得格外开朗,日子过得很快。青年时代的马君武长得一表人才,唇红齿白,温文尔雅,堪称东方美男子。其人品与才学又是留学生中的佼佼者,所以他很快成了菲列德律一家最受欢迎的人,不仅菲列德律夫妇很喜欢他,而且还得到房东小姐的垂青。

房东小姐是菲列德律十分宠爱的独生女,热情、开朗,年龄与马君武相仿。开始,她对父亲接待一位来自东方神秘国度的留学生很不理解,马君武的到来并未引起她太多的注意。随着相处时间延长,她对马君武的了解不断加深,对马君武的才学十分倾倒。慢慢地,她爱上了马君武。马君武对这位日耳曼佳丽早已一见动情。当时他年方26岁,精力旺盛,虽说房东小姐是外国人,但彩珠朝你抛来,岂有不接之理。于是乎,在留学生活的空隙时间里,这一对异国情侣常常依偎在柏林动物园的长凳上,泛舟在波茨坦湖里,漫步在树丛中、路灯下。对这一切,菲列德律工程师不仅充耳不闻,还明里暗里地积极促进这桩婚事。原来,菲列德律早就想让马君武做他的东床快婿。马君武得了这么一位德国佳丽朝夕为伴,他的读书生活充满了罗曼蒂克气息。

1911年,马君武读了三年多的书,学完了工科课程,接着又转读农科。同时兼做波鸿化工厂的工程师。不久,辛亥革命爆发的消息传到了德国,马君武决定立即回国,房东小姐得知马君武即将回国。她邀请马君武最后一次在波茨坦湖上泛舟。这一天,房东小姐异常热烈地向马君武大谈她对东方中国的爱慕,大谈她对古老中国的向往,渴望能亲眼目睹。马君武虽然有些迂,但房东小姐的弦外之音还是听得很明白的。房东小姐对自己一往情深,他内心十分清楚,他何曾不想携一位异国女郎一同回国呢?但他自有苦衷,因为早在五年前,他就娶了妻子,现已有了孩子。这些事他没有告诉房东小姐。因此,面对房东小姐的脉脉温情,马君武只能俯视湖水,默无一言。房东小姐见马君武死活不开口,心里又气又恨,真想冲上去与马君武厮打一番。可眼前这个中国穷学生毕竟使她神魂颠倒几年了,她爱他,离不开他。房东小姐实在憋不住,她举起船桨狠狠摔在船板上,大声说道:"你这个混蛋,我要你娶我,你还不明白吗!"说完就伤心地哭了起来。马君武不曾料到房东小姐会这样痴情,他连哄带骗地说:"我是革命党员,曾经被满清官方指名逮捕的人,所以我回国后,处境十分危险。今日中国仍是虎狼当道,四伏危机,我将住何处、如何安身立命都无法确定,怎么能与你一同回到中国呢?我希望你等我三年,三年之内,如果我能获得安定的住所,我一定会来德国接你。"一双情侣就这样挥泪而别。

三年之内,马君武不仅有了安定的住处,也去过外国,但他终于没有把房东小姐接来中国。

马君武三走桃花运,却三次"败走麦城"。这三次恋爱悲剧对马君武的打击,几乎影响了他的一生。他后来的婚姻生活平淡而又多舛。1906年,他奉母命娶周氏为妻,以后又娶彭文蟾女士为侧室。1922年11月,马君武奉孙中山命将广西省政府移往梧州的途中,船队遭到叛军狙击,彭玉蟾女士中弹身亡。马君武本人于1940年过完60岁生日后不久,因肠穿孔治疗不及时,离开人世。

外交官当修士

1933年深秋,法国巴黎已是寒气袭人。在市区的一所医院里,有一位昏迷多日的比利时国籍的中国太太,平静地躺在病床上,她的病已经无救,她的仆人正在按医生的嘱咐为其准备后事。突然,她醒了过来,微微睁开了双眼,口中喃喃有声,仆人急忙俯身侧耳倾听,记下了她给丈夫的临终遗言:"子欣,我的病大概是没有希望了。亲爱的,你平生一切都对得起我,只有一件事,我认为最不光彩,这件事,不仅对不起我,也对不起你的国家,并且对不起上帝。我死了之后,你最好赶快到比利时从前我学习的学院教堂里去服务,也许能得到上帝的赦免,还可望到天国去,子欣,永别了!"

洋夫人说完,又一次昏迷过去,再也没有醒来。她带着对丈夫的责备,带着不能向丈夫当面口述临终之言的遗憾到天国去了。

这位比利时女人就是曾任袁世凯外交总长的陆徵祥的夫人。子欣,是陆徵祥的字。当陆徵祥得知太太的临终遗言后,痛哭不能成声。他绝饮三天之后,便依照太太的遗言,远赴比利时,进入布鲁士日本笃会修道院做了洋和尚。从此不问政治,一心修道。先任修士,后升为司铎。1946年罗马教皇授他为该修道院荣誉院长。一直到1949年死去,他都没有离开过修道院。

是什么力量促使陆徵祥为太太殉情,又是什么不光彩的事使得"堂堂的"外交总长去当一名外国的洋和尚向上帝忏悔呢?

1.舞池定情

陆徵祥原字子兴,后改字为子欣。1871年生于上海。他的父亲是上海耶稣教会的传道士,因和洋牧师接触较多,关系密切,很早就把陆徵祥送入上海的广方言馆学习洋文。毕业后又进同文馆攻读,时值21岁。以后奉清廷指派,到清廷驻俄公使馆服务。因其外文水平较高,很得钦使的赏识,由学习员升为四等通译官,再升至三品知府衔二等参赞。

当时沙俄宫廷里应酬性的酒会、舞会十分频繁。陆徵祥懂洋文、娴习外交礼节又很善于应酬,所以清廷驻俄钦使每次被邀请时,都带陆徵祥去参加。欧洲列强看不起中国,在沙皇宫廷宴会中对清廷钦使颇为冷落,独对陆徵祥另眼看待。陆徵祥当时少年英俊,谈吐文雅,各国驻俄使领馆人士,因陆徵祥跟其他清廷驻外官员不同,脑袋后没有尾巴一样的辫子,穿着笔挺的西装,英、法语极为流利,而乐于与他交往。陆徵祥逐渐成了沙皇宫廷宴会中的一位活跃人物,博得不少外国外交官夫人的好感,也引起了一位比利时少女的好奇。这位比利时少女就是后来成为陆徵祥夫人的培德·博斐小姐。她当时是一名高中学生,祖、父两代都是比利时的将军,父亲与比利时驻俄公使罗核是亲戚。培德·博斐小姐不顾家人的劝阻,执意跟着罗核到俄国首都读书。学习之余,经常陪同罗核出入国际性的应酬和交际场合。

在培德·博斐小姐眼里,古老的中国一切都很神秘,中国人仿佛是个猜不透的谜。当她第一次得知陆徵祥是一位中国外交官时,感到大为惊讶,她觉得当陆微祥同那些穿着长袍马褂、顶戴雕翎的钦使站在一起时简直是一个叛逆、一个英雄。强烈的好奇心驱使她要同这位洋味十足的中国人交朋友,解开心中之谜。

陆微祥虽善于与洋人打交道,但对洋人终究存着戒备。在他眼里,高鼻子、鬈毛发的洋人总不如东方女人有韵味。对贵族小姐、外交官夫人从不敢有非分之想。所以,在一次大型舞会上,当他的手臂挽着培德小姐苗条腰肢时,依然保持着东方人的戒备。培德小姐第一次和陆徵祥共舞,既兴奋又紧张,她不停地提出问题,时用英语,时用法语,偶尔还夹着几个俄语单词。陆徵祥被这位洋小姐提出的天真幼稚的问题,逗得只想笑。他耐着性子一一作答,像大哥哥哄小妹妹。一场舞下来,他那东方人的自卑和戒备跑得无影无踪,他一下子喜欢上这个热情、纯洁而大方的洋小姐。培德小姐见陆徵祥谈吐文雅,颇有风度,顿生爱慕。舞曲结束分手时,两情依依,竟不愿分手。培德小姐提出约会要求,陆微祥满口答应。在以后的几次约会中,两人愈谈愈投机,愈发倾心,难舍难分。不料,此事很快被清廷钦使许景澄等知道了,他们极不赞成。陆的朋友也反对。家人则认为堂堂中国人,娶洋女人为妻,有辱先宗先祖,也坚决反对。陆徵祥深陷爱河不能自拔,他不顾长官训诫,不顾家人、朋友反对,执意要娶培德小姐为妻。钦使见劝阻不成,便奏明清廷,从利于外交出发,准其联姻。1899年春,在俄国首都莫斯科,陆徵祥与培德小姐举行了欧式婚礼。

2.夫唱妻随

婚后,两人相亲相爱,双双出入于各种外交场合。1906年,清廷新设驻荷兰公使馆,陆徵祥被清朝廷选中,特派为钦差大臣,首任驻荷兰大使。未几,又调任驻俄钦差大臣。培德夫人成了陆徵祥的得力助手。

民国初年,陆徵祥带着他的洋夫人住在北京。洋夫人像中国妇女一样,每日在家等候丈夫回家,闭门不出,以至于袁世凯都感到奇怪。陆徵祥的日记里曾这样记着:"袁项城(袁世凯)一次问我说:'陆夫人为什么不出门? 连拜总统夫人都不出来?'我说:'内人现在已经完全中国化了,像中国女子一样,不爱出门。'项城含笑说:'这好极了,今晚总统府宴请英国公使为其饯行,便请陆夫人来陪英使夫人。'我说:'内人一定来。'这是我的内人第一次到中国赴宴会应酬。后来,项城任命我内人为总统府礼官处女礼官长。"礼官长的任务是专在总统府招待各国使节夫人。后来又掌管新华宫内的一切事务。培德夫人一时成了女"宫内大臣"。

3.裂隙难补

陆徵祥为人,本性懦弱,谙熟清末做官秘诀的"平正通达、善事上官"那一套,只以仰承上司意旨为做官之本。辛亥革命后,袁世凯当国,陆徵祥卸任回国,先出任唐绍仪内阁外交总长。唐绍仪辞职后,他奉命组阁。在出席参议时,

陆徵祥

他只字不谈论政方针,只说些怎样"开菜单、做生日"等不伦不类的话。参议员听罢大哗,对他提出的内阁成员名单,一律否决,而且要提案弹劾。陆徵祥骇得躲进医院,整日唉声叹气。在袁世凯的催促下,他重新提出六人的内阁名单,最后在军警的恫吓下才勉强通过。他坐上总理位子,只管看看公文签签字了事,根本拿不出办法,不久,便被弹劾。从他受命到辞职,大约只有 10 几天,他的内

阁大概是中国最短的短命内阁了。

1912年9月，陆徵祥任赵秉钧内阁外交总长，后改任袁世凯外交顾问。1915年1月再任外交总长。此前一年8月23日日本对德国宣战，第二天出兵攻占中国青岛，侵犯淮县，攻入济南，破坏中国中立。袁世凯一心只想关起门来做皇帝，却不管强盗破门而入。日本总理大隈重信看准袁世凯推行帝制，不敢得罪日本政府这一点，公然叫日驻华公使日置益提出无理的"二十一条"要求，并强令中国不得将内容泄露。陆徵祥拿到"二十一条"，战战兢兢，慌忙去见袁世凯。袁世凯立即召开紧急会议，秘密商讨对策。议来议去，既不敢承认，又不敢否认。最后答复日方四个字"来文已悉"。原以为这样答复圆滑浑融，日方找不到碴子。岂知日本早看到中国好欺，欧美各国忙于大战，无力东顾，便于5月7日向中国发出最后通牒，限中国48小时内明确答复。日方来使竟然用木杖敲击陆徵祥的办公桌，声言如不同意，将采取断然措施。这一下，袁世凯慌了手脚，他不顾丧权辱国，全部接受日方的无理要求，急忙指派陆徵祥前去签字。陆徵祥一向唯命是从，此次却有些不踏实。他深知签字的责任和罪孽，可抗命不签吧，又得罪不起袁世凯。左思右想，难得两全之计，签字的前一天，他神色严肃地把洋太太请入卧室，紧闭上大门。洋太太很是奇怪，催问发生了什么事，陆徵祥犹像再三，小心翼翼地把签字之事说了出来。洋太太听罢，大为震惊，她说："真不了解你们中国人，以中国这样的广大众民，对付三岛的日本国，竟然像老鼠见了猫一样的怕。"陆徵祥哭丧着脸，低声下气地解释说："日本人野蛮，中国积弱太久，袁世凯又独断专行，这字就是我不去签，别人也会去签的。"洋太太冷笑两声，厉声道："真的？平日见你能言善辩，认为你还是一个人物，想不到你竟和清朝的太监一样，只会说'奴才领旨'，我真是妄自嫁了你。"陆徵祥连忙赔笑道："我的好太太，你还不了解我吗，我要不是有这个本事，袁总统怎么会叫我当他的外交总长？"看着丈夫的一副窝囊相，培德夫人简直伤透了心。伤心之余，她又可怜起陆徵祥来：毕竟是自己丈夫，再说在袁世凯手下干事，整日担惊受怕，走不成又辞不掉，那日子并不好过。她没有再说什么，默默地走出了卧室。心里却结下了疙瘩，耿耿于怀，至死不解。

1915年5月9日，陆徵祥与外交次长曹汝霖秉承袁世凯的旨意，对日本提出的"二十一条"除第五款外，全部签字接受。从此，洋夫人对丈夫没有了往日的热情,每日过着相顾无言、同床异梦的生活。陆徵祥自知愧对培德夫人,内心也很痛苦。

1917年8月,段祺瑞任内阁总理,公布对德、奥宣战。陆徵祥任外交最高委员会委员,他积极为段奔走。为什么他如此卖力呢?因为他预料德、奥必败,协约国必胜,中国参加了协约国,大战胜利则中国的国际地位提高,这样就可以取消日本强加给中国的"二十一条"。1918年7月,第一次世界大战结束,1919年1月巴黎和会召开。陆徵祥与王正廷、顾维钧、施肇基、魏宸组成五人代表团出席会议。临行前,陆徵祥向培德夫人表示,一定要据理力争,取消"二十一条"。

谁料日本诡计多端,早于巴黎和会召开之前就买通美、英、法、意等国。尽管会上中国代表侃侃力争,但结果和会以"二十一条"已是既成事实,不愿过问,山东问题也因日本暗地里贿赂英法,会议决定由日本承继德国在山东的权益。眼看和约即将签字,陆徵祥又一次面对抉择。就在签字的前一天,恰巧有几位在法国的山东华工,听说陆徵祥又要签字,便找到陆的住处,没有见到陆。他们留下一支手枪和一份警告书,警告书上写着:"狗奴陆徵祥,你果然是签字专家,你签了'二十一条'如今又要出卖俺山东,明天你要是签了字,俺弟兄一定在马赛奉候,叫你回不了中国。"陆徵祥回旅社看了以后,吓得要命,立即找其他几位代表会谈。陆徵祥来巴黎前在培德夫人面前的大丈夫气概早已消失得无影无踪。他哭丧着脸对别的代表说:"我们奉命而来,不签,怎么向徐大总统交代?"王正廷、顾维钧两位代表说道:"对徐大总统交代不了事小,还是要留点脸面见四万万同胞,侨法的山东哥们都是三山五岳好汉,阁下要签,我们也恕不同意。"于是五位中国代表均不出席会议,没有在和约上签字。

培德夫人得知中国代表拒绝在巴黎和约上签字的消息,很为丈夫高兴过一阵子。巴黎和会结束后,陆徵祥乘船回国,途中一筹不展,不知道没有在和约上签字该问何罪。船到吴淞口,只见岸上黑压压的一大群人,他吓得不知所措。待船靠岸,方知原来是上海各界人士欢迎不签字的代表归来。陆徵祥受宠若惊,感动得直流眼泪。在去京的火车上,陆徵祥对欢迎的群众说:"政府要我们签字,我们没有签,不知道这桩事做得对不对?承大家来欢迎,看来我们没有做错……"话没说完,群众一阵热烈的掌声打断了他的话,并高呼口号:"不要和日本人谈判!"原来是怕死而不敢在巴黎和约签字的代表,却被国内民众当成拒不签字的民族英雄,陆徵祥做梦也没想到。一天前在轮船上还胆战心惊的陆徵祥,此刻被群众的掌声鼓动起来,他真的以为自己是个英雄了,面对群情激昂的群众,他慷慨陈词:"诸位放心,我们决不会和日本人谈判,我们都是中国人,爱国不分先后。"陆徵祥说的是大实话,他的爱国行动是后来发现的。

培德夫人一改往日的冷淡,热情欢迎陆徵祥归来,久别重逢,分外亲热。可是不久,培德夫人得知陆徵祥没有签字的原委后,她感到受人愚弄了,极度失望之余,她离开中国去了荷兰。裂隙已经形成,再也无法弥合如初了。

陆徵祥于 1920 年 8 月卸了外交总长职务,改任外交委员会主委。不久,他要求调任荷兰公使。1949 年 2 月 15 日,陆徵祥病逝。他与培德夫人生活了一辈子,没有子女。

特别提示:

　　本书在编写过程中,参阅和使用了一些报刊、著述和图片。由于联系上的困难,和部分作品的作者(或译者)未能取得联系,对此谨致深深的歉意。敬请原作者(或译者)见到本书后,及时与本书编者联系,以便我们按照国家有关规定支付稿酬并赠送样书。

　　联系电话:010-80776121　　联系人:马老师